2011

第3辑

总第77辑

人民法院案例选

最高人民法院中国应用法学研究所 / 编

人民法院出版社

图书在版编目（CIP）数据

人民法院案例选.2011年.第3辑:总第77辑/最高人民法院中国应用法学研究所编.—北京:人民法院出版社,2011.11
ISBN 978-7-5109-0323-6

Ⅰ.①人… Ⅱ.①最… Ⅲ.①案例—汇编—中国 Ⅳ.①D920.5

中国版本图书馆CIP数据核字(2011)第206092号

人民法院案例选 2011年第3辑(总第77辑)
最高人民法院中国应用法学研究所 编

责任编辑 陈燕华
出版发行 人民法院出版社
地　　址 北京市东城区东交民巷27号(100745)
电　　话 (010)67550583(责任编辑) 67550558(发行部查询)
65223677(读者服务部)
网　　址 http://courtpress.chinacourt.org
E-mail courtpress@sohu.com
印　　刷 保定彩虹印刷有限公司
经　　销 新华书店

开　　本 787×1092毫米 1/16
字　　数 435千字
印　　张 23.25
版　　次 2011年11月第1版 2011年11月第1次印刷
书　　号 ISBN 978-7-5109-0323-6
定　　价 50.00元

《人民法院案例选》编辑委员会

出版说明

《人民法院案例选》是最高人民法院中国应用法学研究所定期编辑的反映全国各级人民法院审判活动的资料性、学术性和指导性图书。它的主要任务是：及时反映全国各级人民法院审判工作的基本情况和司法水平，总结经验教训，指导审判业务，促进理论研究，加强社会主义法制的宣传教育，不断扩大人民法院审判工作的法律效果和社会效果。

《人民法院案例选》贯彻执行“反映审判面貌、司法水平和指导审判工作并重”的编辑方针和主要服务于法院审判工作的原则，突出“真实、全面、及时、说理”的编辑特色。“真实”，就是注重选编案例的客观真实性，能如实反映案件事实、审判情况和司法水平，实事求是地评析办案得失；“全面”，就是面向全国各级人民法院，力求全面反映刑事、民事、商事、知识产权、海事、行政、国家赔偿、执行等各类案件的审判和执行工作；“及时”，就是及时反映近期审判和执行工作概况和出现的新情况、新问题；“说理”，就是以法律的立法原义、精神和法学理论来评析办案得失，力求能够给人以启迪，对审判实践有帮助。

《人民法院案例选》所选案例一般包括如下部分：(1) 要点提示。在于展现案件重要的裁判规则，以及该案存在的问题或者虽然重要但在判决或评析中未加分析的问题。(2) 案情。包括法院查明的事实和当事人的诉辩主张、争议焦点等内容。(3) 审判。主要是法院对于案件的审判过程、裁判结果、适用法律和理由，包括二审或再审法院查明的事实。该部分内容要求忠实于法院裁判文书的原貌。(4) 评析。主要是编写人对裁判文书中的观点、理由、结果等进行评论、分析。有的案

例，说理充分，适用法律正确，处理恰当，也可以不写评析。（5）编后补评。由中国应用法学研究所责任编辑撰写，对判决和评析中虽未提及但比较重要的或评析不充分的问题，进行补充评析。

《人民法院案例选》自1992年下半年由人民法院出版社出版发行到现在，已连续出版了77辑，在案例类书籍中有较大影响，成为著名品牌。在全国各级人民法院的大力支持和共同参与下，在全国各地通讯编辑的辛勤工作下，在促进应用法学研究、指导审判实践方面发挥了积极作用，受到读者的普遍欢迎。它是人民法院审判工作概况和一定时期社会概貌的如实反映，是指导人民法院审判工作的重要形式，是立法机关制定法律和人民法院制定司法解释的重要参考，是法学研究的基础资料和法学教育的丰富素材。

为进一步提高《人民法院案例选》的质量，根据最高人民法院加强案例指导工作的要求，适应案例编选工作的新情况，我们调整了编审委员会成员，成立了编辑委员会和编辑部，加强与最高人民法院案例指导工作办公室的联系，争取支持和指导；加强与专家学者的联系，增加专家学者点评，开阔视野；加强与通讯编辑的联系，提供更高质量的优秀案例。力争通过全国法院和我们的共同努力，使《人民法院案例选》编选工作上新台阶，更好地发挥其服务、指导审判的作用。在形式方面，我们对《人民法院案例选》的版式、封面、目录设计等方面作了改进。

由于时间仓促、水平有限，本书在编辑评析过程中存在的不当之处，敬祈读者批评、指正。

编　者

2011年11月

高度重视案例编选工作
充分发挥案例指导作用（代序）

最高人民法院常务副院长　沈德咏

案例是人民法院审理案件后形成的司法产品，作为案例载体的裁判文书蕴含了法官对法律的感悟理解和对纠纷的评判结论，是法官司法智慧的结晶。优秀的裁判文书，不仅有助于更好地实现具体纠纷的案结事了，而且能够起到宣传法制、教育公民和指导审判的重要作用。把优秀的裁判文书从浩如烟海的案例中挑选出来，使之充分发挥功能作用，对于建设公正高效权威的社会主义司法制度具有重要意义。多年来，法学理论界和法律实务界对案例的研究特别是指导性案例的研究越来越重视且日趋深入，案例研究作品层出不穷。各级人民法院也高度重视案例的编选工作，很多法院还建立了定期发布典型案例的平面、网络载体和相关制度，用以指导本辖区内的审判工作。理论界和实务界对案例的研究和探索，为建立中国特色的案例指导制度，进行了有益的尝试，积累了丰富的经验。

最高人民法院中国应用法学研究所编辑的《人民法院案例选》，已成为我国改革开放以来出版时间最长、出版册数最多、影响最为广泛的案例著作。为了保证《人民法院案例选》的权威性和指导性，中国应用法学研究所根据审判工作的发展和广大法官的要求，不断规范《人民法院案例选》的编选工作。2005 年最高人民法院下发了《关于加强应用法学研究的通知》（法〔2005〕64 号），同年，最高人民法院办公厅发布了《关于加强〈人民法院案例选〉编辑工作的通知》（法办〔2005〕275 号），2007 年年初，中国应用法学研究所还出台了《〈人民法院案例选〉编辑工作规则》。这些规范性文件，对《人民法院案例选》的编辑组织、栏目设置、编写体例和编选方法等提出了明确要求，推动了案例编选的科学化、规范化和组织化。为了进一步做好案例编选工作，更好地发挥案例的指导作用，下一步我们应当在以下几个方面做出进一步的努力：

一、加强案例编选工作，完善编选制度建设

人民法院每年要审结数百万案件，并不是每一案件都具有典型性，也并非每一份裁判文书都具有指导作用，亦不可能把每份裁判文书都加以研究公布。需要编选的只是少数具有参考、启发、规范作用即指导作用的典型案例。但是，如何把有指导意义的少数案例挑选出来，并把它们编写、整理和使用好，则需要运用组织和系统的力量。从国外有关做法看，都是通过相关机构和制度来保证案例的科学编选和正确使用的。例如，美国联邦最高法院在1817年就设置了判例汇编员这一职位，并由专门的机构负责判例汇编工作，其判例中的判决要旨就是由判例汇编办公室总结的；日本的最高法院和高等法院设有判例委员会，负责编选出版判例集，并具有自己的组织制度即《判例委员会规程》；德国也有一套规范的判例编撰制度。中国和西方国家的国情不同，司法制度不同，我国不实行任何形式的判例制度。但是，基于司法实践的需要，把具有指导作用的案例选好编好用好，则需要必要的人力物力支持和机制与制度保障。目前，许多法院已经建立了相应的案例编选和发布机制。我们要认真总结这些做法和经验，把科学的机制与制度规范化，使之切实发挥作用，以减少案例编选中的重复和无效劳动，确保案例编选的高质量。当务之急是要培养一支高素质的案例编选队伍，并通过这项工作培养法官的案例意识，提高法官的司法能力；要建立指导性案例编选的激励机制，吸引办案法官及时发现指导性案例，有意识地培育指导性案例，积极主动地挑选和编写指导性案例。因为办案法官最了解案件，对裁判结果的形成及其理由有深刻的体会，对案件的司法智慧和法律贡献有敏锐的把握，因而具有发现和编写案例的天然优势，同时通过对案例的编写和总结会潜移默化地提高办案法官的司法本领。要特别注意编选新类型案例。新类型案件的特殊性和指导性不同于一般案件，有的是以前从未发生过的新案件，有的是法律适用出现新问题的案件，有的是预

示和反映某类案件将大量发生的苗头案件，有的是与不断发展变化的经济社会形势密切相关的敏感案件等。新类型案件往往是社会新问题和新矛盾在司法领域的表现形式，审慎稳妥、公正高效地处理好新类型案件，不仅有利于说服和服务具体案件的当事人，而且有利于服务所关涉的整个社会群体的利益，因而最容易为社会所普遍关注。要把及时处理好和总结好新类型案件，作为满足人民群众对司法新要求、新期待的重要方式对待，高度重视充分发挥新类型案件在指导审判实践、推动法制发展进步中的积极作用，与时俱进、开拓创新，最大限度地发挥案例的社会功能。

二、科学确定编选标准和要求，提高入选案例的权威性和指导性

要研究建立指导性案例的编选标准和编选体例，确保这项工作有章可循和规范运行。目前，案例的编选和发布非常活跃，但各级法院通过不同形式和载体编选发布的案例，很大一部分指导作用不强，权威性不够，难以发挥对审判实践的指导作用。因此，要根据指导审判工作、服务法制宣传、繁荣法学理论的需要，认真研究案例的编选标准和编写体例。在案例的编选标准方面，应当选择那些在裁判方法和司法理念上能为法官提供参考指导价值的案例，包括科学解释法律、创造性地解决疑难问题、发展了法律方法和裁判理论、实现了法律对社会的治理功能、法律效果与社会效果高度统一的案例。在案例的编写体例和要求方面，应当坚持全面、客观、真实、准确和便于研究使用的原则。近年来，《人民法院案例选》等案例编写越来越多地采用了裁判要旨、要点提示等做法，受到了法官和专家学者的肯定与欢迎，这些做法应当注意总结推广。此外，在案例的编选体例方面，要有一套科学的、规范的选择案例、编写案例和发布案例的操作程序，既要注意对案例进行分析和归纳，又要注意反映裁判文书的全貌，使人民法院编发的案例，不同于社会上编发的各种案例分析读物。

三、加强对案例的多视角研究，深度开发案例的应用价值

目前，理论界和实务界对案例的研究虽然不断深入，高质量的案例研究作品越来越多，但总体上看，案例的开发与研究尚处于研究方法比较单一、研究内容比较浅显的“初级阶段”。各级法院的案例研究与应

用工作参差不齐，需要总结、规范、提高和升华。尤其需要从有利于全体法律职业共同体应用的角度，从服务法学研究、法学教育、立法活动、司法实践的需要出发，借鉴法治建设比较完善的国家的相关经验，充分运用法院在案例研究与开发方面的天然优势，创新案例开发的方式，加大案例开发的力度，提高案例开发的水平，全方位地发挥案例对审判工作的指导作用，对法学理论创新的启发作用，对完善国家立法的促进作用，对起草司法解释的支持作用，对宣传法制的教育作用，对化解纠纷的示范作用等。因此，我们要从多个方面多个视角挖掘案例开发和使用的深度，既可以按照案由、罪名、条文、主体、情节等多方面进行分类和研究，以方便法律职业共同体和社会公众对案例的学习与使用；也可以按照案例的普法价值、历史价值、理论价值、实践价值和综合价值等进行分类和研究。还可以视情况不同而采取不同的编辑体例等。对于指导性案例的案例指引、裁判要旨、要点提示等，还可以单独编辑整理成集，以丰富司法理论与服务司法实践。

四、认真总结案例工作经验，加快案例指导制度建设

人民法院的案例工作应当与时俱进，不能长期在无序和低层次上徘徊，要立足于建设公正高效权威社会主义司法制度的大目标，及时总结经验，构建中国特色社会主义案例指导制度。各级人民法院都要重视案例工作，善于运用案例指导审判工作。从目前来看，虽然法官编选案例的积极性很高，在审判实践中参考使用案例的情形越来越多，但从总体上看，法官主动发现和使用案例的意识还不够自觉，在如何寻找和使用案例方面还存在很多困惑。因此，急需建立一套科学的、操作性强的案例指导制度，来指导全国法院特别是基层法院的广大法官正确使用案例。在这方面，中国应用法学研究所应当发挥好自己的优势，在构建中国特色社会主义案例指导制度方面发挥独特作用。还要研究如何通过专门的案例培训工作培养法官的案例意识，提高法官查找和使用案例的职业本领，规范法官查找和使用案例的方法。更要研究案例指导制度在统一法官裁判思维中的重要作用，研究法官的裁判思维与人民群众的法律意识有机衔接起来的方式方法，从而最大限度地实现建立案例指导制度的目的。

总之，希望各级人民法院和广大法官，把开发和使用案例作为践

行“三个至上”人民法院工作指导思想、深入贯彻落实科学发展观、有效满足人民群众的新要求、新期待的有效方式，充分利用审理案件、编选和研究指导性案例的独特条件，以求真务实和改革创新精神做好案例编选工作。要把《人民法院案例选》作为案例编选和构建指导性案例的重要平台，关心和支持《人民法院案例选》的编辑和出版工作，努力营造学习和研究的氛围，培养一批精通案例研究与使用的学者型、专家型法官，把案例作为法学理论的重要渊源，让实践创新与理论创新形成良性的互动，使人民法院真正成为马克思主义法学理论发展创新的重要阵地，不断为构建中国特色的社会主义案例指导制度做出应有的贡献。

目　录

一、特别策划

医疗损害责任纠纷

问题提示：经医疗事故鉴定不构成医疗事故时是否还应进行过错鉴定？

5. 尹某诉泗阳某医院医疗损害责任纠纷案

问题提示：二次治疗费用属于因一次治疗不当所产生的扩大损失，医疗机构应否担责？

二、案例精选

刑　事

6. 李新军、韩二军等以危险方法危害公共安全案

问题提示：发生在安全生产领域的以危险方法危害公共安全罪与重大责任事故罪、强令违章冒险作业罪应如何区分？对于破坏煤矿井下重要安全设施行为的主观罪过如何分析？

7. 肖赞非法吸收公众存款案

问题提示：单位犯罪中，如何认定被告人的主观故意？被告人未与单位签订劳动合同，能否认定为单位犯罪中的其他直接责任人员？如何区分单位犯罪中的主、从犯？

民 事

商　事

知识产权

海事海商

行　政

一、特别策划·医疗损害责任纠纷

1. 吴某诉某医院医疗损害责任纠纷案

问题提示：《中华人民共和国侵权责任法》实施后，医疗损害赔偿纠纷案件中医患双方举证责任如何分配？

【要点提示】

《侵权责任法》对医疗损害赔偿纠纷归责原则做了明确规定，虽然此前《最高人民法院关于民事诉讼证据的若干规定》对医疗损害赔偿纠纷案件中的举证责任有所规定，但《侵权责任法》实施后，应根据新法精神具体理解与适用。

【案例索引】

一审：北京市朝阳区人民法院（2011）朝民初字第752号（2011年3月17日）（未上诉）

【案情】

原告：吴某

被告：某医院

北京市朝阳区人民法院经审理查明：2010年7月26日，原告因胎停育到被告处欲进行人工流产手术，并办理住院手续。当日，被告对原告进行了人工流产负压吸引术。原告子宫畸形，手术难度大，该次手术未成功。2010年7月29日，被告对原告进行第二次手术，手术成功。第二次为原告进行手术的

李某医生尚未在被告处注册。

2010 年 8 月 1 日，原告丈夫找到值班医生要求对原告进行诊疗，但值班医生认为原告已经办理出院，拒绝为原告进行诊疗。双方发生争执。被告就此事向原告进行了书面回复，表示已经对值班医生的态度问题进行处理，并向原告书面道歉。

诉讼中，经法院询问及释明，原告表示不申请对被告的医疗行为进行司法鉴定。

原告诉称：其因胎停育于 2010 年 7 月 26 日到被告妇科门诊进行人流手术。诊疗期间发现被告的妇产科主任李某并不是被告处的注册医生，在被告处不具备行医资格；被告的两次手术术前考虑不周，准备不充分，未认真研究病历且未采用 B 超设备进行手术，导致第一次手术失败，第二次手术时间过长，对其身体造成极大损害，增加了并发症的概率，对日后患宫腔炎、不孕症等都有影响；被告没有通知患者和家属，在原告没有办理出院手续的情况下，擅自决定其已经出院；被告处医生在其发烧后，未给予积极救治，导致延误了治疗时机，使其病情加重，增加了日后并发症发生的几率。故原告起诉至法院，要求被告赔偿：（1）复查的医药费 402. 37 元；（2）住院伙食补助费 311. 50 元；（3）精神损害抚慰金 50000 元。

被告辩称：该院对原告的诊疗行为符合医学诊疗规范，没有过错。之所以进行两次手术，是因为原告自身的特殊身体情况导致的。人流手术是一般的常规手术，但由于原告双子宫畸形的特殊情况，手术难度加大。第一次手术的医生在手术没有能成功的情况下，为了保障病人的安全，及时终止了第一次手术。第二次手术是在 B 超监控下，由妇科主任医生进行的，并且第二次手术成功了。术前的检查虽然可以发现双子宫畸形，但畸形的程度和情况，只有在手术中才能发现。在手术前，被告告知了原告有关子宫肌瘤手术的风险。被告手术准备充分，正是因为原告子宫的特殊情况，才需要在术中另取器械。被告是教学医院，有实习的学生和进修的大夫，他们可以旁观任何手术，不需要征得患者或其家属的同意。本案发生在《侵权责任法》实施之后，原告认为被告存在医疗过错，应当申请专业的医疗过错鉴定。综上，被告认为对原告的医疗行为不存在过错，故不同意原告的诉讼请求。

【审判】

一审法院认为：当事人对自己提出的诉讼请求所依据的事实或者反驳对方诉讼请求所依据的事实有责任提供证据加以证明。没有证据或者证据不足以证明当事人的事实主张的，由负有举证责任的当事人承担不利后果。医疗损害赔偿纠纷案件中，患者一方认为医疗机构有医疗过错，以及医疗行为与损害后果之间存在因果关系，应当由患者一方承担相应的举证责任。本案应当由原告举证证明被告的医疗行为存在过错，及其损害后果与被告的医疗行为之间存在因果关系。关于原告主张的第二次手术医生在被告处未注册的问题，原告未举证证明该事实导致原告有损害，故该事实不能证明被告有过错。关于原告主张的第一次手术未成功、改变手术方案未进行告知的问题，一审法院认为，手术未成功，医院根据手术具体情况中止手术，是医生根据医疗常规作出的处理。原告对此未申请医疗过错鉴定，应当承担举证不能的不利后果。原告主张的手术过程中取医疗器械的问题，原告未举证证明取医疗器械对该次手术有任何不良影响，应当承担举证不能的不利后果。原告主张住院期间，由于被告拒绝为原告诊疗，导致原告扁桃体炎。就此部分事实，原告亦未举证证明是被告的医疗行为造成了相应后果。故原告要求被告赔偿相关损失及精神损害抚慰金的诉讼请求，无事实及法律依据，一审法院不予支持。

综上，根据《中华人民共和国侵权责任法》第五十四条、《最高人民法院关于民事诉讼证据的若干规定》第二条之规定，一审法院判决：驳回原告吴某的全部诉讼请求。

【评析】

医疗涉及人民群众的身体健康，是社会生活中的重要环节。近年来随着社会发展，医患间矛盾日益突出，人民法院作为审判机关受理医疗纠纷的案件也逐渐成为涉民生审判任务中的重中之重。医疗类纠纷通常存在社会关注度高、家属情绪激动、诉讼数额虚高等特点。在《侵权责任法》公布之后，医疗损害赔偿纠纷案件的数量不但没有减少，反而逐年上升。截至笔者统计之日，2011 年北京市法院共受理人身损害赔偿案件共计 13746 件，其中一审案件 12448 件，二审案件 1244 件，审判监督案件 15 件，申诉案件 41 件；其中医疗损害赔偿纠纷案件 677 件，一审案件 538 件，二审案件 133 件，再审案件 2 件，申诉案件 4 件。与 2010 年同期相比，医疗损害赔偿纠纷案件 641 件，一审案件 531 件，二审案件 96 件，再审案件 3 件，申诉案件 11 件。而 2009 年的同期数据为全部医疗损害赔偿纠纷 509 件，其中一审 437 件，二审 64 件，再审案件 1 件，申诉案件 7 件。

因此，通过近三年全北京市法院医疗损害赔偿纠纷案件同期数量的比较可以看出（见下图），随着《侵权责任法》于 2009 年末颁布，医疗损害赔偿类案件的收案趋势是稳中有升。因此，本文将结合北京市审判实践，对医疗损害赔偿案件中的举证责任分配问题进行分析，以期对类似案件的处理提出建议，

供审判实践参考。

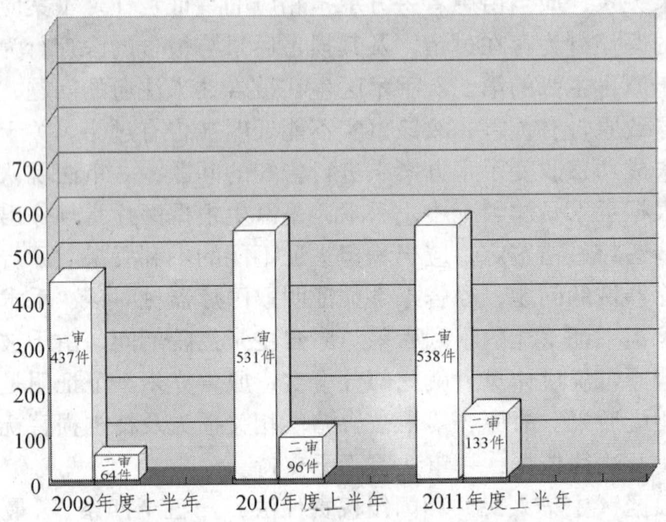

2009～2011 年上半年同期医疗损害赔偿
纠纷一审、二审案件数量比较

一、医疗机构的过错责任中举证责任分配问题

本案是典型的举证责任分配决定整个案件处理结果的案件。关于举证责任，《侵权责任法》第 6 条明确了过错责任的归责原则。而在《侵权责任法》第七章医疗损害责任中，虽规定了医疗损害的归责原则同样为过错原则，但并未明确规定医患双方谁应当对医疗机构的过错负举证责任，只是在第 58 条中规定了三种过错推定原则。对于举证责任分配，实务界的看法并不一致。

目前实务界的观点大致有三：（1）根据《侵权责任法》第七章规定，医疗损害赔偿纠纷案件要实行“谁主张，谁举证”的举证责任分配原则，除《侵权责任法》第 58 条规定的三种过错推定情形以外，均由患者承担举证责任；（2）医疗损害赔偿纠纷案件，应适用《最高人民法院关于民事诉讼证据的若干规定》第 4 条第 1 款第（8）项规定适用举证倒置规则；（3）《侵权责任法》第 54 条明确规定了医疗损害责任适用过错原则，并未规定因果关系的问题，因此举证责任应当分配为患者对医疗机构的过错这一要件承担举证责任，而医疗机构应对不存在损害因果关系承担举证责任。

《最高人民法院关于民事诉讼证据的若干规定》第 4 条第 2 款规定：“有关法律对侵权诉讼的举证责任有特殊规定的，从其规定。”对此笔者认为，《侵权责任法》中实际并未对过错和因果关系的举证责任进行规定。《侵权责任法》的颁布并不是对已有法律规定的修改，且最高法院的此司法解释并非针对某一旧法专门所作，而是为了统一审判实务中关于证据的使用和认定的标准。另外，归责原则与举证责任虽不可分开适用，但前述二规定分属不同的领域（归责原则属实体法概念，举证责任分配则属程序法概念）。因此，在目前的审判实务中，应由患者对医疗机构过错负举证责任，医疗机构负损害因果关系的举证责任。目前北京市法院审理医疗损害赔偿案件已有指导意见①，该意见第8条规定由患者举证证明医疗机构有过错且其过错与损害有因果关系，对此笔者有不同意见②。但考虑到目前患者举证主要依靠申请医疗鉴定，且在该意见中，已将鉴定机关冲突的问题以调研报告形式确定③，对于医疗鉴定机构的确定，在《北京市高级人民法院关于审理医疗损害赔偿纠纷案件若干问题的指导意见（试行）》第21条，将鉴定过错责任的机构选择限定为“根据北京市高级人民法院关于司法鉴定工作的相关规定，委托具有相应资质的鉴定机构组织鉴定”，而没有使用卫生部《医疗事故技术鉴定暂行办法》第9条规定的“双方当事人协商解决医疗事故争议，需进行医疗事故技术鉴定的，应共同书面委托医疗机构所在地负责首次医疗事故技术鉴定工作的医学会进行医疗事故技术鉴定”中规定的医学会，很大程度上抵消了患者存在的关于医疗机构互相袒护疑虑，也使司法鉴定程序更加严谨。因此，笔者认为在《北京市高级人民法院关于审理医疗损害赔偿纠纷案件若干问题的指导意见（试行）》适用过程中，或多或少会出现案件因举证责任分配导致患者求偿失败的问题，在审判实践中应重新确定举证责任的分配问题。

二、推定医疗机构过错的举证责任分配问题

《侵权责任法》第58条规定：“患者有损害，因下列情形之一的，推定医疗机构有过错：（一）违反法律、行政法规、规章以及其他有关诊疗规范的规定；（二）隐匿或者拒绝提供与纠纷有关的病历资料；（三）伪造、篡改或者销毁病历资料。”

---

① 《北京市高级人民法院关于审理医疗损害赔偿纠纷案件若干问题的指导意见（试行）》2010年11月18日发布施行。

② 在《侵权责任法》实施前，一些省份相继出台了关于医疗损害赔偿的指导意见。笔者查阅了广东省（2007年）、陕西省（2008年）、湖北省（2009年末《侵权责任法》出台前夕）的指导意见，除广东省未明确规定举证责任，另二省份均规定患者仅承担证明诊疗关系及损害事实存在的证明责任，其余由医疗机构承担。

③ 北京市高级人民法院课题组：《新形势下医疗损害赔偿纠纷案件的审理情况、问题与对策》——四、医疗损害赔偿纠纷案件的审判对策。

2001年修正的德国《民事诉讼法》中，有类似的规定“当事人妨害于其属于可期待的勘验时，对方当事人关于勘验标的物之性质的主张视为已得到主张。”①“当事人以妨害对方当事人的使用为目的。灭失负有提出义务的文书，或致其不能使用时，法院可以认对方当事人关于文书记载之主张为真实。在第2款所规定的场合，对方当事人就文书之记载为具体的主张以及由该文书所应证明的事实经由其他证据证明显著困难时，法院可以认对方当事人关于该事实的主张为真实。”②

此二款规定出自程序法，实际上是对举证责任分配后果的描述。再次申明了举证责任的分配与归责原则不能分开讨论。而我国《侵权责任法》前述三项规定的最大问题，是没有对过错推定的举证责任进行分配。诚然，在实体法中规定举证责任难免贻笑大方，前述三规定却因没有配套举证责任条款在审判实务中暴露出问题。

医疗机构持有的患者病历资料，如其拒不提供，法院并不能依据审判经验认定其应当持有。同样，更不具备专业知识的患者也没有证明医疗机构隐匿、拒绝提供的能力。因此，患者举证的方式仍然回归到申请医疗鉴定。只有通过专业鉴定，才能发现在对病患的处理中，医疗机构应当持有哪些资料而并未向法院提供。至此，举证责任又分配给了患者，因为理论上医疗机构不会主动申请鉴定，因为证明其过错和损害因果关系的举证责任在于患者而非医疗机构，况且如果医疗机构真的实施了隐匿等行为，更不会主动申请鉴定。不难发现，此时如果需要患者举证证明医疗机构隐匿了哪些病历，实际已经通过鉴定证明了医疗机构有无过错，那么会出现几种情况：（1）经过鉴定，医疗机构无过错但隐匿了病历；（2）经过鉴定，医疗机构有过错但没隐匿病历；（3）经过鉴定，医疗机构有过错也隐匿了病历；（4）经过鉴定，医疗机构无过错也没隐匿病历。

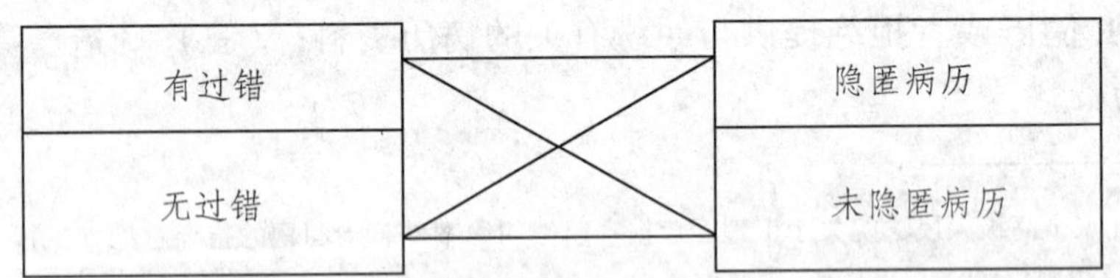

在第（1）种情况下，医疗机构因隐匿了病历，按照《侵权责任法》第

① 《德国民事诉讼法》第371条第3款。

② 《德国民事诉讼法》第224条第2款、第3款。

58条之规定，应当承担赔偿责任。但此时医疗机构无过错，让审判机关较头疼的问题是，鉴定结论证明了医疗机构无过错，那么不会出现医疗机构的行为与损害结果的参与度系数值（通常以百分比出现），也就无法确定医疗机构的责任系数，只能酌情判定或干脆直接支持患者的全部诉讼请求，按全款判付。此判决更类似于诉讼法学界的证明妨害理论[①]。目前我国《民事诉讼法》规定的妨害诉讼，应当对妨害人进行罚款、拘留处罚性司法强制措施，而非直接支持对方的诉讼请求。因此，法官在遇到这种问题时，只能利用裁量权对案件事实加以衡量作出相应的判决，易造成双方均不服判决的局面，且难以形成执法的统一。

在第（2）、（3）种情况下，案件能够得到有效解决，医疗机构会因为存在过错承担赔偿责任。但这似乎已背离了立法关于过错推定的初衷，因为此时医疗机构应当按照其过错承担赔偿责任，也就无所谓推定，且此时实际由患者承担了举证责任。因此，笔者认为，《侵权责任法》所使用的“推定医疗机构有过错”，并非实际意义上的过错推定。传统意义上的过错推定，指当事人在不能证明自身无过错时，则认为其有过错，反言之系允许当事人证明其无过错，《侵权责任法》第6条第2款也对此做了明确规定（“根据法律规定推定行为人有过错，行为人不能证明自己没有过错的，应当承担侵权责任”）。同样的过错推定，在《侵权责任法》第85条关于“搁置物、悬挂物”致人损害中，却明确了允许加害人以反证脱责。因此，笔者认为《侵权责任法》第58条规定更加注重保护患者在医患纠纷中的弱势地位，没有明确规定医疗机构可反证推翻过错推定而脱责。“全国人大法律委员会在审议《侵权责任法（草案）》时，主持审议的主任委员胡康生即已指出，《侵权责任法》第58条所谓‘推定医疗机构有过错’不同于《侵权责任法》第6条第2款所谓‘推定过错’，而是‘直接认定’。”[②] 因此，此处确认过错推定，从立法初衷和法律条文上看似倾向于患者，却因措辞问题，反而把举证责任分配给了患者。

更为严重的是，假设某案中医疗机构有技术过错但没隐匿病历，经鉴定其应当按照技术过错程度承担20%的赔偿责任；另案中医疗机构没有技术过错但隐匿病历，经鉴定没有技术过错不能评估出过错程度，法院酌定其赔偿50%的损失。“不论侵权、背俗或违法，要让行为人对其行为负起民事上的责任，都须以该行为涉及某种对世规范的违反为前提，其目的就在于建立此一制

① 占善刚：《证明妨害论——以德国法为中心的考察》，载《中国法学》2010年第3期，第100页。

② 梁慧星：《论〈侵权责任法〉中的医疗损害责任》，载《法商研究》2010年第6期，第35页。

度最起码的期待可能性，以保留合理的行为空间。”[①] 随着期待可能性理论[②]在各部门法中的探索，其理论逐渐在案件的具体审理中开始使用。试想医院的主要职能是看病救人还是保存病历；其应对自身全部行为负责中，是胡乱治病对社会的威胁大抑或涂改病历。固然从主观过错角度探讨，其医疗技术问题是过失而涂改病历则是故意，但社会更需要一个不说谎的学校和一个技术高的医院，而非相反的二者。因此，对于医疗机构来讲，更应当对其医疗过程中应承担的责任加以严苛。所以二者相比较之后，医院有过错反而承担了更少的赔偿责任，而这些赔偿责任都基于患者举证，难免让患者方认为司法不公。

在第（4）种情况下，患者不但不能证明医疗机构的过错，也不能证明其隐匿行为，虽为审理案件提供了依据，其自身问题没有得到解决，还因为举证责任承担了鉴定费用，实在是竹篮打水。

有学者认为，此时可以由审判机构介入，依职权委托鉴定。[③] 对此笔者认为，出于将案件事实彻底查清的初衷，可以由法院依职权委托鉴定。但考虑诉讼成本、司法资源、审判效率等客观因素，在每一件患者怀疑医疗机构隐匿、涂改病历的案件中都依职权委托鉴定，是不客观也是不现实的。如同医患之间在鉴定机构的选定上进行博弈的过程相同，不论选定医学会下属的机构鉴定，还是选定有司法鉴定资格的鉴定机构鉴定，最终的鉴定结果也许并无差别，都能反映客观事实，但同排除有利害关系的证人证言一样，其区别在于优先保证程序性公正。因此，举证责任分配之后，最终的区别也许只是谁来申请鉴定的问题。如果患者因经济等原因没能申请鉴定，则案件结果对患者也许会不尽公正，则审判只能发挥处理社会矛盾问题，不能起到指引社会生活的作用，所谓实现法律效果与社会效果的统一也更无从谈起。

因此，笔者认为，在传统举证责任分配上，让加害人证明没有实施某种行为是非常困难也是不符合逻辑的。但鉴于医疗损害赔偿纠纷的专业性质且有专业鉴定的救济途径，并且由医疗机构举证证明其没有隐匿病历等行为也并不困

---

① 苏永钦：《走入新世纪的私法自治》，中国政法大学出版社2002年版，第306页，转引自王利明：《论我国〈侵权责任法〉保护范围的特色》，载《中国人民大学学报》，2010年第4期，第2页。

② “期待可能性是指在行为当时的具体情况下，能期待行为人作出合法行为的可能性。这里的合法行为，通常也称为适法行为。当然，更确切地说，也可以表述为期待行为人不实施一定的犯罪行为的可能性。”陈兴良：《期待可能性问题研究》，载《法律科学》2006年第3期，第80页。

③ “《侵权责任法》并没有规定一定要患者证明，原因就是立法者认为这不仅仅是患者的证明责任，法院也应当依职权去查证，比如说违反了诊疗规范，这个事实法院完全可以去调查，不能都让患者去提供，法院如果能够确确实实查证出来的话，那完全就可以去直接推定医疗机构的过错了。”王利明：《论〈侵权责任法〉的中国特色》，载中国民商法网，《民商法前沿论坛》第343期，http://www.civillaw.com.cn/article/default.asp?id=48091。

难（因需要专业鉴定），因此可以将此举证责任分配给医疗机构。对此，《北京市高级人民法院关于审理医疗损害赔偿纠纷案件若干问题的指导意见（试行）》第9条中除引述了《侵权责任法》关于医疗机构过错推定的条文外，增加了“对于上述情形，人民法院在必要时应依职权调查取证”的规定，应当说在审判实务中，将法条进一步落实为判案方法，彰显了人民法院对于审理疑难问题所具有的广阔视角和长远目光。如果在审判实务中，能够逐步将举证责任分配开来，并且加大医疗机构的举证责任，必定对提高办案效率、统一执法尺度大有裨益。

三、关于“加大”医疗机构举证责任的思考

“加重加害人举证责任的分配理论出于以下考虑：第一，被害人难于知道处于加害人控制之下的危险领域里发生的事件过程，因此，难于提出证据；第二，相反，由于该危险领域在加害人的控制之下，加害人更容易了解案件的情况，因此，容易提出证据，证明自己的清白；第三，德国民法中关于当事人民事责任承担的法律规定均在于防止损害发生。要实现这一目的，就应当让加害人在自己控制的危险领域里发生的事情加以举证，不能证明时就要承担不利的后果。这样有利于防止损害的发生。总之，由加害人承担证明责任是因为损害原因出自加害人能控制的危险领域，而受害人不能左右。”①

笔者想通过上述引述表达应当逐步加大对医疗机构举证责任的分配，但并不代表笔者同意《最高人民法院关于民事诉讼证据的若干规定》中关于举证责任倒置的规定。举证责任倒置易出现患者滥诉而医疗机构多败，并且易导致医师在工作时因自我保护心理进行防御性治疗。但《侵权责任法》并无配套举证责任分配的适用规则，最高人民法院关于《侵权责任法》的司法解释也主要解决了溯及力问题，因此，举证责任倒置的规定理论上应当还在适用。笔者希望通过大陆法系中各国家和地区的不同做法，在举证责任倒置和患者就过错推定举证的中间地带寻找一条路径，解决双方的举证责任分配问题。

德国适用“表见证明”② 的理论。这种理论依据大量的审判实例形成，强调经验法则，增强了法官的自由心证，实际上造成受害者的救济困难。但德国的制度中有重大医疗案件适用举证责任倒置的规定，由医疗机构承担举证责任，如无法证明则承担不利后果。但重大的标准仍然需要法官通过审判经验加

---

① ［德］汉斯·普维庭著，吴越译：《德国现代证明责任问题》，法律出版社2006年版，第304、309页。

② 黄丁全：《医事法》，中国政法大学出版社2003年版，第513页。

以判断，因此，德国的制度对法官的审判经验和审判能力具有较高的要求，且裁量权过宽，不适宜在中国的审判环境中应用。

日本就医疗侵权案件，则适用“大概推定”理论，即过失初步推定原则。如果具有“如无过失，损害不致发生”之情事者，患者证明损害实际发生，即可以推定被告具有过失，同时允许医疗机构就其无过失的事实及行为提出反证，否则医疗机构要承担赔偿责任。[①] 此做法实际类似于我国《侵权责任法》实施前对医疗损害赔偿纠纷举证责任的分配方法。

我国台湾地区则在“民事诉讼法”第277条规定：“当事人主张有利于己之事实者，就其事实有举证责任。”与我国大陆地区一样，根据此规定，患者应对医疗机构的过错承担举证责任。但在审判实务中，也不乏因为医疗行为专业性较强，考量双方的举证能力来综合分配的做法。此处，同德国对法官的要求一样，也给法官以较大的自由裁量空间。

纵观前述三种做法，我国在医疗损害赔偿的举证责任分配上，笔者认为宜采用日本的方法。

可以将侵权责任的构成要件按照举证责任单独划出，在医患双方间进行合理分配。

（一）正常审理中举证责任的分配

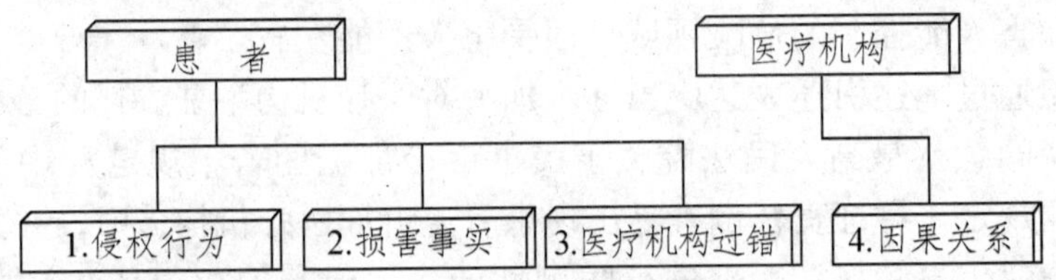

即由医疗机构承担其行为与损害结果没有因果关系的举证责任，这与《最高人民法院关于民事诉讼证据的若干规定》第4条中关于举证责任倒置的规定有相同部分，不同的是，将证明医疗机构是否有过错的举证责任分配给患者。

对此，笔者认为，证明医疗机构是否有过错，可以通过由患者申请医疗过错鉴定来完成，对患者来说并不难实现。如果经过释明，其不同意申请鉴定，且未提出医疗机构具有过错推定情形的可能，法院亦认为不具有这种可能的情况下，判决患方败诉。对于确实经济困难的患者（需提交符合国家法律援助条件的证明）来说，可以缓交鉴定费，视鉴定结果由一方负担或

---

① 于敏：《日本侵权行为法》，法律出版社1998年版，第132页。

分担鉴定费。

（二）对于患方提出医疗机构存在过错推定情形的可能性类案件的举证责任的分配

依前所述，实际上按照现行规定，除了举证责任倒置，医疗损害赔偿案件只适用通常侵权案件中的举证责任分配规则。而在过错推定中，也需要由患者承担医疗机构实施了隐匿等行为的证明责任。因此笔者认为，在审判实践中，欲适用过错推定规则时，首先由患者进行形式性举证，例如患者举证手中所掌握的病历簿与其掌握的诊断证明或就诊票据不能吻合（此处如患者故意隐匿，则可以民事诉讼中的证明妨害规定对患者进行处罚）；后法院释明医方对是否实施了隐匿病历等行为进行司法鉴定（笔者按，此分配行为虽在逻辑上不符合通常的举证责任分配，但此鉴定不可能孤立于诊疗全部过程而单独存在，通过鉴定不但能得出此结论，还能够就诊疗行为中是否存在过错进行鉴定，实际上节约了双方当事人的诉讼成本）；如果双方对此均不表态，而在审理过程中法院发现医疗机构可能有隐匿等行为且会对案件事实认定产生重大影响，或者患者确因经济困难而无法申请鉴定，那么法院可依职权委托鉴定，此意见同《北京市高级人民法院关于审理医疗损害赔偿纠纷案件若干问题的指导意见（试行）》中第9条的相关规定一致。

（三）关于医疗机构不承担赔偿责任的举证责任问题

《侵权责任法》第60条规定，“患者有损害，因下列情形之一的，医疗机构不承担赔偿责任：患者或者其近亲属不配合医疗机构进行符合诊疗规范的诊疗；医务人员在抢救生命垂危的患者等紧急情况下已经尽到合理诊疗义务；限于当时的医疗水平难以诊疗。前款第一项情形中，医疗机构及其医务人员也有过错的，应当承担相应的赔偿责任。”

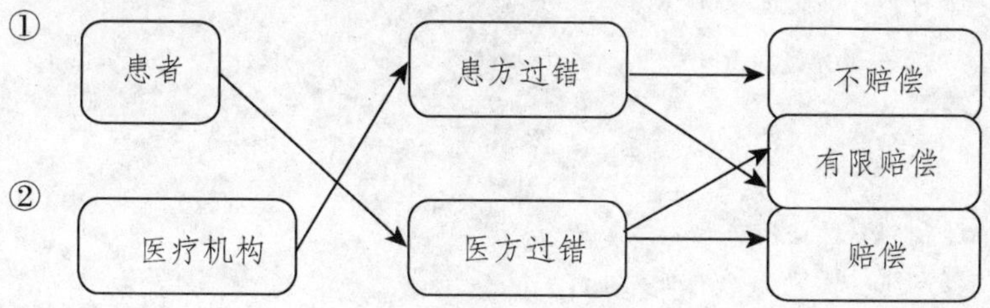

医疗机构通常以提交告知书、确认书等方式证明其履行了告知义务而患方不配合治疗，通过提交诊疗记录证明情况危急及尽到合理诊疗义务，通过行业标准证明医疗水平。

①的箭头所指是患者尽到举证责任后案件的结果。笔者依此结构制作了

②。可以说，②实际上就是《侵权责任法》第60条关于医疗机构免赔的举证责任构架。

此三项免赔规定没有什么相关逻辑可言，纯粹是列举性的规定。第一项是关于患方过错的，第二项是关于医疗机构善意履行义务，第三项是客观原因所致。罗列性免责条款作为侵权人的主张，应由其自行完成免除责任的举证责任。《北京市高级人民法院关于审理医疗损害赔偿纠纷案件若干问题的指导意见（试行）》第11条规定：医疗损害赔偿纠纷案件，医疗机构对《侵权责任法》第60条规定的免责事由承担举证责任。

对此，笔者不再赘述。

综上，目前审判实务中对医疗损害赔偿纠纷的举证责任分配规则并不统一，现有的规定也不尽公平。因此，笔者认为随着《侵权责任法》的进一步实施，在各地出台适用指导意见时，应当充分考虑双方举证能力的差异，合理分配举证责任，使确定的案件事实进一步接近客观事实。

（一审独任审判员：徐　娟
编写人：北京市朝阳区人民法院　张异般
责任编辑：原晓爽
审稿人：曹守晔）

2. 梁某诉某县人民医院医疗损害责任纠纷案

问题提示：医疗服务合同是否是医患关系存在及诊疗活动开始的前提和基础？

【要点提示】

医疗服务合同只是判断医患关系存在，诊疗活动开始的一种依据，绝非前提和基础。不挂号就诊，只要医生实施了诊疗行为，也应当认定患者与医院形成医患关系。

【案例索引】

一审：江西省新余市分宜县人民法院（2009）分民一初字第01号（2009年7月28日）

二审：江西省新余市中级人民法院（2009）分民一终字第130号（2010年1月19日）

【案情】

原告：梁某

被告：某县人民医院

梁某系某县人民医院的外科医师。2008年3月4日16时许，梁某因牙痛多日到该医院口腔科拔牙。在梁某未挂号，也未交纳医药费的情况下，由该医院口腔科执业医师黄某为其拔牙。黄某先对梁某进行局麻，但梁某仍感剧痛难忍。黄某怀疑本人麻药没有打准，就请口腔科副主任刘某前来帮忙。刘某到后又补了3毫升麻药，但梁某仍感疼痛。于是刘某又用1毫升麻药作浸润麻醉，但梁某疼痛未减。此时刘某停止拔牙，并要求梁某回去服两三天消炎药后再来拔牙。在旁的梁某之妻张某（张某为该医院急诊科的护士）

建议做全麻拔牙，梁某表示同意。医师刘某、黄某虽口头上说从未做过全麻拔牙，但对梁某夫妇自行联系麻醉师的行为未加阻止。张某用梁某的手机联系到了准备值晚班的该医院麻醉科执业助理医师严某。严某在张某的要求下，从麻醉科冰箱内取出备用麻药“异丙酚”，并带着人工呼吸气囊于17时25分左右来到口腔科。在为梁某行“异丙酚全麻术”的过程中，先由张某为梁某推注麻药，后改由严某推注。在麻药起作用后，刘某为梁某进行了拔牙。但病牙被拔除后，梁某始终未醒，并出现了脸色苍白、嘴唇青紫、呼吸和心跳停止等症状。最终梁某被诊断为“缺血缺氧性脑病”，一直处于植物生存状态。

事件发生后，张某作为梁某的法定代理人向该县人民法院起诉，要求该医院承担医疗损害赔偿责任。此案通过两级人民法院的依法审理，最终该市中级人民法院判决该医院承担梁某各项经济损失及医疗费的80%，梁某自负20%。

【评析】

与我国以往的法律法规相比，《侵权责任法》的一个特别之处，即是将医疗损害赔偿责任作为一种独立的侵权损害赔偿类型。其中该法第54条[①]规定了医疗损害赔偿责任的构成要件及责任承担主体，即“患者在诊疗活动中受到损害，医疗机构及其医务人员有过错的，由医疗机构承担赔偿责任”。就该条本身的内容来看，应该说立法者在翔实法律规定方面作出了很大努力，但不论立法者如何想方设法地完善法律规定，审判人员在实际运用中仍需要根据案件自身的具体情况对法律进一步解释和细化，才能正确适用法律，并最终作出一个公平正义的裁判。

具体到本案，因诉讼当事人身份的特殊性而受到广泛的关注。尽管此案的发生时间和审结时间均在我国《侵权责任法》实施之前，但其中所反映出的疑难性、典型性法律问题仍值得我们放置于《侵权责任法》中重新思考。此案的疑难性、典型性具体体现为：（1）由梁某与该医院是否已经成立医患关系的讨论，引出对第54条中“诊疗活动”的理解和认定问题；（2）对严某的行为是否属于职务行为的争讨，引出对第54条中“医务人员”及医疗机构替代责任问题的思考；（3）由对本案中梁某、张某、刘某、黄某、严某等人各自行为在整个损害事件中性质和作用的争论，引出对第54条中“过错”及因果关系的认定问题以及多因一果情况下原因力规则的运用问题。通过对此案的

① 为简化论述，本文有关“第54条”的表述皆指《侵权责任法》第54条。

不断研究和总结，将对今后审判人员正确处理医疗损害赔偿纠纷起到一个借鉴和指导作用。

一、诊疗活动及其认定

（一）诊疗活动的定义及法律性质

诊疗活动，又称诊疗行为、医疗活动、医疗行为，它是医疗损害赔偿责任产生的前提，即凡不是由诊疗活动引起的损害，尽管该损害发生在医院或是由医务人员造成的，也不属于医疗损害，更不可能构成医疗损害赔偿责任。但在我国的现行法律制度中，对"诊疗活动"并没有明确的定义。而我国台湾地区"行政院卫生署"第107880号函件中将医疗行为解释为"凡以诊疗、矫正或预防人体残疾、伤害残缺或保健为直接目的所为之诊察、诊断及治疗或基于诊察、诊断结果，以治疗为目的所为之处方或用药等行为之一部或全部之总称"。①

综合诊疗活动的范围，可以将诊疗活动定义为，医疗机构及其医务人员借助其医学知识、专业技术、仪器设备及药物等手段，为患者提供的紧急救治、检查、诊断、治疗、护理、保健、医疗美容、生育行为等维护或改善患者生命健康所需的各项活动的总和。这些活动不仅要符合现代医学基本理论，而且应不被国家法律所禁止。例如我国法律禁止非法摘除人体器官，所以非法摘除人体器官的行为就不属于诊疗活动。根据诊疗活动的不同阶段，诊疗活动是指包括属于诊断方面的问诊、听诊以及检查行为的活动，属于治疗方面的注射、给药、敷抹外伤药物、手术、复健活动，以及属于治疗后情况判定之追踪、验证活动在内的各种活动。

何为诊疗活动一般来说应该是一个医学上的问题。之所以要从法律角度对其进行研究，不仅是因为第54条中出现了"诊疗活动"的表述，其深层次的原因更在于诊疗活动的法律性质——诊疗活动是具体医患关系的外在表现。医患关系所反映的医疗双方的权利义务关系是判断和分配医疗损害责任的核心。医患关系可以分为抽象医患关系和具体医患关系。抽象医患关系是指全体患者（包括已经治愈的人和希望得到医疗服务的人）与整个社会医疗服务机构之间的关系。具体医患关系是指单个患者与其就医的医疗机构和为其提供医疗服务的医务人员之间的关系。我国《侵权责任法》之所以以专章的形式规定医疗损害责任，一个很重要的原因即是为了缓和我国社会生活中紧张的医患关系。

---

① 奚晓明主编，最高人民法院侵权责任法研究小组编著：《〈中华人民共和国侵权责任法〉条文理解与适用》，人民法院出版社2010年版，第386页。

但是即使是具体医患关系也是很抽象的，需要一个外在表现的载体——诊疗活动。诊疗活动和具体医患关系有着密切的联系。一方面，诊疗活动开始于具体医患关系建立之时，结束于具体医患关系终止之日；另一方面，诊疗活动的开始表明具体医患关系的建立，诊疗活动的终止则表明具体医患关系的相对终止。因此，诊疗活动的法律性质决定了其重要性尤其是在法律适用中的重要性。

（二）诊疗活动在审判实务中的认定

诊疗活动在法律适用中的重要性表现在其是区分某一具体侵权行为人应承担医疗损害赔偿责任还是其他一般损害赔偿责任的关键。因此，法官在审理医疗损害案件时，正确适用《侵权责任法》第54条的前提便是认定医疗机构及其医务人员的活动是否属于诊疗活动。

在司法实践中，通常运用排除法来明确哪些情形不属于诊疗活动。一般来说，以下五种情形可以认定为非医疗行为：一是因医院设施存在瑕疵导致患者摔伤等伤害，而其他非患者人员亦存在此种伤害可能；二是因医院管理制度本身存在瑕疵导致损害；三是患者在医院自残、自杀；四是医生非以治疗为目的故意伤害患者；五是非法行医致人伤害。而从诊疗活动的起始时间来看，诊疗活动应从患者或家属授权医生治疗或医生因无因管理而产生治疗意思表示开始，与挂号、缴费并无直接关系。诊疗活动的延续以患者遵从医嘱为基础。诊疗活动的结束以医生明确整个治疗过程结束或患方拒绝医生的治疗方案来判定①。

此外，在认定诊疗活动时，还需要厘清医疗服务合同与诊疗活动的关系。在前述案件中，该医院的第一项答辩意见即认为“因医疗行为引起的侵权诉讼，医患双方的权利义务关系是建立在双方的医患合同基础之上，也就是说，患者与医疗机构是否建立了医疗合同关系是确定双方是否存在医患关系的基础”②。梁某并未挂号，亦未缴纳任何医疗费，因此梁某与医院之间因没有成立医疗服务合同而未构成医患关系，所以该院口腔科医师刘某和黄某的行为并不属于诊疗行为，即不属于职务行为，因此，刘某、黄某两位医师应该为自己的行为负责，医院不应该承担责任。由此引出一个问题：医疗服务合同是否是医患关系存在及诊疗活动开始的前提和基础？笔者认为，患者通过挂号或缴纳

---

① 王竹编著：《侵权责任法应用指南》，法律出版社2010年版，第230页。

② 我国有学者认为，医疗机构与患者之间应该是一种特殊的委托合同关系。与医疗服务合同关系相比，委托合同关系更强调医疗机构的高度注意义务及患者的自主选择权。所谓高度注意义务，是指医务人员作为医学专家于实施诊疗行为时应为患者一方的最大利益尽高度的注意义务。

医疗费等行为与医院建立医疗服务合同是一种明示医患关系成立，明确诊疗活动开始的客观表现。但是在一些特殊情况下，为了保障患者的利益，法律也允许以一种默示的方式表明医患关系和诊疗活动的开始。如患者在路旁昏迷被急送至医院，此时患者无法做出意思表示，因而医疗服务合同实际不可能订立。再如前述案件中，梁某的主观上是不愿甚至逃避与医院建立医疗服务合同的，因为如果与医院建立了合同，则意味着梁某必须承担规定的医疗费用。而且在我国熟人社会中，患者不挂号而直接就医的情形并不少见。如果简单地以是否成立医疗服务合同来认定医患关系，既不符合我国国情，也不利于患者利益的保护。综上，笔者认为医疗服务合同只是判断医患关系存在，诊疗活动开始的一种情况，绝非前提和基础。

二、医务人员及其认定

（一）医务人员

《侵权责任法》第54条中的“医务人员”是包括医师、护士在内的专业医务技术人员。笔者认为，符合第54条实指的“医务人员”，需要满足以下三个方面的要件：一是资格要件。所谓资格要件，是指已经依法取得执业医师资格或者执业助理医师资格，或依法取得护士执业证书，并经注册在医疗、预防、保健机构中执业的专业医务人员。如果未取得相应资格或超出注册范围执业，都不是第54条所指的“医务人员”。二是行为要件，是指在具体诊疗活动中提供在医院授权范围内的专业医疗服务。如果执业医师只是在旁观看并未参与到具体诊疗活动中，或者完全超出医院的授权范围，也不是第54条的“医务人员”。三是主观要件，即明知是从事医疗活动，即履行职务行为。如果主观上仅是依靠其医学知识以帮忙为目的，并未意识到是职务行为，则也不应该属于第54条的“医务人员”。

判断是否属于第54条的医务人员具有重要的法律意义。因为根据第54条规定，医疗损害赔偿责任的承担主体应为医疗机构而非具体进行诊疗活动的医务人员。此即为学理上所说的替代责任。所谓替代责任，是指责任人为他人的行为和人的行为以外的自己管领下的物件所致损害承担的侵权赔偿责任形态。[①] 医疗机构的替代责任即是对他人（医务人员）行为的替代责任。但在非履行医务人员身份的情况下，并不发生替代责任，如果医疗机构和行为人对损害的发生都存在过错，则应作为共同侵权人各自承担相应的责任。

---

① 王竹编著：《侵权责任法应用指南》，法律出版社2010年版，第235页。

(二) 医务人员的认定

在前述案件中，双方当事人争议的一个要点即麻药师严某是否是履行医务人员的职责。一般来说，判断是否履行职责，可以从时间、地点、与工作岗位的相关性、是否利用医疗机构的相关医疗器械及药品等方面进行。如果是在工作的时间、工作的地点、行为与工作岗位联系密切、利用了医疗机构的相关医疗器械及药品，便基本可以认定属于履行职责的行为。但是本案对严某的行为仅从以上几方面进行判断还不够，这涉及到法条的选用问题。原因在于：

1. 从严某与医疗机构的关系来看，严某属于医院工作人员，与医院存在雇佣关系。《最高人民法院关于审理人身损害赔偿案件适用法律若干问题的解释》第9条第1款规定“雇员在从事雇佣活动中致人损害的，雇主应当承担赔偿责任；雇员因故意或者重大过失致人损害的，应当与雇主承担连带赔偿责任。雇主承担连带赔偿责任的，可以向雇员追偿”。并且该条第二款进一步明确“从事雇佣活动”，是指从事雇主授权或者指示范围内的生产经营活动或者其他劳务活动。雇员的行为超出授权范围，但其表现形式是履行职务或者与履行职务有内在联系的，应当认定为“从事雇佣活动”。

2. 从严某与梁某的关系来看，严某属于梁某的帮工人。根据上述司法解释第13条的相关规定“为他人无偿提供劳务的帮工人，在从事帮工活动中致人损害的，被帮工人应当承担赔偿责任。”选择适用法条的不同，将直接决定着医院是否应该为严某行为承担替代责任，也即影响了损害责任的划分及赔偿费用的分担。笔者认为，在此种情况下应该从严某的主观要件出发综合考虑。在法庭审理过程中，严某曾多次表示“出于朋友的关系才违反医院管理规定”、“碍于朋友的情面”，因此，严某因缺乏第54条“医务人员”的主观要件而在前述案件中并不以医务人员的身份出现，医院无须为其承担替代责任。而按照《侵权责任法》第12条的相关规定“二人以上分别实施侵权行为造成同一损害，能够确定责任大小的，各自承担相应的责任”，应由严某与医院共同承担责任。

三、过错及因果关系的证明和举证责任

(一) 过错及其证明

第54条明确规定医疗损害赔偿责任的归责原则是过错原则。即医疗机构及其医务人员有过错的，需承担医疗损害赔偿责任。之所以将医疗损害赔偿责任设计成过错原则而非无过错原则或是严格责任原则，是从患者和医疗机构两方面的利益平衡进行考量的。一方面，患者生命健康权不容侵犯，任何机构或者个人都只有维护和保障的义务；患者去医院就医，就应该获得良好的医疗服

务；一旦患者在诊疗活动中受到不应有的损害，患者有权为了自己的合法权益向医疗机构主张赔偿。另一方面，同时也要看到诊疗活动具有高度专业性、风险性、不可预见性，存在一定范围内的误诊在所难免。我国目前临床误诊率在30%左右，而某些疑难病例的误诊率则达到40%以上。造成误诊的主要风险因素是疾病表现复杂多样，患者个体存有差异，医患双方认知不同等。① 如果武断规定患者出现损害医疗机构就要赔偿，那么最终的结果便是医疗机构想方设法将风险成本分摊给患者、医师采取防御性治疗以求稳妥；医学研究的积极性降低，医学科学止步不前。因此，诊疗活动并非仅因损害结果内容的出现而承担医疗损害赔偿责任，更为主要的是因存在诊疗方法、手段上的不当，即存在过错。

事实上，各国对于治疗损害责任的认定，也多以过错存在与否作为判断标准，同时为了保护处于弱势地位的患者的利益，确保法律的安全性，应尽量使过错的认定标准客观化，使其具有最大的可操作性。② 例如，《侵权责任法》还规定了过错推定原则。该法第58条规定："患者有损害，因下列情形之一的，推定医疗机构有过错：（一）违反法律、行政法规、规章以及其他有关诊疗规范的规定；（二）隐匿或者拒绝提供与纠纷有关的病历资料；（三）伪造、篡改或者销毁病历资料。"③ 该条法律规定便是对过错标准的客观化认定的表现之一。在我国20世纪90年代，人们对医疗损害赔偿责任中的"过错"要素并未引起重视，甚至出现了只要相关鉴定机构的鉴定结论表明不属于医疗事故，便可不必考虑是否存在过错，直接判定医院无须承担责任的情形。如今我国的医疗损害赔偿责任可分为因医疗事故引起和因医疗过错引起两类，即只要有证据证明（并不仅限于医疗鉴定结论）医疗机构或其医务人员在诊疗活动存在过错并导致患者损害，人民法院便可要求医疗机构承担医疗损害赔偿责任。如前述案件中，光从拔牙诊疗活动来看，牙科医师刘某、黄某的行为并不构成医疗事故，但其在治疗活动中未能尽到注意义务而使患者得以自行推注麻药，因而需要为其过错承担相应责任。当然，从医疗机构的权益来看，对第54条中的"过错"应做限缩解释——该条所说的过错应当限定为过失，包括重大过失但不包括故意。

---

① 付子堂等著：《医疗纠纷案件审理之实证分析》，人民法院出版社2006年版，第107页。

② 孟强著：《医疗损害责任：争点与案例》，法律出版社2010年版，第113页。

③ 杨立新教授提出了构建医疗损害侵权行为归责原则体系的设想。根据此种设想，医疗技术损害责任采过错责任原则、医疗伦理损害责任采过错推定原则，医疗产品损害责任采无过错责任原则。详见杨立新：《〈侵权责任法〉医疗损害责任改革的成功与不足》，载 http：//civillaw. com. cn 中国民商法律网，2011年5月20日最后一次访问。

（二）因果关系及其证明

因果关系，即诊疗活动中患者损害的发生与医疗机构及其医务人员的过错之间的引起和被引起的关系。“因果关系”一词虽然没有在第54条中出现，但却是该条的应然之意。在学术上讨论的热点之一便是因果关系的证明程度。目前在大陆法系占主导地位的学说是经过改良的相当因果关系说，其基本含义是：加害人必须对以他的不法行为为相当条件的损害负赔偿责任，但是对超出这一范围的损害后果不负民事责任。相当原因必须是损害后果发生的必要条件，并且具有极大增加损害后果发生的可能性即“客观可能性”。如果诊疗行为与患者的损害后果之间没有达到这种客观可能性，那么医疗机构就不承担侵权赔偿责任。①

因果关系一般可以分为直接因果关系和间接因果关系。直接因果关系是原因直接、必然产生结果的关系。前述案件中，严某和张某推注麻药的行为与梁某所受损害之间便是一种直接因果关系。间接因果关系是原因可能、在一定条件下产生结果的关系。如刘某、黄某未尽注意义务的行为与梁某受到损害之间便是间接因果关系。一般来说判断两个事物之间是否具有因果关系需要运用逻辑推理的方法：根据“适当性”认定争议诊疗行为是否是发生诊疗损害后果的充分条件，即在有争议诊疗行为的情况下，是否通常会发生损害后果。② 而在实务中，由于诊疗活动具有专业性，医疗损害案件中的因果关系一般通过医学会鉴定机构或者司法鉴定机构的鉴定结论来认定，审判人员如果认为鉴定内容存在不合理或矛盾之处，可以不予采纳。

（三）过错与因果关系的举证责任

举证责任是一种古老的事实发现机制。其法律意义在于通过配置证明责任并课以举证不能的一方承担败诉后果，从而激励各方通过举证来发现造成损害的真正原因，使得裁判者能够发现或者更为接近真实的事实，最终做出公平的裁判。在《侵权责任法》出台之前，关于医疗损害赔偿纠纷中的举证责任，《最高人民法院关于民事诉讼证据的若干规定》第4条规定，因医疗行为引起的侵权诉讼，由医疗机构就医疗行为与损害结果之间不存在因果关系及不存在医疗过错承担举证责任。根据该规定，过错和因果关系的举证责任归于医疗机构。《侵权责任法》的出台经历了四部审议稿，前后八次修改。在这八次修改中，有四次在草案中明确规定“患者的损害可能是由医务人员的诊疗行为造

① 奚晓明主编，最高人民法院侵权责任法研究小组编著：《〈中华人民共和国侵权责任法〉条文理解与适用》，人民法院出版社2010年版，第387页。

② 单国军著：《医疗损害》，中国法制出版社2010年版，第94页。

成的，除医务人员提供相反证据外，推定该诊疗行为与患者损害之间存在因果关系”。但有意见指出，因果关系问题较为复杂，如此规定有可能束缚法官根据具体案情对一些复杂因果关系的判断。因此，现在正式颁布的《侵权责任法》中并没出现如上规定。根据新法优于旧法，法律文本高于司法解释的基本法理，按照第54条的规定，现在的医疗损害赔偿纠纷中关于过错和因果关系的举证责任应该仍归于患者一方。立法观念的如此转变表明立法者正在努力在妥善保护患者权利和促进现代医学进步之间寻找更为科学合理的平衡点。

立法对医疗损害的利益调整思路决定着司法审判中处理医疗损害纠纷的思路。[①] 在处理医疗损害赔偿纠纷中要注意给医生留出一定的合理空间，由患者承担一部分医疗活动中的高度风险，使其发挥主观能动性更好地对症下药。有些学者主张采取举证责任缓和制度。所谓的举证责任缓和，就是在法律规定的情况下，在原告存在技术或者其他方面的障碍无法达到法律要求的证明标准时，适当降低原告的举证证明标准，在原告证明达到该标准时，视为其已经完成举证责任，实行举证责任转换，由被告承担举证责任。[②] 以前述案件为例，梁某只要证明医院存在过错及过错与损害之间具有因果关系的可能性即可，而该县医院则要证明医院必然不存在过错及不存在因果关系。笔者亦同意采用举证责任缓和制度，原因在于：首先，由于病历、处方等第一手资料皆由医疗机构管理，且诊疗活动具有高度专业性，医患之间存在明显的信息不对称。因此要求原告承担与被告一样的举证责任是不公平的。其次，完全由医疗机构承担举证责任，将加大其败诉的可能性，不利于医学的进步。在医疗机构承担败诉后果后，为了弥补损失，必将会通过提升医疗费用的方法来实现“收支平衡”，进而损害了其他患者的权益。再次，该制度也在一定程度上增加了实务中的可操作性，在保证法官自由裁量权的同时也进行了合理限制。

此外，在具体适用第54条时，还需要注意一个极为重要的问题，即在多因一果情形下原因力规则的运用问题。前述案件的复杂性和疑难性之一即体现在损害结果是由多个原因造成的。患者梁某作为有着丰富经验的医师，对自己的医学判断过于自信而产生的甘冒风险的行为；张某的教唆行为和实施推注行为；刘某、黄某未尽注意义务的行为；严某严重违反医院管理制度的行为和推注行为。而其中张某和严某的推注行为是造成梁某损害的直接原因。在此类多因一果情形下运用原因力规则，不仅有助于弄清损害发生的真相，更为重要的是有助于公平地分配损害赔偿责任，确定具体的赔偿数额。原因力的基本规则

---

① 单国军著：《医疗损害》，中国法制出版社2010年版，第3页。

② 杨立新：《医疗损害责任的因果关系证明及举证责任》，载《法学》2009年第1期，第35页。

是，在数个原因引起一个损害结果的侵权行为案件中，各个原因构成共同原因，每一个原因对损害结果具有不同的作用力；无论共同原因中的每一个原因是违法行为还是其他因素，行为人只对自己的违法行为所引起的损害结果承担与其违法行为的原因力相适应的赔偿责任份额，对于非因自己的违法行为所引起的损害结果，行为人不承担赔偿责任。[①]《侵权责任法》第26条规定的"被侵权人对损害的发生也有过错的，可以减轻侵权人的责任"便是原因力规则的直接体现。在多因一果、一因多果或者多果多因等复杂情形下，法官需要综合考虑当时的情况、法律关系、公平正义、社会政策等多种因素决定。[②]不仅要考虑过错、因果关系，还要全面考虑患者本身的特殊性，如体质和身份（像梁某的医师身份），以及疾病本身的疑难性和超出当时医疗水平等各种原因力因素，以便科学合理准确地划分赔偿责任和赔偿数额。

（一审合议庭成员：俞爱根　张冬根　袁群英
二审合议庭成员：邹　军　张　葳　甘致易
编写人：江西省新余市分宜县人民法院　潘冰心
责任编辑：原晓爽
审稿人：曹守晔）

① 杨立新：《〈侵权责任法〉医疗损害责任改革的成功与不足》，载中国民商法律网 http：//civillaw. com. cn，最后一次访问2011年5月20日。

② 单国军著：《医疗损害》，中国法制出版社2010年版。

3. 王某诉无锡市某医院医疗损害责任纠纷案

问题提示：医院履行了告知义务，但告知义务未尽到谨慎注意义务造成损害后果应否承担损害赔偿责任？

【要点提示】

医疗机构或医护人员未履行告知、说明义务，或在告知、说明时未尽到谨慎注意义务造成损害后果的，医院应当承担损害赔偿责任。

【案例索引】

一审：江苏省无锡高新技术产业开发区人民法院（2007）新民一初字第1244号（2009年4月1日）（未上诉）

【案情】

原告：王某

被告：无锡市某医院

无锡高新技术产业开发区人民法院经审理查明：2007年4月16日，王某因“车祸致右肩头部受伤2小时”至被告医院住院治疗，被诊断为右肩锁关节脱位、右顶部头皮裂伤，当日予右顶部头皮裂伤清创缝合术后行右肩锁关节脱位切开复位内固定术、喙锁韧带修补术、肩锁关节修补术，术后给予抗感染、止血、补液等治疗。4月17日X片检查示：原右肩锁关节脱位已复位，且用钢板螺钉内固定，右肩关节在位，余无异常。王某于5月1日出院。2007年5月30日，王某至被告医院进行复查，被诊断出右肩锁关节骨螺钉出现断裂。同年7月14日被告医院复查X片：右肩锁关节脱位内固定术后复查所见，关节在位，较长一根内固定螺钉远1/3处断裂。同年7月28日，王某至无锡市第二人民医院检查，该院影像诊断报告显示：右肩锁关节脱位术后，对位可（右锁骨下方见一金属螺钉游离）。10月15日，王某又至无锡市第一人民医院

检查，该院 DR 检查报告显示：右锁骨骨折内固定后改变，有一内固定螺钉断裂。因双方无法就赔偿问题达成一致意见，2007 年 10 月 17 日，王某诉至法院，要求被告赔偿各项损失。诉讼中，王某认可导致其受伤的交通事故是其与侵权方调解处理的，交通事故侵权方已经对第一次住院的医疗费等各项赔偿费用予以了理赔。

诉讼中，被告依法向一审法院提出医疗事故技术鉴定申请。2008 年 6 月 26 日，无锡市医学会出具医疗事故技术鉴定书，该鉴定书认为：（1）诊断明确，有手术指征，术后肩锁关节复位稳定，肩关节功能恢复良好。（2）断裂螺钉系肩关节应力集中所致，与肩关节过早活动有关。院方对螺钉断裂发生的可能性预见不够，未采取相应的预防性保护措施，却在术后第九天即“嘱加强右上肢功能训练”存在医疗过失。（3）院方的医疗过失行为造成了患者取断钉困难，并增加了取钉术的创伤程度。鉴定结论为：本病例属于四级医疗事故，医方承担次要责任。被告不服该鉴定结论提出再次鉴定申请，2009 年 1 月 9 日，江苏省医学会出具了医疗事故技术鉴定书，该鉴定书认为：患者右侧肩锁关节Ⅲ脱位诊断明确，有手术指征。医方选择的手术方式可行。肩锁关节为微动关节，运动所致应力是断钉原因。医方存在术后交代不清，未采取适当制动预防，过早进行功能锻炼之过失。目前断钉在骨内，二次手术取钉有一定困难，给病人增加了一定伤害。鉴定结论与无锡市医学会的一致。

原告诉称：2007 年 4 月 16 日其因遭遇交通事故至被告医院住院治疗，即日被告为其进行了手术，治疗 15 天后出院。出院后因一直感觉手术部位疼痛，两次去被告处复查，被诊断为螺钉断裂，医生表示今后取出钢板疼痛就会消失。此后，王某仍感到疼痛，再至无锡市第二人民医院复查，被诊断为“体内右锁骨下方见一金属螺钉游离”。因被告手术失败，导致王某要接受第二次手术，且断裂的螺钉取出困难，势必会给王某造成新的伤害并留下后遗症。王某多次与被告协商未果，故诉至法院，要求判令被告赔偿二次手术费 10000 元、伤残费 50000 元、营养费与误工费 10000 元、精神抚慰金 10000 元，并返还第一次医疗费 15410 元。

被告辩称：其的治疗过程是合理的，并不存在过错。王某体内的螺钉断裂是多方面原因造成的，并非被告治疗的结果，王某也无证据证明其主张。且王某主张的各项费用均无相应证据证明，请求驳回王某的诉讼请求。

【审判】

无锡高新技术产业开发区人民法院认为：本案的争议焦点在于被告为王某提供诊疗服务的过程中是否存在过失，即其是否已尽到应尽的谨慎注意义务和充分的告知、说明义务。根据相关规定，医疗机构及其医务人员在对患者进行医疗活动时，应遵守医疗卫生管理法律、行政法规、部门规章和诊疗护理规范、常规，同时也应承担善良管理人的注意义务，即在进行医疗活动时极尽谨慎、勤勉义务，极力避免损害发生。本案中，在治疗方面，王某因车祸右肩部受伤入住被告处，被告给予右顶部头皮裂伤清创缝合术后行右肩锁关节脱位切开复位内固定术、喙锁韧带修补术、肩锁关节修补术，并在术后给予抗感染、止血、补液等治疗。根据省市两级医学会的鉴定，可以明确被告手术指征明确，手术依据充分，故被告在治疗上并不存在过错。在告知、说明义务方面，被告对螺钉断裂发生的可能性预见不够，未采取相应的预防性保护措施，在术后第九天即"嘱加强右上肢功能训练"。虽然适当的功能训练能够加快伤情的愈合，但医疗人员对患者康复过程中有关注意事项未作详细指导，未达到充分告知的要求，导致患者开始锻炼的时间过早，而产生了钢钉断裂的后果。被告医护人员在告知说明方面的过失与王某目前的损害后果产生有一定的因果关系，故被告的医疗行为构成四级医疗事故，应当承担次要责任。王某作为有民事行为能力的个人，虽然其不具备专业的医务知识，但在体内尚留有内固定的情况下不能进行强度太大的活动，这应当是一般人都具有的常识，而王某在术后体内固定尚未拆除的情况下，进行的功能锻炼强度过大，是造成内固定断裂的主要因素，故其本身的过错是构成事故的主要原因。综合王某与被告的过错程度以及与造成后果的因果关系，一审法院认定被告对王某的损失应承担40%的赔偿责任。

关于赔偿的标准及数额，因本案构成医疗事故，应根据《医疗事故处理条例》第50条、第51条的规定确定。该条例规定：按照医疗事故对患者造成的人身损害进行治疗所发生的医疗费用计算，凭据支付，但不包括原发病医疗费用。王某主张的误工费、营养费及退还第一次手术费的请求均是针对原发病治疗的费用，不属于法律规定应当赔偿的范围，故对于该部分请求不予支持。关于二次手术的费用，因王某目前尚未进行二次手术，损失尚未实际发生，王某可在损失实际发生后再行主张，故在本案中不予支持。王某在第一次手术后因断钉问题曾多次复诊，根据王某提供的医疗费票据计算，共计医疗费100.8元应予认定。关于王某主张的精神抚慰金和伤残费，按照卫生部《医疗事故分级标准（试行）》的规定，本案中的四级医疗事故不构成伤残等级，故对该项诉讼请求法院不予支持。综上，王某损失费用为100.8元，被告应负担其中的40%，即40.32元。

综上，依照《医疗事故处理条例》第四十九条、第五十条的规定，一审判决：一、被告于本判决发生法律效力后十日内赔偿王某40.32元。二、驳回

王某的其他诉讼请求。

一审宣判后，王某与被告均未在法定期限内提出上诉，判决已发生法律效力。

【评析】

医疗机构及其医务人员在对患者进行医疗活动时，应遵守医疗卫生管理法律、行政法规、部门规章和诊疗护理规范、常规，同时也应承担善良管理人的注意义务，即在进行医疗活动时极尽谨慎、勤勉义务，极力避免损害发生。但是近年来，由于医疗机构或医护人员未履行告知、说明义务，或在告知、说明时未尽到谨慎注意义务造成损害后果而引发的医疗纠纷案件日益增多。审理该类医疗纠纷的关键所在是查清以下几点事实：（1）医院是否履行了告知、说明义务；（2）医院履行的告知、说明义务是否恰当；（3）医院的告知、说明行为与患者的损害之间是否存在因果关系。就本案来说，根据医学会鉴定可以明确：患者右侧肩锁关节Ⅲ脱位诊断明确，有手术指征，被告选择的手术方式可行。故可以确定被告在手术以及治疗行为方面均不存在过失，但是在治疗结束后，被告向患者进行了告知、说明，但其告知时存在“术后交代不清，未采取适当制动预防，过早进行功能锻炼之过失”，而王某基于被告的过失告知而作出了“进行功能锻炼”的错误选择。虽然被告的告知、说明行为本身不会造成王某人身的损害，但医疗机构的告知、说明行为会使患者作出不同的选择，告知、说明的正当与否决定患者是否能够作出正确的选择，王某正是在被告的告知、说明下作出的选择不当造成了损害后果，所以本案中认定被告承担40%的赔偿责任。

纵观我国目前的法律法规，虽然其中对医疗机构应告知、说明的内容作出了相应的规定，但仅仅是进行了概括性的规定，对于如何判断医疗机构的告知、说明是否已经达到规定的程度，法律上并没有明确的规定，故法官在审理此类案件中应当综合分析医疗机构进行告知、说明时有没有尽到谨慎的注意义务，医疗机构的告知、说明对于患者作出选择时的影响，以及患者根据医疗机构的告知、说明所做的选择与损害后果产生之间的因果关系，以最终确定医疗机构的告知、说明是否存在过失，也即最终确定医疗机构违反告知、说明义务所应承担的赔偿责任。

（一审合议庭成员：胡艳丽

编写人：江苏省无锡市高新技术产业开发区人民法院　胡艳丽

责任编辑：顾利军

审稿人：曹守晔）

4. 龚某等诉福清市某医院医疗损害责任纠纷案

问题提示：经医疗事故鉴定不构成医疗事故时是否还应进行过错鉴定?

【要点提示】

现阶段审判部门在医疗损害赔偿案件中适用法律问题上采用“二元化”的模式，即医疗事故侵权损害赔偿纠纷适用《医疗事故处理条例》，一般医疗侵权损害赔偿纠纷适用《民法通则》、《最高人民法院关于审理人身损害赔偿案件适用法律若干问题的解释》等。法律适用“二元化”，使得诊疗行为若经鉴定不构成医疗事故的情况下，仍要判断其是否构成一般医疗侵权的问题。我们主张在审判实践中，即使经医疗事故鉴定不构成医疗事故，仍应对诊疗行为进行过错鉴定，以判断诊疗行为是否具有过错，及与损害后果之间是否具有因果关系。

【案例索引】

一审：福建省福清市人民法院（2008）榕民初字第2846号（2008年7月26日）

二审：福建省福州市中级人民法院（2009）榕民终字第2400号（2009年11月17日）

【案情】

原告：龚某等

被告：福清市某医院

福清市人民法院审理查明：被告福清市某医院是经福清市卫生局核准登记的具有医疗执业资格的医疗机构。2007年5月1日下午，原告龚某之夫暨另

两原告之父董某（1939年9月20日出生）以“排尿困难三年，加剧二周，无法排尿一天”为主诉就诊于被告门诊，被告门诊诊断董某为良性前列腺增生症并急性尿潴留症，于当日晚17时30分许将其收住外科治疗，由执业外科医师陈某负责对董某的诊治。董某住院后自述有三年高血压冠心病史，两年前曾因“高血压冠心病”到被告心血管科住院治疗；有一年“消化道溃疡”病史，曾入私人医院不规范治疗。住院当天，被告对其完善相关检查后，给予二级护理，半流质饮食，抗感染、输液、留置导尿等处理。2007年5月2日20时左右，董某排柏油样黑便一次，量约400毫升；2007年5月3日7时左右，董某排柏油样黑便四次，总量为150毫升。被告对董某给予血凝酶止血、奥美拉唑抑制胃酸等治疗处理。2007年5月4日7时左右，董某排柏油样黑便三次，总量为100毫升。被告对董某继续给予血凝酶止血、使用奥美拉唑抑制胃酸等治疗处理。2007年5月5日，董某的病情有所稳定，未排黑便和呕血。其间，原告及董某本人曾要求行纤维胃镜检查，以明确上消化道出血的部位及原因；但被告主管医师考虑董某有高血压病史，担心该患者出血尚未停止、病情不稳定，胃镜检查可能出现因胃腔积血无法看清而导致操作过程损伤消化道血管导致大出血等情况，而未行纤维胃镜检查。2007年5月6日18时20分左右，董某出现呕血症状，呕血呈鲜红色，量约200毫升，未排柏油样黑便。被告对董某继续给予吸氧、心电监护、二路输液扩容、输血400毫升、血凝酶止血等治疗处理。2007年5月7日14时左右，董某又排柏油样黑便一次，量约60毫升。2007年5月8日7时左右，董某再排柏油样黑便一次，量不详。2007年5月9日10时30分，被告根据其副主任医师林某的查房意见对董某给予清洁洗肠处理。当日11时15分至5月10日3时左右，董某出现呕吐鲜红色血液六次，总量约3800毫升，伴休克表现。被告给予胃肠减压、吸氧、心电监护、多路输液扩容、输血及血浆、奥美拉唑抑制胃酸，并行胃管灌注去甲肾上腺素和云南白药等治疗措施，期间被告外科还请该院消化内科、肿瘤科医生协助抢救。其间原告要求急救行剖腹探查止血手术，并由原告龚某等签署了手术同意书，但被告认为董某病情凶险而不稳定，贸然实施剖腹探查止血手术，存在病人死在手术台上的医疗事故风险，故而未能手术，继续保守治疗。2007年5月10日凌晨4时15分，董某失血性休克，处于濒死状态，原告同意放弃抢救，办理自请出院。被告对董某的出院诊断为：（1）上消化道大出血并失血性休克；（2）良性前列腺增生症并急性尿潴留；（3）泌尿系感染；（4）高血压冠心病；（5）消化道溃疡。出院建议为门诊随访、继续抢救治疗。董某于出院当日即因失血性休克死亡。董某住院共花费医疗费19054.27元。董某死亡后，原告认为被告的医生医疗水平低劣和医德败坏，明知不为董某进行手术止血治疗会导致董某死亡，却故意拖延手术时机，放任董某病情发展直至死亡，负有医疗事故责任，而与被告及当地卫生行政部门交涉要求赔偿。2007年5月25日，被告制作了《关于董某住院经过情况说明》，交原告一份，该说明在存在问题部分称，“在整个治疗、抢救过程中，应该说医护人员还是积极主动，但其中确实存在一些不足，比如说，未能及时进行胃镜检查明确出血原因。但此缺陷与患者死亡是否有因果关系难以确定。”2007年5月28日，被告又制作了《关于董某医疗纠纷情况说明》，交原告一份，该说明在存在问题部分称，“在整个治疗、抢救过程中，确实存在一些不足缺陷。”被告在该说明中表示愿意通过法律规定的程序公平、公正、妥善地处理与原告的医疗纠纷，将本着负责的态度予以配合，承担该承担的责任。2007年7月5日，福清市卫生局委托福州市医学会对董某治疗过程进行医疗事故技术鉴定。2007年8月31日，福州市医学会作出榕医鉴字〔2007〕025号《医疗事故技术鉴定书》，该鉴定书中的分析意见认为，“急性上消化道大出血并休克的诊断是明确的，具体病因尚未明确；在诊疗过程中，胃镜检查和手术时机选择应视病情而定，医方没有违反诊疗常规，不构成医疗事故。”鉴定结论为“根据《医疗事故处理办法》第2条、第33条，本病例不属于医疗事故。”原告为该医疗事故技术鉴定缴纳了鉴定费2500元。2008年4月29日，原告通过福建亚太天正律师事务所委托福建正中司法鉴定所，要求对被告在对董某的诊疗行为中是否存在过错及其与董某出现上消化道大出血、失血性休克死亡是否存在因果关系的问题进行鉴定。该司法鉴定所于2008年5月1日作出正中司鉴所〔2008〕临证字第24号《福建正中司法鉴定所书证审查意见书》。该书证审查意见书通过审阅董某病历后分析认为，胃十二指肠（上消化道）大出血的治疗原则，是补充血容量防止失血性休克，尽快明确出血部位并采取有效止血措施。福清市某医院在治疗中予以补充血容量，留置鼻胃管和止血制酸等治疗，但未急诊纤维胃镜检查以明确病灶，特别是入院后第二天，出现上消化道出血（柏油样便）时，即行胃纤维检查明确出血病灶，并同时施行内镜下进行电凝、激光灼凝、注射或喷药物等局部措施和急诊手术止血，董某将不会出现2007年5月9日至10日的上消化道大出血。在出现大出血时，根据上消化道大出血诊疗常规，福清市某医院也应为董某行急诊止血手术，更何况2007年5月9日已术前准备，患者本人及家属要求行急诊止血手术，并签署手术同意书。根据该分析，该书证审查意见书认为，福清市某医院在为董某住院期间出现上消化道出血的诊疗行为中存未及时进行明确出血灶的检查和延误治疗时机，与董某出现上消化道大出血、失血性休克死亡存在因果关系。原告为该书证审查缴纳了“医疗纠纷鉴定费”2400元。

另查明，除原告龚某等外，董某尚有长女、次女为其近亲属。本案诉讼中，董某长女、次女均书面表示同意放弃对被告的赔偿请求权，同意由原告龚某等行使对被告的全部赔偿请求权。原告龚某等诉称：针对死者董某的整个住院治疗过程，被告于2007年5月25日和5月28日向原告方出具两份《关于董某住院治疗经过情况说明》的存在问题中均承认，在整个治疗、抢救过程中，确实存在一些不足和缺陷，比如说，未能及时进行胃镜检查明确出血原因。原告方认为，被告在对死者董某的诊疗行为中存在过错，并且其过错的诊疗行为与董某出现上消化道大出血、失血性休克死亡存在因果关系。因此，原告方委托福建正中司法鉴定所对被告在董某的诊疗行为中是否存在过错及其与董某出现上消化道大出血、失血性休克死亡是否存在因果关系进行鉴定。福建正中司法鉴定所作出的书证审查意见证实：被告在为董某住院期间出现上消化道出血的诊疗行为中存未及时进行明确出血灶的检查和延误治疗时机，与董某出现上消化道大出血、失血性休克死亡存在因果关系。因此，被告构成侵权。请求依法判令被告赔偿原告死亡赔偿金186060元、医疗费19054.27元、误工费500元、护理费500元、住院伙食补助费150元、丧葬费11043元、医疗事故（纠纷）鉴定费4900元、精神抚慰金5万元，以上共计人民币272207.27元。

被告福清市某医院辩称：对于未能挽救董某的生命，被告与其家属一样是悲痛的，但回顾整个医疗过程，被告的医护人员是尽心尽职的。《执业医师法》第21条规定，医师在执业活动中享有选择合理的医疗方案的权利。本案医师当时未选择胃镜检查和手术治疗方案是合理和合法的。福州市医学会医疗事故技术鉴定分析意见指出，“急性上消化道大出血并失血性休克诊断是明确的，具体病因尚未明确；在诊疗中，胃镜检查和手术时机应视病情而定，医方没有违反诊疗常规，不构成医疗事故。”被告出具的情况说明中关于治疗有缺陷的内容，是非专业人员在未全面了解诊疗情况下作出的，并不符合临床医疗实际情况。该情况说明只不过是在当时死者家属情绪激动情况下，为平息事态，以利引导做医疗事故鉴定来解决争议的特定环境下产生的，不是被告的真实意思表示。福建正中司法鉴定所作出正中司鉴所关于被告在为董某住院期间出现上消化道出血的诊疗行为中存未及时进行明确出血灶的检查和延误治疗时机，与董某出现上消化道大出血、失血性休克死亡存在因果关系的书证审查意见是错误的，不具有真实性和合法性，依法不能采信。本案董某的死亡经医学会鉴定不构成医疗事故，实质上认定被告无过错且与患者死亡无因果关系。原告指责被告的医师延误治疗时间，存在治疗过错并与董某死亡有因果关系是错误的，依法不能成立。本案原告对医疗事故鉴定结论有意见，对被判断不是医疗事故的医疗纠纷提起诉讼，不符合人民法院的受案范围。请求依法裁定驳回原告的起诉或者判决驳回原告的诉讼请求。

【审判】

福清市人民法院根据上述事实认为：

（一）关于被告福清市某医院在对董某的治疗中是否存在与董某死亡有因果关系的医疗过错的问题

原告所持肯定性主张的主要依据是被告在《关于董某住院经过情况说明》、《关于董某医疗纠纷情况说明》中，承认在整个治疗、抢救过程中，医护人员确实存在一些如未能及时进行胃镜检查明确出血原因的不足的事实，还有《福建正中司法鉴定所书证审查意见书》关于福清市某医院在为董某的住院期间出现上消化道出血的诊疗行为中存未及时进行明确出血灶的检查和延误治疗时机，与董某出现上消化道大出血、失血性休克死亡存在因果关系的书证审查意见。被告否定原告的主张，其主要依据则是福州市医学会的《医疗事故技术鉴定书》关于本案病例不属于医疗事故的结论。被告对原告提供证据的质证意见主要内容如被告辩称部分所述；原告对被告提供证据的质证意见主要内容是认为医疗事故技术鉴定认定本案病例不属于医疗事故，不能否定被告自己承认的医疗过错，原告是以非医疗事故损害赔偿起诉得出，被告提供的医疗事故技术鉴定书与本案没有关联性。本案庭审时，根据被告的申请，一审法院依法通知福建正中司法鉴定所的主检法医师韩某作为鉴定人出庭接受质询，福清市某医院副主任医师林某作为具有专门知识的人员出庭就案件的专门性问题进行说明。鉴定人韩某主要就其鉴定资质和作出书证审查意见的依据等问题接受了被告委托代理人的质询。该鉴定人就被告关于董某有高血压、冠心病史，考虑患者肝硬化、门脉高压致食道静脉曲张破裂出现可能，不适合做急诊纤维胃镜检查的辩解进行说明称，董某住院第二、三天出现柏油样黑便，病历记载当时的血压是正常的，患者否认有肺、肝、肾等重要脏器疾病史，可以不用考虑静脉曲张问题；且被告对其担心顾虑的问题并没有进行确认排除，故其理由不能成立。林某副主任医师的主要说明意见与被告的书面答辩意见基本相同，认为患者董某有急诊纤维胃镜检查和止血手术的禁忌症，不具备行相关检查和手术的时机。林某还认为，发现董某有便无法排出，对其采取清洗肠胃是可行的。

一审法院认为，本案系因医疗行为引起的侵权诉讼，应当依法由医疗机构就医疗行为与损害结果之间不存在因果关系及不存在医疗过错承担举证责任。被告福清市某医院提供的医疗事故技术鉴定书虽然认定本案病例不属于医疗事故，但并不能证明被告不存在与董某死亡有因果关系的医疗过错。该医疗事故技术鉴定书中对被告于2007年5月9日10时30分对董某给予清洁洗肠的治疗措施没有进行诊治摘要，对该医疗措施是否得当也未进行分析说明。该医疗事故技术鉴定书的分析意见认为，“在诊疗过程中，胃镜检查和手术时机选择应视病情而定”，但本案病例董某的病情是否就不具备行胃镜检查和止血手术的时机，该医疗事故技术鉴定并没有进行肯定性的分析认定。上消化道大出血的治疗原则，是补充血容量防止失血性休克，尽快明确出血部位并采取有效止血措施。在本案中，患者董某开始出现柏油状黑便时，被告的医务人员即应明确患者上消化道出血的症状；在采取常规药物止血未见明显效果的情况下，被告的医务人员仍未采取急诊纤维胃镜等检查手段明确病灶，进而采取电凝、激光灼凝、注射或喷药物等局部措施和急诊手术等有效止血措施；反而对患者实施了清洗肠胃的措施。清洗肠胃后半个多钟头，患者即第一次出现大量呕吐鲜红血症状。被告对于其实施的清洗肠胃的措施，不能提供证据证明对患者上消化道出血没有加剧的副作用，一审法院依法认定被告对此存在过错。在患者出现大量呕血的危急症状时，被告仍未对患者采取尽快明确出血部位并采取有效止血措施；且患者家属签署手术同意书要求行急诊止血手术的情况下，被告仍以存在手术风险为由，拒绝为董某行急诊止血手术，以继续保守治疗为由，实际上放任董某因失血性休克死亡。被告辩解称患者存在检查和手术的禁忌症，但所述的禁忌症与患者的病历记载并不相符，且被告并没有对其所担心顾虑的禁忌症进行必要的确认排除，故被告的该辩解不能成立。医师在执业活动中依法享有选择合理的医疗方案的权利，但其在选择医疗方案时，应当以抢救患者的生命为最高准则。在董某上消化道大出血的症状下，被告的医务人员应当预见到如不尽快明确其出血部位并采取有效止血措施，将会导致董某死亡的严重后果。而被告的过错，恰恰在于选择医疗方案时没有将抢救董某的生命作为最高准则，最终导致董某死亡的严重后果。被告在其制作的两份有关董某住院治疗过程的说明中承认自己在治疗、抢救中存在不足或缺陷，如未能及时进行胃镜检查明确出血原因，该说明系被告的真实意思表示。被告以医疗事故技术鉴定认定本案病例不属于医疗事故为由，否认其在说明中承认的事实，不符合诚实信用的原则，一审法院不予支持。福建正中司法鉴定所关于被告在为董某的住院期间出现上消化道出血的诊疗行为中存未及时进行明确出血灶的检查和延误治疗时机，与董某出现上消化道大出血、失血性休克死亡存在因果关系的书证审查意见，有董某的病历资料为依据，其分析意见符合相关医学理论和临床医疗实践，一审法院予以采信。被告不能举证证明其在对董某的医疗行为中不存在与董某死亡有因果关系的医疗过错，故一审法院依法认定被告在对董某的医疗行为中存在过错，且该过错与董某死亡具有因果关系，是造成董某死亡的主要原因。同时，董某死亡与其本人的体质、病情等亦存在法律上的因果关系，是造成董某死亡的次要原因。

（二）关于本案是否属于因医疗事故以外的原因引起的其他医疗赔偿纠纷，以及本案是否可以适用《民法通则》的规定确定当事人民事责任的问题

原告以非医疗事故的一般人身损害赔偿纠纷起诉，主张适用《民法通则》的规定确定被告的赔偿责任；被告则认为本案争议的问题是医疗中发生的，且经过医疗事故鉴定程序，应当适用《医疗事故处理条例》的规定处理，因本案病例不属于医疗事故，被告依法不对原告承担赔偿责任。

一审法院认为，《最高人民法院关于参照〈医疗事故处理条例〉审理医疗纠纷民事案件的通知》（法〔2003〕20号）第1条规定，条例施行后发生的医疗事故引起的医疗赔偿纠纷，诉到法院的，参照条例的有关规定办理；因医疗事故以外的原因引起的其他医疗赔偿纠纷，适用民法通则的规定。该规定将因医疗行为引起的侵权诉讼分为因医疗事故引起的医疗赔偿纠纷和因医疗事故以外的原因引起的其他医疗赔偿纠纷两种，并分别适用不同的法律、法规。对于如何区分是因医疗事故引起的赔偿纠纷还是因医疗事故以外的原因引起的赔偿纠纷，2004年4月10日最高人民法院民事审判第一庭负责人专门就审理医疗纠纷案件的法律适用问题答《人民法院报》记者问中进行了解答，认为“目前根据我国的法律和行政法规的规定，医疗纠纷可以分为两类，一类是医疗事故侵权行为引起的医疗赔偿纠纷案件；另一类是非医疗事故侵权行为或者医疗事故以外的其他原因而引起的医疗赔偿纠纷案件。虽然这两类案件都与医疗行为有关，但是发生的原因不同，前者致害的原因以构成医疗事故为前提，而后者致害的原因是不构成医疗事故的其他医疗过失行为”，“条例只是从特别规定的意义上解决了医疗事故这一特殊侵权类型纠纷的责任承担问题，对不属于医疗事故的一般医疗侵权纠纷，还是应当按照民法通则的有关规定处理。这里体现的适用法律的‘二元化’，不是法律适用依据不统一，而是法律、法规在适用范围上分工配合的体现”。根据该解答，由于按《医疗事故处理条例》的规定，医疗事故须经医疗事故技术鉴定才能确定，因而经医疗事故技术鉴定确定不属医疗事故及无法进行医疗事故技术鉴定的都可归入“因医疗事故鉴定以外的原因”的范围内。本案经医疗事故技术鉴定确定为不属于医疗事故，原告也是以一般人身损害赔偿纠纷提起本案诉讼，故本案属于因医疗事故鉴定以外的原因引起的赔偿纠纷，依法应当适用《民法通则》和《最高人民法院关于审理人身损害赔偿案件适用法律若干问题的解释》的规定确定当事人的民事责任。虽然《医疗事故处理条例》第49条第2款规定，“不属于医疗事故的，医疗机构不承担赔偿责任”，但根据最高人民法院民事审判第

一庭负责人就审理医疗纠纷案件的法律适用问题答《人民法院报》记者问中的解答，“条例调整的仅是医疗事故而造成的人身损害赔偿纠纷，而对不属于医疗事故的医疗行为造成的人身损害赔偿纠纷，自应当适用民法通则的有关规定处理。条例第49条第2款的规定，应当理解为，不构成医疗事故的，医疗机构不能按照条例的规定承担赔偿责任。但是，该条规定并没有免除其按照《民法通则》有关规定应当承担的侵权的民事赔偿责任”。故对被告关于因本案不属于医疗事故而不承担赔偿责任的主张，一审法院不予支持。

对于原告请求的人身损害赔偿项目和数额中，丧葬费11043元、鉴定费4900元符合法律规定，一审法院予以确认。死亡赔偿金186060元，低于按规定计算的201565元，一审法院按原告的请求数额确认。董某虽因自身疾病住院治疗，但因被告医疗过失导致死亡，被告收取的医疗费19054.27元应当予以退还，计入赔偿项目。董某因病住院时已满67周岁，原告承认其已未从事有劳动报酬的工作，故对原告要求赔偿误工费的请求不予支持。董某系因自身疾病住院治疗，其护理费和住院伙食补助费要求原告赔偿无理，一审法院亦不予支持。原告主张的精神损害抚慰金5万元数额过高，一审法院根据本案的具体情况，以3万元确定为宜。本案人身损害的赔偿项目和数额最终确定为医疗费19054.27元、丧葬费11043元、死亡赔偿金186060元、鉴定费4900元、精神损害抚慰金3万元，合计人民币251057.27元。根据被告医疗行为对董某死亡的过错程度，确定被告应当承担70%，即175740.1元的赔偿责任。据此，依照《最高人民法院关于民事诉讼证据的若干规定》第四条第一款第（八）项、第六十一条第一款，《中华人民共和国民法通则》第一百一十九条，《最高人民法院关于参照〈医疗事故处理条例〉审理医疗纠纷民事案件的通知》第一条，《最高人民法院关于审理人身损害赔偿案件适用法律若干问题的解释》第十七条第一款和第三款、第十八条第一款，《最高人民法院关于确定民事侵权精神损害赔偿责任若干问题的解释》第十条的规定，一审判决：一、被告在本判决发生法律效力后十五日内赔偿原告龚某等医疗费、丧葬费、死亡赔偿金、鉴定费、精神损害抚慰金合计人民币175740.1元；二、驳回原告龚某等的其他诉讼请求。

福清市某医院上诉称：（1）根据《医疗事故处理条例》（以下简称《条例》）第2条和第61条规定可知，条例从是否行医合法的标准将医疗人身损害行为分成两类：①医疗事故的医疗损害；②非医疗事故医疗损害。上诉人是合法的医疗机构，从原审认定的所谓上诉人的过错内容及被上诉人所谓的理由来看，本案争议的性质属于医疗事故医疗赔偿纠纷，应当适用《条例》，不予受理该案。而原审法院根据2004年4月10日最高人民法院民事审判第一庭负责人答记者问，认为本案经鉴定不属于医疗事故，可以归入“因医疗事故鉴定以外的原因引起的赔偿纠纷”，应适用《民法通则》及《最高人民法院关于审理人身损害引起的赔偿案件适用法律若干问题的解释》（以下简称《解释》），这是曲解和规避法律的错误。（2）一审认定上诉人的医疗行为存在过错，是造成董某死亡的主要原因。这是违反事实，违反医学科学的错误认定。福州市医学会的医疗事故技术鉴定书分析意见认定“急性上消化道大出血并休克的诊断是明确的，具体病因尚未明确，在诊疗过程中，胃镜检查及手术要视情况而定，医方没有违反诊疗常规。”“结论：不属于医疗事故。”这就有力地证明上诉人的诊疗没有过错，董某死亡的原因是自身所患的急性上消化道大出血并休克的重病。一审否定医疗事故鉴定具有证明上诉人无过错，认定医疗行为对董某死亡起主要原因的理由不能成立。且被上诉人一方提供的福建正中司法鉴定所书证审查意见书内容和程序都是错误的，不能作为定案依据。综上，请求撤销原判，改裁定驳回被上诉人的起诉或判决驳回被上诉人的诉讼请求。

龚某等辩称：（1）本案案由为人身损害赔偿纠纷于法有据，而且属于人民法院的受案范围，一审法院定性准确。（2）最高人民法院民一庭负责人就审理医疗纠纷案件的法律适用问题答记者问中明确确定，不构成医疗事故的其他医疗侵权应当适用《民法通则》。（3）上诉人在对董某住院诊疗过程中存有严重过错，其也自认了在诊治死者董某的过程中存在过错。（4）上诉人严重的过错行为直接导致董某死亡的严重后果。上诉人采取不正当医疗救治措施诱发和加重了董某上消化道大出血的病情，且在患者本人及其家属要求手术的情况下，未能明确出血部位并及时采取有效止血措施，延误治疗时机，严重违反上消化道大出血医疗操作规范、常规。患者董某也不存在上诉人所称的手术禁忌症。被上诉人提供的福建正中司法鉴定所正中司鉴所〔2008〕临证字第24号鉴定书也确认，福清市某医院在为董某的住院期间出现上消化道出血的诊疗行为中存未及时进行明确出血灶的检查和延误治疗时机等过错。（5）被上诉人提供的福建正中司法鉴定所正中司鉴所〔2008〕临证字第24号书证审查意见书应作为本案定案的依据。

福州市中级人民法院根据上述事实认为：医疗纠纷案件可以分为两类：一类是“医疗事故侵权行为引起的医疗赔偿纠纷”，另一类是“因医疗事故以外的原因引起的其他医疗赔偿纠纷”。对于后者而言，包括不构成医疗事故的其他医疗过失行为造成患者人身伤害的纠纷，也包括非医疗行为引起患者人身伤害的纠纷等，该类纠纷的审理应遵照《最高人民法院关于参照〈医疗事故处理条例〉审理医疗纠纷民事案件的通知》（以下简称《通知》）第1条规定“……因医疗事故以外的原因引起的其他医疗赔偿纠纷，适用民法通则的规

定”。本案中，被上诉人在原审中提供的正中司鉴所〔2008〕临证字第24号《福建正中司法鉴定所书证审查意见书》，其分析结论有患者董某的病历资料为依据，也未违反相关法律规定，且与上诉人于2007年5月25日出具的《关于董某住院经过情况说明》及2007年5月28日出具的《关于董某医疗纠纷情况说明》相印证，故依法应予采信。根据该书证审查意见，“福清市某医院在为董某的住院期间出现消化道急性大出血的诊疗行为中存未及时进行明确出血灶的检查和延误治疗时机，与董某出现上消化道急性大出血，失血性休克存在因果关系”，二审法院认为，医方存在过失行为，且该过失行为与损害后果之间有因果关系。鉴于上诉人提供的榕医鉴字〔2007〕025号《福州市医学会医疗事故技术鉴定书》，确认本案不属于医疗事故，故二审法院认为，本案应属于“因医疗事故以外的原因引起的其他医疗赔偿纠纷”，可适用《中华人民共和国民法通则》及《最高人民法院关于审理人身损害赔偿案件适用法律若干问题的解释》确定赔偿范围。综上，原审判决认定事实清楚，证据充分，应予以维持。

福州市中级人民法院依据《中华人民共和国民事诉讼法》第一百五十三条第一款第（一）项之规定，判决：驳回上诉，维持原判。

【评析】

本案涉及因医疗事故以外原因引发的其他医疗赔偿纠纷的法律适用及鉴定问题。

（一）法院审理医疗纠纷案件适用法律的问题

目前我国关于医疗损害赔偿案件可以适用的法律规范，主要包括《医疗事故处理条例》、《民法通则》、《最高人民法院关于贯彻执行〈中华人民共和国民法通则〉若干问题的意见（试行）》及《最高人民法院关于审理人身损害赔偿案件适用法律若干问题的解释》（以下简称《人身损害赔偿解释》）等。在诸法并存的情况下，法院面临着是适用《民法通则》及《人身损害赔偿解释》，还是适用《医疗事故处理条例》的问题。在《医疗事故处理条例》实施后（《人身损害赔偿解释》发布前），最高人民法院于2003年1月6日发出了《关于参照〈医疗事故处理条例〉审理医疗纠纷民事案件的通知》规定，医疗事故引起的医疗赔偿纠纷，参照条例的有关规定办理；因医疗事故以外的原因引起的其他医疗赔偿纠纷，适用民法通则的规定。最高人民法院的通知从审判角度确立了审理医疗侵权赔偿案件“区分不同类型分别适用法律”的原则。2003年12月《人身损害赔偿解释》发布后，最高人民法院民一庭负责人在接受《人民法院报》记者的提问时，就审理医疗纠纷案件的法律适用问题再次明确了上述原则。因此，我国现阶段医疗损害赔偿案件审理适用法律实行的是一种“二元化”的模式，即医疗事故侵权损害赔偿纠纷适用《条例》，一般医疗侵权损害赔偿纠纷适用《民法通则》及相关法律和司法解释的有关规定。综上，本案经医疗事故鉴定确定本案病例不属于医疗事故，且原告也是以一般人身损害赔偿纠纷提起本案诉讼，故本案属于因医疗事故鉴定以外的原因引起的赔偿纠纷，依法应当适用《民法通则》和《人身损害赔偿解释》的规定确定当事人的民事责任。

（二）经医学会医疗事故技术鉴定认定被告的诊疗行为不构成医疗事故的情况下，是否有必要再进行司法过错鉴定？

在这个问题上存在两种意见。第一种意见认为，医疗事故鉴定是诊疗行为是否存在过错、是否属于医疗事故的权威证明。《医疗事故处理条例》第49条规定，不属于医疗事故的，医疗机构不承担赔偿责任。医学会医疗事故鉴定可以互相印证，均认定本病例不属于医疗事故，亦未认为医疗机构存在医疗过错。故无需再进行司法过错鉴定。第二种意见则认为，医疗侵权行为的构成要件是医疗过错、损害后果及两者间的因果关系。医疗事故鉴定的评判标准是“事故”，认定不构成医疗事故并不必然证明被告的医疗行为不存在过错，并不必然排除被告的损害赔偿责任。司法过错鉴定的评判标准是“过错”，进行司法过错鉴定有助于明确被告的诊疗行为过错及过错与损害后果之间的因果关系。

本案一、二审法院均支持了第二种意见，认为在本案中采信司法过错鉴定结论具有法律和事实依据：

第一，不构成医疗事故并不必然排除被告的损害赔偿责任。从侵权行为法理论来看，一般侵权行为的构成要件是：违法行为、损害后果、违法行为与损害后果之间存在因果关系、行为人存在主观过错。医疗纠纷本质上属于人身侵权损害赔偿纠纷，适用过错责任原则，医疗机构侵权行为的成立并不以构成医疗事故为前提，医疗机构承担医疗损害赔偿责任的原因也可能是医疗事故以外的其他原因。医学会的医疗事故鉴定认为本病例不构成医疗事故并不等于认定医疗机构不存在医疗过错，若医疗机构在诊疗行为中的过失行为导致了损害后果的发生，虽不构成医疗事故但仍然应当承担相应的损害赔偿责任。

第二，司法过错鉴定医疗的评判标准和鉴定视角与医疗事故鉴定不同，有助于法院查明被告的过错及其程度。医疗事故鉴定的评判标准是“事故”，它倾向认定诊疗行为是否存在过错而造成患者人身损害的事故，其鉴定结论主要分析是否达到事故级别，对有过错但不构成事故的情形通常在鉴定结论中不予认定。而司法过错鉴定的评判标准是“过错”，主要分析损害后果是否存在、

诊疗行为是否存在过错、诊疗过错行为与损害事实之间是否存在因果关系的问题，围绕着“损害、过错及二者之间的因果关系”进行分析、判断，鉴定结论中对于未达到医疗事故、但已给患者造成损害的过错行为也有所反映。

因此，本案为进一步查明医院是否存在医疗过错，被告的医疗行为与原告损害之间是否存在因果关系，一、二审法院均采信了司法过错鉴定结论，并据此判决被告承担医疗损害赔偿责任是正确的。

（一审合议庭成员：吴登龙　陈　宏　梁玉琼
二审合议庭成员：余秋萍　汪　霞　林　斌
编写人：福建省福州市中级人民法院　汪　霞　陈真珍
责任编辑：原晓爽
审稿人：曹守晔）

5. 尹某诉泗阳某医院医疗损害责任纠纷案

问题提示：二次治疗费用属于因一次治疗不当所产生的扩大损失，医疗机构应否担责？

【要点提示】

受害人因道路交通事故而受伤，其后在医治过程中因医疗机构存在医疗过错导致二次治疗的，二次治疗费用属于因一次治疗不当所产生的扩大损失，此费用应由存在医疗过错的医疗机构承担。

【案例索引】

一审：江苏省泗阳县人民法院（2010）泗民初字第0080号（2010年6月4日）

二审：江苏省宿迁市中级人民法院（2010）宿中民终字第0922号（2010年11月3日）

【案情】

原告：尹某

被告：泗阳某医院

泗阳县人民法院经审理查明：2008年11月12日，原告尹某因交通事故受伤，而后到被告泗阳某医院住院治疗，被告泗阳某医院为原告尹某做了左胫腓骨骨折内固定手术，原告尹某于2009年1月21日出院。2009年2月6日，原告尹某因“左胫腓骨骨折内固定术后肿胀伴畸形2月余”而到泗阳康达医院住院治疗，入院诊断：左胫腓骨骨折术后成角畸形。泗阳康达医院于2009年2月8日为原告尹某做了左胫腓骨骨折术后切开取内固定+重新复位内固定+植骨术，原告尹某于2009年3月4日出院回家疗养。2009年10月27日原告尹某再次到泗阳康达医院行取钢钉术，并于2009年11月11日出院，出院医嘱为：（1）加强营养；（2）休息一月。原告尹某在泗阳康达医院两次住院共计花费医疗费 12485.02 元。

2009 年 5 月 20 日，宿迁市医学会鉴定本病例属于四级医疗事故，医方承担次要责任。《宿迁市医学会医疗事故鉴定书》分析意见认为：（1）医方对患者左胫腓骨开放性粉碎性骨折诊断明确，但行左胫腓骨骨折切开复位内固定术方法选择不当，未能达到骨折有效固定，存在医疗过失；（2）患者二次手术与医方医疗过失有一定的因果关系。

2010 年 2 月 18 日，经泗阳县人民医院司法鉴定所鉴定原告尹某因外伤致左胫腓骨骨折，经治疗后留有的左踝关节活动功能障碍构成人体损伤九级伤残。其伤后休息、护理、营养期限分别为 240 天、120 天、90 天，原告尹某共支付鉴定费 3200 元。

原告尹某诉称：被告的诊疗行为存在过错，应当赔偿原告二次治疗的所有费用及导致残疾的补助费用。

被告某医院辩称：同意在责任范围内赔偿医疗费，但是残疾赔偿金不同意赔偿。

【审判】

泗阳县人民法院审理认为，公民享有生命健康权，公民、法人由于过错侵害他人人身的，应当承担民事责任。本案被告泗阳某医院在为原告尹某诊疗过程中存在过错，构成四级医疗事故，应当承担相应的赔偿责任。被告泗阳某医院在诊疗中因方法选择不当，未能达到骨折有效固定，致使原告尹某又到泗阳康达医院重新手术治疗，此属因被告泗阳某医院的原因而导致原告尹某扩大的损失，被告泗阳某医院应当赔偿原告因此在泗阳康达医院就医支出的各项费用以及因误工减少的收入。关于原告尹某的误工、护理、营养经鉴定分别为 240 天、120 天、90 天，结合原告尹某的伤情及治疗过程，泗阳县人民法院认为司法鉴定所关于原告尹某误工、护理、营养的鉴定系对原告尹某原发性伤情的鉴定，其中也有原告尹某因交通事故受伤的因素，故不能依据该鉴定结论来计算原告的损失。对原告尹某后续治疗而产生的误工、护理、营养期限按泗阳康达医院的医嘱计算；关于原告尹某的伤残赔偿问题，根据鉴定结论，被告泗阳某医院承担本起医疗事故的次要责任，再结合原告自身伤势情况，判决被告泗阳某医院承担原告尹某伤残损失部分 60% 的赔偿责任。关于医疗费部分，法院支持原告在泗阳县康达医院的医疗费 12170.02 元、住院伙食补助费 860 元（43 × 20）、误工费 14141.70 元（31667 ÷ 365 × 163）、陪护费 3730.63 元（31667 ÷ 365 × 43）、营养费 730 元（73 × 10）、鉴定费 3200 元、交通费酌定为600元，合计35432.35元予以支持。原告伤残赔偿金为34824元（5804×6），60%则为20894.40元，精神抚慰金酌定为4000元。以上共计60326.75元。依据《中华人民共和国民事诉讼法》第一百二十八条，《中华人民共和国民法通则》第九十八条、第一百零六条、第一百一十九条和《医疗事故处理条例》第五十条的规定，作出如下判决：被告泗阳某医院于本判决生效后十日内赔偿原告尹某各项费用共计人民币60326.75元。

宣判后，被告泗阳某医院不服一审判决，向宿迁市中级人民法院提起上诉称：一审判决在泗阳县康达医院的费用全部由上诉人承担不合理；另外，被上诉人的伤残系道路交通事故所致，上诉人不应承担残疾赔偿金，由此产生的鉴定费也不应由上诉人承担。

宿迁市中级人民法院，以一审判决认定事实清楚，适用法律正确，判决驳回上诉，维持原判。

【评析】

在医疗损害赔偿诉讼中，医疗存在过失行为、医疗过失行为与损害结果间具有因果关系是构成医疗损害赔偿责任的关键要件，也是当事人争议之所在。在此类案件中，应当要认定医疗机构是否有诊疗过失、审查诊疗手段是否符合常规，另外还要结合该医疗机构的医疗水准、现有医疗技术发展水平、当事人病症情况等因素综合判断。医疗机构应当要对其诊疗行为负责。因医疗机构的诊疗存在过错，导致当事人重复治疗的，二次治疗费用属于因一次治疗不当所产生的扩大损失，此费用应由存在医疗过错的医疗机构承担。

一、本案关于医疗费、误工费、护理费、营养费的计算问题

根据我国《民法通则》第119条之规定，侵害公民身体造成伤害的，应当赔偿医疗费、因误工减少的收入、残疾者生活补助费等费用。本案泗阳某医院在对原告尹某行骨折内固定手术中，因方法选择不当，未能达到骨折有效固定，存在医疗过错，致使原告尹某又到泗阳康达医院重新手术治疗。被告泗阳某医院的诊疗过错行为侵害了原告尹某的人身权，被告泗阳某医院应该要对自己的过错行为所造成的损害承担赔偿责任。原告尹某到泗阳康达医院再行骨折固定手术而产生的费用系被告某医院的原因而导致原告尹某扩大的损失，被告泗阳某医院应当赔偿原告因此在泗阳康达医院就医支出的全部医疗费。关于误工费、营养费和护理费的计算问题，医疗机构只应对自己的诊疗过错行为承担责任。本案原告尹某系因交通事故受伤后到被告处治疗的，司法鉴定所所出具的鉴定意见书中鉴定的原告伤势系交通事故和诊疗过错行为共同导致的，故被

告不应该对交通事故造成的损害承担责任，故不能依据该鉴定结论来计算误工费、护理费和营养费。原告在康达医院治疗系被告的诊疗过错所致，原告尹某后续治疗而产生的误工、护理、营养期限按泗阳康达医院的医嘱计算。故一审法院判决由被告泗阳某医院承担的医疗费、误工费、护理费和营养费并无不当。

二、关于残疾赔偿金的问题

本案原告尹某构成伤残的因素需考虑两个。第一是道路交通事故行为；第二是被告泗阳某医院的诊疗过错行为。被告泗阳某医院认为，原告尹某主张的残疾赔偿金不应该由其承担。笔者认为，依据《最高人民法院关于民事诉讼证据的若干规定》第 4 条的规定，因医疗行为引起的侵权诉讼，由医疗机构就医疗行为与损害结果之间不存在因果关系及不存在医疗过错承担举证责任。本案被告泗阳某医院没有提供证据证明原告尹某的残疾与其诊疗行为不存在因果关系，相反，宿迁市医学会鉴定认为，被告在诊疗行为中存在过错，故被告泗阳某医院应当赔偿其应承担的部分。关于残疾生活补助费，一审法院结合医疗事故等级、医疗过失行为在医疗事故损害后果中的责任程度以及医疗事故损害后果与患者原有疾病状况之间的关系确定被告泗阳某医院承担 60% 的比例亦无不妥。

（一审独任审判员：朱慈双
二审合议庭成员：章钧杰　王　静　孙芳远　吴振环
编写人：江苏省泗阳县人民法院　朱兴剑
责任编辑：顾利军
审稿人：曹守晔）

二、案例精选·刑事

6. 李新军、韩二军等以危险方法危害公共安全案

问题提示：发生在安全生产领域的以危险方法危害公共安全罪与重大责任事故罪、强令违章冒险作业罪应如何区分？对于破坏煤矿井下重要安全设施行为的主观罪过如何分析？

【要点提示】

被告人为使违章生产行为不受影响而故意破坏煤矿井下的重要安全设施，并强令工人冒险作业，放任发生瓦斯爆炸并给不特定多数人的生命、健康安全造成的严重危害后果，其行为与放火、决水、爆炸、投放危险物质等行为的危险性相当，构成以危险方法危害公共安全罪。

【案例索引】

一审：河南省平顶山市中级人民法院（2010）平刑初字第93号（2010年11月16日）

二审：河南省高级人民法院（2010）豫法刑四终字第236号（2010年11月29日）

【案情】

公诉机关：河南省平顶山市人民检察院

被告人：李新军

被告人：韩二军

被告人：侯民

被告人：邓树军

被告人：袁应周

一审法院经审理查明：平顶山市新华区四矿为一私营煤矿，经煤炭监管部门批准进行技术改造，但一直以技改名义进行井下生产作业，且擅自延深井筒到实为高瓦斯煤层的己组煤层并形成生产系统。2006 年之后，被告人李新军接任新华四矿矿长，被告人韩二军受让该矿股权并任技术副矿长，被告人侯民任安全副矿长，被告人邓树军任生产副矿长，被告人袁应周任生产矿长助理。2007 年，该矿曾发生煤与瓦斯突出，属煤与瓦斯突出矿井，但仍违规按低瓦斯矿井管理。2009 年初，平顶山市新华区煤炭工业局多次到该矿检查，发现存在瓦斯传感器（俗称瓦斯探头）滞后、断线、位置不当等安全问题，责令限期整改。同年 3 月 20 日，河南省安全生产领导小组下发文件明确该矿为停工停产整改矿井，按照规定，整改期间每班最多入井 23 人，禁止生产。但新华四矿一直借入井整改隐患之名违法生产，每日三班，每班下井工人近百名。

在长期技改和停工整改期间，被告人李新军、韩二军、侯民、邓树军明知该矿属于煤与瓦斯突出矿井，存在瓦斯严重超标等重大安全隐患，不仅不采取措施解决瓦斯超标问题，反而多次开会要求瓦斯检查员（以下简称瓦检员）确保瓦斯超标时瓦斯传感器不报警，否则予以罚款；指使瓦检员将井下瓦斯传感器传输线拔脱或置于风筒新鲜风流处，使瓦斯传感器丧失预警防护功能；指使他人填写虚假瓦斯数据报表，使真实瓦斯数据不能被准确及时掌握，有意逃避监管，隐瞒重大安全隐患；擅自开采己组煤层；以罚款相威胁，违规强令大批工人下井采煤。被告人袁应周明知井下瓦斯传感器位置不当，不能准确检测瓦斯数据，安全生产存在重大隐患，仍按照李新军、韩二军的安排，强行组织大批工人下井作业。

2009 年 9 月 5 日，新华四矿发生冒顶。9 月 7 日，新华区煤炭工业局下达限期整改通知书，禁止超员入井作业。9 月 8 日，被告人侯民、袁应周等人强行组织 93 名矿工下井生产。井下因冒顶造成局部通风机停止运转，积聚大量高浓度瓦斯，瓦斯传感器被破坏无法正常预警，误导瓦检员送风排放瓦斯，使瓦斯浓度达到爆炸界限，煤电钻电缆短路产生高温火源引发瓦斯爆炸，致 76 人死亡、2 人重伤、4 人轻伤、9 人轻微伤。事故发生后，被告人袁应周向李新军汇报，并和侯民等下井察看情况，组织自救。李新军、韩二军、邓树军也先后赶到现场，李新军向新华区煤炭工业局报告了事故情况。

另查明，被告人李新军指使他人私刻“河南理工大学印章”，伪造相关证照，骗领了新华四矿部分人员的矿长资格证。

河南省平顶山市人民检察院指控被告人李新军、韩二军、侯民、邓树军、袁应周的行为触犯了《刑法》第115条之规定，应以以危险方法危害公共安全罪追究其刑事责任。被告人李新军指使他人伪造事业单位印章，其行为触犯了《刑法》第280条第2款之规定，应以伪造事业单位印章罪追究其刑事责任。

被告人李新军及其辩护人辩称李新军构成重大劳动安全事故罪；被告人韩二军、侯民及其辩护人辩称构成重大责任事故罪；被告人邓树军及其辩护人辩称不构成以危险方法危害公共安全罪；被告人袁应周辩称责任小。

【审判】

平顶山市中级人民法院经审理认为：被告人李新军、韩二军、侯民、邓树军为谋取非法暴利，拒不执行各级监管部门严禁组织生产、责令停工整改等一系列规定，在明知新华四矿存在瓦斯超标等重大安全隐患，随时可能发生瓦斯爆炸等重大事故的情况下，长期置井下矿工于无瓦斯预警防护的高度危险之中，并且还指使他人破坏瓦斯传感器，强令大批工人下井作业，导致瓦斯爆炸，造成严重伤亡事故，其行为构成以危险方法危害公共安全罪。被告人李新军还构成伪造事业单位印章罪。被告人袁应周作为新华四矿的生产矿长助理，明知新华四矿井下存在重大安全隐患，仍违反安全生产法规，强令他人违章冒险作业，因而发生重大伤亡事故，其行为已构成强令违章冒险作业罪。被告人李新军、韩二军作为新华四矿的矿长和实际持股人，享有煤矿的经营管理权，为谋取非法暴利，采取指使他人破坏瓦斯监测设备等危险手段，危害公共安全，造成了严重后果，犯罪性质特别恶劣，罪行极其严重，应依法严惩，但鉴于其主观上对危害结果的发生持放任态度，案发后又及时报告，积极抢救遇难矿工，对二被告人判处死刑，可不立即执行。被告人侯民、邓树军作为新华四矿主管安全或生产的副矿长，理应确保安全生产，却指使他人破坏安全生产设施，使工人长期处于高度危险状态，导致发生特大伤亡事故，亦应依法严惩，但鉴于二人受雇于李新军、韩二军，且在事故发生后积极实施抢救，根据二人在共同犯罪中的地位、作用，可酌情从轻判处。被告人袁应周作为生产矿长助理，违反规定，明知矿井存在重大安全隐患，仍轻信能够避免事故，违章组织超过技改矿规定的下井人数下井作业，最终导致76人死亡的严重后果，应依法惩处。依照《中华人民共和国刑法》第一百一十五条第一款、第一百三十四条第二款、第二百八十条第二款、第二十五条第一款、第六十九条、第五十七条第一款、第六十四条之规定，作出判决如下：

一、被告人李新军犯以危险方法危害公共安全罪，判处死刑，缓期二年执行，剥夺政治权利终身；犯伪造事业单位印章罪，判处有期徒刑二年；决定执行死刑，缓期二年执行，剥夺政治权利终身。

二、被告人韩二军犯以危险方法危害公共安全罪，判处死刑，缓期二年执行，剥夺政治权利终身。

三、被告人侯民犯以危险方法危害公共安全罪，判处无期徒刑，剥夺政治权利终身。

四、被告人邓树军犯以危险方法危害公共安全罪，判处有期徒刑十五年，剥夺政治权利五年。

五、被告人袁应周犯强令违章冒险作业罪，判处有期徒刑十三年，剥夺政治权利三年。

一审宣判后，五被告人均提出上诉。

河南省高级人民法院经审理认为：原判认定事实清楚，定罪准确，量刑适当，适用法律正确，审判程序合法。各上诉人所提的上诉意见，经查均不成立，不予采纳。依照《中华人民共和国刑事诉讼法》第一百八十九条第（一）项之规定，裁定驳回上诉，维持原判，并核准对被告人李新军、韩二军的死刑，缓期二年执行，剥夺政治权利终身的判决。

【评析】

以危险方法危害公共安全罪与强令违章冒险作业罪、重大责任事故罪、重大劳动安全事故罪都属于危害公共安全的犯罪，一般情况下，这几个罪名比较容易区分，但当行为发生在矿山、矿井等生产领域时，就会产生争议。传统上对于生产作业人员或管理人员的违章行为导致人员伤亡或财产损失后果发生的，都是按事故犯罪处理。但随着经济发展，出现一些矿主为牟取暴利，无视法律、逃避监管、肆意破坏生产安全保护设施，给人民群众的生命财产安全造成极其严重的危害后果，再按一般事故犯罪处理，明显违背了罪责刑相适应的原则。结合本案案情，对于发生在生产领域内的以危险方法危害公共安全罪、强令违章冒险作业罪等事故犯罪从主观罪过的认定和客观表现方面进一步做出区分，对于实践中正确适用法律具有重要指导意义。

一、以危险方法危害公共安全罪与强令违章冒险作业罪、重大责任事故罪、重大劳动安全事故罪的区分

以危险方法危害公共安全罪与事故类罪名在主观罪过和客观行为表现、对犯罪后果的要求以及因果关系发展特征等方面均不相同，表现在：

1. 从主观罪过上看，以危险方法危害公共安全罪是故意犯罪，可以是直接故意，也可以是间接故意。重大责任事故罪等事故犯罪都是过失犯罪，可以是过于自信的过失，也可以是疏忽大意的过失。其中间接故意和过于自信的过失比较难于区分，行为人对于其行为可能造成的危害后果均有认识，但意志因素不同，判断行为人对危害后果的主观态度是放任后果的发生还是排斥后果的发生，是实践中的一个难题。

2. 从危害行为的表现形式看，以危险方法危害公共安全罪是指采取和放火、决水、爆炸、投放危险物质等有相当危险性的方法，危害公共安全的行为，既可以是作为犯，也可以是不作为犯。强令违章冒险作业罪是指生产作业管理人员在生产活动中强令工人违反安全管理规定，冒险开展作业，因而发生重大伤亡事故或其他严重后果的行为，其行为只能表现为作为犯。重大责任事故罪则是指在生产作业活动中违反安全管理规定，因而发生重大伤亡事故或造成其他严重后果的行为，行为人不按照安全规章制度开展生产活动，本质上是一种不作为犯。

3. 从对犯罪结果的要求看，以危险方法危害公共安全罪既可以是危险犯，也可以是实害犯，只要行为人的行为使公共安全陷入危险之中，不待危害后果实际发生，即构成犯罪，如果危害后果实际发生，则构成以危险方法危害公共安全罪的实害犯。重大责任事故罪和强令违章冒险作业罪都是过失犯罪，要求行为必须导致重大伤亡事故或其他严重后果，才构成犯罪。

4. 从因果关系发展过程来看，以危险方法危害公共安全罪和重大责任事故罪中的危险本来是不存在的或者只是一种潜在的危险，行为人通过实施一定行为而使不特定多数人的生命财产安全陷入危险之中，或者将潜在的危险变成现实的危险，这种危险进一步演变，即可发生实际危害后果。换句话说，行为人的行为是危险产生的原因，行为人本身就是危险的制造者。而强令违章冒险作业罪中，危害后果发生的直接原因仍是工人的违章冒险作业行为，强令行为本身不是危险的来源，也不能直接导致危害后果发生，而是助力于客观存在的危险，使这种危险演变成危害后果，行为人是危险的实现者。

二、被告人李新军等人所实施的破坏瓦斯探测设备等重要安全措施的行为属于以危险方法危害公共安全的行为

结合前面对罪名进行的区分，本案中认定被告人李新军、韩二军、侯民、邓树军的行为属于“以其他危险方法危害公共安全的行为”，理由是：

1. 新华四矿属于煤与瓦斯突出矿井，虽有一定的危险，只要遵循国家关于这类矿井的建设和安全生产管理规章，一般情况下就不会发生事故，也即这种“危险”是一种潜在的、可避免的隐患，不具有现实性。

2. 被告人李新军、韩二军、侯民、邓树军四人作为煤矿管理人员，在生产管理活动中不仅不采取措施消除瓦斯隐患以避免危害结果的发生，反而实施了以下增加危险的行为：（1）要求瓦检员在瓦斯超标时不准报警；（2）指使瓦检员将井下瓦斯传感器传输线拔脱或置于风筒新鲜风流处，使瓦斯传感器丧失预警防护功能；（3）指使他人填写虚假瓦斯数据报表，逃避监管部门的监管。这些行为都是一种作为，是对井下矿工生命安全系统的主动破坏，是不应为而为，而不是简单的不遵守规章制度的行为。

3. 李新军等人的行为使煤矿井下预防瓦斯爆炸的三个环节全部丧失功能，危害性极大。首先，瓦斯探测设施被破坏后不能正常预警，企业本身就失去了预测和防范瓦斯隐患的可能性，瓦检员正是因为受错误的瓦斯探测数据误导，没有发现瓦斯严重超标，直接启动通风机排放瓦斯，致使井下的瓦斯浓度达到了爆炸界限并最后发生爆炸事故；其次，瓦斯探测器被破坏和虚假的瓦斯报表使得监管部门得不到准确的瓦斯监测数据，无法在瓦斯超标时当即实施通知撤人、关井、断电等措施；最后，瓦斯探测系统被破坏，也使得井下工人无法得到实时的瓦斯报警信息，也就不可能采取停止生产并撤回井上等自救行为。

综上，李新军等四人行为的实质是破坏井下安全生产系统，将井下矿工置身于高瓦斯环境而无瓦斯预警防护的高度危险之中，在极大程度上增加了发生瓦斯爆炸的可能性，将潜在的风险转化成了现实的危险，并通过经济处罚等强迫手段，组织九十多名工人下井作业，爆炸发生必然导致不特定多数人伤亡，其行为的高度危险性，与放火、决水、爆炸等危害行为相当，属于以危险方法危害公共安全的行为。而被告人袁应周没有实施上述行为，只是在明知煤矿存有重大安全隐患的情况下，强令工人下井作业，其行为符合强令违章冒险作业罪的客观表现。

三、煤矿管理人员对瓦斯爆炸的发生虽然不是积极追求的态度，但其为了追求暴利而心存侥幸，放任了这种结果的发生，主观上属于间接故意，而不是过于自信的过失

一般认为，间接故意是行为人认识到其行为有导致危害结果发生的可能性，并且以认可的态度予以容忍，或者即使这种后果非行为人所愿，至少为了原定目标而予以接受。尽管行为人不希望结果发生，但这只是一种心存侥幸，只是寄希望于意外而相信结果不会发生。而过于自信的过失，是行为人认识到结果发生的可能性，但不同意其发生，且真的相信结果不会发生，而不是不太

明确地相信不会发生构成要件结果。过于自信的行为人不是心存侥幸，而是依据一定的客观条件或采取一定的避险措施，使其相信不会发生危害后果。如果行为人不但不针对危险采取必要措施防止或消除危险转变为实害的可能性，反而对客观上原本存在的避免危害后果发生的安全设施实施破坏，进一步加剧了危害后果发生的可能性，则应认定其主观上对危害后果的发生是一种放任的态度，是间接故意。

具体到本案中，被告人李新军等人作为煤矿的所有人或管理人员，基于利害关系，确实不希望发生爆炸后果，但不希望不等于不放任，对其主观罪过评价为间接故意，主要有以下理由：

1. 新华四矿擅自开采属于高瓦斯煤层的己组煤层，且曾发生过煤与瓦斯突出，属于煤与瓦斯突出矿井，但却一直按低瓦斯矿井的标准进行建设和管理，在这种情况下，被告人李新军等人又通过指使他人破坏井下瓦斯探测设备等手段逃避监管。作为长期从事煤矿管理的人员，李新军等人对煤矿井下瓦斯超标的危害性有具体认识的能力，完全能够认识到其行为导致发生瓦斯爆炸事故的高度可能性。

2. 间接故意中的放任，可以是为了实现一个犯罪目的而放任其他危害后果的发生，也可以是为了实现一个非犯罪目的而放任其他危害后果的发生。被告人不希望发生爆炸后果，那么只要停止实施破坏瓦斯监测设备和强令工人下井作业的行为，危害结果自然不会发生。但李新军等人为了追求煤炭生产的巨额利润，又想实施可能会引起这种结果发生的行为，从其多次接到停工通知仍违法违规作业，多次接到调度员瓦斯超标报告仍敷衍了事、继续作业等表现可见，其思想斗争的结果是仍然执意实施该行为，说明其主观心理上认为实现他的暴利目的比防止事故结果发生更为重要，其为谋取不法暴利完全不顾矿工死活，对危害结果的不希望意志形态已经转化为对危害结果的发生听之任之的意志形态，即放任危害后果的发生。

3. 新华四矿在案发前刚发生冒顶事故、局部通风机停止运转、没有风电锁闭及瓦斯电锁闭装置，在这种情况下生产作业，瓦斯爆炸的发生具有高度盖然性，客观上并不存在任何可以使李新军等人自信可以避免危害结果发生的合理依据，而且被告人也没有采取任何避免爆炸发生的措施，只是寄希望于意外而相信结果可能不会发生，而不是相信结果真的不会发生，其主观上不属于过于自信的过失。

综上，被告人李新军等人主观上对矿工生命健康将受到危害的可能性的明知程度达到高度的盖然性，对可能发生的不特定多数人伤亡后果持放任态度，属间接故意。

四、司法实践中对这类案件的分析方法

在司法实践中并不是对所有煤矿安全事故都要以以危险方法危害公共安全罪处理，而应具体问题具体对待，只能对那些极少数罪行严重，符合以危险方法危害公共安全罪构成要件的行为，才能按本罪处理。在审理类似案件时，应着重从以下几个方面进行分析：

首先，破坏生产作业场所安全设施的行为，必须是破坏对保护生命至关重要的安全设施，并且已经对不特定多数人的生命安全造成危险；

其次，要看行为人对危害后果的认识有没有达到高度盖然性的程度，从而判断其主观上是真的相信危害后果不会发生，还是寄希望于危害后果不发生，是过于自信还是心存侥幸；

第三，要看行为人对待危险的行为方式是增加危险还是抑制危险。如果行为人一再被监管部门告诫而视若无物，或已经发生过类似事故，对危害后果发生的可能性有高度认知，仍决意为之，说明其主观上能容忍和接受危害后果的发生，应为故意。如果行为人虽然认识到结果发生的危险，却基于自己所采取的一定措施，相信危险能够被阻止，不会发生危害后果，则属于过于自信的过失，仍应按重大责任事故罪等犯罪处理。

【编后补评】

近年来，在我国一些地方严重矿难案件多发的背景下，2009 年 9 月 8 日发生在河南省平顶山市的“9·8”矿难因直接造成 76 人死亡、10 余人受伤的惨重后果而举国震撼。为严惩此类犯罪，切实维护人民群众的生命健康安全，2010 年 11 月河南省平顶山市中级人民法院以“以危险方法危害公共安全罪”对本案的被告人定罪量刑。在此之前，司法机关对特大、重大矿难事故的矿主往往是以重大事故责任罪定罪量刑，而该罪的法定最高刑仅为 7 年有期徒刑。“9·8”矿难案件以其首次对此类案件适用“以危险方法危害公共安全罪”而受到社会各界的强烈关注，该案被视为司法回应社会需求和依法严惩矿难犯罪的标志，并被学界评为 2010 年具有影响力的刑事案件之一。

相对于重大事故责任罪最高法定刑 7 年有期徒刑而言，以危险方法危害公共安全罪的法定最高刑是死刑。两罪的法定最高刑之所以差异巨大，主要是由于行为人的主观罪过形式不同，反映出行为人的人身危险性和主观恶性不同。本案的司法裁判从强调刑事法律对民生的保护入手，严格遵循我国刑事法中的主客观相统一原则和罪责刑相适应原则，严把事实关、证据关，既贯彻落实了宽严相济刑事政策，进一步推进了我国刑事法治，又进一步加大了对矿难犯罪的打击力度，对于遏制恶性矿难的发生，进一步促进社会治安综合治理，具有重要意义。

（一审合议庭成员：宋红超　娄彦伟　张　蘅
二审合议庭成员：宣学伟　蔡智玉　周建生　郝　卓　常　青
编写人：河南省高级人民法院　蔡智玉
责任编辑、编后补评：李玉萍
审稿人：蒋惠岭）

7. 肖赞非法吸收公众存款案

问题提示：单位犯罪中，如何认定被告人的主观故意？被告人未与单位签订劳动合同，能否认定为单位犯罪中的其他直接责任人员？如何区分单位犯罪中的主、从犯？

【要点提示】

单位犯罪中，认定被告人的主观故意，应在考察被告人客观行为的基础上，依据一般社会人的认识标准，判断其对于自身行为所具有的社会意义的认识程度，从而判定其是否认识到自身行为的后果。在单位犯罪中，被告人未与单位签订劳动合同，但以单位工作人员的身份，具体参与违法经营行为，则应认定其为单位组成人员。对于单位犯罪中直接负责的主管人员和其他直接责任人员的认定，可根据其在单位犯罪中的地位、作用和犯罪情节区分主、从犯，以做到罪责刑相适应。

【案例索引】

一审：北京市朝阳区人民法院（2010）朝刑初字第55号（2010年6月4日）

二审：北京市第二中级人民法院（2010）二中刑终字第1547号（2010年8月4日）

【案情】

公诉机关：北京市朝阳区人民检察院

被告人：肖赞

北京市朝阳区人民法院经审理查明：杨力文（已判刑）系中行亚太公司（原北京中行亚太酒店管理有限公司，以下简称中行亚太公司）法定代表人，被告人肖赞系中行亚太公司销售部经理。2007年5月至8月期间，中行亚太公司以筹集该单位与中国人民解放军总医院第二附属医院（原309医院）合作开发的玉泉山康复保健中心所需项目资金的名义，向朱伟等99人发售带有返利性质的“健益宝”理财产品295份，非法吸收公众存款达人民币1774万元。被告人肖赞在杨力文的安排下，负责上述理财产品的销售工作。2009年6月28日，被告人肖赞被抓获归案。

公诉机关指控称：为筹集项目资金，杨力文私刻了玉泉山康复保健中心公章，被告人肖赞伙同杨力文、冯利（另案处理）以中行亚太公司和康复保健中心名义，以支付高额利息的手段，非法向社会公众销售健益宝理财产品吸收公众存款，扰乱金融秩序，应当以非法吸收公众存款罪追究其刑事责任。

被告人肖赞辩称：其不知道涉案项目是非法的，不具备犯罪的主观故意。

其辩护人认为：在案证据不能证明被告人肖赞是中行亚太公司员工，被告人肖赞不是单位犯罪的直接责任人员，不具有非法吸收公众存款的犯罪故意，故公诉机关指控被告人肖赞犯罪事实不清，证据不足，建议法庭宣告无罪。

【审判】

北京市朝阳区人民法院经审理后认为：被告人肖赞身为单位直接责任人员，为牟取非法利益，违反国家有关规定，伙同他人以公司名义非法向社会公众吸收存款，数额巨大，其行为触犯了《刑法》，已构成非法吸收公众存款罪，依法应予惩处。北京市朝阳区人民检察院指控被告人肖赞犯非法吸收公众存款罪事实清楚，证据确实、充分，罪名成立。关于被告人肖赞所提其不知道涉案项目是非法的，不具备犯罪的主观故意的辩解及其辩护人所提在案证据不能证明被告人肖赞是中行亚太公司员工，被告人肖赞不是单位犯罪的直接责任人员，不具有非法吸收公众存款的犯罪故意的辩护意见，经查：根据我国刑事法律对单位犯罪其他直接责任人员的认定标准，其他直接责任人员系在单位犯罪中具体实施犯罪并起较大作用的人员，既可以是单位的经营管理人员，也可以是单位的职工，包括聘任、雇佣的人员。本案中被告人肖赞受雇担任中行亚太公司销售部经理，在未见公司具备销售理财产品资质的情况下，在杨力文的安排下，负责招聘业务员、组织业务员培训，采用返还高额利息的手段，积极实施非法吸收公众存款的具体行为；作为单位的直接责任人员，被告人肖赞在主观和客观上均符合非法吸收公众存款罪的构成要件。故被告人肖赞的辩解及其辩护人的辩护意见缺乏事实和法律根据，本院不予采纳。在单位共同犯罪中，中行亚太公司、杨力文在共同犯罪中起决定性的策划、领导作用，罪责明显高于肖赞，有必要区分其在共同犯罪中的主从地位，以做到罪责刑相适

应。故本院认定被告人肖赞在共同犯罪中是从犯，对其所犯罪行依法予以减轻处罚。依照《中华人民共和国刑法》第一百七十六条、第二十五条第一款、第二十七条、第五十二条、第五十三条及第六十四条之规定，判决如下：被告人肖赞犯非法吸收公众存款罪，判处有期徒刑一年六个月，罚金人民币5万元。

一审宣判后，肖赞不服提起上诉。上诉理由是：其不是中行亚太公司的员工，且按照正常程序销售产品，获得佣金，没有犯罪的主观故意，不构成非法吸收公众存款罪。其辩护人的辩护意见是：肖赞不是中行亚太公司员工，双方不存在雇佣关系；肖赞不具有犯罪的主观故意，一审事实不清，判决错误，建议二审法院作出公正判决。

二审中，北京市第二中级人民法院认定的事实和证据与一审一致。

二审法院认为：上诉人肖赞作为单位的直接责任人员，违反国家规定，以单位名义非法吸收公众存款，数额巨大，其行为已构成非法吸收公众存款罪。关于肖赞及其辩护人所提肖赞不是中行亚太公司的员工，双方不存在雇佣关系的上诉理由及辩护意见，经查，肖赞在杨力文的指挥下参与公司的销售工作，担任销售部的主要负责人，并以中行亚太公司的名义对外销售理财产品，符合刑罚中共同犯罪的构成要件。关于肖赞所提其按照正常程序销售产品、获得佣金，没有犯罪的主观故意，不构成非法吸收公众存款罪的上诉理由及其辩护人所提肖赞不具备犯罪的主观故意，一审事实不清、判决错误的辩护意见，经查，根据国家法律的规定，销售理财产品必须获得《金融许可证》，中行亚太公司不是金融机构，也没有销售理财产品的许可证，但肖赞等人仍以该公司的名义销售理财产品，其行为严重扰乱了国家金融秩序，且造成巨额损失无法追回，其对自己的行为所造成的危害后果理应明知，故一审法院认定肖赞犯非法吸收公众存款罪的事实清楚，证据充分，肖赞的辩解及其辩护人的辩护意见无事实根据和法律依据，本院均不予采纳。一审法院根据肖赞犯罪的事实、犯罪的性质、情节及对于社会的危害程度所作出的判决，定罪及适用法律正确。鉴于肖赞系从犯，对其减轻处罚的量刑适当，对扣押物品及违法所得的处理亦无不当，审判程序合法，应予维持。北京市第二中级人民法院依照《中华人民共和国刑事诉讼法》第一百八十九条第（一）项之规定，裁定如下：

驳回上诉人肖赞的上诉，维持原判。

【评析】

本案中，有三个问题值得探讨：一是单位实施非法吸收公众存款犯罪中，如何认定被告人的主观故意；二是在单位犯罪中，被告人未与单位签订劳动合同，能否认定为单位犯罪中的其他直接责任人员；三是单位犯罪中，如何区分主、从犯？

一、非法吸收公众存款罪中被告人主观故意的认定

非法吸收公众存款罪要求行为人主观上具有非法吸收公众存款的故意。犯罪故意包括认识因素和意志因素两个方面。认识因素是指行为人认识到自己所实施行为是法律所禁止的行为；意志因素是指希望或者放任该行为所可能引起的危害结果发生。对于本案，认定被告人主观上是否具有非法吸收公众存款的故意，首先要对被告人客观行为的性质进行界定，在此基础上，综合案件证据材料，判断被告人主观上对于该行为的性质是否有认识，是否意识到其行为具有违法性。

非法吸收公众存款，在客观行为方式上包括非法吸收公众存款和变相吸收公众存款两种形式。《非法金融机构和非法金融业务活动取缔办法》第 4 条第 2 款规定，所谓非法吸收公众存款，是指未经中国人民银行批准，向社会公众吸收资金、出具凭证，承诺在一定期限内还本付息的活动；所谓变相吸收公众存款，是指未经中国人民银行批准，不以吸收公众存款的名义，向社会不特定对象吸收资金，但承诺履行的义务与吸收公众存款性质相同的活动。两种形式的典型特征都是向社会公众承诺在一定期限内还本付息或给付回报。

国家为保证对社会资金流通的有效管理和调控，对吸收公众存款行为实行特许经营，现行法律对此也做出明确规定，《商业银行法》第 11 条第 2 款规定："未经国务院银行业监督管理机构批准，任何单位和个人不得从事吸收公众存款等商业银行业务……"对于公众存款的非法吸收，一是体现为主体的不合法，即不具备经营资格的单位或者个人从事了向社会公众吸收存款的行为；二是行为方式不合法，即行为人虽然具备相应资格，但通过抬高利率等不合法的手段吸收公众存款。刑法理论通说认为本罪的非法吸收指的是主体不合法，从具体实践情形来看，在吸收公众存款的过程中，往往是不合法主体通过许诺给予高于同期银行利息的方式吸引客户存款，主体不合法和行为不合法混合在一起，但成立本罪的非法性首要在于主体的非法性。

就本案而言，中行亚太公司为募集项目资金，以支付高额利息的手段，向社会公众销售"健益宝"理财产品，前后与 99 人签订了 295 份合同，共吸收资金达人民币 1774 万元。该行为虽然是以购销合同的形式向社会公众推销理财产品，从形式上看双方约定的是投资回报事项，但实质上却是向社会不特定对象承诺还本付息的吸收资金的行为。中行亚太公司的工商登记经营范围为酒

店管理等项目，并未注明金融业务项目，且该公司也未取得银行监管部门颁布的《金融许可证》，不具备从事金融业务的经营资格。中行亚太公司在不具备从事金融业务资质的情况下，采取还本付息的方式向社会公众吸收资金，系不法主体非法吸收公众存款。

被告人肖赞在中行亚太公司法人杨力文的指挥下参与公司的销售工作，负责“健益宝”理财产品的具体销售。从客观方面来看，被告人肖赞的行为是未经允许向社会公众吸收存款的违法行为，但评判该行为是否有责、是否应承担刑事责任，还要看其对于该行为的违法性是否具有主观上的认知。肖赞及其辩护人以肖赞主观上不知道涉案项目是非法的，达不到认识违法性程度为由辩称肖赞不具备犯罪故意，不构成犯罪的意见，我们认为是不能成立的。

司法过程中，评判行为人对于其行为性质的认识，并不仅仅依靠被告人的供述，而是在考察被告人客观行为的基础上，依据一般社会人的认识标准，判断其对于自身行为所具有的社会意义的认识程度，从而判定其是否认识到自身行为的违法性；而且这种法律禁止性的认识，也并不要求行为人对于法律规定有着具体明确的认识，而是一种观念上的盖然性认识，这种认识以未超出其依据日常生活经验所能获得的认知程度为限度。

吸收公众存款，系通过还本付息的方式向社会不特定的人借款。实际生活中，当企业或其他市场主体因资金不足时，常通过银行贷款、发行股票、债券等方式进行融资，而不是直接承诺以同等银行利息或者高额利息的方式向社会不特定对象吸收资金。上述行为的非法性，处于一般社会公众的认知范围内，而且该情形中也未包含某专业性、术语性的规范内容，并非只有达到一定知识层次的人才具有的违法性认识。因此，依据社会一般人的观念，对于一个从事酒店经营和管理的公司，以开发项目为名，向公众吸收资金，还本付息，实质就是非法吸收公众存款的行为。

综观全案，中行亚太公司并非金融机构，在没有特许经营资格的情况下，面向社会公众通过销售理财产品的方式，吸收公众资金，显系违法行为。作为该公司销售部的负责人，被告人肖赞对此行为的性质应具有相应的认识，该认识在其可知能力范围之内。在明知行为违法性及其危害结果的情况下，肖赞仍积极参与实施，放任危害结果的发生，说明其主观上具有非法吸收公众存款的故意。

二、单位犯罪中，被告人未与单位签订劳动合同能否认定为其他直接责任人员

本案中，被告人肖赞具体参与了中行亚太公司的“健益宝”理财产品销售工作，但未与中行亚太公司签订书面的劳动合同，在薪酬方面，中行亚太公司也未向其发放工资，而是根据销售业绩进行提成。对于在单位犯罪中，未与单位签订劳动合同，应如何评判其身份及在单位犯罪中的地位和作用大小，也是控辩双方争议的另一焦点所在。

公诉机关认为肖赞作为中行亚太公司的销售经理，具体组织、参与了“健益宝”理财产品的销售工作，应以单位犯罪中的其他直接人员追究其刑事责任。肖赞的辩护人认为被告人肖赞与中行亚太公司之间并未签订书面的劳动合同手续，仅以证人证言并不能充分证明肖赞是中行亚太公司的员工，且肖赞也未在中行亚太公司领取工资报酬，而是按照销售协议的约定，根据销售业绩进行提成，肖赞与中行亚太公司之间实质是委托与被委托关系，并不是受雇关系，因此，肖赞不能认定为中行亚太公司非法吸收公众存款犯罪中的其他直接责任人员，不应对中行亚太公司的犯罪行为承担刑事责任。

《刑法》及其司法解释对单位犯罪中相关人员的刑事责任有具体规定。《刑法》第30条、第31条规定，单位犯罪中，对单位行为直接负责的主管人员和其他直接责任人员须承担相应的刑事责任。《全国法院审理金融犯罪案件工作座谈会纪要》（下称《纪要》）对于单位直接负责的主管人员和其他直接责任人员做了明确区分：直接负责的主管人员，是在单位实施的犯罪中起决定、批准、授意、纵容、指挥等作用的人员，一般是单位的主管负责人，包括法定代表人；其他直接责任人员，是在单位犯罪中具体实施犯罪并起较大作用的人员，既可以是单位的经营管理人员，也可以是单位的职工，包括聘任、雇佣的人员。上述规定表明，单位犯罪中，无论是直接负责的主管人员，还是其他直接责任人员，都必须为单位的组成人员，至于该人员是单位的正式职工还是聘任人员，只是形式上的差别；承担刑事责任与否，依据的是：客观方面其是否是按照单位意志具体实施了犯罪行为，且在犯罪过程中起较大作用；主观方面则是认识到按照单位意志实施的行为具有违法性和社会危害性，希望或者放任该危害结果的发生。

本案中，销售理财产品属于中行亚太公司的实际经营行为，被告人肖赞具体参与并负责实施该理财产品的销售工作，且负责该公司销售人员的培训及具体销售事务，客观上其按照单位的意志实施了具体犯罪行为，且作为具体负责实施的人员，所起作用较大。对于其是否为中行亚太公司的组成人员，从本案

肖赞签订的销售协议来看，该协议是肖赞作为整个销售部门与公司签订的，并不仅仅是其单独的个人行为，该协议应理解为作为公司内部的销售部门，就产品的具体销售与公司之间签订的内部协议。肖赞一方面负责公司销售部门的具体业务，另一方面作为公司销售部门的负责人与公司签订了销售协议，虽然从形式上看，肖赞没有和公司签订劳动合同、办理相应手续，但实质上已经和公司之间形成了事实上的雇佣关系，是公司的销售主管人员。辩护人所称没有签订劳动协议，也没有办理相应手续的辩护意见，只是单纯从形式上进行理解。在单位犯罪中，应结合被告人具体从事的工作性质、事实上与单位形成的关系来判断其是否为单位的组成人员，而非仅从形式上判断。如果仅是在外部条件下，帮助中行亚太公司发布销售产品信息，或对犯罪行为的实施起牵线搭桥的作用，从中收取好处费的，则不宜认定为单位的组成人员；但若是以单位工作人员的身份，具体参与违法经营行为，则应认定其为单位组成人员。本案中，被告人肖赞对外以中行亚太公司销售部门负责人的身份，与公司签订分包销售协议，负责管理销售部人员，组织销售理财产品，应认定其为中行亚太公司的工作人员。

三、单位犯罪中主、从犯的认定

单位犯罪中，对于确定被告人刑事责任的大小，则应结合其所实施的具体行为以及在整个犯罪过程中的地位、作用等进行综合认定。《纪要》规定：对单位犯罪中的直接负责的主管人员和其他直接责任人员，应根据其在单位犯罪中的地位、作用和犯罪情节，分别处以相应的刑罚。主管人员与直接责任人员不是当然的主、从犯关系，有的案件主管人员与直接责任人员在实施犯罪行为的主从关系不明显的，可不分主、从犯。但具体案件可以分清主、从犯，且不分清主、从犯，在同一法定刑档次、幅度内量刑无法做到罪刑相适应的，应当分清主、从犯，依法处罚。上述规定表明对于具体案件，在必要时应分清单位犯罪直接责任人员的主、从犯身份，以保障罪刑相适应。

本案被告人肖赞作为中行亚太公司的雇佣人员，在公司法定代表人杨力文的安排和指挥下参与组织公司的销售工作，担任销售部门的实际负责人，对外吸收公众存款。从中行亚太公司整个非法吸收公众存款的行为过程来看，肖赞是在该公司确定实施非法吸收公众存款行为之后，经他人介绍参与进来，并不是发起者和具体策划者；另中行亚太公司以投资康复保健中心项目为名，通过销售理财产品吸收公众存款的行为，前后包括广告宣传、资金担保、具体销售、项目投入等多个环节，肖赞只负责具体销售这一个环节，且也是在杨力文的安排下参与实施的；再者从犯罪所得来看，肖赞实际所得仅为一万余元，占全部犯罪金额的比例甚小。所以，在单位犯罪中，与杨力文的行为相比，肖赞所起作用较小，处于从属地位，故本着罪刑相适应的原则，可认定其为从犯。

（一审合议庭成员：吴小军　席久义　孙冀鹏
二审合议庭成员：白　波　赵　静　陈　丹
编写人：北京市朝阳区人民法院　吴小军　万　兵
责任编辑：余茂玉
审稿人：蒋惠岭）

8. 胡广庆非法吸收公众存款案

问题提示：行为人以经营为目的，许诺给付高息接受公众集资，因经营不善而导致无法还款，是构成非法吸收公众存款罪还是集资诈骗罪？

【要点提示】

行为人以经营为目的，许诺给付高息接受公众集资，如果行为人并没有非法占有集资款的目的，只是因经营不善导致无法还款，构成非法吸收公众存款罪，而非集资诈骗罪。

【案例索引】

一审：天津市津南区人民法院（2008）南刑初字第8号（2009年2月18日）

二审：天津市第二中级人民法院（2009）二中刑终字第239号（2009年5月14日）

【案情】

公诉机关：天津市津南区人民检察院

被告人：胡广庆

天津市津南区人民法院经审理查明：2004年6月，胡广庆成立唐山市诚丰工贸发展有限公司，经营生铁等业务。2004年11月19日至2005年1月25日，胡广庆以经营生铁生意，许诺给付4%月息等名义，先后收取津南区咸水沽镇的薛恩忠集资款90万元。后胡广庆在薛恩忠多次索要下，退还薛恩忠本金20万元。2004年3月至11月间，胡广庆以经营生铁生意，许诺给付4%月息等名义，先后收取河西区邱花凤集资款305万元。后胡广庆在邱花凤多次索要下，退还邱花凤本金7万元。2004年2月至2005年1月，胡广庆以经营生铁生意，许诺给付2%回报等手段，先后收取津南区咸水沽镇的暴风顺集资款80万元，收取胡广庆之兄胡广义集资款70万元。2004年6月至2005年7月，胡广庆以给付高息等手段，先后收取津南区咸水沽镇的王永生集资款60万元。2005年7月25日，胡广庆以资金周转困难急需用钱，并许诺给付高息等手段，收取宁河县潘庄镇的冯桐元集资款20万元。前后共计收取集资款625万元。

天津市津南区人民检察院指控，被告人胡广庆以经营生铁生意，许诺高额回报等手段，先后骗取多人集资款共计625万元，后退还薛恩忠20万元，退还邱花凤7万元。被告人胡广庆的行为已构成集资诈骗罪。提请天津市津南区人民法院依法判处。

被告人胡广庆辩称没有集资诈骗，集资款已退还200余万元，而且余款都用于公司业务。辩护人认为，款的基本去向是能查清的，而且款的去向是受被害人监督的，胡广庆的行为不构成集资诈骗罪。

【审判】

天津市津南区人民法院经审理认为：被告人胡广庆以投资给付高息等名义，非法吸收公众存款，数额巨大，其行为已构成非法吸收公众存款罪。公诉机关指控被告人胡广庆以虚构资金用途等手段非法集资，证据不足，公诉机关指控罪名不能成立。被告人胡广庆的部分辩解和辩护人的部分辩护意见，予以采纳。被告人胡广庆曾因犯诈骗罪被判处有期徒刑七年，并处罚金20000元，在刑罚执行完毕前发现其他罪行，对其应数罪并罚。

据此，天津市津南区人民法院依照《中华人民共和国刑法》第一百七十六条第一款、第七十条、第六十九条、第五十二条、第五十三条、第六十四条的规定，判决：一、被告人胡广庆犯非法吸收公众存款罪，判处有期徒刑七年，并处罚金10万元；与前犯诈骗罪，判处有期徒刑七年，并处罚金2万元并罚；决定执行有期徒刑十三年六个月，并处罚金12万元。二、本案违法所得598万元，依法继续追缴。

一审宣判后，被告人胡广庆不服，向天津市第二中级人民法院提出上诉，理由是原审判决与事实不符，量刑过重。上诉人胡广庆的辩护人认为，胡广庆的行为不构成非法吸收公众存款罪。

天津市人民检察院第二分院认为，本案事实清楚，证据充分，定罪准确，量刑适当，审判程序合法，建议驳回上诉，维持原判。

天津市第二中级人民法院经审理认为：上诉人胡广庆以投资给付高息等名义，非法吸收公众存款，数额巨大，其行为已构成非法吸收公众存款罪。《刑法》第176条第1款规定，非法吸收公众存款或者变相吸收公众存款，扰乱金融秩序，数额巨大或者其他严重情节的，处三年以上十年以下有期徒刑，并处

五万元以上五十万元以下罚金。现本案中有多个被害人陈述、证人证言、书证等证据证实上诉人胡广庆犯非法吸收公众存款罪的事实清楚，证据充分，定性准确，量刑适当，审判程序合法。天津市人民检察院第二分院意见正确，予以支持。鉴于上诉人胡广庆的上诉理由及辩护人的辩护意见无事实和法律依据，不予采纳。据此，天津市第二中级人民法院依照《中华人民共和国刑事诉讼法》第一百八十九条第（一）项之规定，裁定：

驳回上诉，维持原判。

【评析】

本案公诉机关指控被告人胡广庆的行为构成集资诈骗罪，一、二审法院经审理均认定被告人以投资给付高息等名义，非法吸收公众存款，数额巨大，其行为构成非法吸收公众存款罪。因此，对胡广庆犯罪行为的定性涉及如何正确区分集资诈骗罪和非法吸收公众存款罪。

非法吸收公众存款罪与集资诈骗罪均属破坏社会主义市场经济秩序罪一类，它们侵犯的客体是国家的经济管理制度，客观方面表现为行为人实施了违反国家经济管理法规，破坏国家经济管理活动，危害国计民生，使国家经济遭受严重损害的行为。在主观方面是故意。非法吸收公众存款罪与集资诈骗罪具有显著不同，具体分析如下：

1. 客观方面表现不同

非法吸收公众存款罪的客观方面表现为，行为人实施了非法向社会公众吸收存款或者变相吸收公众存款的行为。“非法吸收公众存款”，是指完全仿照银行吸收存款的做法，以确定的存款期限、利率，面向社会公众吸收存款。“变相吸收存款”，是指行为人为回避以“存款”的形式吸收公众资金引起麻烦，受到追究，在未经过中国人民银行或者国务院批准的情况下，擅自开办所谓的“基金”或“基金会”等，再以此名义“合法”地吸收公众资金以开展所谓活动，还有的以吸收投资，扩大企业再生产为名，无固定利率，年底分红，实际许以高出银行利率很多的股息，吸收公众存款。而集资诈骗罪的客观方面表现为使用诈骗方法非法集资，数额较大的行为。“使用诈骗方法”，是指行为人采取虚构集资用途，以虚假的证明文件和高回报率为诱饵，骗取集资额的一种手段。“非法集资”是指法人、其他组织或者个人，未经有关机关批准，向社会公众募集资金的行为。此外，按照法律规定，非法集资的行为，必须达到“数额较大”的程度，才构成犯罪。

2. 主观方面不同

非法吸收公众存款具有非法牟利的目的，但行为人非法吸收公众存款的行为是否已获利，获利数额大小，甚至亏损，资不抵债，都不影响罪名的成立，且只有达到“扰乱金融秩序”的程度的，才构成犯罪。集资诈骗具有非法占有集资款的目的，这里的非法占有目的，不是指暂时的占有、使用的占有，而是非法占为己有，即不法所有的目的。

3. 非法吸收或者变相吸收公众存款行为只有具备一定的数额或情节才能构成犯罪

2001年最高人民检察院与公安部联合发布的《关于经济犯罪案件追诉标准的规定》（下称《追诉标准》）第24条规定，非法吸收公众存款或者变相吸收公众存款，扰乱金融秩序，涉嫌下列情形之一的，应予追诉：（1）个人非法吸收或者变相吸收公众存款，数额在二十万元以上的，单位非法吸收或者变相吸收公众存款，数额在一百万元以上的；（2）个人非法吸收或者变相吸收公众存款三十户以上的，单位非法吸收或者变相吸收公众存款一百五十户以上的；（3）个人非法吸收或者变相吸收公众存款，给存款人造成直接经济损失数额在十万元以上的，单位非法吸收或者变相吸收公众存款，给存款人造成直接经济损失数额五十万元以上的。

从本案来看，胡广庆在唐山市确实经营唐山市诚丰工贸发展有限公司，并有生铁等业务。在一年多的时间里，胡广庆以经营生铁生意，许诺给付出款人4%月息、只赚不赔等名义，先后收取多人集资款共计625万元。后胡广庆退还薛恩忠20万元，退还邱花凤7万元。主观方面，胡广庆并不是想非法占有这些集资款，表象上他还是还本付息，只是最后由于经营不善而导致亏损，无法再还上集资人的钱。

综上，本案中胡广庆的行为明显构成非法吸收公众存款罪，而不是集资诈骗罪。

（一审合议庭成员：王洪城　杜世福　张　兵
二审合议庭成员：吴金祥　王殿君　韩　冰
编写人：天津市津南区人民法院　张宝晶
责任编辑：余茂玉
审稿人：蒋惠岭）

9. 上海天鹏票务代理有限公司、王寿朝等倒卖车票案

问题提示：经工商登记取得票务代理、寄递经营业务的单位或个人能否直接经营火车票？收取火车票寄递费是否属变相加价倒卖行为？

【要点提示】

未经铁路部门专门的批准或授权，任何单位和个人不能擅自经营火车票业务。不具备代办铁路客票资格的单位和个人，为他人代办铁路客票并非法加价牟利的，属于倒卖铁路客票的违法犯罪行为。

【案例索引】

一审：上海铁路运输法院（2010）沪铁刑初字第82号（2010年9月7日）

【案情】

公诉机关：上海铁路运输检察院
被告单位：上海天鹏票务代理有限公司
被告单位：上海新高铁票务有限公司
被告人：王寿朝
被告人：金怡民
被告人：李宣来
被告人：江德明
被告人：李群

上海铁路运输法院经审理查明：被告单位上海天鹏票务代理有限公司（以下简称天鹏公司）、上海新高铁票务有限公司（以下简称新高铁公司）分别于2008年、2006年成立，被告人王寿朝、江德明分别系该两家公司的法定代表人，被告人李宣来系天鹏公司员工。在经营过程中，为牟取非法利益，两被告单位分别囤积、倒卖火车票，并勾结在上海铁路局上海站售票车间退票窗口工作的被告人金怡民、李群为其提供票源。具体事实分述如下：

1. 2008 年 10 月，被告人王寿朝经工商部门注册登记，取得天鹏公司的营业执照，并在电信“114”查询台发布订购火车票信息。自 2009 年 10 月起至案发，被告人王寿朝、李宣来采用自行购票及通过被告人金怡民提供旅客退票等手段取得车票，而后以公司经营的形式向他人出售并收取数额不等的加价费用。在此期间，王寿朝指使李宣来将 10 本假退票费报销凭证交给金怡民，以方便其收取旅客退票。公安机关经侦查，于 2010 年 1 月 29 日将被告人王寿朝、李宣来抓获，同时查获天鹏公司囤积准备用于加价倒卖的各类有效火车票 851 张，票面额总计价值 248000 余元。

2. 2006 年 11 月，被告人江德明经工商部门注册登记，取得新高铁公司的营业执照，并在电信“114”查询台发布订购火车票信息。自 2009 年 10 月起至案发，江德明采用自行购票及通过被告人金怡民、李群提供旅客退票等手段取得车票，而后以公司经营的形式向他人出售并收取数额不等的加价费用。公安机关经侦查，于 2010 年 1 月 26 日将江德明抓获，同时查获新高铁公司囤积准备用于加价倒卖的有效火车票 276 张，票面额总计价值 75000 余元。

3. 被告人金怡民、李群在退票窗口当班工作的过程中，将旅客退来的紧俏火车票扣除相应手续费办理退票后，私下予以截留，再将退来的该部分车票分别提供给被告人王寿朝、江德明，由其加价倒卖，在此过程中，两被告单位还分别提供了用于收进退票的资金。从 2009 年 10 月至案发，金怡民分别向王寿朝和江德明提供火车票票面额总计 11 万元和 8 万元，李群向江德明提供火车票票面额总计 2 万元。2010 年 1 月 27 日，金怡民、李群被公安机关抓获。

公诉机关认为：被告单位天鹏公司、新高铁公司未经铁路主管部门许可，经营火车票并加价出售，被告人王寿朝、江德明作为直接负责的主管人员、被告人李宣来作为直接责任人员，以牟利为目的，囤积车票变相加价出售，情节严重，其行为均已构成倒卖车票罪。被告人金怡民、李群系铁路职工，与其他人员勾结倒卖车票，依法应从重处罚。

两被告单位及五名被告人对起诉书指控的事实和罪名均不持异议。

王寿朝、李宣来、江德明的辩护人均认为：本案系单位犯罪，故在追究被告人的个人责任时，应考虑酌情从轻处理。两被告单位经工商登记注册成立，具有代理火车票和寄递业务的经营范围，因此被告单位虽未经铁路主管部门批准，但各被告人倒卖车票的行为在主观恶性和社会危害性方面较小，请求法庭在量刑时充分考虑。王寿朝的辩护人还认为，王寿朝被查扣的 851 张车票尚未

被倒卖出去，应认定为犯罪未遂。

【审判】

上海铁路运输法院认为：被告单位天鹏公司、新高铁公司分别囤积火车票并高价或变相加价出售，情节严重，其行为均已构成倒卖车票罪。被告人王寿朝、江德明作为直接负责的主管人员、被告人李宣来作为直接责任人员，其行为均已构成倒卖车票罪。倒卖车票犯罪行为的本质特征在于行为人买进车票以后意图通过加价卖出牟利，至于最终是否实现牟利的目的，并不影响本罪既遂的构成，因此王寿朝的辩护人关于被查获的车票尚未出售，应当按照未遂处理的辩护意见，法院不予采纳。被告人金怡民、李群身为铁路职工，利用工作便利条件，与他人勾结倒卖车票，情节严重，其行为均已构成倒卖车票罪。金怡民、李群身为铁路职工，实施倒卖车票犯罪，依法应从重处罚。鉴于各被告单位及被告人均能自愿认罪并有一定的悔罪表现，可依法酌情从轻处罚，法院酌情采纳各辩护人关于请求从轻处罚的辩护意见。

综合本案的犯罪事实、性质、情节及对社会的危害程度等，依照《中华人民共和国刑法》第二百二十七条第二款，第二百三十一条，第三十条，第二十五条第一款，第七十二条，第七十三条第二款、第三款，第五十二条，第五十三条，第六十四条，《最高人民法院关于审理倒卖车票刑事案件有关问题的解释》第一条、第二条及《最高人民法院、最高人民检察院、司法部关于适用普通程序审理"被告人认罪案件"的若干意见（试行）》第九条之规定，分别以倒卖车票罪判处被告单位天鹏公司罚金人民币36万元；判处被告单位新高铁公司罚金人民币20万元；判处被告人王寿朝有期徒刑一年三个月，并处罚金人民币30万元；判处被告人金怡民有期徒刑一年三个月，并处罚金人民币20万元；判处被告人李宣来有期徒刑八个月，并处罚金人民币25万元；判处被告人江德明有期徒刑八个月，并处罚金人民币18万元；判处被告人李群有期徒刑七个月，缓刑一年，并处罚金人民币25000元；违法所得予以追缴。

一审宣判后，公诉机关未抗诉、各被告单位及被告人均未上诉，一审判决已发生法律效力。

【评析】

本案涉及的主要问题有以下几个方面：

一、已经工商登记取得票务代理、寄递业务经营范围的，能否经营火车票

经查，两被告单位经工商登记合法成立，取得工商营业执照，经营范围包括票务代理、寄递业务等，但火车票的代理、代办与其他票务的办理、代办有极大的区别。在我国，尽管火车票属于有价票证的一种，但因为其涉及国计民生，故成为由国家定价而非市场定价，并对其销售、代理进行特别保护或干预的特殊商品。而有无火车票的代理、代办资格更是火车票营销合法与否的重要标志或前提条件。根据《国家计委、铁道部关于规范铁路客票销售服务收费有关问题的通知》（计价格〔2000〕146 号）第 2 条、第 3 条的规定，铁路运输企业以外的其他单位或个人，在经铁路主管部门批准或者成为铁路合同订票单位后，方可取得铁路客票的代售或代办资格。由此可见，取得火车票完整的代售、代办资格还必须经过铁路主管部门的批准或授权，而本案的二被告单位均未经任何铁路部门专门的批准或授权，擅自经营火车票业务，均不具备合法的经营资质。

根据《铁道部、国家发展和改革委员会、公安部、国家工商行政管理总局关于依法查处代售代办铁路客票非法加价和倒卖铁路客票违法犯罪活动的通知》（铁办函〔2006〕81 号）（以下简称四部委通知）第 3 条规定："有下列行为之一的，属于倒卖铁路客票的违法犯罪行为，由公安机关依法给予治安管理处罚；构成犯罪的，依法追究刑事责任。……不具备代办铁路客票资格的单位和个人，为他人代办铁路客票并非法加价牟利的……"。故二被告单位的行为均属于倒卖车票的性质，且已达到犯罪程度，应依法追究其刑事责任。

值得注意的是，二被告单位除了囤积大量火车票外，在经营过程中有部分火车票是先由旅客预订然后加价出售，这种情形属于合法的民事委托代理行为还是非法倒卖？应当肯定的是，任何法不禁止的行为都可能存在合法的民事委托代理关系，如公民之间的善意代购火车票，显然是一种正常、正当的合法行为，但是一旦成为一种经营行为，其性质则发生本质的变化，本案被告单位的行为明显超出了一般的民事代理范畴，而属于一种含代为办理（代办）成分的具有经营火车票性质的行为，由于其未取得必需的有关部门的批准或授权，而成为非法代售或代办火车票的行为，故本案即使具有预订、对象较特定等特点，但仍无法改变其非法代办火车票加价牟利的本质属性。

二、收取火车票寄递费是否属变相加价倒卖行为

答案是肯定的。虽然两被告单位经营范围均包括寄递业务，在实际经营中，也可能存在寄递部分车票的行为，但无论实际是否发生寄递服务，其收取

的速递费仍是变相加价倒卖车票的行为，主要理由一是根据上述四部委通知的规定，不具备代办铁路客票资格的单位和个人，为他人代办铁路客票并非法加价牟利的，即属于倒卖车票性质；二是本案的所谓车票寄递服务系非法车票代理的衍生行为，旅客之所以接受“寄递费”，是出于需要无法购买到的车票的无奈，故被告单位如并未实际寄递而收取寄递费，其实质是强迫旅客高价购票，而即使实际发生了寄递，也属于将非法经营的成本转嫁于消费者，没有理由消弭罪责。而且，事实上被告单位的寄递费是根据座（铺）别及车票紧俏程度而确定，不同于寄递服务行业普遍以路程的距离、物品的材质体积重量等为标准的收费，故本案中，被告单位收取的所谓寄递费本质上完全符合变相加价的行为特征。

三、关于尚未售出的火车票是否属于犯罪未遂

本案中涉案被告人在被抓获时还被查获部分尚未出售的火车票，应当认定为倒卖车票既遂。倒卖车票罪的客观方面表现为大量买入，高价或变相加价卖出，且情节严重的行为，而其中大量买入囤积居奇的行为，是倒卖车票的基础行为或者本质特征，故该罪名属于行为犯范畴，行为人只需将犯罪的实行行为（购入车票囤积）实施完毕即构成既遂，而并不要求产生特定的犯罪结果（实际出售给旅客），实践中对于已经实际销售的部分通常亦无法查获，查获的往往是尚未出售的车票。且本案行为人在购买车票后，已经挤占了其他正常旅客的购票机会，其社会危害性业已显现。因此，倒卖车票犯罪的行为本质特征在于行为人买进车票以后意图通过加价卖出牟利，至于最终是否实现牟利的目的，并不影响本罪既遂的构成。

（一审合议庭成员：王战资　陆　琳　张雯琳
编写人：上海铁路运输法院　陆　琳
责任编辑：李玉萍
审稿人：蒋惠岭）

10. 吕清伟盗窃案

问题提示：如何认定扒窃行为？对扒窃犯罪如何定罪量刑？

【要点提示】

扒窃犯罪应当具有两个基本特征：一是犯罪空间的特殊性，即犯罪行为发生在公共场所或公共交通工具中；二是犯罪对象的特殊性，即犯罪行为系针对被害人随身携带的财物。对扒窃行为应当依照盗窃罪的有关规定依法定罪量刑。

【案例索引】

一审：郑州铁路运输法院（2011）郑铁刑初字第104号（2010年9月29日）

【案情】

公诉机关：郑州铁路运输检察院

被告人：吕清伟，男，1973年4月8日出生于河南省登封市。2004年8月17日曾因犯盗窃罪被洛阳铁路运输法院判处拘役五个月，并处罚金一千元。

郑州铁路运输法院经审理查明：2011年7月20日21时许，被告人吕清伟在K175次列车14号车厢门口，扒窃旅客徐××钱包一个，内装人民币405元、银行卡等物品，作案后被当场抓获。破案后，赃款赃物已发还失主。

公诉机关要求对被告人按盗窃罪定罪量刑。被告人吕清伟对公诉机关的指控无异议。

【审判】

郑州铁路运输法院认为：被告人吕清伟以非法占有为目的，扒窃旅客财物，其行为已构成盗窃罪。我国《刑法》规定“盗窃公私财物，数额较大的，或者多次盗窃、入户盗窃、携带凶器盗窃、扒窃的，处三年以下有期徒刑、拘

役或者管制，并处或者单处罚金。”被告人吕清伟扒窃数额405元，依法应在上述量刑幅度内判处刑罚。在量刑时，还应考虑到被告人具有以下法定、酌定量刑情节：（1）被告人吕清伟归案后，能够如实坦白并自愿认罪，可从轻处罚；（2）犯有前科，可酌情从重处罚。依照《中华人民共和国刑法》第二百六十四条、第六十七条第三款、第六十四条之规定，判处如下：被告人吕清伟拘役三个月，并处罚金一千元。

宣判后，被告人未上诉，公诉机关未抗诉，判决已经发生法律效力。

【评析】

《刑法修正案（八）》将《刑法》第264条修改为：“盗窃公私财物，数额较大的，或者多次盗窃、入户盗窃、携带凶器盗窃、扒窃的，处三年以下有期徒刑、拘役或者管制，并处或者单处罚金；数额巨大或者有其他严重情节的，处三年以上十年以下有期徒刑，并处罚金；数额特别巨大或者有其他特别严重情节的，处十年以上有期徒刑或者无期徒刑，并处罚金或者没收财产。”然而，“扒窃”属于《刑法》中的空白罪状，在法律法规或者规范性文件乃至学理解释中，对扒窃行为都缺乏明确的界定。我们认为，扒窃是指以非法占有为目的，在公共交通工具上，或者车站、码头、超市、商场、集贸市场、影剧院、餐厅等公共场所，秘密窃取他人随身携带财物的行为。

综上，扒窃犯罪应当具备两个基本特征：一是发生在比较特定的空间即公共场所、公共交通工具中；二是秘密窃取的对象通常为被害人随身携带的财物。

1. 对于公共场所、公共交通工具中的“公共”作何理解？郑州铁路运输法院认为，对扒窃行为中的“公共场所、公共交通工具”应当做如下限制性解释：（1）具有空间开放性、活动内容多样性，涉及社会生活的各个领域；（2）人员密集、构成复杂、无身份限制；（3）信息流动渠道复杂，一旦发生治安问题则影响面较大。本案中，旅客列车可谓是典型的公共交通工具。

2. 对于“随身携带的财物”的理解。我们认为，随身携带不仅是指在身体的掌控之中，而且应该具有随时支配的可能性。如果仅以随时支配的可能来认定是否属于被害人随身携带的物品（如在旅客列车行李架上的财物），那么扒窃与普通盗窃就没有区别了。

3. 扒窃行为通常具有一定的秘密性，但“秘密性”并非扒窃的行为特征。在司法实践中，“扒窃”行为的发生都是在公共交通工具或者公共场所之中，人群比较密集，行为人进行扒窃时很可能是在众目睽睽之下，因此，相对于被害人以外的其他人来说一般没有任何秘密性可言。同时，扒窃行为相对于丢失财物的被害人而言有时也不具有秘密性。现在“扒窃”现象呈现出惯窃、结伙扒窃，甚至多使用小刀、匕首等工具进行辅助的特点，行为人在扒窃时往往三五成群，暗中手持工具，有的被害人因为年龄幼小或者体弱胆怯等等原因，即使发现自己的财物正在被窃取或者虽然知道是谁窃取了自己的财物，但害怕被打击报复，不敢声张，因而部分扒窃行为对被害人而言其实没有秘密性。

（一审独任审判员：焦　泽
编写人：郑州铁路运输法院　张东方　吕　珂
责任编辑：李玉萍
审稿人：蒋惠岭）

11. 陈金富、陈联、孙建华盗窃案

问题提示：被告人在非法取得被害人财产过程中，既有虚构事实、隐瞒真相的方法，又有秘密窃取的行为，而且还以虚假身份证明骗领信用卡，构成诈骗罪、盗窃罪还是信用卡诈骗罪？

【要点提示】

被告人在非法取得被害人财产过程中，既使用了虚构事实、隐瞒真相的方法，也采用了秘密窃取的行为，还利用了以虚假身份证明骗领信用卡这一妨害信用卡管理的手段，但被害人未基于错误认识而处分其财物，此类情形应认定为盗窃罪而不是诈骗罪和信用卡诈骗罪。

【案例索引】

一审：江苏省南通市崇川区人民法院（2010）崇刑二初字第33号（2010年5月24日）

【案情】

公诉机关：南通市崇川区人民检察院

被告人：陈金富

被告人：陈联

被告人：孙建华

江苏省南通市崇川区人民法院经审理查明：2009年5月底，被告人陈金富、陈联、孙建华伙同任大军（在逃）经事先预谋决定到南通骗财。被告人陈金富、陈联、孙建华伙同任大军于2009年6月1日到达南通市。2009年6月2日上午，先由任大军假冒南通大学校长战友之身份，在本市端平桥菜市场搭识本案被害人季克林，任大军谎称自己能为季介绍生意给南通大学，骗得被害人季克林身份证、营业许可证、卫生许可证复印件。后被告人孙建华按照事先预谋之安排，持被害人季克林身份证复印件至邮政储蓄银行办理了邮政储蓄卡存合一储蓄业务。

6月3日上午，由被告人陈金富假扮南通大学校长、由被告人陈联假扮南通大学会计，共同对被害人季克林实施诈骗。被告人陈金富以方便业务往来为名让被害人季克林自己到邮政储蓄银行办理邮政储蓄卡存合一储蓄业务。被害人季克林办好卡存合一业务后旋即应约与被告人陈金富、陈联等再次见面，被告人陈联趁机将被告人孙建华办理的邮政储蓄存折与被害人季克林本人办理的邮政储蓄存折调包。被告人陈金富、陈联等要求被害人往存折上存款人民币18万元以证明经济实力，被害人季克林持被调包的存折存入人民币18万元。被告人孙建华用该存折对应的银行卡分四次将18万元取出，被告人陈金富、陈联、孙建华及任大军各分得人民币45000元。

【审判】

南通市崇川区人民法院经审理认为：被告人陈金富、陈联、孙建华以非法占有为目的，以虚构介绍生意事实的方式骗取的被害人身份证复印件办理邮政储蓄存折及卡，虚构业务需要的事实骗得被害人办理邮政储蓄存折及卡，并秘密将邮政储蓄存折调换，再以要求被害人证明实力的方式骗取被害人向已调换的存折存款，最后通过该存折对应的银行卡取款，其行为既包括欺骗行为，也包括秘密窃取行为，但被害人未基于错误认识而处分其财物，三被告人最终得以占有被害人财物的决定性因素在于其秘密窃取行为，且窃取财物数额特别巨大，其行为应构成盗窃罪，且系共同犯罪。在共同犯罪中，三被告人均起主要作用，系主犯。依照《中华人民共和国刑法》第二百六十四条、第二十五条第一款、第二十六条第一款、第四款、第六十四条之规定，判决如下：一、被告人陈金富犯盗窃罪，判处有期徒刑十一年三个月，并处罚金人民币5万元。被告人陈联犯盗窃罪，判处有期徒刑十一年三个月，并处罚金人民币5万元。被告人孙建华犯盗窃罪，判处有期徒刑十一年三个月，并处罚金人民币5万元。二、继续追缴被告人陈金富、陈联、孙建华犯罪所得赃款人民币18万元，发还被害人。

一审宣判后，三被告人未提起上诉，检察机关亦未提出抗诉，一审判决已经发生法律效力。

【评析】

本案的主要特征在于：被告人在非法取得被害人财产过程中，既使用了虚构事实、隐瞒真相的方法，也采用了秘密窃取的行为，还利用了以虚假身份证

明骗领信用卡这一妨害信用卡管理的手段，从而导致在对被告人犯罪行为的定性问题上存在较大分歧。第一种意见认为三被告人系以虚构事实、隐瞒真相的方法取得财物，构成诈骗罪；第二种意见认为三被告人以骗取的被害人的身份证骗领信用卡并取现，构成信用卡诈骗罪；第三种意见认为三被告人取得财物的决定性因素是调包这一秘密窃取行为，构成盗窃罪。笔者更倾向于第三种意见。具体分析如下：

一、被害人未因欺骗行为产生处分财物的意识和行为

诈骗罪与盗窃罪均是以非法占有他人财物为目的的侵财犯罪，一般认为，二者的区别在于被害人是否基于认识错误而处分财产，即被害人是否具有处分意识和处分行为，如果被害人认识到自己将某种财产转移给行为人或第三者占有，且基于该处分意识将财产转移给行为人或者第三者占有，则应当构成诈骗罪。被害人是否具有处分意识，不仅要求被害人具有“自愿”处分特定财物的意思，而且要求被害人明确知道处分特定财物就是转移该财物的控制权。处分行为是指将财产转移给行为人或第三者占有，即由行为人或第三者事实上支配财产，并不要求受骗人将财务的所有权处分给行为人。

本案中，由于被害人自己办理的存折已被调包，其向调包后的存折存入18万元的行为，实际已经转移该财物的控制权。但被害人的存款行为的目的在于证明其经济实力，其只是认为向自己控制之下的存折内存款，而非将该18万元转移被告人的控制和支配权，其存款时对自己实际上是在向他人控制的存折内存钱没有认识，仍然认为该财物处于自己的控制之下。被告人利用调包后的存折对应的银行卡取款，被害人对其财物转移占有的过程一无所知，事后被害人才发现其18万元已被取走。虽然被害人因欺骗行为陷入错误认识，并基于错误认识作出存款行为，但被害人不明知其存款行为是转移其财物的控制权，故不能将该存款行为认定为诈骗罪中的处分行为。

二、被告人非法取得财物决定于秘密窃取行为而非欺骗行为

在诈骗罪中，被害人的处分行为与行为人非法取得财物具有直接的因果关系，行为人取得财产需要被害人处分行为的配合，而盗窃罪中，行为人无须被害人为相应的交付行为来协助其取得财产，行为人通过自己的秘密窃取行为就能达到非法占有他人财产的目的。因而判断兼具诈骗行为与盗窃行为的复杂侵财行为的性质，主要是看行为人非法取得财物中起决定性作用的是秘密窃取行为还是欺骗行为，当采用欺骗手段直接取得他人财物的，应定诈骗罪；而当欺骗行为仅是秘密窃取行为的辅助手段时，应定盗窃罪。

本案中，被告人及其同案犯实施了一系列欺诈行为，如虚构南通大学校长战友的身份骗取被害人的身份证复印件，虚构业务往来需要骗得被害人办理邮政储蓄存折及卡，但被告人仅实施这些行为无法取得被害人的财物，上述欺诈行为仅是为被告人实施调包这一秘密窃取行为创造条件，欺诈行为是手段，而调包才是被告人的真正目的。至于被告人虚构为证明经济实力骗取被害人存款，该行为仅是调包行为的辅助手段，仅依靠被害人的存款行为是无法取得被害人的财物的。因此，被告人不是以欺诈行为直接取得财物的，而调包行为才是被告人取得财物的决定性手段。需要指出的是，虽然被告人调包时尚未取得被害人财物，其秘密窃取行为与非法取得财物虽然在时间上不一致，但刑法理论中，并未要求盗窃罪需以秘密窃取行为与非法取得财物时间上具有同一性为构成要件，因而对本案以盗窃罪论处并无不妥。

三、本案被告人的取款行为不符合“使用以虚假的身份证明骗领的信用卡”之要件

信用卡诈骗罪作为一种特殊的诈骗犯罪，与诈骗罪是法条竞合的关系，其在符合诈骗罪的构成要件以外，还应符合该罪利用信用卡进行诈骗活动这一特殊要件。《刑法修正案（五）》将“使用以虚假的身份证明骗领的信用卡”规定为信用卡诈骗罪的行为之一，其目的在于打击使用虚假的身份证明骗领信用卡后实际使用，进行刷卡消费或者提取现金的诈骗活动。该行为特征在于一是有非法占有的主观目的，二是有以虚假的身份证明骗领信用卡和进行刷卡消费或者提取现金等实际使用的行为。如果行为人以虚假身份证明骗领信用卡后进行普通的存取款活动，其行为由于并无非法占有的目的，而仅成立妨害信用卡管理罪，不能构成信用卡诈骗罪。

本案中，被告人骗取被害人身份证明后骗领信用卡，其行为完全符合以虚假的身份证明骗领信用卡这一要件，且被告人之后还实施了提取现金的行为，但不能据此认定其行为构成信用卡诈骗罪：首先，从立法目的来看，信用卡诈骗罪中增设“使用以虚假的身份证明骗领的信用卡”旨在打击骗领信用卡后刷卡消费和透支取现的行为，由于行为人是以虚假的身份证明骗领的信用卡，其大肆刷卡消费和透支取现后，银行凭持卡人的身份证明、住址等资料，根本无法找到持卡人，也无法追回损失，因而将本案中被告人的取现行为纳入“使用”的范畴与立法目的不符；其次，从犯罪构成来看，被告人以调包为主要手段非法取得被害人财物，不具有被害人因错误认识而自愿处分其财物这一诈骗罪要件，因此，本案被告人的行为不符合诈骗罪的构成要件，而信用卡诈骗罪与诈骗罪是特殊与普通的关系，其成立的前提之一是该行为应符合诈骗罪

的构成要件，故被告人的行为自然也不符合信用卡诈骗罪的构成要件；最后，从罪刑相适应原则来看，使用以虚假的身份证明骗领信用卡的，数额5万元以上不满50万元的，应当认定数额巨大，被告人的犯罪数额为18万元，按照司法解释的规定仅能对其判处五至七年有期徒刑，而本案被告人不仅实施了一系列欺诈行为，还实施了秘密窃取行为，其社会危害性远甚于普通的以虚假的身份证明骗领信用卡后透支取现或刷卡消费的行为，因此，本案按信用卡诈骗处理既不符合罪行相适应原则，也不利于对此类犯罪的打击。

（一审合议庭成员：曹　彬　王风华　韩进冲
编写人：江苏省南通市崇川区人民法院　王风华
责任编辑：余茂玉
审稿人：蒋惠岭）

12. 詹群忠、詹益增、詹晓芬短信诈骗案

问题提示：行为人通过群发短信骗得受害人大量钱款后丢弃银行卡，对所骗其余大额汇款未实际占有且被追回的，后一部分是犯罪既遂还是犯罪未遂？

【要点提示】

伴随着金融、电信业的快速发展，犯罪分子利用手机群发诈骗短信，诱使被害人将钱款汇入指定账户的案件日益增多。行为人通过群发短信骗得受害人大量钱款后丢弃银行卡，对所骗其余汇款未实际占有且被追回的，综合案件情况，未实际占有部分应认定为犯罪未遂。

【案例索引】

一审：上海市杨浦区人民法院（2010）杨刑初字第23号（2010年2月26日）

二审：上海市第二中级人民法院（2010）沪二中刑终字第242号（2010年4月19日）

【案情】

公诉机关：上海市杨浦区人民检察院

被告人：詹群忠

被告人：詹益增

被告人：詹晓芬

上海市杨浦区人民法院经审理查明：2007年7月5日，被告人詹群忠在与女儿詹晓芬、詹晓芬的男友被告人詹益增的共同居住处，指使被告人詹晓芬、詹益增利用手机短信群发器群发短信，内容为“你好，原账号已更改，汇款请汇，户名薛海英，农业银行95599××××××，建设银行6227×××××，谢

谢”。住本市大连路某号某室的黄某某收到上述短信后误以为是朋友向其借款所发，当日向户名薛海英、卡号95599×××××的中国农业银行银行卡内汇入20万元。被告人詹群忠收到钱款已汇入账户的短信通知后，当即将其控制的户名薛海英、卡号95599×××××的中国农业银行银行卡交给被告人詹益增，指使詹益增持该银行卡通过交通银行自动取款机取款2万元（银行扣除取现手续费20元）；被告人詹群忠、詹晓芬又持该银行卡至深圳市永盛珠宝金行购买了61022元的黄金饰品。在营业员的要求下，被告人詹群忠在签购单上留下了自己的姓名和身份证号。之后，被告人詹益增按照被告人詹群忠的指使，持该卡在深圳市多家商店购买了共计120691元的黄金饰品（最后一次持卡购买黄金饰品前现存1791元）。被告人詹益增将购得的黄金饰品和仅剩58元的银行卡交给被告人詹群忠。詹群忠供述已将该银行卡丢弃。

当日，山东省菏泽市棉纺织厂的徐某某收到被告人詹群忠、詹益增、詹晓芬利用手机短信群发器群发的上述诈骗短信，误以为是客户催要货款所发，因当日资金不足，徐某某于7月10日向户名薛海英、卡号为95599×××××的中国农业银行银行卡内汇款9万元，并随即电话通知客户。后徐得知客户未收到钱款，自己受骗，于7月11日向菏泽市公安局牡丹分局报案，警方于7月13日从该银行卡的开户行中国农业银行深圳布吉支行查询该银行卡余额为90058元，即通知银行冻结其中9万元。现警方已将9万元发还徐某某。

2008年7月3日，黑龙江省哈尔滨市道里区人民法院认定被告人詹群忠、詹益增、詹晓芬于2007年6月至8月，在上述同一住处利用手机群发短信，共同骗取住哈尔滨市、北京市、浙江省、福建省的11名被害人共计571424元。以诈骗罪对三名被告人分别处以刑罚。

公诉机关确认：被告人詹群忠、詹益增、詹晓芬的行为均已构成诈骗罪，被告人詹群忠在共同犯罪中起主要作用，是主犯，被告人詹益增、詹晓芬在共同犯罪中起次要作用，是从犯，依法应当减轻处罚。因被告人詹群忠、詹益增、詹晓芬在判决宣告后，刑罚执行完毕前发现有其他罪没有判决，提请对三名被告人两罪并罚。

被告人詹群忠辩称：起诉书指控的诈骗行为由其一人在深圳市龙岗区布吉镇其租住的房屋内实施。詹益增、詹晓芬仅帮助其取款和用银行卡购买黄金饰品。

被告人詹益增辩称：未参与实施2007年7月5日利用手机群发短信诈骗他人钱款的行为，仅帮助詹群忠从自动取款机上取款2万元及用银行卡购买黄金饰品。

被告人詹晓芬辩称：不清楚父亲詹群忠实施的诈骗行为，也未帮助其用该银行卡购买黄金饰品。其辩护人认为，现有证据不能证实被告人詹晓芬参与了2007年7月5日群发短信骗取钱款以及用赃款消费的过程，故詹晓芬在起诉书指控的诈骗犯罪中不应承担刑事责任。2007年7月10日，詹群忠已将诈骗所用的银行卡丢弃，无法再取走被害人徐某某向该卡所汇的9万元，该情节应认定犯罪未遂。

【审判】

上海市杨浦区人民法院经审理认为：被告人詹群忠、詹益增、詹晓芬利用手机群发短信先后诈骗黄某某20万元、徐某某9万元，数额特别巨大，其行为均已构成诈骗罪。但三名被告人诈骗徐某某9万元是犯罪未遂；被告人詹群忠在共同犯罪中起主要作用，是主犯，被告人詹益增、詹晓芬在共同犯罪中起次要作用，是从犯。依照《中华人民共和国刑法》第二百六十六条，第二十五条第一款，第二十六条第一、四款，第二十七条，第二十三条，第七十条，第六十九条，第五十五条第一款，第五十六条第一款，第五十三条，第六十四条之规定，判决：一、被告人詹群忠犯诈骗罪，判处有期徒刑十年，剥夺政治权利一年，罚金人民币1万元，与前罪犯诈骗罪，判处有期徒刑十二年，剥夺政治权利二年，罚金人民币2万元合并，决定执行有期徒刑十七年，剥夺政治权利三年，罚金人民币3万元；二、被告人詹益增犯诈骗罪，判处有期徒刑四年，罚金人民币4000元，与前罪犯诈骗罪，判处有期徒刑五年，罚金人民币2万元合并，决定执行有期徒刑七年，罚金人民币24000元；三、被告人詹晓芬犯诈骗罪，判处有期徒刑三年六个月，罚金人民币4000元，与前罪犯诈骗罪，判处有期徒刑五年，罚金人民币2万元合并，决定执行有期徒刑六年六个月，罚金人民币24000元。

一审判决后，检察机关未抗诉，被告人詹群忠、詹益增、詹晓芬提出上诉。

上海市第二中级人民法院经审理查明的事实、证据与原审判决相同。二审中，检察员当庭宣读的何惠君证词证明，2007年3月，其与丈夫詹群忠、女儿詹晓芬一起住在深圳市布吉镇阳光花园，同年6月中旬搬迁到罗湖区彩世界家园居住，詹晓芬及其男友詹益增也搬去一起居住；住在阳光花园期间，詹群忠就将发短信诈骗的事告诉了詹晓芬、詹益增。该证词与詹群忠、詹晓芬、詹益增在案供述相互印证。三名上诉人的供述还证明，2007年6月至同年8月间，三人在彩世界家园居住地向不特定的公众发送短信骗取钱款；在詹群忠指使下，詹益增、詹晓芬到银行自动取款机提取现金或去商场购买黄金饰品等。二审法院认为，上诉人詹群忠、詹益增、詹晓芬的行为已构成诈骗罪，且数额特别巨大。原判认定詹群忠是主犯，詹益增、詹晓芬是从犯，依法对詹益增、

詹晓芬减轻处罚；并考虑到被害人损失得以弥补、三名上诉人到案后的态度等情节，对本案量刑及与前罪并罚均无不当。故对三名上诉人的辩解及其辩护人的意见均不予采纳。原审判决认定事实清楚，证据确实、充分，适用法律正确，量刑适当，审判程序合法。上海市人民检察院第二分院的意见正确，予以采纳。据此，依照《中华人民共和国刑事诉讼法》第一百八十九条第（一）项的规定，裁定如下：

驳回上诉，维持原判。

【评析】

本案中，被告人詹群忠、詹益增、詹晓芬利用手机群发短信，骗得黄某某20万元后，詹群忠将银行卡丢弃，徐某某5日后汇入该账户的9万元未被取现或消费，最后通过警方得以追回钱款。对于该9万元是认定为犯罪既遂、未遂，抑或犯罪中止，存在三种意见。

第一种意见，对于犯罪既遂标准采失控说。即被害人一旦失去对财物的控制，意味着他的财产权益已经遭受彻底的侵犯，无论行为人是否实际获得财物，均不影响对结果的认定。本案中，徐某某基于错误认识处分钱款后实际已丧失对钱款的控制，故应认定为犯罪既遂。

第二种意见，对于犯罪既遂标准采控制说。即行为人主动放弃了对财物的控制，应认定犯罪中止。本案中，行为人对被害人钱款的控制是通过银行卡来实现，实际是一种工具控制，当行为人放弃了对工具的控制，也就放弃了对钱款的继续控制，故应认定犯罪中止。

第三种意见，对于犯罪既遂标准采失控+控制说。即在短信类诈骗犯罪中的既遂，不仅要求被害人基于错误认识交付财物，而且该财物应为行为人所占有。本案中，行为人为逃避侦查丢弃银行卡后，已无法通过银行卡来实现对被害人财物的控制，故应认定犯罪未遂。

法院采纳第三种意见。传统刑法理论的失控说不能准确评价短信类诈骗犯罪的犯罪形态，本着罪刑相适应的刑法原则，结合此种新类型犯罪的特点，应严格把握既、未遂的判断标准，既要考虑被害人因受骗致财物失控，更应考虑行为人对财物是否实际掌控和支配，做到不枉不纵，罪刑相适应。具体分析如下：

一、行为人因失去控制工具而无法占有被害人钱款

短信诈骗犯罪有别于传统诈骗犯罪，被告人利用手机群发诈骗短信，采用“撒网式”的方法对不特定人群进行诈骗，并通过银行卡实现对财物的占有，

行为人与被害人之间存在银行这一媒介。其模式为行为人→银行→被害人，行为人对被害人财物的非法占有必须通过控制银行卡才能实现，即被害人对财物的失控不等同于行为人立即掌控、占有该财物，银行对财物的暂时保管为行为人实际占有财物设置了必要的障碍，行为人必须持合法、有效的凭证（银行卡、存折等）才能实现对财物的非法占有。本案中，被告人詹群忠将银行卡丢弃在前，徐某某将9万元汇入该卡账户在后，詹群忠失去了对工具的控制，也就无法最终占有该钱款，且因该银行卡的户名不是被告人詹群忠，其不能通过银行卡挂失等合法途径恢复对该银行卡的控制。事实上，警方之后也确实从银行而不是从被告人詹群忠处追回该9万元。

二、行为人为逃避侦查而丢弃控制工具

《刑法》第23条规定，已经着手实行犯罪，由于犯罪分子意志以外的原因而未得逞的，是犯罪未遂。犯罪未遂理论特别关注行为人的主观心态，即犯罪未得逞是否因“意志以外的原因”。短信类诈骗犯罪的一个特点是对财物控制工具的即用即弃，行为人通过控制银行卡达到非法占有财物的目的，但银行卡同时具有易查易控的风险，此类犯罪中行为人为逃避侦查一般在占有钱款后即将卡弃用，故形式上是自行丢弃，主观上是被动放弃。本案中的被告人詹群忠在持该银行卡购买6万余元黄金饰品时应营业员的要求不得已留下了自己的真实姓名和身份证号，这更增强了詹群忠认为会被“警察查到”要尽快弃用该信用卡的意愿，故被告人詹群忠系为逃避公安机关的侦查，不得不将银行卡弃用。结合之前已查明的事实，詹群忠在2007年6月至8月期间，利用手机群发短信诈骗钱财，使用了多张不同姓名的银行卡，故其占有银行卡内骗得的钱款的犯罪意志始终存在。且詹群忠虽丢弃了银行卡，但并未自动有效地防止犯罪结果的发生。如确认其行为是犯罪中止而免除处罚，则忽略了其行为造成被害人对财物的失控及动用公权力所花费的司法成本这一后果，不利于对此类犯罪的惩治。

三、认定犯罪未遂在量刑评价时更符合罪刑相适应原则

《刑法》关注的核心应是行为人的行为。《刑法》第266条规定，诈骗数额特别巨大或者有其他特别严重情节的，处十年以上有期徒刑或者无期徒刑，并处罚金或者没收财产。根据司法解释规定，诈骗数额20万元以上即“数额特别巨大”。如只要被害人将钱款汇入行为人指定的账户，即使行为人因丢弃、遗失等原因不再掌控该账户，实际不可能再取得钱款，也认定为犯罪既遂，那么，之后该账户若继续汇入90万、900万等大额巨款，对行为人该如

何定罪量刑？诈骗犯罪是结果犯，“骗”是方法，“取”是结果，当钱款已被冻结，行为人无法实际占有和支配时，如仍认定为犯罪既遂，动辄十年以上的刑罚，与《刑法》罪刑相适应的原则相悖，无法体现《刑法》的公正，而认定上述行为是犯罪未遂，并未放纵犯罪，且可根据案件的具体情况对行为人从轻或者减轻处罚，以实现行为人的犯罪行为与量刑基本相当，对行为人作出适当的判决。

（一审合议庭成员：李　敏　陆家骅　杨兴隆
二审合议庭成员：何仁利　王美娟　章丽斌
编写人：上海市杨浦区人民法院　张竞模　朱伟民　李　敏
责任编辑：余茂玉
审稿人：蒋惠岭）

13. 彭玉芳运输毒品、陈智涛非法持有毒品案

问题提示：在基准刑为有期徒刑以上刑罚的案件以及不属常见罪名的案件中，如何进行量刑？

【要点提示】

对于基准刑为有期徒刑以上刑罚的案件以及不属常见罪名的案件，应该参照《人民法院量刑指导意见（试行）》规定的量刑原则和量刑方法，按照确定量刑基准——确定量刑情节——根据量刑情节调节基准刑——确定宣告刑的量刑步骤量刑。

【案例索引】

一审：上海市第一中级人民法院（2010）沪一中刑初字第177号（2010年9月9日）

【案情】

公诉机关：上海市人民检察院第一分院

被告人：彭玉芳

被告人：陈智涛

上海市第一中级人民法院经审理查明：2010年3月12日，被告人彭玉芳受人指使，从外省市将毒品运输至上海市青浦区盈港路572号闽佳旅馆202房间。同日23时许，被告人陈智涛经与彭事先联系，伙同高长美（另案处理）至上述房间提取毒品离开后，被守候的公安人员抓获，公安人员当场从陈智涛携带的拎包内查获白色晶体二包，净重500.54克。随后，公安人员又在彭玉芳暂住的上述房间内查获白色晶体一包，净重315.24克。经鉴定，上述三包白色晶体中均检出毒品甲基苯丙胺成分，含量分别为64.10%、60.39%。

【审判】

上海市第一中级人民法院认为：被告人彭玉芳运输毒品甲基苯丙胺815.78克、被告人陈智涛非法持有毒品甲基苯丙胺500.54克，其行为分别触犯了《刑法》第347条第1款、第2款第（1）项、第348条之规定，分别构成运输毒品罪、非法持有毒品罪，依法均应予惩处。公诉机关根据彭玉芳、陈智涛各自的犯罪事实、情节，结合两人的交代态度，建议以运输毒品罪对彭玉芳判处无期徒刑，以非法持有毒品罪对陈智涛判处十三年至十五年有期徒刑，综合陈在假释期间犯罪这一情节，故建议对陈智涛最终判处十四年至十六年有期徒刑的量刑意见适当，予以采纳。彭玉芳、陈智涛的辩护人各自以彭玉芳系受人指使、陈智涛认罪态度较好为由，建议对彭、陈从轻处罚的意见，予以采纳。但陈智涛的辩护人提出对陈合并判处十年有期徒刑的意见不当，不予采纳。

综上所述，为严肃国家法制，维护社会治安秩序，惩治毒品犯罪，保障公民的身心健康，根据被告人彭玉芳、陈智涛犯罪的事实、性质、情节及对社会的危害程度等，又依照《刑法》第六十九条、第五十七条第一款、第五十六条第一款、第五十五条第一款、第六十四条之规定，判决如下：

一、被告人彭玉芳犯运输毒品罪，判处无期徒刑，剥夺政治权利终身，并处没收个人全部财产；

二、撤销上海市第一中级人民法院（2008）沪一中刑执字第3282号对被告人陈智涛准予假释的刑事裁定；被告人陈智涛犯非法持有毒品罪，判处有期徒刑十五年，剥夺政治权利四年，并处罚金人民币3万元，连同前罪没有执行的刑罚，决定执行有期徒刑十六年，剥夺政治权利五年，并处没收财产人民币5万元及罚金人民币3万元；

三、查获的毒品、毒资、手机等，予以没收。判决后，两名被告人均没有提出上诉。

【评析】

我国《刑法》规定，走私、贩卖、运输、制造甲基苯丙胺50克以上的，处十五年有期徒刑、无期徒刑或者死刑，非法持有甲基苯丙胺50克以上的，处七年以上有期徒刑或者无期徒刑。对于本案被告人彭玉芳运输甲基苯丙胺800余克的情形，实践中掌握的量刑基准是死缓，对于本案被告人陈智涛非法持有甲基苯丙胺500余克的情形，实践中掌握的量刑标准是有期徒刑十四年。按照最高人民法院《人民法院量刑指导意见（试行）》及上海市高级人民法院

《人民法院量刑指导意见（试行）实施细则（试行）》的规定，被告人彭玉芳因所犯罪名的基准刑为有期徒刑以上，被告人陈智涛因所犯罪名不属《人民法院量刑指导意见（试行）》规定的常见罪名，二者均不能直接按照上述两份文件直接量刑。但是，在刑罚裁量过程中，可以参照《人民法院量刑指导意见（试行）》规定的量刑步骤，按照确定量刑基准—根据量刑情节调整基准刑—确定宣告刑三个阶段确定两名被告人的刑罚。

一、对被告人彭玉芳的量刑

（一）确定量刑基准：对于涉案毒品为800克以上的运输毒品案件，实践中通常判处死缓。

（二）确定量刑情节

1. 到案后交代运输行为具体过程——从轻的量刑情节

对于本案被告人彭玉芳否认明知是毒品而运输，但交代运输具体过程的行为，能否作为从轻的量刑情节，曾经存在两种分歧意见。我们认为，可以将此作为酌情从轻的情节予以考虑。具体理由如下：

首先，交代运输行为具体过程属于交代部分犯罪事实。运输毒品罪的犯罪事实由主观事实和客观事实组成，主观事实是指主观上明知所运物品系毒品，客观事实是指运输毒品的具体过程，其中主观明知是关键的定罪事实，只要认定被告人明知所运物品系毒品，运输行为就是犯罪的客观构成要件事实，交代运输行为具体过程也就是交代部分犯罪事实。而且，被告人交代运输过程也有利于法官认定主观事实。根据相关司法解释规定，法官可以根据特定事实认定被告人主观明知，其中包括运输方式、运输报酬、交接方式等，而被告人关于运输过程的供述通常涵盖此类事实，法官可以根据被告人供述及其他证据认定其主观明知。

其次，交代运输行为具体过程对于查明案外指使人员的犯罪事实具有积极意义。从实践中审理案件的情况来看，直接运输毒品的人员通常不是运输毒品犯罪集团的首要分子、毒枭或者职业毒贩，而是处于毒品犯罪团伙底层或者临时受雇的人员。但是，由于上述首要分子通常会直接与运毒人员联系，向其交代接货人员、交货地点等注意事项，若直接运输毒品的被告人如实交代受指使运输毒品的全过程，其中必然包括首要分子的部分信息，将有利于公安机关掌握毒品犯罪集团首要分子、毒枭等人员的情况，在将上述人员抓获之后，被告人关于受指使实施运输行为的供述也可以作为有罪证据使用，从而减少侦查成本。

本案被告人彭玉芳到案后如实交代了运输方式、起点终点、交接方式等运

输具体过程的行为，法官根据其供述并结合其他证据，根据运输方式隐蔽、运输报酬畸高以及短期内频繁往返上海、四川的事实，认定其主观上明知所运物品系毒品，构成运输毒品罪。此外，彭玉芳在交代运输行为时，还详细供述了涉案人员吴某对其交代运输、交接过程的事实，并提供了吴某的联系方式，但公安机关未能据此掌握吴某的相关信息，即便如此，彭玉芳的相关供述在吴某归案后可以作为证明其有罪的证据材料。综上所述，被告人彭玉芳虽然否认明知是毒品而运输，但是其交代运输过程的行为对于查明案件事实具有积极作用，可以酌情从轻，但是综合其认罪态度、作用大小等，该量刑情节对于基准刑的减少幅度极为有限。

2. 受人指使实施犯罪——从轻的量刑情节

最高人民法院《全国部分法院审理毒品犯罪案件工作座谈会纪要》指出，对于运输毒品犯罪，要注意重点打击指使、雇佣他人运输毒品的犯罪分子，对于有证据证明被告人确系受人指使、雇佣参与运输毒品犯罪的，又系初犯、偶犯的，可以从轻处罚。但是，由于受指使运输毒品的案件情况复杂多样，对于受指使运输毒品的被告人，如何确定从轻处罚幅度，实践中也把握不一。

对此，我们认为应根据受雇被告人受制于雇主的程度来判定从轻处罚的幅度。理由是：对于受雇实施犯罪者从轻处罚的内在原因在于共同犯罪人之间存在支配关系。以受雇运毒为例，雇佣者策划犯罪流程并安排指挥受雇人员，使犯罪行为按照其计划进行，在整体犯罪进程中处于支配地位，直接体现为对人的支配，间接体现为犯罪流程的支配。受雇者虽然直接运毒，但是系按照雇佣者指使实施，无论是行为方式还是行为作用均在雇佣者支配之中，因此最应严惩的是雇佣者行为，而非受雇者行为。既然共同犯罪人之间的支配关系是对受雇被告人酌情从轻处罚的内在原因，则在确定从轻幅度时，应将受支配程度深浅作为主要考量因素，若受支配程度高，则从轻幅度大，受支配程度低，则从轻幅度小。最高人民法院《全国部分法院审理毒品犯罪案件工作座谈会纪要》指出“单纯的运输毒品行为”具有从属性、辅助性等特点，要在量刑标准的把握上区别于严重的运输毒品犯罪分子，此处对于“单纯”的强调，正是这一思路的体现。具体而言，若受雇者在犯罪中并未积极主动推动犯罪进程，仅是被动按照雇佣者安排行事，发挥类似于运输工具的作用，则可以视为受支配程度高；若受雇运毒者并非仅仅按照雇佣者的安排单纯运输毒品，而是还实施确定运输方式、联系毒品买主、主动上门送货等行为，则其所发挥的作用就已经完全超出了运输工具的作用范畴，高于雇佣者计划内受雇者所能发挥的作用，此时就应认定为受支配程度低。

就本案来看，被告人彭玉芳为了获取佣金，受人指使运输毒品，购买车票、路线制定、入住宾馆等都是雇主确定，买主按照雇主指示前往彭玉芳处拿取毒品，综合考虑，彭玉芳的受支配程度较高，可据此对基准刑进行较大幅度从轻调节。

（三）确定宣告刑

被告人彭玉芳运输毒品数量大，依法应予严惩。但是，彭到案后能交代其运输行为的具体过程，且有证据表明彭系受人指使而实施运输毒品的行为，上述情节在对彭玉芳量刑时一并予以考虑。鉴于彭玉芳没有从重量刑情节，有两个从轻的量刑情节，而且因为在犯罪过程中受支配程度较高，“受人指使”这一从轻量刑情节对基准刑的减少幅度应略高于具有这一情节的同类案件，故本案最终量刑结果应该轻于基准刑。法院根据被告人彭玉芳犯罪的事实、性质、情节及对社会的危害程度等，最终以运输毒品罪判处被告人彭玉芳无期徒刑，剥夺政治权利终身，并处没收个人全部财产。

二、对被告人陈智涛的量刑

（一）量刑基准

对于涉案毒品为400克至600克的非法持有毒品案件，实践中通常判处十三年以上十五年以下有期徒刑，本案被告人陈智涛非法持有毒品500余克，则量刑基准通常掌握在有期徒刑十四年。

（二）确定量刑情节

1. 有犯罪前科，且在假释考验期内犯罪——从重的量刑情节

被告人陈智涛有两次犯罪前科，均为侵财犯罪，第二次犯罪还因数罪并罚被判处有期徒刑二十年，而且是在假释考验期限内犯罪，主观恶性深，应作为从重的量刑情节考虑。

2. 具有贩毒嫌疑——从重的量刑情节

从案件情况看，由于没有证据能够证明被告人陈智涛系以贩卖为目的购买毒品，故只能以非法持有毒品罪对其定罪处罚。但是，陈智涛购买500余克毒品，而且从其身上查获电子秤、溜冰壶和大量现金，由于500余克用于个人吸食明显过多，而且电子秤和大量现金是从事贩卖毒品的必需用品，加上陈智涛与指使被告人彭玉芳运输毒品的雇主先行联系，后自行前往彭处拿取毒品，故被告人陈智涛具有以贩卖为目的购买毒品的嫌疑，社会危害性明显大于购买毒品供自己吸食的普通非法持有毒品行为。因此，应将此作为从重量刑情节予以考虑。

3. 如实供述罪行，交代态度较好——从轻的量刑情节

被告人陈智涛对其非法持有毒品的犯罪事实供认不讳，并交代了与上家的

联系过程以及对方的联系方式，认罪态度较好，可以据此对其酌情从轻处罚。

(三) 确定宣告刑

被告人陈智涛有两次犯罪前科，在假释考验期限内又犯罪，主观恶性深，量刑时均应酌情考虑。同时，陈智涛到案后能交代犯罪事实，认罪态度尚可，量刑时亦应予考虑。据此，陈智涛存在两个从重量刑情节，一个从轻量刑情节。由于陈智涛先前两次犯罪，而且第二次犯罪还因数罪并罚被判处有期徒刑二十年，本次犯罪系在假释考验期间内实施，故"如实供述罪行"这一从轻量刑情节对于基准刑的减少幅度，应低于"具有两次犯罪前科"这一从重量刑情节对于基准刑的增加幅度，而且还存在"具有贩毒嫌疑"的从重量刑情节，故最终量刑结果应该重于基准刑。法院根据被告人陈智涛犯罪的事实、性质、情节及对社会的危害程度等，最终以非法持有毒品罪判处陈智涛有期徒刑十五年，剥夺政治权利四年，并处罚金人民币3万元，连同前罪没有执行的刑罚，决定执行有期徒刑十六年，剥夺政治权利五年，并处没收财产人民币5万元及罚金人民币3万元。

(一审合议庭成员：余　剑　蒋晓静　陈光峰

编写人：上海市第一中级人民法院　余　剑　张金玉

责任编辑：李玉萍

审稿人：蒋惠岭)

14. 黄学、王丽华受贿，李林科、袁西洪介绍贿赂、袁富全伪证案

问题提示：行为人在行贿人和受贿人之间居间活动，促使行受贿得以实现的，构成何罪？

【要点提示】

行为人主观上明知自己在行贿人和受贿人之间牵线搭桥，客观上积极为行、受贿双方沟通关系，引荐、撮合，并代为传递贿赂款，促成行贿和受贿得以实现，情节严重的，应当以介绍贿赂罪定罪处罚。

【案例索引】

一审：四川省成都市新都区人民法院（2010）新都刑初字第398号（2010年12月23日）

【案情】

公诉机关：四川省成都市新都区人民检察院

被告人：黄学

被告人：王丽华

被告人：李林科

被告人：袁西洪

被告人：袁富全

四川省成都市新都区人民法院经审理查明：2009年9月底，被告人袁西洪因筹备其女袁某与被告人李林科10月5日的婚事，电话邀请袁某某（另案处理）时得知袁某某的儿子袁明、袁识凯涉嫌开设赌场罪被成都市公安局新都区分局查处并羁押。电话中袁某某询问被告人袁西洪是否有办法帮其将儿子放出来，事后肯定会记情的。袁西洪答应帮忙找一下关系。之后袁西洪与李林

科联系，让其想办法。李林科答应帮忙问一下再说。被告人李林科随后找到被告人王丽华，让其帮忙问。王丽华找到成都市公安局刑侦局刑警黄学帮忙。被告人黄学答应帮忙，并先通过市公安局内网2009年9月19日关于该案的治安简报了解到相关信息，后找到成都市公安局新都区分局钱某（另案处理）为袁明、袁识凯开设赌场案打探消息，积极运作。然后，黄学给王丽华、李林科说要二三十万元才放得出来，李林科说没有问题。10月7日，李林科对袁西洪说，让袁某某先准备20万元。袁某某当天便准备了13万元到袁西洪家，由于钱暂时不够，袁西洪临时从家里借了7万元给袁某某（几天后归还了袁西洪）凑足，一起交给李林科并带出门。李林科出门后给王丽华打电话说钱已经准备好了，20万元是否全部送过来？王丽华随后给黄学打电话说李林科凑了20万，问先拿多少过来，黄学说先拿5万元。于是，李林科回家放了15万元后，由李、王一起把黄学接上给付黄学现金5万元。之后黄学将该款拿到新都送给钱某，但钱某未收，由黄学自已得了这笔钱。被告人黄学对收到这5万元钱无异议，但当庭提出其在收这5万元钱时在车上抽了4000元给被告人王丽华。

成都市新都区人民检察院指控：2009年9月至2009年12月期间，被告人李林科、袁西洪得知其亲戚袁某某（另案处理）的儿子袁明、袁识凯涉嫌开设赌场罪被成都市公安局新都区分局查处并羁押，袁西洪、李林科遂承诺在有代价的前提下能找关系帮袁某某将儿子放出来，继后李林科通过被告人王丽华找到成都市公安局刑侦局刑警黄学帮忙。被告人黄学答应帮忙并找到成都市公安局新都区分局钱某（另案处理）为袁明、袁识凯开设赌场案打探消息，积极运作。期间，黄学等四人先后收受袁某某贿赂共30万元，其中黄学个人实得22.1万元，王丽华个人实得2.9万元，李林科和袁西洪两人实得5万元。案发后，黄学退赃10万元，王丽华退赃5万元，李林科与袁西洪退赃5万元。

2010年4月22日，成都市公安局新都区分局以涉嫌诈骗罪对李林科等人立案侦查。被告人黄学得知后多次组织李林科、王丽华、袁西洪等同案犯以及被告人袁富全等知情人商量如何对抗侦查，建立攻守同盟。被告人袁富全作为该案的重要证人，在2010年7月12日公安机关对其进行取证时，为帮助黄学、李林科等人逃避刑事处罚，故意作虚假陈述，隐瞒了黄学牵涉该案以及李林科收取袁某某30万元等重要情节，妨害了刑事司法活动的正常进行。

另查明，2010年8月26日，被告人王丽华以信件的形式，向成都市公安局纪律检查委员会寄去了《关于李林科一案的事实真相》，交代了其伙同黄学等人受贿的犯罪事实。

【审判】

四川省成都市新都区人民法院经审理认为：被告人黄学、王丽华的行为构成受贿罪，被告人李林科、袁西洪的行为构成介绍贿赂罪，被告人袁富全的行为构成伪证罪，成都市新都区人民检察院指控被告人李林科、袁西洪犯受贿罪不成立，应当依法予以变更。理由如下：

《刑法》第388条规定，国家工作人员利用本人职权或者地位形成的便利，通过其他国家工作人员职务上的行为，为请托人谋取不正当利益，索取请托人财物或者收受请托人财物的，以受贿论处。依据庭审查明的现有事实，被告人黄学的行为构成受贿罪。其理由在于，其一，被告人黄学系成都市公安局刑侦局侦查员，属于国家工作人员，符合受贿罪的主体构成要件。其二，被告人黄学以“捞”一个人15万元，两个人30万元的代价为前提下，先是通过公安局的内网查阅与请托事项相关的内部信息，为请托事项的实现做前期准备工作。之后又利用其系市局警察的身份通过区公安分局刑警钱某为请托人谋取“捞人”之事。并前后获款共计22.1万元用于赌博和日常开支。依照最高人民法院《全国法院审理经济犯罪案件工作座谈会纪要》的规定，“刑法第388条规定的‘利用本人职权或者地位形成的便利条件’，是指行为人与被其利用的国家工作人员之间在职务上虽然没有隶属、制约关系，但是行为人利用了本人职权或者地位产生的影响和一定的工作联系，如单位内不同部门的国家工作人员之间、上下级单位没有职务上隶属、制约关系的国家工作人员之间、有工作联系的不同单位的国家工作人员之间等”。故其行为符合“利用本人职权或者地位形成的便利条件”的要件。其三，最高人民法院在《全国法院审理经济犯罪案件工作座谈会纪要》中明确：为他人谋取利益包括承诺、实施和实现三个阶段的行为，如国家工作人员收受他人财物时，根据他人提出的具体请托事项，承诺为他人谋取利益的，就具备了为他人谋取利益的要件。明知他人有具体请托事项而收受其财物的，视为承诺为他人谋取利益。由此看来，只要具有其中一个阶段的行为就具备了为他人谋取利益的要件。本案中被告人黄学在明知请托人具体、明确的请托事项的前提下，不但承诺了请托人的请托事项，还利用自己的职权便利条件具体实施、运作请托事项，属于为请托人谋取利益。同时，《最高人民法院、最高人民检察院关于在办理受贿犯罪大要案的同时要严肃查处严重行贿犯罪分子的通知》规定，谋取不正当利益，是指违反法律、法规、国家政策和国务院各部门规章规定的利益，以及要求国家工作人员或者有关单位提供违反法律、法规、国家政策和国务院各部门规章规定的帮助或者方便条件。本案中请托人的请托事项为以钱将涉嫌犯罪的人放出来，其利益明显违反刑事法律的规定，其利益显然属于不正当利益。故被告人黄学的行为系为请托人谋取不正当利益。其四，受贿罪的本质系“权钱交易”的行为，即是国家工作人员基于其具有某种职务而收受了他人的财物，此财物与行为人的职务具有关联性和对价性，行为人不应当收受却收受了这种利益。本案中被告人黄学基于其职务伙同他人共收受请托人现金25万元，系非法收受请托人财物。综上所述，被告人黄学身为国家工作人员，利用其职权和地位形成的便利条件，通过其他国家工作人员职务上的行为，为请托人谋取不正当利益，实际收受请托人财物22.1万元，其行为完全符合《刑法》第388条关于受贿罪的规定。被告人黄学的行为构成受贿罪。成都市新都区人民检察院指控被告人黄学犯受贿罪成立。

被告人王丽华明知被告人黄学利用职权为他人谋取不正当利益，而与被告人黄学相互勾结，共同非法收受请托人财物25万元，并实际分得赃款2.9万元，属于共同受贿。成都市新都区人民检察院指控被告人王丽华犯受贿罪成立。

被告人袁富全作为刑事诉讼中的重要证人，对与案件有关的重要情节，故意作虚假陈述，隐匿罪证，其行为构成伪证罪。成都市新都区人民检察院指控被告人袁富全犯伪证罪成立。

被告人李林科、袁西洪在行贿人袁某某和受贿人黄学等人之间进行沟通、撮合，并代为传递贿赂款，使行贿和受贿得以实现，其行为构成介绍贿赂罪。公诉机关指控被告人李林科、袁西洪犯受贿罪罪名不当，本院依法予以变更。理由是，作为行贿受贿案件，必然存在受贿一方和行贿一方，直接构成受贿的必须具备国家工作人员的主体身份要件，非国家工作人员只有与其相互勾结才能以共犯的身份以受贿罪论处。本案中，行贿人为袁某某，受贿人为黄学。两者之间的王丽华、李林科、袁西洪三人当中，被告人王丽华与黄学明显相互勾结，共同分赃，构成受贿罪共犯。但对于被告人李林科与袁西洪，一方面，二被告人虽然明知被告人黄学利用职权为他人谋取利益而非法收受财物，但是二人主观上自始并无参与分配赃款的故意，即在主观上，二被告人无受贿取财的意图。虽然在事实上收受了行贿人袁某某30万元，但其中25万元都是转送给了王丽华、黄学。对于剩余的5万元也多次提出全部抱过去，用于继续“捞”袁识凯，其在主观上具有牵线搭桥、代为保管、转交受贿款的故意。在客观上，二人实施了在行贿人袁某某和受贿人黄学、王丽华之间牵线搭桥、引荐撮合、联系沟通、传递贿赂款的行为。另一方面，客观上讲被告人袁西洪、李林科与黄学、王丽华并不熟悉，特别是与受贿人黄学更不熟悉，在袁某某找到袁西洪帮忙找关系时，还想不到找黄学，仅仅是让女婿李林科努力找关系，将事情办好，其目的主要为逞能耐、挣面子，事后还可能得到好处。但达不到与黄学相互勾结并谋取利益的程度。相反，其帮助行贿方送钱出去以达到“捞人”目的，为行贿人寻找受贿目标的目的更为明显。同样，对于李林科来说，不仅碍于老丈人的强硬请求，而且由于想在老丈人面前显示自己的能干，努力为其寻找受贿人或者寻找能够帮助找到受贿人的人，还故意编造一些假象，使行贿受贿更容易成功，其行为符合介绍贿赂的特征。故被告人李林科和袁西洪的行为相对于被告人黄学、王丽华的行为具有独立性，应当予以区分。因此，本院认为二被告人的行为应当以介绍贿赂共同犯罪定罪处罚。

被告人黄学的辩护人提出被告人黄学没有从请托人袁某某家人手中收受过财物，从而否认被告人黄学收受过请托人财物的辩护意见。本院认为，《刑法》规定的“收受请托人财物”在于明确受贿人收受财物的所有权人是请托人，而并不强调受贿人必须是直接从请托人手上收受财物。因此辩护人的该辩护意见本院不予支持。被告人黄学的辩护人还提出被告人黄学没有为请托人谋取不正当利益的辩护意见。本院认为，《刑法》规定的不正当利益包括两种情况，一种情况是提供不符合法律、法规、国家政策和国务院各部门规章规定的利益，即利益本身不正当；二是提供不符合法律、法规、国家政策和国务院各部门规章规定的帮助或者方便条件，即为请托人谋取利益的手段不正当。而从本案来看，通过被告人黄学帮助“捞人”的利益本身不合法，而其为请托人提供相关办案信息等帮助或者方便条件，手段也不符合法律规定。因此辩护人的辩护意见本院不予支持。被告人黄学辩解自己受贿实得金额是17.1万元，而不是22.1万元，与庭审查明的事实不符，本院不予采纳。被告人黄学称其有自首情节的辩解意见，本院认为，虽然被告人黄学在采取强制措施之前如实供述了案件事实，但之后又在公安机关、检察机关作了不同的供述并当庭翻供，故其自首不成立，本院不予采纳。

被告人王丽华提出自己不是共同受贿的主犯的辩护意见。本院认为，依照《刑法》的规定，非国家工作人员不能单独构成受贿罪，但是可能会作为共犯而构成受贿罪。根据《刑法》总则关于共同犯罪的规定，认定共同受贿要求双方具有共同受贿的故意和行为。被告人王丽华明知黄学系国家工作人员，且利用其职权为他人谋取利益，而相互配合，从中分赃，其行为构成受贿罪的共犯，在共同犯罪的过程中，二被告人所起作用相当，不分主从。被告人王丽华在犯罪后以信件的形式主动投案，如实供述自己以及同案犯的罪行，属自首，本院对被告人王丽华依法予以减轻处罚。五被告人均系初犯，被告人王丽华退清了个人所得的赃款、被告人黄学退出了部分赃款，被告人李林科、袁西洪交出了尚未送出的行贿款5万元，均有悔罪表现，本院酌情对五被告人从轻处

罚。被告人袁西洪主观恶性较小，在侦查阶段检举黄学、王丽华的犯罪行为并亲笔写信给被告人李林科，劝导其主动交代犯罪事实，使案件的侦查取得重大突破，属于有立功表现；被告人袁富全犯罪情节较轻，对被告人袁西洪、袁富全适用缓刑不致再危害社会，本院依法对二被告人适用缓刑。被告人李林科在介绍贿赂犯罪中所起作用较大，情节严重，社会危害性较大，不宜适用缓刑。依照《中华人民共和国刑法》第三百八十八条、第三百八十六条、第三百八十三条第（一）项、第二十五条第一款、第六十七条、第三百九十二条、第七十二条第一款、第七十三条第二、三款、第三百零五条、第六十四条之规定，作出如下判决：

一、被告人黄学犯受贿罪，判处有期徒刑十一年六个月。

二、被告人王丽华犯受贿罪，判处有期徒刑五年。

三、被告人李林科犯介绍贿赂罪，判处有期徒刑二年。

四、被告人袁西洪犯介绍贿赂罪，判处有期徒刑一年，缓刑一年六个月。

五、被告人袁富全犯伪证罪，判处有期徒刑六个月，缓刑一年。

六、依照《中华人民共和国刑法》第六十四条之规定，被告人黄学、王丽华违法所得的赃款25万元，以及被告人李林科、袁西洪尚未送出的行贿款5万元全部予以追缴，上缴国库。

【评析】

介绍贿赂是在行贿人和受贿人之间居间活动，客观上也确实对行贿与受贿起到了帮助、促进作用，因此介绍贿赂行为构成行贿、受贿罪的帮助犯还是独立的介绍贿赂行为，就成了理论界有争议的一个难题。

有学者认为介绍贿赂罪实际上就是行贿受贿的帮助行为，在行贿受贿之间总是倾向性地帮助某一方或者帮助行贿方或者帮助受贿一方进而或者成立行贿罪的共犯或者成立受贿罪的共犯。

也有学者认为介绍贿赂行为的目的本身不是行贿也不是受贿，而是旨在帮助行贿、受贿双方建立贿赂联系，其结果是不仅对行贿的实现起促成作用，同时对受贿的实现也起促成作用。即介绍贿赂的行为不仅指向行贿人和行贿犯罪，而且指向受贿人和受贿犯罪，既不能单纯地看成行贿罪的帮助犯、教唆犯，也不能单纯地看成是受贿罪的帮助犯或者教唆犯。由此可见，介绍贿赂人既不同于行贿人主观上具有行贿故意，以图受贿人利用职务便利为己谋取利益，也不同于受贿人主观上具有受贿故意，企图收受他人贿赂。介绍贿赂人主观上具有独立的故意即介绍贿赂的故意，客观上具有独立的行为即介绍贿赂行为。因此，对于行为人与行贿人、受贿人没有形成共同故意的，即使行为人因介绍贿赂得逞而从行贿方或者受贿方接受一定中介费用也只能以介绍贿赂罪论处而不能以行贿罪或者受贿罪的帮助犯或教唆犯论处。

我们倾向于第二种观点，介绍贿赂罪是单独的一种犯罪，与行贿罪、受贿罪的共犯是有区别的。根据《刑法》的精神，应当根据主客观相统一原则来区分介绍贿赂罪和行贿罪、受贿罪的帮助犯。

首先，从主观方面来看，行贿罪、受贿罪的帮助犯认识到自己是在帮助行贿一方或者受贿一方，而介绍贿赂的行为人认识到自己是处于第三者的地位，是在居间介绍贿赂，自己并不具有行贿或者受贿的故意。

其次，从客观方面来看，行贿罪、受贿罪的帮助犯的行为只是帮助行贿人或受贿人一方，即客观上积极策划进行索取、收受贿赂或者向他人行贿，而介绍贿赂的行为人不是单纯帮助某一方，而是在帮助行贿或受贿的双方，并且这里的“介绍”限于在国家工作人员与行贿人中间起牵线搭桥的作用，没有实施行贿、受贿以及为行贿人谋取利益的具体行为。在介绍贿赂人提供“有偿”介绍的情况下，其非法所得是通过自己的介绍行为所得，而不是贿赂的财物。

在司法实践中，对于介绍贿赂的行为应当根据具体情况认定：

（1）在行贿人、受贿人构成犯罪的情况下，对介绍贿赂人应当根据其犯罪具体情节来处理。如果介绍贿赂人实施的是为他人行贿、受贿提供便利居间介绍的行为则其应当认定为介绍贿赂罪，如果介绍贿赂人不仅仅是居间介绍，在主观上和客观上还实施积极帮助行贿方或者受贿方的行为，并从中非法获利的，应当认定为行贿罪或者受贿罪的共犯。

（2）在行贿人、受贿人一方构成犯罪或者双方都不构成犯罪的情况下，介绍贿赂人实施向国家工作人员介绍贿赂的仍然可以构成介绍贿赂罪。对此有学者持否定观点，认为当行贿罪与受贿罪均不成立的情况下，不宜认定介绍贿赂罪成立。这种观点值得商榷，其理由是：（1）从理论上讲，介绍贿赂行为并不是行贿或者受贿的帮助行为，二者并不是共犯关系，其成立自然不以行贿罪或受贿罪的成立为前提。（2）从刑事立法上讲《刑法》第392条以及司法解释都没有规定要求介绍贿赂必须达到使行贿、受贿犯罪得以实现的条件，而只是要求使行贿、受贿得以实现，也就是说介绍贿赂只要使行贿、受贿得以实现即可而不是必须要以行贿、受贿都构成犯罪为条件。因此，行贿人或受贿人的行为双方均不构成或者一方不构成犯罪的情况下，介绍人的行为仍有可能构成介绍贿赂罪。

本案中，被告人李林科、袁西洪主观上明知是在为行贿人袁某某和受贿人黄学等人之间进行牵线效劳，客观上实施了沟通关系、引荐、撮合，并代为传递贿赂款，促成行贿和受贿得以实现，其行为符合介绍贿赂罪的犯罪构成要

件。二人主要是以中间人的身份，对行贿、受贿双方进行撮合，主观上自始并无参与分配赃款的故意。被告人袁西洪、李林科与黄学、王丽华并不熟悉，二人与黄学等无共同收受贿赂的故意。相反，其帮助行贿方寻找受贿目标送钱“捞人”的目的更为明显。同样，对于李林科来说，不仅碍于老丈人的强硬请求，而且想在老丈人面前显示自己的能干，努力为其寻找受贿人或者寻找能够帮助找到受贿人的人，还故意编造一些假象，使行贿、受贿更容易成功，其行为符合介绍贿赂的特征。故被告人李林科和袁西洪的行为相对于被告人黄学、王丽华的行为具有独立性，应当予以区分。因此，法院对公诉机关指控的受贿罪罪名予以变更，以介绍贿赂罪定罪处罚是恰当的。

（一审合议庭成员：余常荣　陈晓敏　罗以权
编写人：四川省成都市新都区人民法院　付　华
责任编辑：李玉萍
审稿人：蒋惠岭）

15. 王书豪玩忽职守、受贿案

问题提示：在刑事审判中如何适用疑罪从无原则和非法证据排除规则？

【要点提示】

证明被告人有罪的证据存在合理怀疑的，应当作出证据不足、指控的犯罪不能成立的无罪判决；对于被告人审判前供述的合法性，公诉人不提供证据加以证明，或者已提供的证据不够确实、充分的，该供述不能作为定案的根据。

【案例索引】

一审：海南省儋州市人民法院（2006）儋刑初字第226号（2007年4月4日）

二审：海南省海南中级人民法院（2007）海南刑终字第87号（2008年1月30日）

再审：海南省高级人民法院（2009）琼刑再抗字第3号（2010年9月7日）

【案情】

公诉机关：海南省儋州市人民检察院

被告人：王书豪

儋州市人民检察院指控：2001年10月，昌江县委根据海南省人民政府关于中央财政补助海南省处置积压普通住宅专项资金管理办法的规定，决定以昌江县经济实用房开发中心（以下简称开发中心）为申报对象，向上级财政部门申请处置积压商品房专项补助资金。时任昌江县财政局局长的王书豪明知申报项目明显不符合条件而同意签批上报上级财政部门，套取中央专项资金1041万元。专项资金到位后同意将人民币841万元从昌江县国库股拨入中心的共管账户，不认真对银行的预留印鉴进行监督检查，造成财政局对该笔专项资金失去监控，导致人民币346万元转入海南宏盛永业实业投资有限公司（简称宏盛公司），无法追回。因王书豪在审批开发中心申报材料过程中帮过忙，按照何书典（宏盛公司副总）的安排，2002年8月17日陈雪丽（开发中心副总）从海口市建设银行取出人民币10万元，于2002年8月中旬某日在昌江县财政局宿舍前送给王书豪。

公诉机关出示以下证据：被告人王书豪的供述及书写材料、证人陈雪丽、何书典等人的证言、存取款凭条、印鉴卡、进账单等。公诉机关认为，王书豪的行为构成玩忽职守罪和受贿罪。

被告人王书豪辩称：其审批昌江县处置积压房地产项目是执行县委、县政府的决定，按照县委、县政府的意见办理，其行为不构成玩忽职守罪；其从没有收受陈雪丽的贿赂。

被告人王书豪辩护人辩称：检察机关办理本案时，严重违反诉讼程序，非法限制了诉讼代理人和犯罪嫌疑人应有的权利，影响证据可信性，被告人王书豪的行为不构成玩忽职守罪；检察机关指控王书豪涉嫌受贿，证据不足，应宣告无罪。

【审判】

儋州市人民法院一审查明：公诉机关指控王书豪犯玩忽职守罪的事实清楚，证据确实、充分，但指控王书豪犯受贿罪的证据不足。

儋州市人民法院认为，王书豪身为财政局长，明知材料虚假而签批向上级财政部门申请专项资金，资金到位后不认真对银行的预留印鉴进行监督检查，导致人民币346万元无法追回，主观上出于过失，客观上造成了重大损失，其行为构成玩忽职守罪。公诉机关指控王书豪犯受贿罪的事实，虽有王书豪的原有供述、证人陈雪丽、何书典的证言，但王书豪当庭予以否认，何书典的证言也未能证实陈雪丽确已送钱给王书豪，因此，控方指控王书豪受贿罪的证据不足，不予认定。依照《中华人民共和国刑法》第三百九十七条第一款、第七十二条第一款、第七十三条第二款、第三款之规定，判决如下：被告人王书豪犯玩忽职守罪，判处有期徒刑一年，缓刑二年。

宣判后，儋州市人民检察院提出抗诉，认为王书豪收受10万元的事实，有其本人的多次供述，且有证人陈雪丽、何书豪的证言佐证，事实清楚，证据充分，足以认定，原判适用法律不当，请二审依法判处。

被告人王书豪提出上诉辩称：审批昌江县处置积压房地产项目是执行县委、县政府的决定，按照县委、县政府的意见办理，其行为不构成玩忽职守罪。

海南省海南中级人民法院经审理，确认一审法院查明的事实。

海南省海南中级人民法院认为：公诉机关抗诉认为王书豪构成受贿犯罪的事实，虽然有王书豪、何书典的原有供述，但二人均已翻供，而证人陈雪丽的证言，尤其在送钱的时间、地点上前后说法不一，与王书豪的原有供述也存在矛盾。如陈雪丽称，其8月17日在海口取钱，于8月中旬的某天晚上8点左右送给王书豪，并非是取钱的当晚送给王书豪。但辩护人当庭提供的昌江县财政局派车单、燃油销售发票、飞机票以及证人林书法（王书豪司机）的证言等证据，证实王书豪于8月18日早晨到十月田镇至晚上9点，8月19日至8月26日前往海口、北京等地，辩方提供的证据与证言相矛盾；证人何书典原有供述虽证实陈雪丽向其要钱送县里领导，但并不能证实陈雪丽送给王书豪，且何书典翻供后称王书豪从中作梗，使他们应得的钱得不到，非常恨他，根本不可能送钱给王书豪。纵观全案，除陈雪丽这一有反复的证言外，没有足够的证据予以印证。因此，根据“疑罪从无”的原则，不认定王书豪构成受贿罪。检察机关抗诉理由不能成立，不予支持。但一审认定王书豪玩忽职守的犯罪事实清楚，证据确实、充分，定罪准确，量刑适当。遂作出终审裁定：驳回抗诉、上诉，维持原判。

海南省人民检察院依据审判监督程序向海南省高级人民法院提起抗诉。抗诉理由为：（一）王书豪在侦查阶段曾多次供述，与证人陈雪丽交代的送钱时间、地点、面额等相一致，与证人何书典证言、取款凭条相印证，足以认定。虽然王书豪与陈雪丽对一些细节有不同说法，但不足以否定王书豪受贿事实。（二）侦查机关讯问地点虽然违反《人民检察院刑事诉讼规则》规定，但办案单位出具《情况说明》证实讯问时没有逼供、诱供。根据《最高人民检察院关于在审查逮捕和审查起诉工作中加强证据审查的若干意见》“对没有严格遵守法律规定，讯问犯罪嫌疑人、询问证人的时间和地点不符合要求的情况下获取的证据，……如不影响证据的客观性、关联性，可以在向侦查机关提出纠正违法意见的同时，作为指控犯罪的依据”的规定，因此，即便审讯地点违反规定也不能必然排除王书豪、何书典的原有供述。（三）何书典与陈雪丽商量给有关人员送钱的目的清楚。

抗诉机关提供新证据：证人陈雪丽等人的证言证实2006年12月30日一审制作的调查笔录不合法；办案机关《情况说明》证实没有刑讯逼供；串供信证明王书豪告诉陈雪丽没有承认80万元是行贿款。

原审上诉人王书豪及其辩护人答辩称：二审根据“疑罪从无”的原则，不认定王书豪犯受贿罪正确。理由：（1）王书豪有罪供述、何书典原证言是侦查机关刑讯逼供取得，二审裁定不予采信正确。检察院侦查卷显示：2006

年5月25日王书豪被羁押在儋州市第二看守所期间没有供述受贿，2006年6月2日至10日王书豪被押至海口市龙华区检察院讯问室，一连9天的连续审讯，王书豪供述受贿。从龙华区检察院回到看守所以后直到法院二审，王书豪否认受贿，并辩称在龙华区检察院受到刑讯逼供。根据检察院的审讯《情况说明》，何书典被连续关押在龙华区检察院将近一个月后供述行贿，从龙华区检察院出来后，何书典即否认行贿。对王书豪、何书典关押在龙华区检察院时的供述，儋州市人民法院在何书典单位行贿案的刑事判决中认定："对公诉机关向法庭提供的被告人（何书典）于2006年4月11、12、14日所作的供述及王书豪于2006年6月6日所作的供述，被告人及辩护人均提出异议，且控方未能提供该证据的来源合法，该证据存疑，不予采信"；（2）陈雪丽的证言前后矛盾，与事实不符，与常理相悖；（3）王书豪审批申报项目是执行县委决定，专项资金到位后，第一个也是唯一站出来想方设法设置关卡，防止资金流失，并要求昌江县委采取措施追回被骗资金，阻止了何书典等人企图骗取1041万元全部专项资金的目的，故王书豪不可能收受何书典的贿赂，陈雪丽是栽赃陷害。

海南省高级人民法院再审查明的事实与一、二审相同，评判如下：

（一）客观上原审上诉人王书豪不存在利用职务上的便利为陈雪丽、何书典谋取利益，王书豪受贿的动机存在疑问

按开发中心与宏盛公司签订的协议约定，开发中心负责提供合法的申报材料，申办有关批文，与政府协调关系，故要求王书豪签批申报材料不是宏盛公司何书典的合同义务。昌江县委决定，申报材料由政府提供，县房改办负责，开发中心具体操作，专项补助资金到位后30%归县政府，故王书豪履行签批手续是执行县委的决定。为便于监管专项资金，王书豪提出由县财政局与开发中心设立共管账户，王书豪在审核共管账户印鉴时发现何书典不是开发中心的工作人员，即交代撤销何书典的印鉴。当王书豪得知专项资金346万元被陈雪丽非法转出后，即当面责骂陈雪丽，并及时向银行交涉停止支付，同时向县领导汇报，且在县委书记办公会议上建议立即采取措施冻结专项资金。上述事实表明，何书典虽是专项资金346万元的实际获利人，但王书豪并没有利用职务上的便利为陈雪丽、何书典谋取利益。即使陈雪丽有行贿动机，但客观上王书豪是积极采取措施防止资金流失，其与陈雪丽、何书典是对立的，因此，王书豪收受利害关系人何书典、陈雪丽的贿赂必然存在风险，也不符合常理。故抗诉机关认定"陈雪丽、何书典为感谢王书豪在审批申报材料过程中的帮助"是王书豪受贿的动机，理由不充分。

（二）行贿、受贿的时间、地点等细节有不确定性，原审上诉人王书豪受贿的时间、地点等情节存在疑问

陈雪丽虽始终多次证实其向王书豪行贿，但其证言前后矛盾且不稳定，陈雪丽的证言与王书豪有罪供述关于行、受贿时间、地点、当时的天气、王书豪使用的车辆以及王书豪受贿时有无拒贿表示等情节，两人说法不一，而在2002年8月17、18日王书豪是否有受贿条件事实不清。故抗诉机关关于“王书豪受贿的时间、地点不存在矛盾”的抗诉理由与事实不符，不能成立。

（三）原审上诉人王书豪的有罪供述、证人何书典的原证言是否合法取得存在疑问，该供述的真实性存疑

本案进入起诉阶段以后，王书豪、何书典均称原供述是侦查机关刑讯逼供、诱供取得，审讯人员不让其休息连续多日审讯，审讯笔录是办案人员写好后逼迫签字的；讯问笔录和《情况说明》证实，何书典、王书豪被羁押在看守所期间均没有供述行贿、受贿事实，后专案组将二人押至海口市龙华区检察院审讯室审讯后交代了犯罪事实。根据《中华人民共和国看守所条例实施办法（试行）》第23条“提讯人犯，除人民法院开庭审理或者宣判外，一般应当在看守所讯问室”、《人民检察院刑事诉讼规则》第139条“提讯在押的犯罪嫌疑人，应当填写提押证，在看守所进行讯问。因侦查工作需要，需要提押犯罪嫌疑人出所辨认罪犯、罪证或者追缴犯罪有关财物的，可以提押犯罪嫌疑人到人民检察院接受讯问”的规定，办案人员将何书典、王书豪提至检察院连续审讯违反了上述规定。抗诉机关虽出示《情况说明》自述办案人员在审讯过程中没有逼供、诱供，但没有相关证据佐证，故《情况说明》并不能证明何书典、王书豪在龙华区检察院作的有罪供述是合法取得。根据“两高三部”《关于办理刑事案件排除非法证据若干问题的规定》第11条“对被告人审判前供述的合法性，公诉人不提供证据加以证明，或者已提供的证据不够确实、充分的，该供述不能作为定案的根据”的规定，王书豪、何书典在龙华检察院的有罪供述不能作为定案的依据。抗诉机关关于“王书豪的有罪供述、何书典的原证言来源合法，应予采信”的抗诉理由不充分，不予支持。

（四）抗诉机关当庭出示的新证据并不能直接证实王书豪收受了陈雪丽所送的10万元

何书典的串供信虽证实何书典告诉陈雪丽其没有承认80万元是行贿款，但并不能证实陈雪丽已经送10万元给王书豪。

海南省高级人民法院再审认为，抗诉机关指控王书豪收受贿赂的事实，主要依据侦查初期王书豪的有罪供述、何书典的原有证言和陈雪丽的证言。而陈雪丽的证言不稳定，且在细节上与王书豪有罪供述不相吻合；何书典原有证言

也无法确认陈雪丽向王书豪行贿的事实。且王书豪、何书典进入起诉阶段以后翻供称原有供述是刑讯逼供所致，而检察机关又不能提供足够的证据证实取证来源合法。纵观全案，除了陈雪丽的证言外，没有其他经查属实的证据予以印证，显属证据不足。故检察机关抗诉理由不能成立，不予支持。一审判决、二审裁定适用法律正确。经海南省高级人民法院审判委员会讨论决定，依照《中华人民共和国刑事诉讼法》第二百零六条、《最高人民法院关于执行〈中华人民共和国刑事诉讼法〉若干问题的解释》第三百一十二条第（一）项的规定，裁定如下：

维持原海南省海南中级人民法院（2007）海南刑终字第87号刑事裁定和海南省儋州市人民法院（2006）儋刑初字第226号刑事判决。

【评析】

本案涉及两个关键问题，即“疑罪从无”原则和非法证据排除规则的运用。笔者针对本案的两个焦点问题分析如下：

（一）疑罪从无原则

《刑事诉讼法》第162条第（3）项规定“证据不足，不能认定被告人有罪的，应当作出证据不足、指控的犯罪不能成立的无罪判决”。这一规定即我国《刑事诉讼法》确立的“疑罪从无”的法律原则。所谓“疑罪从无”是指在刑事诉讼中，当以证明被告人有罪证据不足，对于被告人犯罪，既不能证实也不能证伪时，人民法院作出有利于被告人的处理原则。在司法实践中，疑罪从无原则的适用应具备两个条件，一是指控的犯罪由指控方负举证责任；二是对指控的犯罪产生合理怀疑。本案被告人涉嫌受贿犯罪，属控方举证情形，同时控方所举证据达不到确实、充分的证明标准，证据不足。结合本案，证人陈雪丽证实送钱的时间、地点与辩方提供的证据相矛盾，王书豪是否具有受贿的条件难于确定，事实存在合理怀疑；同时被告人王书豪、证人何书典在侦查阶段虽曾作过被告人有罪的陈述，但进入起诉阶段以后均翻供，而案件事实证明，“有罪供述”是办案人员违反规定将二人从看守所押至检察院办公点连续审讯所获取的，那么有罪供述的真实性就值得怀疑。因此，原一、二审法院根据疑罪从无的原则，作出证据不足，指控犯罪不能成立的裁判是正确的。

（二）非法证据排除规则在再审中的运用

2010年6月，“两高三部”《关于办理刑事案件排除非法证据若干问题的规定》第11条、12条规定“对被告人审判前供述的合法性，公诉人不提供证据加以证明，或者已提供的证据不够确实、充分的，该供述不能作为定案的根据”、“对于被告人及其辩护人提出的被告人审判前供述是非法取得的意见，……检察人员不提供证据加以证明，或者已提供的证据不够确实、充分的，被告人该供述不能作为定案的根据”。这是我国刑事诉讼发展史上首次明确了证据排除范围和操作程序。非法证据排除规则，是指在刑事诉讼活动中，法律规定的享有调查取证权的主体，违反法律规定的权限或程序，或者以违法的方式取得证据材料，不能作为认定案件事实的根据，而应当予以排除的规则。本案再审中，被告人及其辩护人均提出“有罪供述”是办案人员违反程序非法获取。针对辩护人提出的意见，检察机关除提供《情况说明》证明办案人员在审讯中没有诱供、逼供之外，未能提供足以证实办案人员取证合法有效的相关证据。因此，再审法院严格执行“两高三部”《关于办理刑事案件排除非法证据若干问题的规定》，驳回抗诉，维持原判是正确的。该案再审运用非法证据排除规则作出的终审裁定，既体现了程序法与实体法并重的司法理念，也体现了惩罚犯罪和保护人权并重的审判理念，该案审结对侦查机关依法收集、审查证据，严把事实关、证据关，维护司法公正，提高刑事案件的审判质量具有重要的意义。

（一审合议庭成员：陈鹏程　郭显才　许岩英
二审合议庭成员：谢春雷　吴建明　马轶人
再审合议庭成员：李东彪　曾瑞珍　郑　船
编写人：海南省高级人民法院　王祥国
责任编辑：李玉萍
审稿人：蒋惠岭）

二、案例精选·民事

16. 董某诉张浩洋、泗阳县来安初级中学人身损害赔偿纠纷案

问题提示：教师因言语不当致学生患精神分裂症，学校应否担责？

【要点提示】

学生在校期间，人格尊严应当受到教师的尊重和保护。教师以学生生理缺陷称呼学生，导致学生发生精神疾病，应根据教师言行对学生发生精神疾病原因力的大小、教师的过错程度确定学校应承担的损害赔偿责任和精神抚慰金数额。

【案例索引】

一审：江苏省宿迁市泗阳县人民法院（2008）泗民一初字第 2507 号（2009 年 5 月 30 日）

二审：江苏省宿迁市中级人民法院（2009）宿中民一终字第 1081 号（2009 年 10 月 21 日）

【案情】

原告：董某

被告：张浩洋

被告：泗阳县来安初级中学

宿迁市泗阳县人民法院经审理查明：原告系泗阳县来安初级中学学生，腿

脚有残疾、行走不便。被告系泗阳县来安初级中学年级主任。2008年5月9日下午，泗阳中学送喜报到来安初级中学，学校要求全体同学下楼迎接，在同学下楼集合过程中，张浩洋大声对楼上同学喊“小瘸腿都下来了，你们还不快点”。当时张浩洋意识到语言不当，向原告表示道歉。5月10日，班主任发现原告行为有点反常，就通知原告家长。5月11日，原告家长把原告接回家，原告出现多疑、乱语等症状。2008年5月14日，原告被送至淮安市第三人民医院，入院诊断为分裂样精神病。于2008年8月19日出院，出院诊断为：（1）精神分裂症（混合型）；（2）急性胃肠炎；（3）普通感冒。原告共支付医疗费20123.47元。出院医嘱坚持长期服药、定期复诊、注意营养等。根据原告申请，泗阳县人民法院依法委托无锡市精神卫生中心司法鉴定所就被告张浩洋的言语对原告疾病的发生原因力大小进行评定。

2009年2月26日，无锡市精神卫生中心司法鉴定所作出锡精卫司（2008）法鉴字第1155号精神疾病鉴定书，分析说明认为：（1）如果既往精神分裂症的诊断明确成立，目前则考虑为精神分裂症缓解期。被鉴定人发病前有一定的心理社会因素，但根据现有的学术资料分析，精神分裂症是一组病因未明的精神病，目前无充分的资料证实社会因素与精神分裂症之间存在直接的因果关系，难以确定两者原因力大小。（2）适应障碍：如果既往精神分裂症诊断不成立，被鉴定人的表现较符合适应障碍，起病与精神刺激因素有一定的关系，属于轻中度精神刺激因素，但该病通常预后良好。鉴定意见为：① 如果既往精神分裂症的诊断明确成立，目前则考虑为精神分裂症缓解期，难以确定两者原因力大小。② 如果既往精神分裂症诊断不成立，被鉴定人的表现较符合适应障碍，起病与精神刺激因素有一定关系，属于轻中度精神刺激因素，通常预后良好。原告支付鉴定费1737元、住宿费120元、餐饮费223元、交通费808元。被告张浩洋已经支付给原告8000元。

原告董某诉称：原告在校期间，因张浩洋老师言语不当，引发精神分裂症。原告请求依法判令被告赔偿原告医疗费19613.47元、护理费7200元、交通费990元、住院伙食补助费802元、营养费1000元、后续治疗费24000元、住宿费120元、餐饮费223元、精神抚慰金40000元及残疾赔偿金。

被告张浩洋辩称：其未使用侮辱性语言，原告无证据证明其精神病与其行为有因果关系。其是履行职务行为，请求驳回原告诉讼请求。

被告泗阳县来安初级中学辩称：校方没有对原告使用歧视性语言，学校没有侵权。原告自身心理承受能力较低；监护人监护不力，对造成原告的损害后果具有过错。请求驳回原告诉讼请求。

【审判】

泗阳县人民法院经审理认为：学校对学生负有教育、管理与保护的义务，如果未成年学生因为学校的教育管理行为有过错遭受伤害，应当根据行为过错程度以及过错与损害后果之间的因果关系由学校承担相应的赔偿责任。被告张浩洋作为被告泗阳县来安初级中学的教师，其在履行教育管理职责过程中，因言语不当，造成原告受到伤害，依法应由被告泗阳县来安初级中学承担赔偿责任。本案原告诊断为精神分裂症，虽然根据现有的学术资料分析，精神分裂症是一组病因未明的精神病，目前无充分的资料证实社会因素与精神分裂症之间存在直接的因果关系，难以确定两者原因力大小，但因为存在被告张浩洋在原告发病前对其言语不当的事实，客观上会给原告造成一定程度的精神刺激。根据张浩洋语言不当的程度及情节等，对于原告本次损害后果，酌定学校承担60%的责任较为适宜。原告主张精神抚慰金酌情支持。原告主张餐饮费无法律依据，主张后续治疗费、残疾赔偿金无事实依据，均不予支持。被告张浩洋自愿将已付原告8000元作为泗阳县来安初级中学的赔偿款，不违反有关法律规定，照准。根据《中华人民共和国民法通则》第一百一十九条，《学生伤害事故处理办法》第八条，《最高人民法院关于审理人身损害赔偿案件适用法律若干问题的解释》第七条、第十八条、第十九条和《中华人民共和国民事诉讼法》第一百二十八条之规定，判决如下：一、被告泗阳县来安初级中学于判决生效后十日内赔偿原告董某医疗费、鉴定费、住宿费、交通费、护理费、住院伙食补助费、营养费共计16417.98元和精神抚慰金8000元（其中包含已付的8000元）；二、驳回原告董某的其他诉讼请求。

宣判后，泗阳县来安初级中学不服一审判决，向宿迁市中级人民法院提起上诉称：(1) 被上诉人张浩洋的不当言语不是损害发生的主要原因和直接原因，与被上诉人董某的精神疾病之间不存在因果关系，上诉人不应承担赔偿责任；(2) 被上诉人董某没有留下残疾，且张浩洋的行为属于过失，而不是故意，一审判决上诉人赔偿精神损害抚慰金8000元过高；(3) 鉴定费及因鉴定支付的住宿、交通费用不应由上诉人承担。

被上诉人董某答辩称：原审判决正确，请求维持原判。

被上诉人张浩洋答辩称：一审驳回董某对张浩洋的诉讼请求正确。

双方当事人二审期间均没有提供新的证据。

宿迁市中级人民法院二审查明的事实与一审一致。

宿迁市中级人民法院审理认为：公民的生命健康权受法律保护。上诉人的员工在履行教育管理义务过程中，因言语不当，对被上诉人董某造成精神伤害，并导致被上诉人董某发生精神疾病，上诉人应当承担赔偿责任。上诉人主张张浩洋的行为不是董某发生精神疾病的主要原因和直接原因，从鉴定结论看，该鉴定虽然难以确定社会因素与精神分裂症之间的原因力大小，但上诉人并未举证证明被上诉人董某在张浩洋作出不当言语之前已经存在精神疾病，且张浩洋作出的不当言语与被上诉人董某发生精神疾病之间时间较短，应当认定张浩洋的不当言语是被上诉人董某发生精神疾病的直接因素，上诉人应当承担赔偿责任。在赔偿比例的确定方面，一审在综合考虑被上诉人董某自身身体素质也是疾病的原因之一的情况下，酌情确定由上诉人承担60%赔偿责任并无不当。被上诉人董某作为中学生，身体存在一定生理缺陷，理应得到上诉人充分的尊重和更好的关爱，上诉人的员工作为教师，没有对学生给予应有的尊重和关爱，而是利用学生的生理缺陷作出不当言语，上诉人员工的不当行为对被上诉人董某造成的心理伤害严重，并导致发生精神疾病，一审判决上诉人赔偿8000元精神损害抚慰金较为合理。虽然被上诉人董某在本案中对于是否构成残疾没有进行评定，但并不影响上诉人在本案中所应承担的精神损害抚慰金。由于上诉人员工的不当行为造成被上诉人董某发生精神疾病，上诉人应当赔偿鉴定费及由此发生的住宿费和交通费。

综上，一审认定事实清楚，适用法律正确，确定的赔偿比例适当，应当予以维持。依照《中华人民共和国民事诉讼法》第一百五十三条第一款第（一）项之规定，二审法院判决：驳回上诉，维持原判。

【评析】

生活中以公民生理缺陷称呼公民的现象较为普遍，如称呼一只眼瞎的人为“独眼龙”，称呼腿脚不便的人为“瘸腿”等等。此类言行是否构成侵权，是一个值得探讨的问题。本案即涉及到当众以学生生理缺陷称呼学生，致学生精神分裂是否构成侵权的问题。有人认为，如果公民的生理缺陷是客观存在的，以公民生理缺陷称呼公民，虽然不妥，但只要没有侮辱、诽谤或诬告陷害等主观过错，即不应当成立侵权。我们认为，以公民生理缺陷称呼公民是对公民人格尊严的侵犯，可以构成侵权。本案涉及三个方面问题：一是公民生理缺陷与人格尊严权的保护；二是如何认定侵犯公民人格尊严权；三是如何确定侵犯人格尊严权的责任承担。

一、生理缺陷与人格尊严权的保护

公民人格尊严是否属于《侵权责任法》保护范围，《侵权责任法》没有明确规定。依我国《宪法》第38条规定，公民的人格尊严不受侵犯，禁止用任何方法对公民进行侮辱、诽谤和诬告陷害。《民法通则》第101条规定，公民、法人享有名誉权，公民的人格尊严受法律保护。《侵权责任法》第2条规定，侵害民事权益，应当依照本法承担侵权责任。本法所称民事权益，包括生命权、健康权、姓名权、名誉权、荣誉权、肖像权、隐私权、婚姻自主权、监护权、所有权、用益物权、担保物权、著作权、专利权、商标专用权、发现权、股权、继承权等人身、财产权益。其中，生命权、健康权、姓名权、名誉权、荣誉权、肖像权、隐私权等属于人身权范围。公民对人身权利具有人格利益。立法这一规定，体现了《侵权责任法》对公民人格利益的保护。而人格利益是指民事主体因享有人身权而得到的在心理上、生理上、生产经营上及从事民事活动等方面不可缺少的切身利益。虽然《侵权责任法》没有将人格尊严权明确列入其中，公民的人格尊严权也不同于名誉权，但公民的人格尊严是公民所应有的最起码的社会地位并应受到社会和他人最起码的尊重①，显然也属于公民人格利益的范围。因此，公民的人格尊严权同样应当属于人身权的范围，侵犯公民人格尊严，同样也构成对公民人身权利的侵犯，应当受到《侵权责任法》的保护。

公民生理缺陷是公民人格尊严的重要内容。存在生理缺陷的人与没有生理缺陷的人在人格上是平等的。同时，也由于其生理上存在缺陷，其对于生理上的缺陷更加敏感，其他人应当更加尊重有生理缺陷的人。当众以其生理缺陷称呼公民，缺乏对其最起码的尊重，往往容易给有生理缺陷的人造成心理上的伤害，因而容易构成对其人格尊严的侵犯。因此，尊重公民的生理缺陷，应当是尊重公民人格尊严的重要方面。

二、侵犯人格尊严权的司法认定

人格尊严不同于名誉权。名誉是指社会对特定公民道德品质、能力或其他品质等的评价，名誉权即是指公民依法所享有的获得社会客观评价、排除他人侵害的权利。而人格尊严往往是指公民作为民事主体所享有的应当受到社会和他人最起码的尊重。侵犯名誉权主要体现在使公民的社会评价受到不利影响，而侵犯公民人格尊严权主要体现在使公民自身的人格尊严受到伤害。可以从以下方面判断行为是否构成侵犯公民人格尊严权：（1）是否存在违法行为。即行为是否违反了保护公民人格尊严的法律、法规的相关规定。（2）行为人是否存在过错，包括故意或过失，即行为人是否有侮辱、诽谤或诬告陷害他人的故意或过失。（3）是否造成公民人格尊严受到伤害并由此发生一定损害后果。

① 彭万林主编：《民法学》，中国政法大学出版社1994年版，第155页。

即行为是否使公民心理受到伤害，并由此产生损害后果。（4）损害后果与行为之间是否存在因果关系。

结合本案，我们认为，教师以学生生理缺陷称呼学生，应当构成对学生人格尊严权的侵犯。首先，保护公民人格尊严是我国《宪法》及《民法通则》等法律的明确规定，以公民生理缺陷称呼公民，有损公民人格尊严，属违法行为。其次，公民生理缺陷应当得到尊重，一般而言，公民对其生理缺陷比较敏感，特别是对于在校学生而言，其自尊心一般比较强，当众被他人以其生理缺陷称呼，其自尊心更容易受到伤害。作为正常人，特别是作为教师，以学生生理缺陷称呼学生，即使主观上没有伤害学生人格尊严的故意，但也应当预见到其言行会给学生人格尊严造成伤害，即其行为也存在过失。再次，本案中，被告张浩洋当众称呼原告董某“小瘸腿”，原告董某心理上受到刺激和伤害，并最终诱发精神分裂，原告住院治疗，支付了相关医疗费用，原告在精神上、经济上都造成了损害。最后，原告损害与被告行为存在因果关系。虽然原告患精神分裂与原告自身心理承受能力有一定关系，但被告当众称呼原告“小瘸腿”，原告第二天即行为反常，后致患精神分裂，被告行为应当是导致原告精神分裂的重要原因，即原告自身心理承受力不强与被告语言刺激共同导致了原告精神分裂的后果，故被告行为与此后果应当具有法律上的因果关系。

三、侵犯人格尊严权责任承担

侵犯公民人格尊严，根据造成后果的不同，侵权人应当承担不同的责任：

1. 赔礼道歉。侵犯人格尊严造成的伤害主要是精神上的。一般情况下，侵权人向被侵权人赔礼道歉，即可弥补被侵权人心理上的伤害。赔礼道歉应当是侵犯公民人格尊严权首要的责任承担方式。

2. 物质损害赔偿。侵犯公民人格尊严有时除导致被侵权人心理上的伤害外，还可能导致被侵权人因人身伤害而发生物质上的损害，对此，侵权人也应当赔偿。本案中，原告因心理上的伤害而致患精神分裂症，支付的医疗费用等相关费用，被告应当承担。

3. 精神损害赔偿。依《侵权责任法》第22条规定，侵害他人人身权益，造成他人严重精神损害的，被侵权人可以请求精神损害赔偿。即造成严重精神损害的，侵权人还应当承担精神损害赔偿。本案中，原告因被告言语不当而患精神分裂症，其损害应当已经达到了严重的程度，即使未进行伤残鉴定，也符合严重精神损害的标准，因此，原告主张精神损害赔偿应当支持。结合当地经济发展及原告受损害的状况，法院判决被告承担8000元精神损害赔偿责任是恰当的。关于责任分担，考虑到原告自身心理承受能力也是导致其患精神分裂

的原因之一，因此，对原告损害后果，原告自身也要承担一定责任。法院确定被告承担60%责任，原告承担40%责任也是合理的。本案中被告张浩洋是被告江苏省泗阳县来安初级中学工作人员，并且原告损害是被告张浩洋在执行工作任务过程中发生的，依《侵权责任法》第34条规定，用人单位的工作人员因执行工作任务造成他人损害的，由用人单位承担责任，故对原告的损害赔偿责任，应由被告江苏省泗阳县来安初级中学承担。

（一审独任审判员：孙静芳
二审合议庭成员：李宜彬　谢朝辉　覃卫东
编写人：江苏省宿迁市中级人民法院　程黎明
江苏省泗阳县人民法院　孙静芳
责任编辑：原晓爽
审稿人：曹守晔）

17. 刘益欣、刘彦龙诉张国营、王姝琰道路交通事故人身损害赔偿纠纷案

问题提示：出借机动车发生交通事故，机动车所有人未投保机动车交通事故责任强制保险或者拒不告知相关投保情况的情形下，机动车所有人是否应当承担赔偿责任？应当承担何种赔偿责任？

【要点提示】

出借机动车发生交通事故，机动车所有人未投保机动车交通事故责任强制保险（以下简称交强险）或者拒不告知相关投保交强险情况的，机动车所有人的行为损害了交通事故受害人的合法利益，已构成侵权。该部分损失应当由未尽法定投保义务或未尽告知义务的机动车所有人承担，即应比照交强险的相关规定，在交强险赔偿限额内先行承担赔偿责任。该责任是按份责任而非连带责任。

【案例索引】

一审：河南省洛阳市高新技术产业开发区人民法院（2010）洛开民初字第10号（2010年8月11日）

二审：河南省洛阳市中级人民法院（2011）洛民终字第226号（2011年3月7日）

【案情】

原告（被上诉人）：刘益欣
原告（被上诉人）：刘彦龙
被告（上诉人）：张国营
被告（上诉人）：王姝琰

洛阳市高新技术产业开发区人民法院经审理查明：2009 年 1 月 24 日 12 时 20 分，原告刘益欣驾驶原告刘彦龙的豫 C－N7258 号轿车，行驶到洛阳高新开发区翠微路丰华路口时，遇被告张国营驾驶被告王姝琰的豫 C－K6735 号轿车，由于双方均未按照操作规范行驶，导致双方车辆碰撞，造成原告刘益欣受伤，两车受损的交通事故。该交通事故经洛阳市公安局交通警察支队第三大队交通事故责任书认定，原告刘益欣应负交通事故的次要责任，被告张国营应负交通事故的主要责任。原告受伤后到解放军 150 医院住院治疗 7 天，经诊断为左锁骨粉碎性骨折，支出医疗费 7989 元。住院期间需陪护，陪护人为原告刘益欣之母刘素霞，其工资收入为每月 2000 元。原告刘益欣月工资为 1800 元，依据医嘱，原告刘益欣出院后需继续进行肩部锁骨带外固定六周。原告的车辆经洛阳市价格认证中心进行车损鉴定，需修理支出费用 39160 元，对此，原告支出鉴定费 800 元。原告称其在交通事故发生后，车辆由公安机关指定的停车场停放，支出停车费 680 元。

【审判】

洛阳市高新技术产业开发区人民法院经审理认为：原告刘益欣与被告张国营驾驶车辆均未按照道路交通法规安全行驶，导致双方车辆发生碰撞，车辆受损，原告刘益欣受伤的后果。依据公安机关交通事故责任书认定，原告刘益欣负次要责任、被告张国营负主要责任，双方应当按照过错大小承担责任。原告请求判令被告赔偿因其交通事故造成的经济损失 80% 的理由正当，本院予以支持。原告的经济损失应当依照实际支出的部分予以计算。后期治疗费，目前没有发生，不能计算，待后期治疗结束后可另行主张。停车费的证据，没有收取单位按照有关规定加盖公章，不能作为证据使用。原告刘益欣的营养费、住院期间的伙食费，应当按照一般国家工作人员出差补助标准每日 30 元计算，较为恰当。被告辩称原告应当负交通事故的主要责任的理由，没有证据，不能成立。依照《中华人民共和国民法通则》第一百零六条第二款、第一百一十九条、第一百三十一条，《最高人民法院关于审理人身损害赔偿案件适用法律若干问题的解释》第十七条、第十九条、第二十条、第二十一条、第二十二条之规定，判决如下：一、被告张国营赔偿原告刘益欣医疗费 7989 元、误工费 4008.20 元、营养费 210 元、住院伙食费 210 元、护理费 636.36 元、交通费 260 元，合计 13313.56 元的 80%，即 10644.45 元；被告张国营赔偿原告刘彦龙车辆维修费 39160 元、鉴定费 800 元，合计 39960 元的 80%，即 31968 元。其余部分由原告刘益欣、刘彦龙自行承担。二、被告王姝琰对被告张国营赔偿给原告的上述经济损失承担连带赔偿责任。三、驳回原告的其他诉讼请求。

一审宣决后，张国营、王姝琰不服，向洛阳市中级人民法院提出上诉称：(1) 原审判决认定事实错误。据事故现场图可知，上诉人张国营的车先进入交叉口，在即将驶出交叉口时，被刘益欣的车从右侧撞上。事故发生的原因是刘益欣车速过快，没有采取避让措施造成的，责任全在刘益欣方，应由刘益欣承担事故的全部责任；(2) 原审判决上诉人承担 80% 的责任显失公正。事故原因是刘益欣车速过快，让上诉人承担 80% 的责任明显与其过错程度不符；(3) 刘益欣、刘彦龙在法定举证期限内没有向法院提交证据，上诉人也没有收到其提交的证据，这些证据均是其在开庭审理时在法庭上突然袭击提出的，已经超出举证期限。按照法律规定应视为放弃举证权利，审理时不应组织质证；(4) 肇事车辆虽归上诉人王姝琰所有，但被上诉人张国营借用，王姝琰无法控制车辆，张国营有合法有效的驾驶资格，王姝琰出借车辆的过程中没有任何过错，判决王姝琰承担连带赔偿责任明显错误，于法无据。请求二审撤销原判，改判二上诉人不承担赔偿责任。

被上诉人刘益欣、刘彦龙辩称：公安交警部门作出的责任认定书认定清楚、划分责任正确；被上诉人已按期向法院举证；上诉人王姝琰作为肇事车辆的车主没有购买车辆保险，并将无保险车辆交给他人使用，应当承担相应责任，原审判决其承担连带责任是正确的。

洛阳市中级人民法院经审理，对一审判决查明的事实予以确认。另查明：一审庭审中，刘益欣、刘彦龙要求张国营、王姝琰提供肇事车辆投保交强险情况，以追加保险公司为被告参加本案诉讼。张国营、王姝琰只是称该车投保有交强险，但一直未提供交强险相关手续。刘益欣、刘彦龙也曾到相关保险公司进行查询，但也未查询到该车是否投保有交强险；二审庭审中，法庭要求张国营、王姝琰将有关车辆保险的相关手续提交法庭，张国营、王姝琰的委托代理人于庭审后将一份交强险保险单提交法庭，但当法庭组织双方对该证据进行质证时，张国营、王姝琰的委托代理人要求撤回举证，明确表示不再提交该证据。

洛阳市中级人民法院经审理认为：张国营驾驶豫 C－K6735 号汽车与刘益欣驾驶豫 C－N7258 号汽车相撞，致刘益欣受伤、车辆受损。对以上事实，双方当事人均无异议，本院予以确认。对该起交通事故，公安交警部门已作出责任认定，刘益欣负交通事故的次要责任，张国营负交通事故的主要责任。据此，原审判决由张国营对刘益欣、刘彦龙的损失承担 80% 的赔偿责任符合法律规定，并无明显不当，本院予以维持。张国营、王姝琰上诉称公安交警部门所作道路交通事故认定书责任认定错误，但其对公安交警部门作出的道路交通事故认定书并未按照法定程序提出异议，在诉讼中也未提交充分有效的证据足

以推翻道路交通事故认定书所作出的事故责任认定。据此，张国营、王姝琰有关原审判决认定事实错误、其不应当承担事故责任的上诉理由不能成立，本院不予采信；张国营、王姝琰上诉提出的刘益欣、刘彦龙一审中举证超出举证期限问题不能成立，本院亦不予支持；关于王姝琰是否应当承担责任问题，本院认为，出借机动车的，机动车所有人对损害的发生有过错的，应当承担相应的赔偿责任。机动车所有人承担的是与其过错相适应的责任，是按份责任而非连带责任。根据法律规定，机动车所有人投保交强险是法定义务，其目的是保障受害人的损失能得以及时填补。但本案中，张国营、王姝琰在一审中不提供车辆投保交强险的具体情况，二审中经法庭明确告知仍不提供，使刘益欣、刘彦龙的损失不能及时得到交强险保险赔偿。据此，本院认为，王姝琰作为肇事车辆的车主应当在交强险赔偿限额范围内先行承担赔偿责任，对超出交强险赔偿限额以外的损失，再按照责任比例由车辆使用人张国营予以赔偿。除此之外，王姝琰将车辆借给张国营使用无证据证明有其他明显过错，原审判决由王姝琰对全部赔偿责任承担连带责任不当，本院予以纠正。按照交强险保险条款的规定，王姝琰应赔偿刘益欣的损失为医疗费7989元、误工费4008.20元、营养费210元、住院伙食费210元、护理费636.36元、交通费260元，合计13313.56元。王姝琰应赔偿刘彦龙财产损失2000元。对超出财产损失赔偿限额部分的车辆维修费37160元、鉴定费800元，由张国营承担80%的赔偿责任，即赔偿30368元。综上，原审判决认定事实清楚，但部分处理结果有误，本院予以相应纠正。依照《中华人民共和国民事诉讼法》第一百五十三条第一款第（一）、（二）项之规定，二审法院判决：

一、维持洛阳市高新技术产业开发区人民法院（2010）洛开民初字第10号民事判决第三项。

二、变更洛阳市高新技术产业开发区人民法院（2010）洛开民初字第10号民事判决第一项为张国营于判决生效后十日内赔偿刘彦龙车辆维修费、鉴定费等共计30368元。

三、变更洛阳市高新技术产业开发区人民法院（2010）洛开民初字第10号民事判决第二项为王姝琰于判决生效后十日内赔偿刘益欣医疗费、误工费、营养费、住院伙食费、护理费、交通费等共计13313.56元，赔偿刘彦龙车辆维修费2000元。

【评析】

本案涉及的法律问题较多，这里主要讨论的是出借机动车发生交通事故的，在机动车所有人未投保交强险或者拒不告知投保交强险相关情况的情形下，赔偿责任如何承担问题。

（一）未投保交强险的机动车发生交通事故的，机动车所有人应比照交强险的相关规定，在交强险赔偿限额内先行承担赔偿责任

《道路交通安全法》第76条规定，机动车发生交通事故造成人身伤亡、财产损失的，由保险公司在机动车第三者责任强制保险责任限额范围内予以赔偿。但是因机动车未投保交强险，受害人不能获得交强险赔偿的情况下，机动车所有人是否应在交强险赔偿限额内首先承担赔偿责任问题，我国现行法律、法规对此并无明确规定。司法实践中主要存在两种观点：一种观点认为，首先，交通事故的赔偿属民法范畴，适用过错责任原则，实践中需要有交管部门责任认定书作为主要证据以及判案依据。而机动车所有人未按法律规定投保交强险只是违反了行政法规，仅以此为由就让其承担赔偿责任不符合侵权责任构成要件。其次，交强险是依据强制保险合同而产生的保险合同关系，保险公司的赔偿基础就是保险合同的约定，没有保险合同的约定，却以交强险的相关规定让机动车所有人在交强险保险限额先行承担赔偿责任加重了机动车方的责任，没有存在的合法性。所以，即便是机动车所有人未投交强险的，双方当事人的赔偿责任也应按双方当事人在事故中的过错程度来承担。在本案中，一审判决虽然未对此作出明确阐述，但判决结果实际上就是持这一种观点；另一种观点认为，机动车交强险是强制险，法律强制投保交强险，就是为了发生交通事故造成人身伤亡、财产损失后，受害方能及时获得赔偿。机动车所有人本应按法律规定投保交强险，未投保交强险的机动车上路行驶，违反了法律强制性规定，损害社会公共利益，应当承担相应的法律后果。因此，为更好地保护交通事故受害人权益，全面发挥交强险的保障功能，制裁未依法投保交强险的违法者，未投保交强险的，应由机动车方在交强险赔偿限额内先行赔偿，超出交强险限额部分的损失再按双方当事人在事故中的过错程度来承担。在本案中，二审判决就是持这一种观点。究竟何种观点值得采纳，我们认为第一种意见是正确的，理由如下：

1. 机动车所有人未投保交强险属侵权行为

机动车所有人未投保交强险的行为符合侵权责任的构成要件。首先，机动车所有人未投保交强险属违反法定义务行为。《道路交通安全法》第17条规定，国家实行机动车第三者责任强制保险制度。《道路交通安全法实施条例》第17条规定，已注册登记的机动车进行安全技术检验时，机动车行驶证记载的登记内容与该机动车的有关情况不符，或者未按照规定提供机动车第三者责任强制保险凭证的，不予通过检验。《机动车交通事故责任强制保险条例》第2条第1款规定，在中华人民共和国境内道路上行驶的机动车的所有人或者管

理人，应当依照《道路交通安全法》的规定投保机动车交通事故责任强制保险。根据以上法律、法规的规定可以看出，机动车投保交强险是机动车所有人（含管理人）的法定义务。机动车所有人必须投保交强险，否则则属不履行法定义务的行为；其次，从损害后果看，这种违反法定义务行为侵犯了受害人在交通事故发生后依法应得利益。根据《道路交通安全法》第76条的规定，对机动车发生交通事故造成人身伤亡、财产损失的，由保险公司在交强险责任限额范围内予以赔偿。即无论被保险人是否在交通事故中负有责任，保险公司均应在责任限额内予以赔偿。如机动车所有人未为其所有的机动车投保交强险，就会导致交通事故发生后受害人不能依法获得交强险赔款的损害后果的发生。此外，由于交强险实行的是“无过错责任原则”，在受害人也有一定过错的情况下，受害人能得到更多的赔偿款。加之一般而言，保险公司的赔付能力也远远大于机动车方。所以，是否投保有交强险，对受害人损失能否得到及时、充分地弥补影响重大；再次，从因果关系看，正是由于机动车所有人未履行法定投保交强险的义务，造成了交通事故损害发生后，受害人不能得到交强险责任限额内的无过错赔偿，两者之间存在必然的因果关系；最后，机动车所有人在主观上存在过错。有法定义务而不履行，其过错是明显的。据此，机动车所有人未投保交强险的行为已经损害了交通事故受害人的合法利益，已构成侵权。该部分损失应当由未尽法定投保义务的机动车所有人承担，即应比照交强险的相关规定，在交强险赔偿限额内先承担赔偿责任。

2. 机动车所有人在交强险赔偿限额内首先承担赔偿责任符合设立交强险制度的立法目的

交强险是我国首个由国家法律规定实行的强制保险制度。由于交通事故造成的人身和财产损害后果一般比较严重，事故责任方往往很难承担，对交通事故受害人权益的维护非常不利。而商业三责险属自愿投保，一部分人基于侥幸心理不愿投保。造成发生交通事故时受害人无钱抢救，或者不能得到充分的赔偿。因此，有必要采取强制保险措施，以分担风险、填补损失。所以，国家设立交强险制度的立法目的在于通过强制保险这种方式提高第三者责任保险的投保面，以分散风险，使受害人能够得到及时、便捷的救治和必要的赔偿，为交通事故受害人提供及时和基本的保障。如果机动车所有人未投保交强险的不让其在交强险赔偿限额内先行承担赔偿责任，那么交强险和商业三责险就无实质上的不同，交强险的强制性就无从体现，也就不能实现设立交强险制度的立法目的。

综上，机动车所有人没有履行投保交强险的法定义务，致使受害人无法获得保险公司的赔偿的，机动车所有人应当为其过错承担责任。即机动车所有人应在交强险赔偿限额内承担赔偿责任。对此，一些地方性法规已经作出了明确规定，如《山东省实施〈中华人民共和国道路交通安全法〉办法》第65条第2款规定："机动车未参加交通事故责任强制保险发生交通事故造成人身伤亡、财产损失的，由机动车所有人或管理人在相当于强制保险责任限额范围内按照伤情和实际损失先行赔偿。"广东、江苏、安徽等省市在其制定的《道路交通安全条例》中也有类似的规定。

（二）机动车所有人不提供交强险投保情况的，应按未投保处理

机动车所有人作为交强险投保人，应在交通事故发生后及时向交警部门及时告知投保交强险的情况，在受害人起诉后，更应向受害人告知投保交强险的情况，以使受害人能及时向相关保险公司主张权利。因此，机动车的投保情况应由所有人及使用人承担举证责任，如不提供相关证据，应由其承担不利后果，即应视为未投保交强险，按未投保交强险的情形处理。

（三）出借机动车发生交通事故，机动车所有人对损害有过错的，应承担相应赔偿责任，该责任是按份责任而非连带责任

从我国司法实践来看，在机动车所有人和使用人不一致的情形下，在机动车事故责任主体的认定上基本采纳了"运行控制"和"运行利益"两个标准综合判断。在出借机动车发生交通事故时，能够控制机动车运行的是使用人而非所有人，运行利益由使用人获取。另外，从危险来源角度和危险控制角度来看，危险的主要来源是机动车的驾驶行为而非机动车本身。因此，机动车事故的责任主体应是机动车使用人。《侵权责任法》在第49条作出明确规定："因租赁、借用等情形机动车所有人与使用人不是同一人时，发生交通事故后属于该机动车一方责任的，由保险公司在机动车强制保险责任限额范围内予以赔偿。不足部分，由机动车使用人承担赔偿责任；机动车所有人对损害的发生有过错的，承担相应的赔偿责任。"当然，机动车所有人也应尽到必要的注意义务，例如对车况、使用人驾驶能力等进行必要的审查。如其未尽到必要的义务，所有人应承担相应责任。但该责任是与其过错相适应的责任。根据法理，只有在法律明确约定的情形下才承担连带责任。在出借情形下，所有人与使用人并不构成共同侵权，也无其他连带因素，因此，即便是由于所有人的过错与使用人的驾驶行为结合造成第三人损害，所有人也承担按份责任而非连带责任。

综上，在本案中，肇事车辆的所有人王姝琰因不提供交强险投保情况，应在交强险赔偿限额内先行承担赔偿责任，除此之外，王姝琰将车辆借给张国营使用无其他明显过错，对超出交强险赔偿限额以外的损失，应按照责任比例由车辆使用人张国营予以赔偿，肇事车辆所有人王姝琰不再承担连带责任。二审

法院对原审判决予以改判是正确的。

（一审合议庭成员：刘小平　吴向宾　刘　勇
二审合议庭成员：周朝晖　梁　俊　杨元卿
编写人：河南省洛阳市中级人民法院　周朝晖
责任编辑：原晓爽
审稿人：曹守晔）

18. 王亚仙诉李骏、龙腾货代有限公司、中国大地财产保险股份有限公司上海分公司机动车交通事故责任纠纷案

问题提示：肇事方在上下班途中骑车致人受伤，其行为可否由其所工作的单位承担雇主替代责任？

【要点提示】

当事人一方在上下班途中骑车致另一方当事人受伤，诉讼中肇事方称其行为是职务行为，应该由其所工作的单位承担雇主替代赔偿责任。法院审理认为，职工于上下班期间所造成的损害结果并不能由其工作单位来承担替代责任。

【案例索引】

一审：上海市闵行区人民法院（2009）闵民一（民）初字第6290号（2010年4月22日）

二审：上海市第一中级人民法院（2010）沪一中民一（民）初字第1407号（2010年10月19日）

【案情】

原告（被上诉人）：王亚仙

被告：李骏

被告（上诉人）：龙腾货代（中国）有限公司

被告：中国大地财产保险股份有限公司上海分公司

上海市闵行区人民法院经审理查明：2008年8月25日上午8时许，李骏

驾驶轻便二轮摩托车上班途中与王亚仙相撞，并致其倒地受重度颅脑损伤，经鉴定已构成一级伤残。交警部门因无法查证王亚仙是横过道路还是清扫道路，故对事故责任未予认定。肇事摩托车为李骏所有，该摩托车在被告中国大地财产保险股份有限公司上海分公司（以下简称大地保险上海分公司）处投保了交强险。2009 年 5 月，王亚仙诉至法院。

王亚仙诉称其系正常清扫道路，李骏应对其受到的伤害承担全部责任，故诉至法院主张各项费用合计 1546468.83 元，该款由大地保险上海分公司在机动车交通事故责任强制保险（以下简称交强险）限额内承担赔偿责任，李骏在交强险限额外承担全部责任，龙腾货代（中国）有限公司（以下简称龙腾公司）承担连带赔偿责任。

李骏辩称：其系龙腾公司的员工，在上班途中发生的事故，系职务行为，即使要承担责任，也应该是龙腾公司承担。

龙腾公司辩称：李骏确系该公司员工，工作范围系给公司老板开车，接送老板上下班。但是李骏骑车去上班不是公司赋予他的工作职责，所以该事故与公司无关，公司不应承担任何责任。

【审判】

一审法院认为：从李骏与龙腾公司签订的劳动合同中记载的工作内容、事故发生时间、地点及李骏至龙腾公司领导家中的路线分析，其该时间段驾驶自己的轻便二轮摩托车行驶过程中发生的上述事故，系在上班途中。对李骏在执行职务中致人损害，先由大地保险上海分公司在交强险限额内赔付，超出部分应由龙腾公司承担赔偿责任。一审法院审核了王亚仙主张的损失依据后，作出如下判决：大地保险上海分公司赔付王亚仙 12.05 万元；龙腾公司赔付王亚仙 570370 元；驳回王亚仙的其余诉讼请求。

一审宣判后，龙腾公司不服提起上诉。龙腾公司认为，涉案交通事故发生时，肇事人李骏非为职务行为，原审法院将李骏前往工作地点的时间即上班前的时间代替执行职务的时间，将其前往工作地点时所经过的场所代替为执行职务的场所，将李骏用于个人上班的交通工具代替为执行职务的交通工具，据此所作的判决不当，故请求二审法院查明事实，撤销原审法院的相关判决，驳回王亚仙要求上诉人赔偿的请求内容。

王亚仙认为：原审法院查明事实清楚，适用法律得当，请求二审法院维持原审法院的判决。李骏认同原审法院的判决。

二审法院查明的事实与一审认定的一致。

二审法院认为：是否以单位名义从事单位指派的任务是判断职务行为的一

般原则，一般在工作时间内的行为可视为职务行为。而对于工作时间外的行为并不是简单地以是否归属于工伤保险范畴的上下班时间来定，而是需借助于行为人所为行为的内容、时间、地点、场合、行为之名义及行为的受益人、是否与用人单位意志有关联等情况综合加以判别。

依据查明的事实，涉案交通事故的侵权人李骏系龙腾公司聘用的人员，工作内容为司机，主要工作方式是利用单位提供的机动车接送公司老板上下班，工作的起始地点：老板家。涉案交通事故发生时间是早上8点余，系李骏正在前往老板家的途中，从时间节点而言，系在工作时间之外，故从执行职务的时间角度而言不能判断李骏于事发当时所为的行为属于履行职务行为；且至老板家中的方式与路途也非单位可支配、指定的领域。从李骏事故发生当时使用的危险工具来看，其驾驶的是其自有的二轮摩托车，非其所在单位为促使李骏完成职务而提供的工具。故无论从涉案事故发生的时间、李骏实施该行为的内容与行为的客观外象来看，均无从判别该危险行为与其从事的职务内容有关联。据此，二审法院判决如下：

大地保险上海分公司赔付王亚仙12.05万元；李骏赔付王亚仙572210.36元；

驳回王亚仙的其余诉讼请求。

【评析】

本案的争议焦点在于李骏上下班期间致人损害，是否应该由其雇主来承担替代责任。对于这一争论焦点，主要是涉及到如何对雇主责任中雇佣行为进行界定。

对于职务行为的判断，在《最高人民法院关于审理人身损害赔偿案件适用法律若干问题的解释》中第9条第2款规定：“前款所称‘从事雇佣活动’，是指从事雇主授权或者指示范围内的生产经营活动或者其他劳务活动。雇员的行为超出授权范围，但其表现形式是履行职务或者与履行职务有内在联系的，应当认定为‘从事雇佣活动’。”这条规定表明，对于职务行为的判断其根本标准在于雇员行为的外观，只要行为从外观上看可以认为属于社会观念上的执行职务，无论雇主或雇员主观上如何认识，该行为都属于职务行为的范畴。

根据此条规定，在判断雇员的行为是否属于职务行为，可以从以下两个方面来考察：（1）雇主对雇员从事该行为是否有授权或者指示。这种授权或指示可以是明示的，如规章制度等。也可以是默示的，只要雇员基于合理的理由，可以预见到雇主处于此境地将会做出、或者指示他做出同样的行为即可。

(2) 若雇员的行为超出雇主的授权范围，且此行为与履行职务存在有内在联系，那么仍应当认定为职务行为。

根据上述理论，判断某一行为是否为职务行为可以从以下几个具体的标准来考量：

1. 职权标准，即行为人是否享有职权是判断行为性质的重要标准。职员是否享有单位的授权或者指示是判断职务行为的关键，这一标准主要是考虑行为人行为的具体内容和行为方式。具体来说就是，行为人的行为内容若是属于其职权范围，实施该行为的方式也属于雇主的授权范围，那么该行为即属于职务行为。

2. 时空标准。这一标准要考虑是否发生在工作时间和工作场所内。雇员的行为一般要在工作期间和工作场所内发生，才能被认定为职务行为。时空标准是相对的判断标准，需要与其他标准结合来判断。因为，在工作时间和地点发生的损害，雇主也有可能不承担责任；在工作地点和时间之外发生的侵权，雇主仍可能承担责任。

3. 名义标准。名义标准是要看该行为的实施是否以“工作”或“职务”名义实施，遭受损害的第三人是否有理由相信工作人员的行为是职务行为。

4. 目的标准。目的标准是判断雇员所实施行为的目的是否是为了雇主的利益或者为了便于履行职务。也即是说，如果雇员基于为雇主牟利的意愿，行为客观上可以给雇主带来确实的、实际的利益，而非行为人主观上认为的利益，并且所获利益大于付出成本，那么雇员实施该行为造成损害的，雇主要承担责任。

对于雇员的行为是否认定为职务行为，这四个标准要综合进行考虑。首先，根据职权标准判断其行为的内容是否属于其工作内容，工作方式与授权或指示的方式是否相同，若是都符合，那么这一行为属于职务行为；其次，若是行为超出了具体的授权，要综合时空标准、名义标准和目的标准来进行判断。特别是对目的标准和名义标准的判断，尤为重要。超越职权的行为，若是以“工作”的名义做出、为了公司的利益，那么这一行为也应该认定为职务行为。

就本案来说，根据前述的四个判断标准，可以作出如下判断：首先，李某的工作内容是开车送老板上班，故上下班的行为不属于职权范围，骑电动车这一方式也不符合公司授权的工作方式。其次，李某的工作时间应该是从接老板开始，工作地点是从老板家到公司的这一段距离，其超出职权范围的上下班行为也不符合时空标准；再者，其上下班的行为也没有让其公司获得实际的利益，也不符合目的标准。据此，李骏的上下班行为并不属于职务行为，责任也不应由其公司来承担。其公司的上诉请求，有相应的理由与依据，应予以支持。

（一审合议庭成员：方　敏　袁　洁　吴梅芳
二审合议庭成员：沙茹萍　马　丽　杨奇志
编写人：上海市第一中级人民法院　田文杰
责任编辑：冯文生
审稿人：曹守晔）

19. 乌审旗华宇工贸有限公司与西安雅荷房地产开发有限公司商品房买卖合同纠纷案

问题提示：合同约定了违约金，一方当事人以约定的违约金过低要求调高违约金，人民法院应否支持？

【要点提示】

当事人迟延履行合同义务构成违约的，一般应当按照合同约定承担违约责任。守约方以约定的违约金低于因违约造成的损失为由请求调高违约金数额，但未能举证证明实际损失存在的，人民法院不予支持。

【案例索引】

一审：西安市中级人民法院（2010）西民二初字第18号（2010年12月8日）

二审：陕西省高级人民法院（2011）陕民二终字第00005号（2011年9月23日）

【案情】

原告（二审上诉人）：乌审旗华宇工贸有限公司（以下简称华宇公司）

被告（二审上诉人）：西安雅荷房地产开发有限公司（以下简称雅荷公司）

西安市中级人民法院经审理查明：2006年12月12日，华宇公司与雅荷公司签订了两份《商品房买卖合同》，约定：华宇公司购买雅荷公司开发的位于西安市经济技术开发区凤城五路北侧的雅荷春天小区2号楼临街1—9号商业用房2340平方米，房屋总价款为2129.4万元，华宇公司于2007年2月1日前付清全部房款。合同还约定，出卖人雅荷公司应当于2007年6月30日前，将经验收合格的商品房交付买受人华宇公司，出卖人逾期交房，按日向买受人支付已交付房屋价款万分之一的违约金等。华宇公司于2006年12月8日至2007年4月25日分五次向雅荷公司支付了商铺款共计2129.4万元。2007年10月14日华宇公司向雅荷公司书面提出商铺变更项目要求，言明对一层商铺1—9档非承重墙进行部分改动，并在部分商铺柱子间加做落地玻璃窗等。同年11月26日雅荷公司完成上述工程改造。2008年5月5日，雅荷公司向华宇公司出具承诺书，承诺：一、在七个工作日内将装修临时水电接通引入，并及时开始进行正式水、电、暖、弱电的安装施工；二、积极组织商铺门前道路施工，确保于五月底前行人畅通。本案所涉房屋于2007年9月29日通过了竣工验收。2009年8月26日在西安经济技术开发区建设工程质量安全监督站备案登记。华宇公司分别于2009年6月16日、6月29日以特快专递的方式向雅荷公司发函，要求其履行交房义务。2009年7月11日，华宇公司与雅荷公司办理了房屋交付手续。2010年6月23日，华宇公司以雅荷公司迟延交房730多天，按合同约定计算违约金155.45万元，不能弥补按该小区同等地段商业用房租金标准2007~2008年度月租金为65元/平方米，2009年月租金为85元/平方米计算出的租金损失365.04万元为由起诉，请求法院判令：雅荷公司向华宇公司支付逾期交房造成的经济损失365.04万元。

被告辩称：该房屋在2007年9月就已具备交房条件，其曾多次电话通知原告收房，原告不来收房，理由是没找到承租人，导致双方迟延办理交接手续，逾期交房的责任应由原告承担。原告起诉已经超过2年诉讼时效。原告至今未将商铺出租出去，不存在实际损失。请求驳回原告的诉讼请求。

【审判】

西安市中级人民法院认为：华宇公司与雅荷公司签订的两份《商品房买卖合同》合法有效。华宇公司按合同约定支付了全部房屋款项，雅荷公司未按期交付房屋，违反了合同中关于房屋交付期限的约定，构成违约，应当承担违约责任。由于雅荷公司逾期交房，给华宇公司造成了一定的经济损失，现华宇公司请求按同地段2007、2008年度房屋租金的标准赔偿其损失，应予以支持。对于华宇公司提供的同地段房屋租金证明，雅荷公司虽提出异议，但并不主张进行鉴定，故华宇公司的损失应依照其提供的同地段2007、2008年度房屋月租金65元/平方米计算。雅荷公司2009年7月11日与华宇公司办理了房屋交接手续。华宇公司于2010年6月23日向法院主张其权利，因而，对华宇公司起诉之日前两年诉讼时效期间内的损失赔偿的请求予以保护，即损失的实际数额从2008年6月24日至2009年7月11日华宇公司收到房屋之日，共计1年

零18天，其损失为1916460元。依照《中华人民共和国合同法》第一百零七条、第一百一十三条、第一百一十四条，《最高人民法院关于审理商品房买卖合同纠纷案件适用法律若干问题的解释》第十六条、第十七条之规定，判决：一、在判决生效后十日内，雅荷公司支付华宇公司逾期交房损失1916460元；二、驳回华宇公司其余诉讼请求。

一审宣判后，华宇公司与雅荷公司均不服，分别提出上诉。

华宇公司上诉称：一审判决关于迟延交房经济损失的计算，从起诉之日往前倒推仅支持两年，没有法律依据。合同约定的交房日期为2007年6月30日，但华宇公司所购买的房屋直至2009年8月26日才通过了备案登记，取得《工程竣工验收备案表》，具备了法定交付条件，故本案的诉讼时效期间应当从2009年8月26日起算，华宇公司的全部诉讼请求均未超过诉讼时效期间。请求改判一审判决，由雅荷公司在赔偿金额191.646万元的基础上，再增加赔偿华宇公司2007年7月1日至2008年6月23日期间的经济损失，共计365.04万元，雅荷公司承担本案的全部诉讼费用。

雅荷公司上诉称：1. 一审判决事实认定不清。房屋交付的法定条件是竣工，2007年9月29日本案所涉房屋已经验收符合交房条件。雅荷公司虽然没有书面通知华宇公司接房，但多次通过电话通知了华宇公司，根据合同附件的约定，书面通知的方式包括"电话传真"。事实上，华宇公司在2007年10月14日查看房屋时就已经知道所购商铺具备了交房条件。2. 一审判令雅荷公司承担从2008年6月24日到2009年7月11日因逾期交房给华宇公司造成的经济损失191.646万元缺乏事实和法律依据，应予撤销。理由：（1）华宇公司在2007年10月14日要求雅荷公司对商铺进行改造的部分不属于合同约定的义务，且雅荷公司于同年11月26日前已按照华宇公司的要求改造完毕，华宇公司有意拖延接收房屋，故2007年10月14日之后的逾期交房损失应由华宇公司承担。（2）关于从2007年6月30日至同年10月14日的逾期交房违约损失，华宇公司提交的《承诺书》系伪造证据，《催交商铺通知书》上没有公章，该函件是否是催告函不能确定，也没有邮局已经送达的通知，且不能反映华宇公司向雅荷公司提出过逾期交房违约赔偿的要求，不能产生诉讼时效中断的法律后果。本案诉讼时效期间应当以华宇公司知道权利受到侵害之日为起算时间，华宇公司于2010年6月23日才提起诉讼，超过了两年诉讼时效期间。（3）华宇公司直到2009年7月11日才接收房屋，是因为其在接收房屋前一直未找到合适的承租人，一审法院将华宇公司的投资经营风险转嫁给雅荷公司存在不当。（4）按照合同约定，如迟延交房须按照已交房款日万分之一的标准承担违约金，华宇公司要求雅荷公司按照同时期同类地段房屋租金标准承担从

2007 年 7 月 1 日至 2009 年 7 月 11 日的逾期交房经济损失 365.04 万元，但未提供证据证明其实际经济损失，亦不符合违约金调高的法定条件。请求：撤销一审判决，驳回华宇公司的全部诉讼请求。

陕西省高级人民法院认为，本案二审争议的焦点问题是：（1）华宇公司的诉讼请求是否超过诉讼时效期间。（2）雅荷公司是否构成违约及如何承担责任。

1. 华宇公司的诉讼请求是否超过诉讼时效期间。依据合同约定，雅荷公司应当于 2007 年 6 月 30 日前，将经验收合格的商品房交付华宇公司，但在合同约定的期限内雅荷公司未履行交房义务。华宇公司分别于 2009 年 6 月 16 日、6 月 29 日向雅荷公司发出了《催交商铺通知书》，要求雅荷公司履行交房义务，本案诉讼时效因华宇公司主张权利而中断，华宇公司可以在 2009 年 6 月 30 日起两年内向人民法院主张权利。华宇公司于 2010 年 6 月 23 日提起诉讼，故未超过诉讼时效期间。原审仅对华宇公司起诉之日前两年诉讼时效期间内的损失赔偿的请求予以保护，于法无据，应予纠正。华宇公司关于其全部诉讼请求均未超过诉讼时效期间的上诉理由符合法律规定，本院予以支持。雅荷公司关于华宇公司 2007 年 10 月 14 日前的逾期交房损失赔偿的请求已经超过诉讼时效期间的上诉理由，没有事实依据，本院不予支持。

2. 雅荷公司是否构成违约及如何承担违约责任。合同签订后，华宇公司支付了全部购房款，雅荷公司未按合同约定的期限交付房屋。雅荷公司上诉称其多次通过电话通知华宇公司接收房屋，对此华宇公司不予认可，雅荷公司也未提供任何证据证明其此项主张，而华宇公司提交证据证明其分别于 2009 年 6 月 16 日、6 月 29 日向雅荷公司发出了《催交商铺通知书》，要求雅荷公司履行交房义务。雅荷公司于 2009 年 7 月 11 日交付房屋，已逾期交房，构成违约，应当承担相应的民事赔偿责任。华宇公司在合同约定的交房期过后，于 2007 年 10 月 14 日，要求雅荷公司对房屋进行局部改造，雅荷公司按华宇公司要求进行了施工，并于同年 11 月 26 日完成改造，由此造成工期延长 43 天。因上述部分改造工程已经超出了双方约定的合同义务，该部分逾期交房的责任由华宇公司承担。故雅荷公司逾期交房的期间为 2007 年 7 月 1 日至 2009 年 7 月 11 日，其中扣除 43 天，共逾期 699 天。雅荷公司关于 2007 年 10 月 14 日以后的逾期交房责任应当由华宇公司承担的上诉理由部分成立。

关于本案是否调高违约金的问题。根据《合同法》第 114 条第 1 款“当事人可以约定一方违约时应当根据违约情况向对方支付一定数额的违约金，也可以约定因违约产生的损失赔偿额的计算方法”、第 2 款“约定的违约金低于造成的损失的，当事人可以请求人民法院或仲裁机构予以增加”及《最高人

民法院关于适用〈中华人民共和国合同法〉若干问题的解释（二）》（以下简称《合同法司法解释（二）》）第28条“当事人依照合同法第114条第2款的规定，请求人民法院增加违约金的，增加后的违约金数额以不超过实际损失额为限”的规定，本案合同中明确约定了的逾期交房违约金的计算方式，这是双方当事人对逾期交房所产生的损失赔偿额的预先约定，作为商业主体的双方当事人在签订合同时能够预见到逾期交房可能造成的损失。华宇公司认为合同约定的违约金低于其实际经济损失，主张按《最高人民法院关于审理商品房买卖合同纠纷案件适用法律若干问题的解释》（以下简称《商品房司法解释》）的规定以同年度同地段房屋租金标准调高违约金。对此，本院认为，首先，该司法解释第17条规定的适用前提是“商品房买卖合同没有约定违约金数额或者损失赔偿额计算方法，违约金数额或者损失赔偿额”，而本案商品房买卖合同中约定了逾期交房违约金的计算方式，故不应适用上述司法解释中关于按租金标准调高违约金的规定。其次，华宇公司在合同约定的交房日至实际交房日前并未将本案所涉房屋出租，也没有提供足以证明其实际损失的相应证据。且本案所涉房屋于2007年9月29日已经验收合格符合交房条件，及华宇公司要求对局部工程进行改造，对逾期交房损失的扩大有一定责任，故本案应当按照合同约定的逾期交房违约金的计算方式确定违约赔偿额。华宇公司主张按同年度同地段租金标准调高违约金没有事实和法律依据，本院不予支持。原审法院依据华宇公司提供的2007、2008年度同地段房屋月租金65元/平方米认定损失赔偿额系适用法律错误，应予纠正。雅荷公司认为双方在合同中约定了逾期交房违约金的计算方式，不应当调高违约金的上诉理由，本院予以支持。依据合同中关于出卖人逾期交房，按日向买受人支付已交付房屋价款万分之一的违约金的约定，雅荷公司应当向华宇公司支付违约金1488451元。根据《中华人民共和国民法通则》第一百三十五条、第一百四十条，《中华人民共和国合同法》第一百一十四条及《中华人民共和国民事诉讼法》第一百五十三条第一款第（二）项之规定，遂判决：

一、变更西安市中级人民法院（2010）西民二初字第18号民事判决第一项为本判决生效后十日内，西安雅荷房地产开发有限公司支付乌审旗华宇工贸有限公司违约金148.8451万元；

二、驳回乌审旗华宇工贸有限公司其他诉讼请求。

【评析】

关于违约金数额能否进行调整，以及如何对违约金数额进行调整，是实践中争议很大的一个问题。本案即是一个涉及违约金是否调高的典型案例。涉及的一个焦点问题是，在雅荷公司构成违约的情况下，华宇公司以合同中约定的违约金计算标准不足以弥补实际损失为由请求法院调高违约金，应否支持。

一、关于雅荷公司违约责任承担的认定

违约责任是民事责任的一种，是指合同当事人因过错不履行合同或者履行合同不符合合同约定条件而应当承担的民事责任。它是一种财产责任，具体表现为支付违约金、赔偿损失、继续履行等。违约责任的产生，以其所依附的合同有效为前提，只有当事人签订的合同有效，合同在当事人之间才具有相当于法律的效力，合同中所设立的权利和义务受法律保护。违约金是一种重要的民事责任形式，是由当事人协商确定的，是法律确立的合同自由原则的具体体现。《民法通则》第 112 条、《合同法》第 114 条第 1 款，均规定了违约责任的承担方式。本案所涉商品房买卖合同符合法律规定，合同为有效自无异议。双方当事人在合同中约定了出卖人逾期交房，按日向买受人支付已交付房屋价款万分之一的违约金，即约定了违约金的计算标准。此种约定在性质上属于赔偿性的，它指明了违约后所需承担责任的具体范围。本案雅荷公司迟延交付房屋，违反了合同约定，构成违约，应当承担违约责任。所承担责任的范围原则上应依当事人的约定。

二、关于违约金应否调整以及法律适用

《合同法》第 8 条第 1 款规定了合同严守原则，即当事人对其约定应当严格遵守。这是《合同法》上合同自由的体现。但是合同自由不是绝对的，需要合同正义来规制。《合同法》第 114 条对约定违约金的情形规定了违约金的数额过高或过低时允许调整，正是体现了合同正义的精神。对于约定违约金数额调整的标准，《最高人民法院关于审理商品房买卖合同纠纷案件适用法律若干问题的解释》第 16 条规定了衡量约定的违约金是否过低的最重要、最根本的标准是违约造成的损失，衡量违约金过高的标准以违约金超过造成损失的 30%，本文只讨论违约金是否过低这种情况。对于损失的内涵，《合同法司法解释（二）》第 28 条进一步确定该损失是实际损失。实际损失一般包括财产的毁损、减少、灭失和为减少或者消除损失所支付的费用。本案中，华宇公司以合同约定的违约金过低，要求调高违约金。对此，华宇公司首先应举证证明违约方在承担约定的违约金后还存在实际损失；其次应证明实际损失与违约行为存在因果关系。华宇公司未提供证据证明存在另行承租同等地段商铺存在支付租金损失，也没有将该商铺出租而不能获得预期租金的证据。在华宇公司不能证明其实际损失的情况下，二审法院考虑到合同履行中华宇公司要求增加局

部项目改造延长了工期，对逾期交房损失的扩大有一定责任，且商铺经营本身具有商业风险等因素，对华宇公司要求调高违约金的主张不应支持。平衡了合同双方当事人的利益，从而最大限度地实现合同的公平和正义。

本案在适用法律上，一审法院同时适用《合同法》第113条、第114条；同时适用《商品房司法解释》第16条、第17条，对华宇公司请求以同地段2007、2008年度房屋租金的标准计算损失并判决赔偿，系适用法律错误。《合同法》第113条适用于当事人没有约定违约金的情形，第114条适用于当事人约定了违约金的情形，该两条针对的情况是不同的，只可选择其一，不能同时适用。《商品房司法解释》第16条是关于约定违约金数额能否进行调整以及如何对违约金数额进行调整的规定。第17条是关于合同当事人没有约定违约金数额或者损失赔偿额的计算方法时应当根据什么标准确定违约金数额或者损失赔偿额的规定。两条规定不能同时适用，即不能既适用该司法解释第16条认为约定违约金过低，又适用第17条以合同没有约定违约金数额或者损失赔偿额计算方法，计算违约金。

（一审合议庭成员：范　兰　赵红亮　朱　瑞
二审合议庭成员：魏西霞　郭顺利　成　芳
编写人：陕西省高级人民法院　魏西霞
责任编辑：冯文生
审稿人：曹守晔）

20. 沈早水诉福建省烟草公司厦门市公司财产损害赔偿纠纷案

问题提示：持卡人将信用卡出借给他人使用，后又起诉信用卡特约商户未尽审查义务，使其信用卡被他人盗刷，商户是否应该赔偿持卡人此项损失？

【要点提示】

以出借信用卡的形式出借款项实际是一种违法行为，持卡人不仅违反与银行的约定，而且违反法律规定。信用卡特约商户对客户签名应尽的是一种形式审查义务，审查客户签名是否与卡上的拼音和预留签名一致。虽然本案的特约商户未尽审查义务，但本案持卡人出借信用卡，违法违约在前，且已经通过其他途径获得赔偿，不应再向被告提起财产损害赔偿诉讼。

【案例索引】

一审：福建省厦门市思明区人民法院（2010）思民初字第5353号（2010年7月16日）（未上诉）

【案情】

原告：沈早水。

被告：福建省烟草公司厦门市公司。

福建省厦门市思明区人民法院经审理查明：原告系卡号分别为×××1880000429708和×××2267001132904的招商银行信用卡的持卡人。2008年5月24日，原告将上述两张信用卡出借给梁某长，允许梁某长使用信用卡里的金额6万元，梁某长出具借条一份交由原告收执。随后，梁某长又分别于2008年12月24日和2009年7月19日向原告借款38500元和48000元，并分别出具借条和欠条。上述借款共计146500元。之后，梁某长向原告还款5000

元，剩余141500元经原告催讨未还。原告于2009年10月14日向厦门市翔安区人民法院提起诉讼，诉求判令梁某长立即向原告返还借款81500元及梁某长使用上述两张信用卡里的金额60000元并向原告支付利息。原告并在起诉状中要求梁某长立即向原告返还两张信用卡。厦门市翔安区人民法院经审理认为，梁某长向原告借款141500元未还的事实，有原告提供的借条、欠条等证据为证，原告的诉求合法有据，应予以支持，该院判决：梁某长向原告偿还欠款141500元及利息。梁某长不服该判决，向厦门市中级人民法院提起上诉，但因未预交二审案件受理费，该院裁定：该案按上诉人梁某长自动撤回上诉处理，双方均按原审判决执行。该裁定于2010年5月24日发生法律效力。

自2008年8月8日起至2008年8月21日止，尾号为9708的信用卡在被告处消费4笔，其中，3笔消费的银联签购单持卡人签名为“沈早水”，1笔消费的银联签购单持卡人签名为“梁某尚”。自2008年8月14日起至2008年10月3日止，尾号为2904的信用卡在被告处消费7笔，其中，2笔消费的银联签购单持卡人签名为“宋某花”，2笔消费的银联签购单持卡人签名为“朱某乡”，另3笔消费的银联签购单持卡人签名分别为“梁某尚”、“许某友”、“张某明”。上述两张信用卡在被告处的11笔消费总额为86812元。尾号为9708的信用卡于2008年8月28日挂失，尾号为2904的信用卡于2009年11月7日挂失。两张信用卡均设置了密码。被告亦认可上述11次签名不是原告所签。

上述事实有下列证据证明：(1)(2009)翔民初字第1211号案件的起诉状、证据材料清单、借条2张、欠条1张、信用卡账户信息、上诉状等材料；(2)(2009)翔民初字第1211号民事判决书；(3)(2010)厦民终字第328号民事裁定书及生效证明书；(4)厦门银联签购单11张；(5)招商银行信用卡中心挂失证明2张。

原告沈早水诉称：2008年7月，原告不慎将两张卡号分别为×××2267001132904和×××1880000429708的招商银行信用卡遗失，拾得人以原告的名义冒用盗刷消费。其中自2008年8月8日至2008年10月3日期间拾得人在被告处消费共计86812元，而被告的工作人员工作马虎，未严格遵守信用卡检查核实的工作流程，轻易地与拾得人进行交易并促使交易成功，造成了原告的巨额损失。故诉求判令被告立即向原告支付信用卡被盗刷款86812元及利息。

被告福建省烟草公司厦门市公司辩称：原告诉称不慎将尾号为2904和9708的两张信用卡遗失并被盗刷与事实不符。原告从2008年4月起将两张卡借与其姐夫梁某长，同意梁某长以任何方式使用两张卡以套取现金，同时将两张卡的密码告诉梁某长。原告曾因梁某长未及时支付两张卡的消费金额诉诸法院。原告主张的11笔消费为不同的人在两个月的时间里在同一个商户的消费，消费项目都是烟草类，甚至这期间还有其他的消费项目，都是原告将这两张卡借出之后发生的，原告既不挂失也不报警是基于其将卡借与他人用于套现。原告的诉求与诉由均不成立，请求依法驳回原告的诉讼请求。

【审判】

福建省厦门市思明区人民法院经审理认为：银行卡及其账户只限经发卡银行批准的持卡人本人使用，不得出租和转借；持卡人应当遵守发卡银行的章程及领用合约的有关条款。原告将两张信用卡出借给梁某长持有和使用，违反了《银行卡业务管理办法》的禁止性规定和信用卡领用合约的约定。两张信用卡均是凭密码消费，根据信用卡领用合约的约定，本案所涉的11笔消费均应视为原告本人所为，由此产生的损失应由原告自行承担。且原告已就两张信用卡的出借问题另行起诉梁某长，法院已就该案作出终审判决，判决梁某长偿还原告相应欠款及利息，原告因出借两张信用卡而遭受的损失已经由其他途径得以弥补，原告诉求的信用卡被盗刷的损失，缺乏事实和法律依据，不予支持。但被告在明知非原告本人使用两张信用卡消费的情况下，允许消费并由使用人在银联签购单上签署不同于原告的姓名不当，应予纠正。

该院依照《中华人民共和国民事诉讼法》第六十四条第一款之规定，判决如下：

驳回原告沈早水的诉讼请求。

【评析】

一、持卡人以出借信用卡的形式出借款项的性质

原告出借信用卡的目的是允许梁某长使用信用卡里的金额6万元，这种出借既违法又违约。根据《银行卡业务管理办法》第28条、第54条、第56条规定，银行卡及其账户只限经发卡银行批准的持卡人本人使用，不得出租和转借；持卡人应当遵守发卡银行的章程及《领用合约》的有关条款；银行卡申请表、领用合约是发卡银行向银行卡持卡人提供的明确双方权责的契约性文件，持卡人签字，即表示接受其中各项约定；发卡银行应当本着权利与义务对等的原则制定银行卡申请表及信用卡领用合约。

原告申领两张信用卡时填写了招商银行信用卡（个人卡）通用申请表，并在申请表中签字确认已阅读并了解招商银行信用卡（个人卡）领用合约。

招商银行信用卡领用合约约定：凡使用密码进行的交易均视为原告及其附属卡持卡人本人所为；原告有义务保管好信用卡，因保管不善被他人使用信用卡，由原告承担由此造成的一切损失，若原告故意将信用卡出售、出租、转借或以其他方式交由他人持有或使用的视为违约。

二、信用卡特约商户的审查义务

一张信用卡的使用涵盖了三个合同法律关系，持卡人和银行间的关系通过信用卡领用合约来约束，持卡人和商户间的关系通过买卖合同来约束，商户和银行间的关系通过受理协议来约束。本案的焦点在于持卡人和商户之间的关系，到底商户应该承担多大的审查义务？

中国人民银行1996年发布的《信用卡业务管理办法》规定了特约商户的审查义务及其具体内容。该办法第43条规定：特约单位经办人员受理信用卡时，应审查下列内容：（1）确为本单位可受理的信用卡；（2）信用卡在有效期内，未列入“止付名单”；（3）签名条上没有“样卡”或“专用卡”字样；（4）信用卡无打洞、剪角、毁坏或涂改的痕迹；（5）持卡人身份证或卡片上的照片与持卡人相符；（6）卡片正面的拼音姓名与卡片背面的签名和身份证上的姓名一致。1999年出台《银行卡业务管理办法》后，《信用卡业务管理办法》同时废止，而在《银行卡业务管理办法》中并未对特约商户的审查义务作明确规定，而是让发卡行与特约商户通过银行卡受理协议来约定。实践中，发卡行与特约商户的协议大都约定了特约商户的谨慎审核义务，从而，信用卡审查义务通过约定落到特约商户头上，法律对于审查义务的界限没有明确的规定。

多数学者认为，特约商户对签名笔迹仅需形式审查即可，笔者也支持这种观点。只要签购单上的签名与信用卡背面预留签名汉字相同，两者之间在书写形态上不存在显而易见的重大差异就应认定特约商户已经尽到了审查义务。如果姓名不一致，特约商户仍给予刷卡结果造成真正持卡人的损失，可以认为特约商户未尽到其信用卡审查义务，因而应对持卡人的损失承担责任。商户不具备笔迹鉴定专家的专业辨别能力、无相关的辅助工具、无相当数量的样本，故对收银员的笔迹审查义务要求不能过高，只能以一般人的标准而不能以专业标准判断其是否存在过失，即使是持卡人本人，其签名笔迹在不同时期、不同场合下也可能不同。如果让商户承担过重的审查义务，还可能导致持卡人与他人串通刷卡，让商户买单的风险，严重影响信用卡行业的健康发展。

本案中，11笔消费中有8笔体现的不是持卡人本人的签字，商户却予以进行交易，明显违反了应尽的审查义务。

三、持卡人出借信用卡和特约商户未尽审查义务并存时的责任承担

原告将两张信用卡出借给梁某长持有和使用，违反了《银行卡业务管理办法》的禁止性规定和信用卡领用合约的约定。两张信用卡均是凭密码消费，根据信用卡领用合约的约定，本案所涉的 11 笔消费均应视为原告本人所为，由此产生的损失应由原告自行承担。

另外，本案系侵权之诉，根据《民法通则》第 131 条、《侵权责任法》第 26 条的规定，受害人对于损害的发生也有过错的，可以减轻侵害人的民事责任。原告同意将卡借给他人使用，对损害的发生有一定过错，且原告已就两张信用卡的出借问题另行起诉梁某长，法院已就该案作出终审判决，判决梁某长偿还原告相应欠款及利息，原告因出借两张信用卡而遭受的损失已经经由其他途径得以弥补，根据《侵权责任法》的一般原理，侵权人在客观上造成被侵权人的财产损害或精神损害时才承担侵权责任，原告诉求的信用卡被盗刷的损失，缺乏事实和法律依据。但此诉讼的发生，也给特约商户们敲响了一记警钟，信用卡的使用，方便了消费者，也给商户们带来滚滚的财源，但在赚钱的同时，承担的审查义务不能轻视，不可以来者不拒，否则生意不成，还会使自己惹官司上身，造成不必要的麻烦。

（一审独任审判员：朱　晨

编写人：福建省厦门市思明区人民法院　朱　晨　陈静颖

责任编辑：顾利军

审稿人：曹守晔）

21. 李英姿、樊纳新诉常熟市明珠佳苑业主委员会、常熟市明珠物业管理有限公司业主撤销权纠纷案

问题提示：对怠于行使管理权的业主提起的撤销权诉讼，法院是否支持？

【要点提示】

在业主委员会通过合理方式召集业主就物业服务合同的签订事宜召开业主大会，而业主怠于行使管理权，未积极参与业主大会致有关事项无法形成业主大会决议的，业主委员会为维护小区的正常生活秩序，善意履行职责，与物业管理公司签订物业服务合同，合同条款符合相关规定且合同内容为大多数业主实际接受的，则对于那些怠于行使管理权的业主无权提起诉讼要求撤销该决定。

【案例索引】

一审：江苏省常熟市人民法院（2010）熟民初字第0390号（2010年8月12日）

二审：江苏省苏州市中级人民法院（2010）苏中民终字第2385号（2010年11月12日）

【案情】

原告：李英姿

原告：樊纳新

被告：常熟市明珠佳苑业主委员会

被告：常熟市明珠物业管理有限公司

常熟市人民法院经审理查明：原告李英姿、樊纳新均系“明珠佳苑”的业主，两原告先后购买了明珠佳苑3幢101室、102室，并先后与提供前期物业服务的常熟市明珠物业管理有限公司签订了前期物业管理服务协议，同时在业主公约上签名，并按前期物业管理服务协议的约定预交了两年的物业管理服务费用1500元。后常熟市明珠佳苑业主委员会于2007年上半年成立，任期为2007年6月22日起至2010年6月21日止，并于2008年1月7日向常熟市房产管理局进行了备案。

常熟市明珠佳苑业主委员会先后于2007年下半年、2008年上半年两次委托常熟市明珠物业管理有限公司通知业主召开业主大会，讨论地下车库的产权问题、房屋质量、物业企业的选聘及收费等问题，均因业主大部分未参加而未能成功举行并形成决议。2009年1月1日，常熟市明珠佳苑业主委员会与常熟市明珠物业管理有限公司签订物业服务合同，由常熟市明珠物业管理有限公司对明珠佳苑提供物业服务，双方约定：收费标准多层住宅0.78元/月·平方米、跃层0.54元/月·平方米、别墅0.74元/月·平方米、商业物业0.54元/月·平方米，于每年的7月1日至11月30日交纳全年的物业费。后因两原告未能交纳物业费，常熟市明珠物业管理有限公司委托律师向樊纳新发函催讨拖欠的物业费，并向法院提起诉讼要求樊纳新支付物业费。为此，两原告诉至常熟市人民法院，认为两被告签订的明珠佳苑物业服务合同未经过业主大会的同意，且收费标准条款加重了业主的责任、排除了业主的主要权利，损害了部分业主的权益，请求法院撤销明珠佳苑物业服务合同。

被告常熟市明珠佳苑业主委员会未作答辩。

被告常熟市明珠物业管理有限公司辩称：业主委员会作出侵害业主权利的决定时，受侵害的业主可以请求法院予以撤销，但不适用于两被告签订的物业服务合同。即使原告主张撤销权也应当自知道业主委员会作出决定之日起一年内提出，现原告主张已超过了一年的期限。其次，两被告是在业主委员会对物业管理费经过公示并在绝大部分业主同意的前提下签订的物业服务合同。在收费过程中，得到了业主的同意，原告主张撤销只是个人主张。另外，物业费是考虑电梯运营费等其他综合因素后确定的，不存在加重业主责任、排除业主权益的情况。

【审判】

常熟市人民法院审理后认为：民事活动应当遵循诚实信用的原则。当事人在从事民事活动时，应诚实守信，以善意的方式履行义务，不得滥用权利以及规避法律或者合同约定的义务。强化诚信观念，是正常的生活、工作秩序赖于

建立的基础，唯有如此，方能形成和平、稳定的社会秩序和淳朴善良的社会风俗习惯。被告常熟市明珠佳苑业主委员会成立后，先后两次组织召开业主大会，讨论相关涉及业主利益的事项，但均因大部分业主未到致业主大会未能成功召开，相关事项的决定未能形成。被告常熟市明珠佳苑业主委员会为维护小区内业主正常生活的利益，避免因此对业主生活、小区的秩序产生不利影响，与进行前期物业服务的常熟市明珠物业管理有限公司签订了物业服务合同，常熟市明珠物业管理有限公司签订合同后进行了物业服务，大部分业主亦交纳了物业费。原告拖欠物业费，在被告催交、提起诉讼的情况下，诉讼来院要求撤销两被告之间签订的物业服务合同，显然有违诚实信用原则。如支持两原告的诉请，则有可能对小区内大部分业主的生活、小区的正常秩序产生不利影响，故原告的诉讼请求不予支持。如业主认为常熟市明珠物业管理有限公司未能履行物业服务合同约定的义务要解聘物业服务企业，可以依法召开业主大会，经专有部分占建筑物总面积过半数以上的业主且占总人数过半数的业主同意后作出决定。据此，依照《中华人民共和国民法通则》第四条、《中华人民共和国民事诉讼法》第一百三十条之规定，判决驳回原告李英姿、樊纳新的诉讼请求。

一审判决后，两原告不服，提起上诉。

苏州市中级人民法院经审理认为：本案中，常熟市明珠佳苑业主委员会曾先后两次组织召开业主大会，但因大部分业主没有积极参与致使业主大会未能成功召开，但为维护小区的正常生活秩序，常熟市明珠佳苑业主委员会与常熟市明珠物业管理有限公司签订了物业服务合同，并未有侵害业主权益的主观意图，且常熟市明珠物业管理有限公司也按约进行了物业服务，小区中大部分业主亦交纳了物业费，现上诉人李英姿、樊纳新主张要求撤销物业服务合同，于法无据，碍难支持。对于上诉人李英姿、樊纳新提出每平方米每月 0.78 元收费违背了政府的定价的主张，《苏州市物业服务收费管理实施办法》中明确三级资质的基准价格为 0.50 元/月·平方米，但具体执行标准可上、下浮动 20%，基准价格不含电梯、水泵、中央空调等设施的运行电费和公共照明、公共用水等代收代交费用。而本案小区有一特殊性，即多层住宅仍需电梯进行运行，被上诉人认为 0.78 元的收费标准包含了电梯运行费用。上诉人现无证据证明常熟市明珠物业管理有限公司违反了法律、法规、部门规章的规定而擅自扩大收费范围、提高收费标准，且本案的电梯起始层并非为 1 楼（其下尚有车库），上诉人主张其不承担电梯运行费依据亦不足。现上诉人不认同上述收费标准，且认为电梯费用分摊不合理，其可在今后业主大会召开时提出其观点，由业主大会来决定相关事项。故判决驳回上诉，维持原判。

【评析】

为保障业主合法权益，《物权法》创设了一种新型的撤销权制度——业主撤销权。业主撤销权制度创设之后，全国各地相继出现业主行使业主撤销权要求撤销业主大会或业主委员会决定或者物业服务合同的案例。业主撤销权诉讼已成为一种新型案件，但关于业主撤销权，现有的法律及司法解释仅有三条规定，即《物权法》第78条、《物业管理条例》第12条、《最高人民法院关于审理建筑物区分所有权纠纷案件具体应用法律若干问题的解释》第12条，法律规定的原则笼统使此类案件的处理既要遵守现行规定又要充分兼顾个案的具体情况。本案是一起较为典型的业主撤销权纠纷，在业主委员会通过合理方式召集业主就物业服务合同的签订事宜召开业主大会，而业主怠于行使管理权，未积极参与业主大会致有关事项无法形成业主大会决议，业主委员会为维护小区的正常生活秩序，善意履行职责，与物业管理公司签订物业服务合同，合同条款符合相关规定，合同内容为大多数业主实际接受，则对于那些怠于行使管理权的业主提起的撤销权诉讼，法院是否支持？在本案的审理中，重点应从以下几个方面加以考量：

一、业主怠于行使管理权对业主撤销权的限制

建筑物区分所有权是专有权、共有权和管理权的结合，而管理权既是业主的权利也是业主的义务，业主是通过业主团体来行使管理权的。《物权法》对业主大会的表决机制有着非常严格的规定，即“决定法定的两项重要事项，应当经专有部分占建筑物总面积三分之二以上的业主且占总人数三分之二以上的业主同意；决定其他事项，应当经专有部分占建筑物总面积过半数的业主且占总人数过半数的业主同意”。在我国，物业管理服务的实践中，很多业主怠于行使管理权，而使得业主大会诸多管理事项无法得到有效通过和执行，各个物业管理小区的业主团体物业管理的效率极为低下。

为有效地督促业主积极行使管理权，履行管理义务，有必要对业主行使撤销权加以限制。业主不参加表决，一定程度上可视为放弃对业主大会决定的异议权。同时业主不参加表决，也是业主不履行法定管理义务的行为，对其业主撤销权进行限制可视为是其不履行义务的一种苛责形式。

二、民法诚实信用原则对权利滥用的限制

“诚实信用原则”作为《民法通则》的“帝王条款”，具有十分宽广的内

涵和外延。一切民事活动都应当遵循诚实信用原则。具体来说，诚信原则包含了正反两方面的要求：从正面而言，当事人在从事民事活动时，应诚实守信，以善意的方式履行义务。强化诚信观念，是正常的生活、工作秩序赖于建立的基础，唯有如此，方能形成和平、稳定的社会秩序和淳朴善良的社会风俗习惯。从反面而言，诚信原则要求当事人不得滥用权利。虽然法律赋予了业主撤销权，但同时也规定了只有在业主大会或者业主委员会作出的决定侵害业主合法权益的情况下，受侵害的业主可以请求人民法院予以撤销。一个物业管理区域内的业主往往人数众多，而业主团体的决定根据法律规定只能以少数服从多数而不是全体一致通过的方式作出，因此，业主团体的决定即使符合法定人数的同意，也可能会因众口难调而引起部分业主的不满。同时由于各个物业管理区域和业主的具体特点、情况不同，业主团体的决定确实也可能在客观上体现了大多数业主的意志，却违背了少数业主的需求和利益。但是，判断业主团体的决定是否侵害业主权益，存在着个人利益与集体多数利益的综合考量。本案中，大多数业主实际接受了业委会与物业管理公司签订的物业服务合同内容，并享受了物业公司提供的服务，支付了相应的对价，如支持两原告的诉请，则有可能对小区内大部分业主的生活、小区的正常秩序产生不利影响。

三、业主团体自治行为对司法介入的限制

业主大会作为业主处理内部事务的最高机构，业主委员会作为业主大会的执行机构，其决议属于团体自治行为，法院不能主动干预业主内部事务。当司法裁判者发现业主自治的瑕疵，单一或某类业主利益受到侵害应获救济时，司法始介入业主自治事务。司法介入应尊重业主大会为业主最高意思决定机关的地位，承认业主大会是业主处理内部事务的合法途径，这种介入应该是适度的。故本案中如业主不认可物业服务合同的相关条款内容，或要解聘物业服务企业，其可在今后业主大会召开时提出其观点，由业主大会来决定相关事项。法院不能替代业主大会变更决议内容。

（一审合议庭成员：徐仪锋　郭　敏　王小丽
二审合议庭成员：边敬业　周　红　蒋毅颖
编写人：江苏省常熟市人民法院　袁瑜洁
责任编辑：顾利军
审稿人：曹守晔）

22. 江苏新澄特钢集团公司诉上海爱使股份有限公司确认抵押合同效力案

问题提示：如何理解土地抵押合同中涉及的乡（镇）、村企业集体土地使用权不得单独抵押的规定？

【要点提示】

乡（镇）、村企业集体土地使用权不得单独抵押，既包括土地和建筑物并存状态下土地使用权不得抵押的情形，也包括仅有土地的状态下不得抵押的情形。乡镇、村企业以厂房等建筑物抵押以融通资金、担保债务，应当坚持“房随地走、地随房走”的双向一体原则，不能仅以集体土地使用权单独抵押。

【案例索引】

一审：江苏省江阴市人民法院（2009）江民一初字第3628号（2009年9月10日）

【案情】

原告：江苏新澄特钢集团公司（以下简称新澄集团）

被告：上海爱使股份有限公司（以下简称爱使股份）

江苏省江阴市人民法院经审理查明：1997年9月3日，上海新澄物资总公司（新澄集团子公司）向上海银行江浦支行借款200万元，1997年10月23日，上海新澄物资总公司又向上海银行江浦支行借款500万元，两笔贷款共计700万元，均由爱使股份提供担保。1998年3月18日，新澄集团取得了地号为07－1028－2的土地的集体土地建设用地使用证，用地面积：36046.67平方米，证号为澄土集建（1998）字第06028号。1999年4月5日，新澄集团与爱使股份签订土地使用权抵押合同一份，约定新澄集团将其所有的上述地号为07－1028－2的土地使用权作抵押物，对爱使股份为上海新澄物资总公司的借款担保事项作反担保。该项反担保追溯至新澄集团正式取得土地使用权证日，自该项土地使用权证取得日，该项土地使用权即为新澄集团向爱使股份承诺的抵押物。在该合同中，对新澄集团的土地状况（包括土地位置、性质、面积等）进行了明确。上述土地使用权，经过江阴市地价事务所评估，并到江阴市国家土地管理局进行了抵押登记，办理了土地他项权利证明书。在抵押登记申请表上，江阴市月城镇人民政府作为批准机构加盖了公章。抵押时，新澄集团的厂房尚未建成。

又查明，新澄集团占用的土地一部分是向当时的江阴市月城镇双桥村村民委员会征用，一部分向江阴市月城镇沿山村村民委员会征用，土管部门未核发土地所有权证书。2002年3月，双桥村与三河村合并成秦皇村，秦皇村村民委员会曾于2009年2月2日起诉来院要求确认上述新澄集团与爱使股份于1999年4月5日签订的土地使用权抵押合同无效。法院受理后，以原告主体不适格为由裁定驳回起诉。

再查明，新澄集团于2003年9月25日被工商部门吊销执照后成立了资产清理小组进行清理，梁正华为资产清理小组组长。

原告新澄集团诉称：上海新澄物资总公司于1997年向爱使股份借款700万元，爱使股份为保障此笔债权，要求新澄集团将位于江阴市月城镇面积为36046.67平方米的集体土地使用权予以单独抵押，双方为此于1999年4月5日签订了土地使用权抵押合同。该抵押合同违反了《担保法》、《物权法》的相关规定，是无效合同。现新澄集团已被吊销营业执照，进入了资产清算阶段，被抵押的土地所有权人强烈要求收回土地使用权。请求法院确认新澄集团与爱使股份签订的该份土地使用权抵押合同无效。

被告爱使股份辩称：原告新澄集团与他公司于1999年4月5日签订的土地使用权抵押合同合法有效，并依法定程序办理了土地使用权抵押登记，他公司依法取得了抵押他项权证书，双方之间的土地使用权抵押关系合法有效；新澄集团恶意抗辩主张合同无效是为了逃避债务，严重违反诚实信用原则，应当予以驳回。

【审判】

江阴市人民法院经审理认为：新澄集团将集体土地建设用地使用权抵押给爱使股份，属于单独抵押，虽办理了抵押登记，但违反了《担保法》、《物权法》关于“乡（镇）、村企业的集体土地使用权不得单独抵押”的强制性规定，双方所签订的抵押合同无效。依照《中华人民共和国担保法》第三十六条、《中华人民共和国物权法》第一百八十三条、《中华人民共和国合同法》第五十二条第（五）项之规定，判决如下：

江苏新澄特钢集团公司与上海爱使股份有限公司于1999年4月5日签订的土地使用权抵押合同无效。

案件受理费100元，由上海爱使股份有限公司负担。

一审宣判后，双方当事人均未提起上诉。

【评析】

本案系一起因集体土地使用权抵押引起的效力之争，主要涉及以下法律问题：

一、如何理解"乡（镇）、村企业的集体土地使用权不得单独抵押"规定

对于"单独抵押"的理解也是本案争议的焦点，原告方认为只有地上建筑物与土地同时存在行使抵押时才涉及单独抵押，本案争议的集体土地并无建筑物，此观点不能成立，首先，从法条表述看，不得单独抵押，既包括土地和建筑物并存状态下土地使用权不得抵押的情形，也包括仅有土地的状态下不得抵押的情形。其次，我国《担保法》、《物权法》均有涉及乡（镇）、村企业土地使用权抵押的相关规定，如1995年10月1日起施行《担保法》第36条规定："乡（镇）、村企业的土地使用权不得单独抵押。以乡（镇）、村企业的厂房等建筑物抵押的，其占用范围内的土地使用权同时抵押。"而2007年10月1日起施行的《物权法》第183条规定："乡镇、村企业的建设用地使用权不得单独抵押。以乡镇、村企业的厂房等建筑物抵押的，其占用范围内的建设用地使用权一并抵押。"两部法律的规定均体现了我国对乡镇、村企业等集体建设用地使用权抵押问题采取严格限制态度的立法政策，主要是考虑到我国乡镇、村的土地属于集体所有，是用于发展农村经济、增加农民收入和提高农民生活水平的必需的生产资料，若任意抵押，则农民可能失去土地使用权，不利于农村经济的发展。再次，为了方便乡镇、村企业以厂房等建筑物抵押以融通资金、担保债务，根据"房随地走、地随房走"的双向一体原则，法律又规定以建筑物占用范围内的建设用地使用权一并抵押。

二、如何认定合同的效力

我国《合同法》第52条对合同无效的情形作了列举式规定，其中第（五）项为"违反法律、行政法规的强制性规定"。所谓强制性规定，是指这

些规定必须由当事人遵守，不得通过其协议加以改变。一般来说，在法律条文中，强行性规定通常以“必须”、“不得”等词语表示。《担保法》、《物权法》涉及“乡（镇）、村企业的集体土地使用权不得单独抵押”的规定即属于强制性规定，本案中新澄集团与爱使股份签订土地使用权抵押合同一份，违反了上述法律规定，即使进行了抵押登记，及办理了土地他项权利证明，也是无效合同。

（一审合议庭成员：金国芬　计　珉　费士川
编写人：江苏省江阴市人民法院　尹德元　金国芬
责任编辑：顾利军
审稿人：曹守晔）

23. 朱晓安诉北京恩爱思高尔夫用品有限公司定作合同纠纷案

问题提示：定作合同中制作人的义务有何特殊性？

【要点提示】

定作合同系承揽合同的一种，定作人与制作人之间并非简单的买与卖的关系。制作人向定作人交付的不仅是一种产品，更是一种劳动成果，且该劳动成果所体现的产品并不具有普遍适用性，而是具有符合定作人需要或要求的特殊性。在某些特殊的行业里，定作产品规格的确定依赖于制作人的专业技术和知识，则制作人也负有为定作人确定产品规格的合同义务。

【案例索引】

一审：北京市朝阳区人民法院（2010）朝民初字第 14162 号（2010 年 8 月 23 日）（未上诉）

【案情】

原告（反诉被告）：朱晓安

被告（反诉原告）：北京恩爱思高尔夫用品有限公司（以下简称恩爱思公司）

北京市朝阳区人民法院经审理查明：2009 年 6 月 8 日，朱晓安经人介绍，到恩爱思公司定作高尔夫球杆一套，双方协商商定价款为 3.8 万元。在协商过程中，朱晓安未对球杆型号及具体数据提出特别要求，也未专门提示恩爱思公司要根据其身高情况适当加长球杆尺寸，而是要求恩爱思公司按照朱晓安的情况去做。恩爱思公司在询问了朱晓安的身高、年龄及之前使用球杆的型号后，根据朱晓安的陈述及公司的经验，确定了朱晓安应当使用球杆的相关数据并进行制作。后朱晓安陆续向恩爱思公司付款 3 万元，恩爱思公司向朱晓安交付了 13 支球杆。后朱晓安在使用上述球杆过程中发现，由于定作球杆长度过短，故其击球水平受到影响。但恩爱思公司拒不承认定作产品存在问题。双方协商未果，故朱晓安诉至法院，要求解除双方于2009年6月8日口头订立的高尔夫球杆买卖合同；恩爱思公司返还朱晓安支付的3万元款项；恩爱思公司赔偿利息50.11元（自2009年6月8日暂算至2009年12月31日，按银行同期活期存款利率计算）；承担本案诉讼费用。

恩爱思公司辩称并反诉称：朱晓安所述与事实严重不符。朱晓安到恩爱思公司订购高尔夫球杆时，双方对球杆的具体情况进行了洽商和确定。恩爱思公司按照约定交付了合格的球杆，朱晓安却多次因资金紧张未支付余款。当时双方商量的价格3.8万元是在朱晓安可以将款项及时付清的条件下给予的优惠，现朱晓安没有及时付款，故球杆价格还应当以55280元计算。另外，朱晓安在使用球杆过程中两次将1号木杆损坏，到恩爱思公司进行了有偿维修和更换，双方约定了收费标准，但朱晓安至今未支付维修更换费用。故不同意朱晓安的诉讼请求，并提出反诉，要求朱晓安支付余款25280元、维修更换费6000元及上述款项的利息（自2009年6月8日起至实际给付之日止）。

朱晓安针对恩爱思公司的反诉辩称：不同意恩爱思公司的反诉请求。因已主张解除合同故不同意支付维修费。双方签订合同时已经商定了3.8万元的价格，现在又主张原价没有依据。

【审判】

北京市朝阳区人民法院经审理认为：朱晓安与恩爱思公司口头达成的高尔夫球杆定作合同是双方当事人真实意思表示，合法有效。双方当事人均应严格履行合同义务。因定作合同属于承揽合同，制作人应当向定作人交付符合定作人要求或需要的劳动成果，而恩爱思公司在为朱晓安制作球杆时，未采取任何科学技术手段对影响球杆使用效果的数据进行测量，仅凭公司经验进行判断，存在一定履约瑕疵。由于恩爱思公司未要求定作人在球杆数据上签字确认，导致现有证据不足以证明恩爱思公司交付的高尔夫球杆符合了定作人的需要和要求，因此认定恩爱思公司未全面履行合同义务，已经构成违约。同时结合案件的具体情况，双方之间针对定作产品已不存在修理、重作或更换的基础。故最终判决解除双方定作合同，由恩爱思公司为朱晓安办理退货。同时考虑到朱晓安已实际使用了定制的球杆，故仅判令恩爱思公司返还部分货款。

一审宣判后，当事人均未上诉，现判决已生效。

【评析】

本案的焦点在于恩爱思公司的行为是否构成违约，具体分析如下：

首先，本案为定作合同纠纷。定作合同系承揽合同的一种，定作人与制作人之间并非简单的买与卖的关系。制作人向定作人交付的不仅是一种产品，更是一种劳动成果，且该劳动成果所体现的产品并不具有普遍适用性，而是具有符合定作人需要或要求的特殊性。因此，定作合同中制作人的主要合同义务，不仅在于交付产品，而是要交付符合定作人要求或适应定作人需要的产品。针对定作产品的规格，主要有两种方式来确定，一种是定作人提出具体定作标准，这种情形需要制作人举证证明定作人对于定作产品提出了具体的标准，并明确表示为其所提供标准负责，则制作人只须尽到制作出符合定作人具体标准的产品即可。另一种情况是，定作人未提供定作的具体标准，而只是要求制作人制作出符合自身条件、能够为其所用的产品。本案就属于第二种情况。因朱晓安与恩爱思公司之间并未签订书面合同，故针对恩爱思公司应负之合同义务，则只能通过双方签约过程及该行业现状及普遍做法加以判断。

其次，针对高尔夫球杆定作行业而言，因球杆的技术数据并非一般人所能掌握和获取，故球杆定作者在定作球杆时，通常不可能提供与自身匹配的具体数据，而是依赖于球杆制作人的技术条件。因此，为定作者进行科学的测量和判断，根据定作者身体条件和运动习惯等情况为定作者确定高尔夫球杆的技术数据，是高尔夫球杆制作人的一项当然义务。除非高尔夫球杆制作人有足够证据证明定作者本人已提供具体的数据要求，否则该项合同义务不得免除。因此，依该行业现状可以确定，恩爱思公司负有为朱晓安进行技术测量，并为其提供适合其需要的球杆技术数据的合同义务。恩爱思公司在庭审中也表示，双方商谈的价格中包含了量身设计的费用，则可以认定，“量身设计”也是恩爱思公司的一项合同义务，恩爱思公司也应当为其“设计”负责。但恩爱思公司在为朱晓安确定球杆数据时，未采取由定作人进行试用的方式方法，也未采取任何科学技术手段对影响球杆使用效果的全部因素进行准确测量，而仅凭朱晓安的陈述及公司经验，显然存在一定履约瑕疵。

最后，恩爱思公司的合同义务不仅在于交付高尔夫球杆，而是需要交付适合朱晓安适用的球杆。针对恩爱思公司所交付的球杆是否适用于朱晓安的问题，恩爱思公司认为其提供给朱晓安的球杆是适合于朱晓安的，而朱晓安则认为不适合。针对该问题的判断，显然不能取决于恩爱思公司或者朱晓安任何一方的主观意识，而应有一定的客观标准。但对于高尔夫球杆是否适用于特定个人的问题，不仅要考虑个体的身高、体能等客观情况，也要结合个体的技术习惯、击球动作等动态因素来综合判断。由于高尔夫球行业和领域的特殊性，导致针对“球杆是否适用于某一特定个体”这一问题，没有直接而统一的标准，也无法得出权威的答案。通常情况下，定作合同中，制作人在为定作人制作产品之前，需要提供一份产品相关规格和数据的参考，由定作人确认后再开始制作，这样可以确保定作产品能够符合定作人的要求。因为定作产品最终还是要满足于定作人的要求和需要，因此对于定作产品规格和标准的决定权，还是在于定作人，而非制作人，制作设计人只是提供参考和建议。如果制作人未征求定作人的意见，而是自行决定制作规格，则其应当自行承担产品适用性的风险。具体到本案，如果朱晓安对恩爱思公司出具的数据进行了签字确认，则可以认定双方就合同标的达成了一致，恩爱思公司所交付的球杆只要符合了双方确认的数据，就可以认定其依约履行了合同义务。而朱晓安如果认为球杆不适合，其需要提出足够的反证来推翻之前的数据确认。而本案中，恩爱思公司未能提供足够证据证明其出具的数据经过了朱晓安的确认，也就是说，恩爱思公司依据其单方确定而未经定作人确认的数据制作产品，就意味着其要承担制作出的产品不符合定作人要求的风险。这种情况下，朱晓安提出产品不适合，则对于产品的适用性问题，举证责任应由恩爱思公司承担。综上，由于恩爱思公司在签约方面的重大瑕疵，导致目前对于球杆是否适用于朱晓安的问题无法得出客观判断，而定作人朱晓安本人又明确提出不适合，则该不利后果，理应由恩爱思公司承担。

综上，可以认定恩爱思公司未能完成定作合同的相应义务，已经构成违约。

（一审合议庭成员：白小莉　张淑清　刘　勇

编写人：北京市朝阳区人民法院　白小莉

责任编辑：顾利军

审稿人：曹守晔）

24. 海南省昌江黎族自治县土产日杂公司诉海南绿崎园林工程有限公司建设用地使用权转让案

问题提示：案外人能否直接以诉讼的方式对执行标的物主张实体权利？

【要点提示】

案外人未提出书面异议，法院也未进行异议审查或者审查后未作出相关民事裁定，案外人不得就执行标的物提起异议之诉。案外人提出书面异议，法院依法进行异议审查并作出民事裁定，即异议审查是提起诉讼的前置程序。

【案例索引】

一审：海南昌江黎族自治县人民法院（2009）昌民初字第132号（2009年12月8日）

二审：海南省第二中级人民法院（2010）海南二中民终字第111号（2010年5月13日）

【案情】

原告（上诉人）：海南省昌江黎族自治县土产日杂公司

被告（被上诉人）：海南绿崎园林工程有限公司

第三人（原审第三人）：东方第二建筑公司

海南省昌江黎族自治县人民法院公开审理查明：2004年8月24日，海南省昌江黎族自治县土产日杂公司（以下简称土产公司）与海南绿崎园林工程有限公司（以下简称绿崎公司）签订《昌江县土产日杂公司旧房改造工程合作合同》（以下简称《合作合同》），合同约定：由土产公司出地，绿崎公司出资金，在石碌镇人民北路84号（土产公司原办公楼址）兴建一栋面积为1900平方米的集办公、商铺、住宅为一体的综合楼。同年11月1日，绿崎公司为发包人与东方第二建筑公司（以下简称二建公司）签订《建设工程施工合同》，约定由二建公司承建该综合楼。按设计图纸要求，一、二楼作为铺面每间都有内置楼梯上下相通；三至五楼的北边作为办公用房的部分，和南边作为住宅用房部分各有通道，互不相通。工程于2005年9月28日竣工验收后，绿崎公司与土产公司已按《合作合同》的约定对分得的房产进行管理。土产公司分得的房屋具体是：按“昌江县土产日杂公司综合楼施工结构图”为准，第一、二层由北至南的各三间铺面房屋；第三层由北至南的两间办公用房；第四层由北至南的两间办公用房；第五层北起一间（已被隔为两间）办公房屋。土产公司对综合楼三至五层的办公用房进行装修，将两间铺面（含一、二楼）出租；绿崎公司也将其分得的住房、商铺出售。后因绿崎公司拖欠工程款，2007年11月二建公司向法院起诉要求绿崎公司向其支付拖欠的工程款610770元，土产公司承担连带责任。该案经终审判决认定，绿崎公司与土产公司之间的《合作合同》实为土地使用权转让合同，应由绿崎公司支付拖欠的工程款610770元及逾期付款利息，土产公司不承担连带清偿责任。2005年6月3日，昌江黎族自治县人民政府以昌府办函〔2005〕18号做出“关于同意将县土产日杂公司的昌国用〔2002〕0981号《中华人民共和国土地使用权证》所界定的391.5平方米划拨地变更为出让地，变更后补缴土地出让金每平方米99.6元，总额38993元”的批复。该款已由绿崎公司交纳。同年土产公司取得了昌国用（2005）第1222号《中华人民共和国土地使用权证》，目前仍由土产公司享有使用权。在一审过程中，昌江黎族自治县人民法院根据二建公司的诉讼保全申请，查封了涉案房屋。

原告土产公司诉称：2004年8月24日，原、被告签订《合作合同》，约定：由土产公司出土地，绿崎公司出资金，在石碌镇人民北路84号兴建一栋集办公、商铺、住宅为一体，总面积约1900平方米的综合楼。一、二层为铺面，共八间，土产公司分三间，绿崎公司分五间；三至五层按建筑面积三七分配。楼房建好后，被告绿崎公司将综合楼的第一层北起三间铺面128.4平方米。第二层北起三间办公用房164.16平方米、第三层北起三间办公用房146.55平方米。第四层北起两间用房102.34平方米、第五层北起两间办公用房102.34平方米交予被告使用管理。因被告拖欠第三人二建公司的工程款，第三人起诉原、被告支付工程款并申请查封了上述房产。后经原海南省中级人民法院二审判决确认：由绿崎公司支付拖欠工程款，土产公司不承担偿还的责任。因此，为明确产权，原告特诉至法院，请求确认“昌江县土产日杂公司综合楼”的第一层北面起三间铺面128.4平方米、第二层北面起三间办公用房164.16平方米、第三层北起三间办公用房146.55平方米、第四层北起两间办公用房102.34平方米、第五层北起两间办公用房102.34平方米的房屋所有权属原告所有。而后原告变更诉讼请求，要求被告将上述房屋的产权过户至原告名下。

被告绿崎公司辩称：(1)《合作合同》中房屋分配条款应属于保底条款，应当是无效的。(2)(2008)海南民三终字第164号民事判决书已经确定：原、被告之间签订的《合作合同》实质是土地使用权转让合同。因为合同性质发生了变化，应当按照土地使用权转让合同的相关法律规定处理。原告作为土地使用权转让方，将涉案土地转让给被告兴建楼房，被告应当支付该块土地的价款而没支付，原告应当主张的是土地使用权转让款。(3)讼争房屋是绿崎公司建设的，绿崎公司享有所有权。原告向法院主张确认房屋所有，请求办理过户都是没有法律和事实依据，请求法院驳回原告的诉讼请求。

第三人二建公司陈述：原、被告签约时的本意是合作建房，但经海南省中级人民法院认定，双方所签的《合作合同》实为土地使用权转让合同。依《物权法》第142条规定，被告作为出资和发包方已经从房屋竣工验收合格之日(2005年9月26日)便原始取得了争议房产的所有权。《合作合同》中所约定分配给原告的房屋未特定指哪几间，不能认定讼争房产就是分配给原告的，且讼争房屋已被查封，更不可能分给原告。另外，原告应按合同纠纷，请求被告支付土地使用权转让费。因原合同对此没有约定，所以原、被告应再次补充协商转让费的数额和支付办法，不能强迫被告一定要将房子抵作土地转让费；况且争议房产的价值不低于70万元，远远超过土地的价值，用房产抵作土地转让费明显不合理，没有法律依据，故请求法院驳回原告的诉讼请求。

【审判】

海南省昌江黎族自治县人民法院经审理认为：根据已生效的(2008)海南民三终字第164号民事判决书，认定《合作合同》实为土地使用权转让合同，同时认定该合同未违反法律、行政法规的强制性规定，是有效合同。对于不违背土地使用权转让合同性质的条款，双方应当遵循诚实信用原则，根据合同性质、目的全面履行合同义务。诉讼中，绿崎公司指出《合作合同》未对土地转让价款进行约定，双方应重新商定转让价款；而土产公司坚持认为讼争房屋为转让款对价。根据《合同法》有关规定，由于土产公司、绿崎公司无法就土地使用权转让费达成补充协议，应按《合作合同》相关条款及合同目的进行确定。首先，根据《合作合同》约定，土产公司出土地，绿崎公司出

资金，有关建楼的审批报建项目费用以及因建楼附加的建筑工程费用由绿崎公司承担。绿崎公司先前同意分配固定房屋给土产公司，随后绿崎公司拒绝分配房屋给土产公司，有失诚实信用原则。其次，土产公司拆除旧楼与绿崎公司合作建新楼的目的是为改善办公条件，楼房是按商铺和办公用房的格局设计建造，符合合同的约定。从合同履行情况分析，如果因合同性质的变化，就认定合同有关条款无效，必将导致违背当事人订立合同的初衷和真实意思表示。再次，土产公司提供土地给绿崎公司建房，是以取得相应房产为条件；而绿崎公司是以让渡由其出资建设的部分房屋的产权来换取土地使用权，土地使用权和房屋所有权应互为对价。综上，绿崎公司和二建公司认为转让价款以及分配房屋约定不明，不能以讼争的房产作为约定的分配房屋的主张。虽然讼争房产可以视为土地使用权转让的对价，绿崎公司应按合同履行交付房屋并办理产权转让手续等义务，但由于二建公司在其与绿崎公司建筑工程施工合同纠纷一案中已经对该房产申请诉讼保全，并依据（2008）海南民三终字第 164 号民事判决书向法院申请执行，要求以讼争的房产抵偿工程欠款。在二建公司和土产公司对绿崎公司都享有债权，且两个债权都没有优先受偿权的情况下，二建公司已经申请执行讼争房产，现土产公司要求办理产权登记，已经没有过户登记的可能。讼争房产于 2005 年 9 月竣工并由土产公司接收管理，绿崎公司应当及时为其办理相关产权确权手续，但由于绿崎公司迟延履行该义务，致使土产公司的权益无法实现，土产公司可向绿崎公司另行主张违约责任。依照《中华人民共和国合同法》第一百一十六条第一款第（一）项、《中华人民共和国民事诉讼法》第六十四条之规定，判决如下：驳回原告海南省昌江黎族自治县土产日杂公司的诉讼请求。案件受理费 5800 元，由原告海南省昌江黎族自治县土产日杂公司负担。

一审宣判后，原告土产公司不服提起上诉。

二审法院与一审法院查明的事实一致。海南省第二中级人民法院经审理认为：根据《民事诉讼法》第 204 条规定，案外人必须先对执行标的提出异议，对法院做出裁定后不服时才可以提起诉讼，异议审查是提起诉讼的前置程序。即案外人未向执行法院提出异议前，或者在提出异议后未提起异议之诉前，不能就执行标的物的争议向有管辖权的人民法院提起诉讼，案外人只能先提出异议，再提出异议之诉进行权利救济。本案上诉人未对执行标的提出异议之前，对执行标的主张实体权利，违反上述法律规定，依法应驳回起诉。原审法院未依照法律规定受理该案错误，应予纠正。依照《中华人民共和国民事诉讼法》第一百四十条第一款第（四）项、第一百五十二条，《最高人民法院关于适用〈中华人民共和国民事诉讼法〉若干问题的意见》第一百八十六条之规定，裁定如下：

一、撤销海南省昌江黎族自治县人民法院（2009）昌民初字第132号民事判决；

二、驳回上诉人海南省昌江黎族自治县土产日杂公司的起诉。一、二审案件受理费各5800元均退还给上诉人海南省昌江黎族自治县土产日杂公司。

【评析】

本案的案情复杂，涉及的法律关系较多，但正确处理该案的关键在于准确理解和把握案外人异议制度。在司法实践中，本案是涉及如何适用《民事诉讼法》第204条之“案外人异议制度”的典型案例。《民事诉讼法》第204条的立法原意，在于赋予案外人对执行程序可能侵害其合法权利的救济手段。换言之，如何适用该项制度，对保护案外人对执行标的物享有的合法权利至关重要。

一、土产公司是否为适格案外人

依据已经生效（2008）海南民三终字第164号民事判决书的认定，土产公司和绿崎公司因合法有效的《合作合同》产生的民事法律关系名为合作，实为土地转让。一审法院和二审法院查明的事实均表明土产公司已经履行合同项下义务，绿崎公司则没有履行义务。土产公司已于2005年9月接管讼争房产，即土产公司占有并使用讼争房产。由于绿崎公司拖欠二建公司工程款，二建公司另案起诉时请求查封讼争房产获得法院准许，并且已进入执行程序。综合上文所述以及上述案情，土产公司是适格的案外人，其对执行标的物享有排除强制执行的权利——所有权，并实际占有使用执行标的物。虽然讼争房产并未办理房产过户登记手续，但是这是由于被执行人未履行义务所致，依据《民事诉讼法》第204条，其有权向执行法院提出执行异议申请。

二、土产公司能否以案外人异议之诉主张实体权利

依据《民事诉讼法》第204条的规定，案外人寻求救济时必须遵循“先程序再实体”的顺序，即必须先提起书面异议申请，法院对异议申请作出处理之后才能就处理提起异议之诉，就案外人和当事人之间的实体权利关系进行处理，对执行标的物权属进行确定。据一审、二审法院查明的事实，土产公司就讼争房产已进入执行程序向执行法院提出了书面异议申请，至今执行法院仍未就该异议申请作出裁定，执行程序救济措施仍在进行。在程序救济措施未结束的情况下，案外人土产公司不能越过程序救济措施而直接采取实体救济措施，即此时不能提起案外人异议之诉。

三、土产公司如何救济自己的合法权益

一方面，因绿崎公司的违约，导致土产公司的权利受到侵害；另一方面，二建公司对讼争房产的申请执行，使土产公司的权利可能受到侵害。土产公司在2009年6月29日提出书面异议申请符合法律规定，但是一审法院未在法定期限内就该申请进行审查并作出裁定，导致了土产公司的权利救济之路出现障碍。此时，土产公司不能突破现有法律的规定，而应当积极推进执行程序救济措施的落实。在程序性救济措施的程序完成之后，才能启动第二道救济程序——异议之诉程序。

（一审合议庭成员：李　洪　袁艺畅　符巨华
二审合议庭成员：吴　慧　苏堆玉　潘正亮
编写人：海南省第二中级人民法院　曹荣刚　黄心宇
责任编辑：顾利军
审稿人：曹守晔）

25. 远策公司诉华纪公司、赵国明合资、合作开发房地产合同纠纷案

问题提示：《合同法》第 84 条规定能否解释为包括并存债务承担？

【要点提示】

第三人仅向债权人承诺归还原债务人的欠款，未明确向债权人表示免除原债务人的债务，而债权人也未明确表示同意免除原债务人债务的，在第三人与原债务人之间不发生债务转移的效力。

【案例索引】

一审：上海市金山区人民法院（2009）金民三（民）初字第 2717 号（2009 年 11 月 20 日）

二审：上海市第一中级人民法院（2010）沪一中民二（民）终字第 416 号（2010 年 3 月 31 日）

【案情】

原告（上诉人）：上海远策置业发展有限公司

被告（被上诉人）：上海华纪实业发展有限公司

被告（被上诉人）赵国明

上海市金山区人民法院经审理查明：赵国明原与宁波市北仑华信置业有限公司（以下简称华信公司）、宁波长江置业有限公司（以下简称长江公司）均系上海远策置业发展有限公司（原上海强甬实业有限公司，2003 年 12 月 5 日更名为上海远策置业发展有限公司，以下简称远策公司）的出资人，赵国明又是上海华纪实业发展有限公司（以下简称华纪公司）的股东。2003 年 12 月远策公司与华纪公司进行项目合作，约定华纪公司出面购买土地，远策公司进行投资，后远策公司依据华纪公司、赵国明的要求支付华纪公司投资款 350 万

元（人民币，下同），后华纪公司未能购买土地。2007 年 8 月 16 日，赵国明与华信公司、长江公司就远策公司股权收购签订结算协议书一份，约定由赵国明负责追回远策公司投给华纪公司的 350 万元，同时赵国明同意在其股权收益分配中先行扣除 150 万元，其余 200 万元由赵国明出具欠条一份，承诺于签字之日起半年内归还。当日，赵国明向远策公司出具了欠条，载明“今欠远策公司人民币 200 万元（原华纪公司所欠的远策公司投资款），本人承诺自签字之日起半年内归还”。远策公司认为，2007 年 8 月 16 日，赵国明与华信公司、长江公司就远策公司股权收购签订结算协议书及赵国明出具的欠条属于债务的加入。因华纪公司与赵国明均未能履行返还投资款的义务，故远策公司起诉要求华纪公司、赵国明返还投资欠款 200 万元。另查明，在赵国明签收的支票存根上书写的收款人均为华纪公司，华纪公司于 2003 年 12 月 12 日出具收条，确认收到远策公司投资款 350 万元。原告远策公司认为，2007 年 8 月 16 日，赵国明与华信公司、长江公司就原告公司股权收购签订结算协议书及赵国明出具的欠条属于债务的加入。因两被告未能履行返还投资款的义务，故原告诉讼至法院，要求被告返还投资欠款 200 万元。

被告华纪公司辩称：基于被告赵国明出具的欠条、2007 年 8 月 16 日赵国明与华信公司、长江公司就原告公司股权收购签订结算协议书，两被告之间已发生债务的转移，故华纪公司已不具有偿还原告投资款的义务，且原告涉案权利诉讼已超过诉讼时效，故拒绝原告诉讼请求。

被告赵国明未作答辩。

【审判】

一审法院认为：被告赵国明与原告远策公司显然有重大经济利益关系，同时又是被告华纪公司的股东。原告远策公司、被告华纪公司及被告赵国明在项目合作协议开始时，均是谨慎的，体现为被告赵国明签收支票后，被告华纪公司出具收条，而在 2007 年 8 月 16 日协议中被告赵国明以其个人名义确定由其负责追回投资款，尤其是其向原告远策公司出具的欠条更明确载明其向原告远策公司所欠的是被告华纪公司所欠原告远策公司的投资款，该欠条上未写如果被告华纪公司不付款则由被告赵国明承担（保证责任）或该款项由被告华纪公司与其一起归还之类的承诺（债务加入），被告华纪公司称对 2007 年 8 月 16 日协议及被告赵国明出具欠条的事实是知道的，结合被告赵国明是被告华纪公司股东的事实，法院有理由确信被告华纪公司所言符合事实，而事实上按原告远策公司所言其一直是向被告赵国明催讨投资款。显然，依据 2007 年 8 月 16 日协议、被告赵国明出具的欠条及原告远策公司和被告华纪公司依据该协议及欠条所为之行为，法院认为两被告间已发生了债务的转移，且该债务的转移已经作为债权人的原告远策公司所确认。而作为债务转移，被告华纪公司自然就不再承担返还涉案投资款的义务。据此，一审法院判决被告赵国明于判决生效之日起十日内支付原告远策公司尚欠投资款人民币 200 万元，并驳回了原告远策公司要求被告华纪公司与被告赵国明共同返还尚欠投资款人民币 200 万元的诉讼请求。

判决后，原告不服提起上诉，原告认为债务转移必须经债权人同意。被告华纪公司没有任何证据证明其已经将债务转移给被告赵国明，被告赵国明出具的是一种保证，是债务加入。请求二审法院撤销原审判决，改判支持原告远策公司原审的诉讼请求。

二审法院经审理认为：原告因合资、合作开发房地产向被告华纪公司投资 350 万元，后因被告华纪公司购买土地不成，要求归还投资款。根据本案已经查明的事实，被告华纪公司收取投资款，应该返还原告事实是清楚的。本案争议的焦点在于被告华纪公司返还原告投资款的债务是否已经转移给被告赵国明，被告赵国明出具的欠条以及被告赵国明与案外人华信公司、长江公司签订的协议书是否能够产生债务转移的法律效力。根据法律规定，债务人将合同的义务全部或者部分转移给第三人的应当经债权人同意，在本案中，没有证据证明原告同意被告华纪公司将债务转移给被告赵国明，而被告赵国明承诺向原告履行债务的行为并不产生债务转移的法律效力，被告华纪公司仍应承担履行返还投资款的义务。综上所述，原告的上诉理由能够成立，原审判决认定事实有误，适用法律不当，应予纠正，并于 2010 年 3 月 31 日判决：一、撤销上海市金山区人民法院（2009）金民三（民）初字第 2717 号民事判决；二、被告上海华纪实业发展有限公司与被告赵国明于本判决生效之日起十日内共同支付原告尚欠投资款人民币 200 万元。负有金钱给付义务的当事人如果未按本判决指定的期间履行给付金钱义务，应当依照《中华人民共和国民事诉讼法》第二百二十九条之规定，加倍支付迟延履行期间的债务利息。一审案件受理费人民币 22800 元，财产保全费人民币 5000 元，二审案件受理费人民币 22800 元，共计人民币 50600 元，由被告上海华纪实业发展有限公司与被告赵国明共同负担。

【评析】

一、对《合同法》第 84 条的理解

债务承担，是指债的关系不失其同一性，债权人或者债务人通过与第三人订立债务承担合同，将债务全部或部分地转移给第三人承担。该第三人称为承

担人。按照承担后原债务人是否免负责任为标准，可以分为免责的债务承担和并存的债务承担，二者就当事人意思表示的内容分析来看是不同的。免责的债务承担中除有第三人愿意承担债务人债务的意思外，还需有债权人免除原债务人债务的意思；并存的债务承担则只需第三人愿意承担债务，而不存在债权人免除原债务人债务的意思。我国《合同法》中没有出现“债务承担”，而是使用“债务转移”这一概念。《合同法》第 84 条规定债务人将合同的义务全部或者部分转移给第三人的，应当经债权人同意。理论和实务中，对该条规定的解释涉及两个问题：其一，“全部转移”、“部分转移”与“免责债务承担”、“并存债务承担”的关系是怎样的？其二，免责的债务承担，意味着原债务人脱离债的关系，全部债务都由第三人承担，即使第三人没有履行能力，债权人无法实现全部债权，也不能再向原债务人主张。可见，免责的债务承担将会对债权人债权的实现产生重要影响，因此免责的债务承担必须经过债权人同意当无异议。而并存的债务承担对债权人而言一般是有利的，因为第三人的加入不仅不会对债权人向原债务人主张债权造成影响，还增加了第三人的责任财产作为担保。债权人向第三人主张债权不能时，仍有权请求原债务人清偿。因此，多数观点均认为并存债务承担原则上无须经债权人同意。而《合同法》第 84 条规定全部或部分转移债务均应经过债权人同意，那么该规定能否解释为包括并存债务承担？如果不能，在现行法律框架下则没有对并存债务承担的规定，那么审判实务中对该问题应如何解决？

我们认为，“免责债务承担”与“并存债务承担”是以原债务人是否免除债务为标准进行的分类，而“全部转移”与“部分转移”则是从“量”的角度进行划分，其分类的标准有所不同。理论和实务中通常探讨和使用的是前一种分类，而对于债务转移的法律含义则并无明确的界定。我国大陆地区提及“债务转移”一般亦指免责债务承担，但也存在不作明确区分，于免责债务承担与并存债务承担中均笼统地使用“债务转移”之表述的用法。实践中，当事人对于债务承担进行约定时，在用语上很可能并不采用“债务转移”或“债务移转”，当然直接采用“免责债务承担”或“并存债务承担”的更为鲜见，如本案中赵国明与华纪公司的约定即是如此。此时，应透过语言文字探究当事人的真意，仅在第三人愿意承担原债务人的债务，而原债务人脱离了债务且债权人对此明确同意之时，才成立免责债务承担。反之，第三人愿意承担原债务人的债务，但无债权人免除原债务人债务之意思表示，则仅可能成立并存债务承担。从债务承担是否应经债权人同意的角度看，成立免责债务承担需有债权人同意免除原债务人债务之意思，而并存债务承担确无以债权人同意为必要。《合同法》第 84 条规定合同义务全部或部分转移均应经债权人同意，因此，应将该条规定解释为仅指免责债务承担，实际上，这一解释与将免责债务承担表述为“债务转移”之用法亦是相吻合的。虽然我国《合同法》对于并存债务承担没有相应的规定，但私法以“法不禁止即自由”为原则，当事人当然可以约定并存的债务承担。司法实践中，通过对合同的解释，探究双方当事人的真意，并参考相应的学说原理，可以对当事人的权利义务及其是否为并存债务承担关系作出认定。

二、免责的债务承担以债权人的明确同意为要件

（一）债权人免除原债务人债务的明示与默示意思表示

意思表示有明示与默示之分。传统民法中对二者的区分认识不一，大致可分为主观说与客观说。主观说谓此为基于表示人意思之区别，表意人为表示该意思而为表示行为时，为明示之意思表示。表示人表示他意思，而欲人推测其意思时，为默示之意思表示。客观说则谓此为基于表示人之表示方法而为之区别，其中有谓依言语或文字或用当事人间所了解之符号为表示者，为明示，否则为默示。显然，实践中采客观说相对于主观说更易于掌握和操作。我国《合同法》中对默示合同形式的界定即采客观说。民法理论中，一般认为默示的意思表示有默示的积极行为和默示的消极行为，即行为推定与沉默之分。而沉默（不作为的默示）作为一种意思表示的形式，必须以有法律明确规定或当事人有明确约定为前提。日常用语中提到“明示”与“默示”更多是为区别表示力的强弱，即明示指明确的、显见的意思表示，而默示指意思表示不明确，需要外界揣摩甚至猜测。可见，明示与默示作为法言法语与作为日常用语之解释有一定的差距。

审判实务中如何认定债权人免除原债务人债务的明示与默示之意思表示，以区别免责债务承担与并存债务承担？我们认为，可以从债权人与第三人签订免责债务承担合同以及原债务人与第三人签订免责债务承担合同两种情形分析。依据常理，显然在免责债务承担合同的当事人为债权人与第三人时，债权人可通过书面或口头合同表示其同意原债务人不再承担债务之内心意思，一般无须再由债权人的行为推知。而根据《合同法》第 84 条的规定，在原债务人与第三人订立免责债务承担合同的情形，成立免责债务承担以债权人的同意为要件。此处理解“债权人同意”有两个问题值得重视，一是需有原债务人与第三人已就全部债务转移于第三人、原债务人不再承担债务达成合意这一债权人“同意”的对象存在；二是债权人同意原债务人免除债务是明确向第三人或原债务人作出意思表示，或者明确向第三人与债务人作出意思表示。

（二）对本案当事人意思表示的分析

本案中，赵国明向远策公司出具的欠条上载明“今欠远策公司人民币200万元（原华纪公司所欠的远策公司投资款），本人承诺自签字之日起半年内归还”。原审法院认为，赵国明出具给远策公司的欠条没有写明：如果华纪公司不付款则由赵国明承担，即赵国明与华纪公司是一般保证关系；也没有写明华纪公司与赵国明一起归还欠款，即二者对债务负担连带责任。既然没有关于保证责任及并存债务承担的约定，则赵国明与华纪公司既不是保证关系也不是并存债务承担关系；而华纪公司对赵国明与远策公司之间的协议及欠条是知道的，且远策公司催讨投资款也一直是向赵国明催讨，因此赵国明与华纪公司之间应是免责债务承担关系。我们认为这一判断有失偏颇，原因在于忽视了免责债务承担不但需有第三人愿意承担债务的意思，还需有原债务人不再负担债务之意，以及债权人对上述意思表示的明确同意。按照合同文义解释等规则，可以判断出本案当事人之合意是建立债务承担而非保证关系，且赵国明自愿承担的债务与原华纪公司负担的债务具有同一性，并无主从债务之分，所以，赵国明对华纪公司的债务并不负担保证责任当无疑问。值得探讨的是本案当事人之间系并存债务承担关系抑或免责债务承担关系？我们认为，债权人远策公司与第三人赵国明之间的协议及欠条仅表明赵国明愿意归还华纪公司所欠远策公司的投资款，并没有赵国明就投资款取代华纪公司的债务人地位、华纪公司不再承担还款义务之意思；从当事人的行为看，原债务人对债权人与第三人债务承担之约定知情并不能确定债权人与第三人之间达成了免责债务承担的合意还是并存债务承担的合意，同样，即便债权人一直向第三人催讨欠款，也不能就此认定为免责债务承担，因为在并存债务承担中，债权人同样有权选择仅向第三人请求履行；而在第三人未能履行债务时，债权人有权向第三人与原债务人请求共同履行债务。所以，根据本案查明的事实，不能由本案当事人的行为推定存在免责债务承担的关系。

实际交易中，当事人采用的往往不是法言法语，而日常用语可能具有的局限性、不规范性，使探究当事人的真意以准确把握债权人是否有免除原债务人债务之内心意思显得更加重要。由于成立免责债务承担的条件比成立并存债务承担更加苛刻，故除存在债权人对原债务人不再负担债务的明确的意思表示外，应以认定为并存债务承担为宜。也就是说，应当以欠缺债权人免除原债务人债务之意思表示，而认定为并存债务承担；反之则不能成立，即不能以当事人没有对并存债务承担作出明确约定，就推定其为免责债务承担的关系。在债权人没有明示同意原债务人不再负担债务时，由当事人的行为推定其有这种内心意思必须慎重为之，否则可能在违背债权人意志的情况下使原债务人脱离了债的约束，同时意味着债权人被强加了免责债务承担可能带来的风险，造成当事人利益的失衡，不利于保护债权人的合法权益。

三、并存债务承担下原债务人与第三人的责任

对于并存债务承担下原债务人与第三人的责任，有负担连带债务与不真正连带债务两种不同观点。如我国台湾地区通说认为系不真正连带债务，实务则认为连带责任。在日本则存在原债务人和第三人向债权人承担连带责任的判例和学说，但现在的民法通说认为，如果以并存的债务承担发生连带债务，恐难免使债权人遭受不测之损害，不如采取如下观点：只要当事人没有表示出发生连带责任关系的意思，便解释为不真正连带债务关系。在我国，多数说赞同连带责任的观点。

（一）连带责任与不真正连带责任

所谓不真正连带责任，指数个债务人客观上基于不同的行为原因而偶然产生同一损害事实，并且各自独立负有全部清偿债务的责任。连带责任与不真正连带责任的主要区别在于，第一，除法律规定数当事人之间负担连带责任外，连带责任还可由当事人约定产生；而在不真正连带责任，数个债务基于偶然的事实上的原因联系在一起，各个债务人之间缺乏共同的目的，亦不存在主观上的意思联络，因此不真正连带责任不会经当事人约定产生。这被认为系连带责任与不真正连带责任的根本区别。第二，连带债务中，根据各债务人约定的内部分担关系，若某债务人履行的债务超过了自己应承担的份额，则其就超过部分享有求偿权。而不真正连带债务中，有否求偿权，悉由法律规定，不能由当事人自己决定。只有在先履行债务的债务人不是终局责任人的条件下，才发生求偿权。

从连带债务与不真正连带债务的区别看，在原债务人与第三人约定并存债务承担的情形，成立并存债务承担是原债务人与第三人合意的结果，其各自所负债务联系在一起当然不是偶然的巧合；而在债权人与第三人约定并存债务承担的情形，虽然就成立并存债务承担是否以原债务人同意为要件理论上尚存争议，但一般均认为至少应通知原债务人。也就是说，这种情形下原债务人与第三人对成立并存债务承担仍有直接或间接的主观意思联络。并存债务承担不符合不真正连带债务“数个债务偶然联系在一起”的特点，而正是因为存在主观意思联络，原债务人与第三人可约定各自承担债务的份额，若履行的债务超过自己应承担的份额，可就超过部分享有求偿权，这亦与不真正连带债务只能由法律规定求偿权之特点不符。所以，于并存债务承担不成立不真正连带之债。

（二）并存债务承担下原债务人与第三人承担连带责任

对我国《民法通则》第87条之规定作反面解释，可以得出连带债务的一般原则，即在法律没有规定或者当事人没有约定的情况下，一般不得认定连带责任的成立。那么，并存债务承担下，原债务人与第三人是否承担连带责任？并存债务承担指“以他人之债务有效的成立为前提，第三人（即承担人）以担保之目的，对于同一债权人新负担与该债务于其承担时有同一内容之债务”。易言之，并存债务承担下，原债务人与第三人就原债务人对债权人所付债务均负有全部给付之义务，债权人有权请求任一债务人清偿全部或部分债务；原债务人与第三人负担债务的目的是同一的，即使债权人得到清偿，正因此，原债务人或第三人履行了全部债务，债权人的债权即得以实现，其余债务人对债权人所负债务归于消灭；而原债务人或第三人以抵消、提存等方法清偿全部债务时，其余债务人对债权人的清偿义务也归于消灭——这正符合连带债务之特点。因此，虽然我国法律没有对并存债务承担制度作出规定，但实际上当事人达成并存债务承担之合意本身就表明第三人具有与原债务人就其所负债务愿意承担连带责任的意思，所以认定并存债务承担下原债务人与第三人负担连带责任符合我国法律关于连带责任的规定。

本案中，赵国明与远策公司达成合意，由赵国明归还原华纪公司所欠远策公司的投资款。对此，华纪公司自称其是知情的，结合赵国明是华纪公司的股东，同时又是远策公司出资人之一的事实，可以判断赵国明与华纪公司、远策公司之间存在重大经济利益关系，所以赵国明才会愿意加入到华纪公司对远策公司的债务中来。赵国明与华纪公司对于债务的加入是有主观意思联络的，但对于就此免除华纪公司的债务承担并没有向远策公司作出明确的表示，更没有得到远策公司同意的明确表示，故二审法院认定两者之间不产生债务转移的效力，两者系连带债务人，应共同支付欠款是正确的。

（一审合议庭成员：唐卫国　盛棠丽　顾　嫵
二审合议庭成员：徐　恢　唐建芳　盛伟玲
编写人：上海市第一中级人民法院　朱　瑞
责任编辑：冯文生
审稿人：曹守晔）

26. 李绍章诉中国移动通信集团上海有限公司关闭短信功能电信服务合同案

问题提示："承担相关社会责任"是否可以成为抗辩理由？

【要点提示】

移动通信服务运营商所实施的维护移动通信市场秩序的行为，系承担企业的社会责任，合乎社会公共利益，移动通信用户对移动通信服务运营商实施上述行为过程中给其造成的不便之处有一定的理解和容忍的义务。

【案例索引】

一审：上海市黄浦区人民法院（2010）黄民一（民）初字第226号（2010年4月12日）

二审：上海市第二中级人民法院（2010）沪二中民一（民）终字第1980号（2010年7月10日）

【案情】

原告（上诉人）：李绍章

被告（被上诉人）：中国移动通信集团上海有限公司（以下简称中国移动上海公司）

黄浦区人民法院经审理查明：原告李绍章系被告中国移动上海公司的通信服务用户。2009年11月26日晚10时59分，原告分两次群发短信，因第二次群发经多次尝试未成功，遂致电10086服务热线投诉、查询原因。被告在原告投诉后，即行查询原因，告知原告其短信发送功能被暂时关闭及原因，并为其恢复了发送功能。原告对于被告所作的原因说明不满意，并认为被告违约，故起诉至法院。

原告李绍章诉称：2009年11月26日晚10时许，原告为庆祝"感恩节"

通过被告提供的手机短信业务向朋友发送祝福短信，第一批向100人群发成功，但第二批的群发未成功，经反复尝试仍未成功，此状态持续至次日下午。原告多次拨打被告的服务热线10086投诉、咨询原因，被告工作人员的回答均不一致。原告与被告之间存在长期电信服务合同关系，被告应依法依约提供服务，被告擅自关闭、停止原告的短信功能，且在原告与之交涉中含糊其辞未告知真正原因，违反了合同，故起诉要求判令被告：（1）履行如实告知关闭短信功能的理由及依据之义务；（2）赔偿其因无法享受短信发送服务造成的经济损失人民币1元；（3）赔偿其因知情权受侵害造成的精神损失1元；（4）因知情权受侵害向其赔礼道歉，并由被告承担本案诉讼费用。

被告中国移动上海公司辩称：原告对本案事实的陈述属实。被告为履行企业的社会责任而实施维护移动通信市场秩序的行为，在此过程中，由于技术原因使原告发送短信受到影响且之后的客户服务未使其满意，对此向原告表示歉意，并愿对其受影响期间的通信费用给予一定优惠。被告已在原告交涉后，尽快为其恢复了短信发送功能，并未违约，故不同意原告的诉讼请求。

审理中，被告就其维护移动通信市场秩序的情况及相关技术措施的局限向法庭和原告作了说明，对因此而影响原告正常的短信发送表示歉意，并愿减免其短信发送受影响期间的通信费用，原告未予接受。

【审判】

一审法院认为：原告使用被告提供的移动通信号码，并向其支付费用，故原、被告之间存在电信服务合同关系。现原告因短信发送功能受影响而起诉，系合法表达自身诉求，并无不当。被告作为移动通信服务运营商所实施的维护移动通信市场秩序的行为，系承担企业的社会责任，合乎社会公共利益，原告作为移动通信用户对被告实施上述行为过程中给其造成的不便之处宜予一定的理解，且被告也已及时恢复了原告的短信发送功能，故被告的答辩意见应属合理，法院予以采纳，原告认为被告违约并要求赔偿损失的主张，法院不予支持。被告于事发后及本案审理过程中已向原告告知其短信发送功能受限的原因并表示歉意，故原告再要求被告履行告知义务及赔礼道歉的主张，法院不予支持。本案系合同纠纷，原告关于精神损失的主张，因于法无据，法院亦不予支持。被告为再表歉意，自愿减免原告短信发送受影响期间的通信费用，法院当尊重当事人的选择。被告今后当进一步完善工作流程，提高服务水平，力求避免对用户造成不便，使用户得到优质服务。综上，依照《中华人民共和国合同法》第七条、第六十条之规定，作出如下判决：原告李绍章的诉讼请求不予支持。

判决后，原告不服提起上诉认为：其在短信发送未成功的当天即致电10086服务热线投诉，但客服人员给出的短信发送功能被关闭的原因多达九种，使其确信被上诉人未告知明确、真实的原因；且被上诉人在原审审理中就技术措施局限的说明也是模糊不清的。故其上诉法院，请求撤销原判，改判被上诉人向其履行明确、真实的告知义务，告知没有成功发送短信的正当理由和法律依据，赔偿其经济损失人民币1元，二审案件受理费由被上诉人负担。被上诉人认为：对原审法院认定事实没有异议，并认为已告知上诉人短信功能被暂停的原因；被上诉人认为上诉人所群发的短信被系统拦截不属于违约，因为系统的设置系被上诉人根据政府相关部门维护电信市场秩序的要求而为，并非针对包括上诉人在内的特定个人而为。请求维持原判。

二审法院经审理认定原审法院确认的事实属实。二审法院认为：本案双方当事人之间存在电信服务合同关系，对此双方均无异议。上诉人在法院审理期间陈述在短信功能被关闭后其致电查询，客服人员给其九种解释而非特定的具体的一种解释；被上诉人则辩称该九种解释均为系统对短信进行拦截的设置，且在目前技术条件下无法做到拦截短信的百分之百精确率。对此，法院认为被上诉人的辩称应属合理。被上诉人作为电信服务合同的一方，有义务依照合同的约定全面履行合同义务，为用户提供优质的服务。当然对全面履行合同义务的涵义的理解，亦将随着科技的进步而有相应的发展。同时，被上诉人作为移动通信服务的运营商，也负有维护移动通信市场秩序的社会责任。故二审法院根据《中华人民共和国民事诉讼法》第一百五十三条第一款第（一）项之规定，作出判决：驳回上诉，维持原判。

【评析】

本案系因原告不满其短信发送功能被被告中国移动上海公司关闭而起，具有较强的新颖性，且涉及移动通信产业开展垃圾短信整治活动。本案从肯定企业承担社会责任系合乎社会公共利益的角度出发，层层说理，原告作为个人用户合法表达自身诉求虽无不当，但也有一定的理解和容忍义务，本案的裁判较好地平衡了社会公共利益和个人利益的关系，说理部分做到了合情、合理、合法，最终顺利地处理了该起纠纷。同时在判决后，法院针对审理中发现被告存在工作流程不够规范，客户服务不够到位等问题提出了司法建议，中国移动上海公司及其上级公司对此予以了高度重视，认真研究，采取多项措施进行积极整改，并向法院回复了长达三页的回复函。本案的研判，不仅为今后同类案件的处理提供了参考，做到社会公共利益与个人利益的平衡，同时也充分发挥了法院的司法能动性，促进通信产业的健康发展，取得了社会和法律双重效果的统一。

本案涉及到企业的社会责任。按照世界可持续发展商业委员会对企业的社会责任的定义，其是指企业做出的一种持续承诺，按照道德规范经营，在为经济发展做贡献的同时，既改善员工及其家人的生活质量，又帮助实现所处社区甚至社会的整体生活质量的改善。就其性质来说，企业的社会责任主要是道德领域的角色责任。在本案中，被告为开展垃圾短信整治活动，在短时间内的短信数量及设置关键词两方面对短信发送服务进行限制。在现实生活中，我们每个人都收到过垃圾短信，有些是广告，有些是非法信息。被告正是为履行一个企业的社会责任，开展垃圾短信整治活动，从长远来看，这一活动也有利于短信行业的健康发展。本案原告在“感恩节”当天的某时段内集中发送了大量祝福短信，但由于被告无法将国外所有的传统节日统计在案，导致该数量、该批次的短信被系统认为是“垃圾短信”，导致原告手机的短信发送功能被关闭。从被告行为的目的来看，其是着眼于整个社会的利益，且在事后向原告说明了原因、表达歉意并及时恢复了原告手机的短信发送功能。从平衡各方利益的角度出发，原告应对被告的行为予以理解。当然，被告在承担企业的社会责任上也要注意方式、方法，提高自己的服务质量。

（一审独任审判员：仲佳宁
二审合议庭成员：蒋晓燕　陈建中　金　猷
编写人：上海市黄浦区人民法院　张　弢
责任编辑：顾利军
审稿人：曹守晔）

27. 熊勇明诉曼宁家屋面系统（成都）有限公司劳动争议案

问题提示：员工在工作场所进行性骚扰情节严重的，用人单位是否可以据此解除劳动合同关系？

【要点提示】

工作场所性骚扰应当成为用人单位劳动纪律的当然内容，即使用人单位未将其规定为违反劳动纪律、解除劳动合同的情形，只要员工在工作场所对上司、下属或同事进行性骚扰，用人单位均可将其视为违反劳动纪律和规章制度的行为，并可根据行为的严重程度、后果，对骚扰者予以批评教育、降职减薪、直至开除或解雇的处理。

【案例索引】

一审：四川省成都市金堂县人民法院（2008）金堂民初字第1029号（2009年4月1日）

二审：四川省成都市中级人民法院（2009）成民终字第2216号（2009年7月31日）

【案情】

原告：熊勇明

被告：曼宁家屋面系统（成都）有限公司

原告熊勇明诉称：原告系被告公司的员工。1995年6月5日起便在拉法基屋面系统（佛山）有限公司工作，2007年1月后到拉法基屋面系统（成都）有限公司工作。双方于2007年4月1日签订了劳动合同，合同期限为2007年4月1日至2009年3月31日。2007年8月29日被告以莫须有的理由，解除与原告的劳动合同。原告于2007年9月4日依法向金堂县劳动争议仲裁

委员会申请仲裁，仲裁委员会于 2008 年 6 月 6 日作出裁定，维持了被告的解聘决定。原告诉请撤销被告的解聘决定。

被告曼宁家屋面系统（成都）有限公司辩称：原告在工作时间和工作场所，多次对女同事进行性骚扰。被告多次教育、帮助原告，但原告坚持不承认错误。原告的行为，严重违反了基本的行为道德准则和保护妇女权益相关的法律法规的规定，违反了公司员工奖惩规定，不仅侵害了女同事的人身权利，而且严重影响了公司的形象，请求驳回原告的诉讼请求。

金堂县人民法院经审理查明：1995 年 6 月 5 日起，原告在拉法基屋面系统（佛山）有限公司工作，2007 年 1 月到拉法基屋面系统（成都）有限公司工作。双方于 2007 年 4 月 1 日签订了劳动合同，合同期限为 2007 年 4 月 1 日至 2009 年 3 月 31 日，任维修主管。在工作期间，原告熊勇明采用语言挑逗、通过电脑网络发送黄色照片以及趁对方不注意时触摸臀部等方式，对同一办公室的同一女员工赵某多次进行骚扰。被告经调查确认上述行为后，多次找原告熊勇明谈话、教育，但原告熊勇明拒不接受教育，拒不承认错误。2007 年 8 月 29 日，被告依据《劳动法》第 25 条第 1 款第（2）项和被告公司的《员工奖惩条例》第 7 条的规定，以原告严重违反纪律和被告公司的规章制度，且不接受教育为由，作出解除与原告劳动合同关系的决定。

另查明，拉法基屋面系统（成都）有限公司现更名为曼宁家屋面系统（成都）有限公司，该《员工奖惩条例》第 6 条规定“……C 违反纪律……23 犯有其他严重错误的”；第 7 条“立即解雇”规定：“A 违反纪律……3 严重违反纪律或连续旷工 5 天以上或一年内累计旷工达 10 天以上，或其他未列举的严重违纪行为”；第 8 条“备注”规定：“2‘严重违反纪律’指的是个人行为给公司造成恶劣的后果，或损坏公司利益，使公司形象受损，或纠正面谈后，仍多次重复以上行为”。

【审判】

金堂县人民法院认为：原告作为被告单位的员工，应当遵守国家的法律、法规和用人单位的规章制度，但却利用担任公司维修主管的权力优势，在上班时间、工作场所，多次采用语言挑逗、通过电脑网络发送黄色照片、趁对方不备触摸臀部等性敏感部位等方法，骚扰同一办公室的女下属赵某，其行为不仅对赵某的身心健康及名誉造成了损害，而且严重违反了基本的行为道德准则，违反了国家保护妇女权益相关法律、法规，违反了被告公司的劳动纪律等规章制度，对被告企业形象也造成不良影响，且拒不接受教育管理，拒不承认错误。被告作出解除与原告劳动合同关系的决定，有事实依据、法律依据和单位规章制度依据，依法应予以支持，原告的诉讼请求应予以驳回。依照《中华人民共和国民事诉讼法》第一百二十八条、《中华人民共和国劳动法》第二十五条第一款第（二）项的规定，于2009年3月31日作出如下判决：驳回原告熊永明的诉讼请求。

宣判后，原告熊勇明不服，以原判认定骚扰同一办公室女员工无证据证明，均为该女员工一面之词，该女员工事后对熊勇明有关心及暧昧的事实等提出上诉，请求撤销原判，撤销曼宁家屋面系统（成都）有限公司对上诉人的解聘决定。

成都市中级人民法院经审理后认为：赵某在劳动争议仲裁及一审中，均出庭证明上诉人熊勇明对自己骚扰的事实，作为一名认知正常的女性，在明知社会对性骚扰受害妇女存在偏见的情况下，通常不可能谎称被男性骚扰，因此赵某诬陷熊勇明的可能性较小，其证言可信度较高。熊勇明与赵某之间的录音资料虽然没有母本可供核对，但该录音资料与赵某的证言相结合，可以认定熊勇明存在骚扰赵某的行为。熊勇明的行为属于曼宁家屋面系统（成都）有限公司《员工奖惩条例》第6条C款“违反纪律”第23项规定的犯有其他严重错误的违反纪律的行为，足以使曼宁家屋面系统（成都）有限公司的形象受损。曼宁家屋面系统（成都）有限公司依据《中华人民共和国劳动法》第25条第1款第（2）项及公司《员工奖惩条例》第7条的规定，作出解聘上诉人熊勇明的决定，有事实和法律依据，应予以维持。上诉人提交的证据不能否定其对赵某进行了骚扰的事实，其要求撤销解聘决定的诉讼请求，本院不予支持。原判认定事实清楚，适用法律正确，审判程序合法，应予维持。依照《中华人民共和国民事诉讼法》第一百五十三条第一款第（一）项之规定，作出判决：驳回上诉，维持原判。

【评析】

因工作场所性骚扰引发民事赔偿的案件已较为常见，但因工作场所性骚扰引发的劳动争议却不多见，如何认定工作场所性骚扰、举证责任的分配以及用人单位是否能以此解除与骚扰者的劳动合同是本案涉及的难点问题。

一、关于工作场所性骚扰行为的认定标准

性骚扰，一般指采用一种或多种方式针对某一特定对象，以不受欢迎的与性有关的言语、行为、信息、环境等方式，侵犯他人人格尊严的民事侵权行为。具体可以从以下几个方面认定性骚扰：一是违背他人的意愿。他人表示厌恶、反感、明确拒绝、警告或以反抗行为表示拒绝，都可以认定为违背他人意愿。曾经愿意进行与两性内容相关的交流或者接触，但后来表示不愿意延续的，如果继续纠缠不休，可认定为违背他人意愿。受害人迫于某种压力不得已的应酬或容忍，应当认定为违背他人意愿。二是与两性内容有关。顾名思义，性骚扰是与性有关的骚扰，因此，性骚扰行为均与两性内容有关。三是行为方式多种多样，可以是直接的，如通过口头、书面、手机信息或其他方式表达下流语言或展示具有淫秽内容的图片、裸露身体部位、以下流语言挑逗、讲述个人性经历或色情文艺内容以及强迫拥抱、接吻或故意触摸碰撞对方敏感部位等行为；也可以是间接的，如明示或暗示将性要求作为获得或失去某种利益的条件。四是行为人主观上的故意。在公共汽车、地铁等场所因为紧急刹车、拥挤等原因过失地接触他人身体甚至敏感部位等行为，不构成性骚扰。① 因错写手机号码或者邮件地址，将包含两性内容的短信或邮件误发他人，不构成性骚扰。工作场所性骚扰，还应当具备以下两个要素：一是该行为发生于工作时间、工作场所。工作时间，既指常规的上班时间内，也包括出差期间、加班时间；工作场所，既指固定的工作场所，也包括外派、出差的在途、食宿、工作场所等。二是行为者与承受者存在同一单位的上下级关系、同事关系。

本案中，原告熊勇明与赵某均系曼宁家屋面系统（成都）有限公司的员工，双方系上下级关系，且双方不存在恋爱关系、婚姻关系或其他暧昧关系。原告熊勇明利用其担任公司维修主管的权力优势，在上班时间、在双方上班的办公室，在女下属赵某先后不断表示厌恶、反对的情况下，仍多次用语言挑逗赵某、通过电脑网络向其发送黄色照片、趁其不备触摸其臀部等性敏感部位，其他同事均认为原告熊勇明怀有不正当企图而骚扰赵某。原告熊勇明的行为，应当认定为工作场所的性骚扰行为。

二、禁止工作场所性骚扰行为属于用人单位规章制度的当然内容

如同本案中的被告曼宁家屋面系统（成都）有限公司一样，用人单位一般未将工作场所性骚扰行为，明确规定为违反劳动纪律的情形，也没有将其明确规定为解除劳动合同的情形，其属于用人单位劳动纪律当然内容的原因在于：（1）侵犯了他人的人格尊严和性权利。不容置疑，工作场所的性骚扰，不仅违背了社会公认的基本公德，同时又是一种侵犯特定员工人格尊严和性权利的侵权行为。人格尊严是公民作为一个人所具有的最起码的社会地位，应当受到社会和他人最起码的尊重。任何公民有权自主地支配自己的身体，又亦不

---

① 王成：《性骚扰行为的司法及私法规制论纲》，载 http：//www. tpan. cn/html/3033. htm，源自中国民商法律网。

例外地负有尊重他人人格尊严的义务，不得以行动或语言侵犯他人人格尊严。在工作场所对他人实施性骚扰行为，就是蔑视同事的人格独立、人格平等，不尊重对方最起码的社会地位，直接侵犯他人人格尊严权和性权利、损害其身心健康的行为。(2) 侵犯了他人的劳动权利。该类性骚扰发生于工作时间、工作场所或职务活动中，具有封闭性和特定性，客观上直接影响到劳动者的工作情绪、工作状态和工作效果，破坏了劳动者正常的就业环境。(3) 扰乱了正常的生产工作秩序。工作场所的性骚扰，必然会影响正常的雇主与雇员关系、上司与下属关系、同事关系，导致正常生产工作秩序一定程度的失序甚至混乱，降低生产工作效率。(4) 符合《劳动法》的社会法属性。拥有稳定持续的劳动关系涉及到劳动者基本的劳动权利保障，劳动立法属于社会法范畴，劳动合同也不同于一般平等民事主体之间的合同，其诸多内容带有更多更浓的国家强制色彩，这对劳动者的权利保护而言是十分必要的。这种保护并不仅仅着眼于双方当事人的劳动合同以及用工单位的内部纪律和规章制度，同时也是基于国家通过充分尊重和实现劳动者权益而促进社会全面发展进步的公共需要。因此，一方面，《劳动法》、《劳动合同法》专门用了数个条文来遏制用人单位滥用劳动合同解除权，目的是保护劳动者权益，促使劳动关系趋于稳定。另一方面，《劳动法》第25条、第26条、第27条，《劳动合同法》第39条、第40条、第41条的规定，又赋予了用人单位法定的劳动合同解除权。

三、性骚扰行为达到情节严重的证明责任与证明标准

工作场所性骚扰，大多具有突发性、当事人地位的不平等性、发生场所的特定性、行为手段的多样性、隐蔽性等诸多特点，受害者往往取证难、证明难，性骚扰事实存在与否难以认定。我们认为，认定性骚扰行为达到情节严重，一般应当符合下列情形之一并结合相关情形进行综合判定：一是持续时间长；二是骚扰次数多；三是被骚扰人精神状态、身心健康和工作因此受到严重干扰和折磨；四是其他相关情形，如被骚扰人的社会评价降低、骚扰情况被广为传播等等。

由于因性骚扰引发的侵权案件、劳动争议案件，依法均不属于法律、司法解释所规定的举证责任倒置的范围，考虑该类案件的特殊性，在证据合法性、举证责任分配及证明标准方面应当注意：

第一，适度放宽证据合法性要求。依据《最高人民法院关于民事诉讼证据的若干规定》第68条“以侵害他人合法权益或者违反法律禁止性规定的方法取得的证据，不能作为认定案件事实的依据”的规定，以非法拘禁、胁迫、窃听等侵害生命健康、隐私等权利，或者违反程序法、实体法禁止性规定的非

法证据应当予以排除。因此，在性骚扰案件中，对于未经对方同意的录音录像等视听资料、电子证据等，对于雇佣他人秘密收集的有关性骚扰事实的证据，对于存在取证程序、手段或证据形式方面缺陷，但并没有严重侵害他人合法权益，没有违反程序法、实体法禁止性规定的证据材料，仍可以作为证据使用。本案中，一、二审法院在证据的采信上，注重了性骚扰案件的特殊性，较好地适用了《最高人民法院关于民事诉讼证据的若干规定》。如对赵某未经对方同意私自录制的手机通话录音资料，并非以非法拘禁、胁迫、窃听等侵犯熊勇明合法权益的方法取得，也没有违反程序法、实体法的禁止性规定，仍作为证据予以采信。

第二，合理公平分配举证责任。依据《最高人民法院关于民事诉讼证据的若干规定》第7条“在法律没有具体规定，依本规定及其他司法解释无法确定举证责任承担时，人民法院可以根据公平原则和诚实信用原则，综合当事人举证能力等因素确定举证责任的承担”的规定，在性骚扰案件中，应当参酌当事人距离证据的远近、接近证据的难易、收集证据能力的强弱等，对证明责任分配予以裁量，合理地分配举证责任，而不能简单和机械适用“谁主张，谁举证”的一般规则。在主张性骚扰成立一方提供了证明被告实施了性骚扰行为证据、对方否认或反驳的情况下，应当将举证责任分配给对方。注意适用《最高人民法院关于民事诉讼证据的若干规定》第64条“审判人员应当依照法定程序，全面、客观地审核证据，依据法律的规定，遵循法官职业道德，运用逻辑推理和日常生活经验，对证据有无证明力和证明力大小独立进行判断，并公开判断的理由和结果”，以及第73条“双方当事人对同一事实分别举出了相反的证据，但都没有足够的依据否定对方证据的，人民法院应当结合案件的情况，判断一方提供的证据的证明力是否明显大于另一方提供证据的证明力，并对证明力较大的证据予以确认。因证据的证明力无法判断，导致争议事实难以认定的，人民法院应当依据举证责任分配的规则作出裁判”的规定，注重考察骚扰者与被骚扰者是否存在亲密关系、证人与当事人间是否存在利害关系、证人感知案件事实的可能性、判断的客观性等，综合审查判断证据的可采信及证明力；在多为间接证据而直接证据少或者没有直接证据的情况下，综合权衡案件所有证据，只要能够形成证据链，能够形成性骚扰事实存在的可能性很大的内心确信，就应当作出性骚扰事实存在与否的判断。

第三，注重运用经验法则综合判定证据证明力。如对赵某证言的采信及证明力的认定，一、二审法院均注重结合性骚扰案件的特殊性，运用“日常生活经验”，认为女性在明知社会对性骚扰受害妇女存在偏见的情况下，一般不会自曝自己受到性骚扰，以免引发社会对其名誉的消极评价，进而对赵某的证言予以采信。对相关录音证据证明力进行综合判定，也是本案的一点突破。在对整个案件事实的认定上，注重了原告熊勇明与赵某地位的不平等、发生于办公室这一特定场所以及多次采用语言挑逗、通过电脑网络发送黄色照片、趁对方不备触摸身体性敏感部位等手段与方法，在被告曼宁家屋面系统（成都）有限公司证明性骚扰事实存在的盖然性高的情况下，合理将证明该事实不存在的举证责任分配给原告熊勇明，认为其举出证明赵某事后对熊勇明关心、关系暧昧的材料缺乏证明力，采信了被告方的证据材料，运用高度盖然性证明标准，认定了性骚扰事实的存在。

（一审合议庭成员：廖文孝　唐海军　李世康
二审合议庭成员：涂　征　张　争　王　敏
编写人：四川省金堂县人民法院　张顺强
　　　　四川省成都市中级人民法院　马丽莎
责任编辑：陈　敏
审稿人：曹守晔）

28. 刘赟诉英特尔产品（上海）有限公司清算组的劳动合同终止纠纷案

问题提示：用人单位自行决定解散的，如何判断劳动合同是否应当终止？

【要点提示】

用人单位解散的，其主体资格在清算期间虽仍存续，但权利能力已受限制，除为清算目的而必须从事的清理公司财产、通知公告债权人、清理债权债务等之外，不得经营其他业务。劳动者的岗位如与此无关，则劳动合同应予终止。但用人单位在劳动合同终止过程中应履行适当的通知、诚信磋商、及时办理退工手续、支付劳动报酬和终止补偿等义务。

【案例索引】

一审：上海市浦东新区人民法院（2010）浦民一（民）初字第15408号（2010年11月22日）

【案情】

原告：刘赟

被告：英特尔产品（上海）有限公司清算组

上海市浦东新区人民法院经审理查明：英特尔产品（上海）有限公司系英特尔（中国）有限公司发起设立的外资企业。2005年7月1日，原、被告签订无固定期限劳动合同，约定原告担任产品工程师。2009年2月，被告告知所属员工，因受全球经济环境的影响，英特尔总部决定停止上海浦东工厂的生产并将产能整合至其他生产基地，因此被告公司将会解散。之后，被告在公司网站上发布了中英文版本的员工安置时间表及公司关闭常见问题问答，供员工浏览。2009 年 7 月 15 日，被告通过电子邮件向原告发送《员工自愿离职补偿计划细则》，告知英特尔浦东基地将于 2009 年底停止运营，员工可从两项备选方案中进行选择：方案一为早期自愿离职经济补偿金计划，员工选择提前离职但可享受高于法定标准的加强型补偿金；方案二为自愿离职标准经济补偿金计划，员工于 2009 年底公司解散时离职，公司则依照法定标准支付离职补偿金。2009 年 8 月 3 日，原告签署《自愿离职补偿计划同意书》，表示其经过仔细考虑，决定选择第二项方案，同意在 2009 年 12 月 31 日解除与英特尔的劳动合同，并表示了解一旦签订此同意书，即不能撤销。

2009 年 11 月 10 日，被告股东英特尔（中国）有限公司和被告董事会分别作出书面决定，因生产经营需作调整，同意提前解散公司。

2009 年 12 月 29 日，原告向被告发送电子邮件，表示其签署的《自愿离职补偿计划同意书》是在公司的误导下签署的，决定撤销，在公司未办理完毕工商注销手续之前，原告不同意终止劳动合同。2009 年 12 月 31 日，被告向原告发出《关于你申请撤销〈员工自愿离职补偿计划〉的确认函》，告知：被告同意原告已签署的《员工自愿离职补偿计划》不再生效，但被告预计将于 2010 年 1 月 25 日前停止运营，原告的最后工作日将从 2009 年 12 月 31 日延至 2010 年 1 月 25 日，届时双方的合同将予解除，被告将根据法律的规定支付法定的经济补偿金。

2010 年 1 月 22 日，上海市商务委员会作出沪商外资批〔2010〕216 号《市商务委关于同意英特尔产品（上海）有限公司提前终止的批复》，同意被告公司提前终止公司章程，进行清算。2010 年 2 月 8 日，被告在《解放日报》上刊登清算公告，通知债权人申报债权。2010 年 2 月 26 日，被告董事会作出书面决议，任命了清算组负责人及清算委员会成员。

2010 年 1 月 29 日，被告向原告发出《有关办理离职手续的通知》，通知双方的劳动合同将于 2010 年 2 月 3 日起解除。2010 年 2 月 3 日，被告向原告支付经济补偿 70045.92 元。2010 年 2 月 5 日，被告为原告开具《上海市单位退工证明》。2010 年 2 月 20 日，被告向原告足额支付了基本工资、员工津贴、未使用年假补贴、年终奖、津贴等。

另查明，原告于 2009 年 5 月怀孕，2010 年 2 月 15 日生育一女。被告为其女性员工在中国平安养老保险股份有限公司投有生育保险。原告生育后，已从中国平安养老保险股份有限公司实际领取生育费用及生育津贴赔付金共计 11517.93 元。

原告诉称：由于政府免税期届至，被告才计划关闭浦东工厂，但根据

《公司法》的规定，公司在清算期间仍然存续，仍然可以履行与员工之间的劳动合同，被告于2010年2月3日以公司终止运营为由单方解除与原告的劳动关系于法无据。此外，《劳动法》对劳动合同的解除和终止作有明确区分，被告所发通知及退工单上均明确载明系解除与原告的劳动合同而非终止，故应认定其行为的性质为解除。原告当时正处于孕期，根据法律规定，用人单位不得在女职工的孕期、产期和哺乳期（统称“三期”）解除与其的劳动合同，据此而言，被告的解除行为亦属违法，故诉请法院判令被告继续履行与原告的劳动合同并支付自2010年2月3日至恢复劳动关系之日的工资。

被告辩称：公司提前解散系根据股东大会及董事会的决议作出，且已得到上海市商务委员会的批准，程序合法。由于公司解散，使得其与员工间的劳动合同无法履行，无论原告是否存在“三期”情况，被告均有权终止劳动合同。虽然被告所发通知字面为“解除”，但其性质实为“终止”，法律并未规定不得终止与“三期”女职工的劳动合同。且被告为体现对这类女职工的特殊保护和关怀，已购买了平安保险公司的商业生育保险金，原告亦已领到定额保险金。因此，被告行为并无违法之处，不同意原告诉请。

【审判】

一审法院认为：公司在符合法律规定的情况下，可以自行解散。英特尔（中国）有限公司作为被告的独资股东，基于生产运营的调整，于2009年11月10日作出提前解散被告公司的决议系其行使股东法定职权的行为，内容与法不悖。但因被告系外资企业，其解散决议尚需经审批机关核准，故至2010年1月22日上海市商务委员会核准同意被告公司提前终止公司章程进行清算时，被告公司方正式解散。

根据《劳动合同法》之规定，用人单位决定提前解散的，其与劳动者订立的劳动合同终止。被告公司正式解散后，决定于2010年2月3日终止与劳动者签订的劳动合同，符合法律规定，并无不当。原告虽主张，被告发出的系“解除”而非“终止”通知，故应适用解除的相关法律规定。但对民事法律行为的解释，应当本着探求行为者真实意思表示的原则进行。被告所发通知及退工单字面所载虽为“解除”，但首先，从其通知全体员工公司将要解散、并在网上发布员工安置时间表及公司关闭常见问题的行为看，被告因准备解散公司而将终止劳动合同的意思表示十分明确；其次，在与原告就补偿安置进行的单独磋商中，被告亦已明确表示，公司将于年底停止运营，员工的职位将被撤销，其提供的两种备选方案实质上即为终止合同的补偿方案，原告同意选择其中一种离职补偿计划的行为也表明，其对被告的意思表示及合同终止的原因已有充分的理解。据此，法院认定，被告系于2010年2月3日终止了双方的劳动合同。

至于原告提出异议称被告公司虽已解散，但在清算期间仍然存续，可以继续履行原劳动合同。对此法院认为，公司解散后，即进入清算程序，其法人资格虽然仍旧存续，但权利能力已受到限制，除为了实现清算目的而必须从事的清理公司财产、通知公告债权人、处理与清算有关的公司未了结业务、清理债权债务、处理剩余财产等业务之外，不得经营其他业务。原告的原岗位为产品工程师，并不在清算所需业务之列，故被告在客观上已无法继续正常履行与其签订的劳动合同。事实上，终止与员工签订的劳动合同、清结因劳动关系而产生的债权债务亦为公司清算过程中的一项重要内容，故原告的主张，法院不予采纳。

反观被告公司终止劳动合同的整体过程，其于2009年2月即知会员工公司将要解散，之后又陆续在网上发布了解散员工的安置方案，并于2009年7月通过电子邮件将《员工自愿离职补偿计划细则》个别发送给原告，应认为已较为适当地履行了通知义务；在原告选择了不可撤销的自愿离职标准补偿金计划后，又申请撤回时，被告予以同意并详细地告知了撤回的后果，应认为已较为适当地履行了协商终止劳动合同的诚信磋商义务；被告通知终止劳动合同后，即按照法律规定的标准向原告支付了经济补偿金、应发工资、奖金津贴及未使用年假补贴等，并为原告及时开出了退工单，应认为已适当履行了及时办理退工手续及支付劳动报酬和终止补偿的义务。因此，被告终止劳动合同的行为，难谓有违法之处。

本案所涉争议发生时，原告确在孕期、产期及哺乳期内，但《劳动合同法》仅规定，对三期女职工，不得依照该法第40条及第41条的规定解除劳动合同，而本案系为劳动合同的终止，并无上述条款的适用余地。且被告曾为包括原告在内的三期女职工投保生育保险，合同终止后，原告亦已实际领得相关保险金，故可视为被告已自愿对三期女职工因劳动合同的终止而受到的损失进行了部分补偿，并无不当。综上所述，被告公司决定解散，符合劳动合同终止的法定事由，且其终止合同的行为亦无违法之处，故一审法院根据《中华人民共和国劳动合同法》第四十四条第（五）项、第四十六条第（六）项之规定，判决驳回原告刘赟的诉讼请求。

一审判决后，原、被告双方均息讼服判。

【评析】

本案涉及的核心法律问题是用人单位（本案中为外资企业）自行解散时劳动合同的终止问题。企业解散往往涉及众多劳动者，影响面大，但法律对此的规定却非常简单，解散的要件及法律后果等重要问题均不明确。因此，本案对劳动合同终止的实体和程序要件的认定，对同类案件的处理具有积极意义。

《劳动合同法》第44条规定，用人单位决定提前解散的，劳动合同终止。这条法律规则从逻辑结构分析非常简单，但要在司法实践中正确适用之，首先必须准确把握体现在法条之后的价值权衡：即在尊重企业经营自主权的同时兼顾劳动者权益的保护。一方面，企业作为独立的市场主体，必须被赋予自行决定经营方针的权利，包括在无法或难以达到经营目的时决定解散的权利，这是促进市场整体效率的必然要求。但另一方面，对无可归责的劳动者，又必须给予充分的保护，防止企业滥用权力，随意借解散之名侵害劳动者的权益。根据这一原则，在判断劳动合同是否应当终止时，应注意把握以下实体及程序要件。

（一）实体要件

1. 用人单位存在可提前决定解散的事由

司法实践中时有发现用人单位随意告知劳动者因公司解散要终止劳动合同，却不同时告知解散的具体原因，审理中也无法提供相应证据证明确实存在解散事由。因此，实体审查的第一步就是要确定用人单位是否已具备自行解散的事由。《公司法》第181条规定，在两种情况下公司可决定提前解散：（1）公司章程规定的解散事由出现；（2）股东会或股东大会决议解散。本案用人单位为外资企业，而《外资企业法实施细则》第72条对公司决定提前解散的规定更为细化，包括：（1）经营不善，严重亏损，外国投资者决定解散；（2）因自然灾害、战争等不可抗力而遭受严重损失，无法继续经营；（3）外资企业章程规定的其他解散事由已经出现。审查时应将两法的规定综合起来考虑，仅当公司存在上述事由时，才具备决定提前解散的前提。

2. 用人单位确已作出解散决定并已实行

具备解散事由并不必然导致解散的发生。因此，下一步的审查内容就是用人单位的股东或股东会是否已作出了解散的决定，该决定是否被实际贯彻。这主要涉及对证据的审查，如是否具备可被采信的股东会议记录、会议决议；是否按照法律规定成立了清算组；清算组是否依法执行了各项清算事务，如清理公司财产、通知或公告债权人、清理债权债务等。如经审查，企业确已停止正常经营，已经或确定将进入清算程序的，才具备与劳动者终止合同的前提。

需要特别指出的是，对外商投资企业，由于涉及产业结构控制及外资流向引导等问题，企业决定提前解散的，还需经过行政主管部门的审批。根据《外资企业法实施细则》规定，企业应自行提交解散申请书，报审批机关核准，审批机关作出核准的日期为企业的解散日期。

本案中，被告由于经营策略调整的需要，经股东决议，决定提前解散公司，应认为已具备自行解散的事由；其后又获得了审批机关的核准，并组成了清算组，在报纸上登载债权人公告开始清理债权债务，可认定确已实际开始清算程序，符合上述两项实体要求。

3. 劳动者的工作岗位与清算事宜无关

用人单位解散后，即进入清算程序。但其法人资格仍然存续，只不过其权利能力受到限制，除了为实现清算目的而暂时经营的业务外，不得经营其他常规业务。因此，是否可以终止与劳动者的劳动合同，还应区分劳动者的岗位性质而定。如岗位与清算业务无关，则属于可终止范围；反之，如岗位与清算业务相关，则不能当然终止，用人单位应当在开展清算业务必需的范围内保留上述岗位，并与劳动者协商变更原先订立的劳动合同的内容。但本案中，原告的劳动岗位为产品工程师，与清算活动并无关联，因此属于前种情况。

（二）程序要件

在符合上述实体要件之外，用人单位在终止与劳动者的劳动合同时，还应遵循一系列的程序要求，其中大部分是用人单位基于诚信原则，就劳动合同所应负担的附随义务。

1. 适当履行通知义务。用人单位应当采用张贴公告、发送电子邮件或书面材料、网页登载等方式，告知劳动者发生何种解散事由、解散的大致进程、拟采取的终止合同方式及步骤等。

2. 虽然法律赋予用人单位单方终止劳动合同的权利，但单位仍应本着诚信原则，尽量与员工就离职问题进行协商，争取达成协商一致的终止方案。

3. 优先支付职工的劳动报酬及补偿金。《公司法》第187条规定，公司财产除支付清算费用外，应当优先支付员工的劳动报酬、社保费用和法定补偿金。因此，在终止劳动合同后，公司应当依照法律规定，支付上述款项。

4. 及时为劳动者办理退工手续。根据《劳动合同法》第50条的规定，用人单位应当在终止劳动合同时出具终止合同的证明，并在十五日内为劳动者办理档案和社会保险关系的转移手续。劳动合同因用人单位决定提前解除而终止时，当然也不例外。

仅当上述实体和程序要件均已满足时，用人单位终止与劳动者的劳动合同才是合法有据的。

（一审合议庭成员：俞 波 童 蕾 苏国华
编写人：上海市浦东新区人民法院 童 蕾
责任编辑：顾利军
审稿人：曹守晔）

二、案例精选·商事

29. 东方国际集团上海荣恒国际贸易有限公司诉浙江班班纸业有限公司保证合同纠纷案

问题提示：债权人在申报破产债权的同时可否向担保人主张权利？

【要点提示】

债权人在人民法院受理债务人破产案件并申报全部债权后，在破产程序尚未终结前，又同时向保证人主张权利的保证合同纠纷案件，程序上是否必须中止等待破产程序终结后方可审理，目前法律没有明确规定。但根据《企业破产法》、《担保法》及其司法解释等相关规定，并非禁止债权人在申报债权的同时向保证人主张权利，故此类诉讼在程序上无需中止审理。但为避免因法院裁判导致同一债务双重受偿和产生新的纠纷的后果，法院在判决主文中应附履行条件，即保证人在破产程序尚未终结前可暂时停止向债权人清偿，待破产程序终结后再根据破产受偿情况，向债权人作出相应的清偿，且债权人向保证人主张的权利应当以破产程序中未受清偿的部分为限。

【案例索引】

一审：上海市第一中级人民法院（2009）沪一中民四（商）初字第22号（2010年6月18日）

二审：上海市高级人民法院（2010）沪高民二（商）终字第60号（2010年11月29日）

【案情】

原告：东方国际集团上海荣恒国际贸易有限公司

被告：浙江班班纸业有限公司

一审法院审理查明：2008年间，东方国际集团上海荣恒国际贸易有限公司（以下简称荣恒贸易公司）分别与案外人浙江荣昌纸业有限公司（以下简称荣昌公司）、浙江天听亚伦纸业集团有限公司（以下简称天听亚伦公司）和浙江天听纸业有限公司（以下简称天听公司）订立多份代理进口合同及国内购货合同，约定由荣恒贸易公司代理荣昌公司、天听亚伦公司、天听公司进口、购买木浆，并对相关事项进行了明确的约定。合同订立后，荣恒贸易公司按约交付了货物，但荣昌公司、天听亚伦公司、天听公司未按约足额支付货款。2009年3月10日，荣恒贸易公司（甲方）与天听公司、天听亚伦公司、荣昌公司、浙江班班纸业有限公司（以下简称班班纸业公司，以上四方统称乙方）签订还款协议一份，协议载明：（1）乙方确认在委托甲方代理进口及国内贸易过程中对甲方负有债务，其中，荣昌公司就08YN908-002合同项下欠款人民币2066587.28元（应付款到期日为2009年1月15日），天听公司就08YN908-003合同项下欠款人民币4670750元（应付款到期日为2009年1月15日），天听亚伦公司就08YN908-004合同项下欠款人民币8655767.17元（应付款到期日为2009年1月15日）、就08YN908-005合同项下欠款人民币6583944.82元（应付款到期日为2009年1月15日）、就08YHIM053合同项下欠款人民币1901485.67元（应付款到期日为2008年9月12日）、就08YHIM057合同项下欠款人民币1424762元（应付款到期日为2008年10月13日）、就08YHIM073合同项下欠款人民币4173879元（应付款到期日为2008年10月27日），上述欠款均已到期，乙方总计欠甲方的款项总额为人民币29477175.94元；（2）天听公司、天听亚伦公司、班班纸业公司对荣昌公司的欠款承担连带担保责任，担保期限自荣昌公司应付款日起两年，天听亚伦公司、班班纸业公司、荣昌公司对天听公司的欠款承担连带担保责任，担保期限自天听公司应付款日起两年，天听公司、荣昌公司、班班纸业公司对天听亚伦公司的欠款承担连带担保责任，担保期限自天听亚伦公司应付款日起两年；（3）乙方承诺在2009年3、4月每月还款人民币50万元，2009年5、6月每月还款人民币200万元，2009年7—11月每月还款人民币400万元，2009年12月还款人民币4477175.94元，乙方的还款将按顺序优先清偿甲方到期的债权，同时到期的，按债权比例清偿，乙方任何一期逾期还款，视为乙方全部债务到期，甲方有权就乙方所欠甲方全部余款一并主张，且乙方各公司应承担连带清偿责任；（4）乙方于签署本协议后五个工作日内办妥荣昌公司设备抵押工商登记，甲方与乙方在2009年3月17日前就荣昌公司设备抵押事宜另行签订抵押合同，并办理完成抵押登记手续，抵押合同为本协议的附件等内容。同日，荣恒贸易公司与荣昌公司签订抵押合同一份，约定为保障上述还款协议的执行，荣昌公司愿意向荣恒贸易公司提供抵押担保，抵押担保的范围为荣恒贸易公司依据还款协议向债务人主张的全部欠款、逾期利息和实现抵押权的费用。2009年3月17日，荣昌公司、荣恒贸易公司在浙江省龙游县工商行政管理局办理了动产抵押登记。2009年3月25日、4月25日，天听亚伦公司还款共计人民币100万元，尚余人民币28477175.94元未付。2009年6月25日，经浙江省龙游县人民法院裁定，天听亚伦公司、荣昌公司进入重整程序。同年9月1日经浙江省浦江县人民法院裁定，天听公司进入重整程序。同年7月20日，荣恒贸易公司向天听亚伦公司申报债权人民币30094696.69元，其中原始债权人民币21739838.66元，孳息债权人民币1264933.43元，或有债权人民币7089924.60元。同日，荣恒贸易公司向荣昌公司申报债权人民币30094696.69元，其中原始债权人民币2066587.28元，孳息债权人民币108151.40元，或有债权人民币27919958.01元。同年11月4日，荣恒贸易公司向天听公司申报债权人民币30094696.69元，其中原始债权人民币28477175.94元，孳息债权人民币1617520.75元。2010年3月22日，浙江省龙游县人民法院作出（2010）衢龙商初字第85号民事判决书，判决撤销荣恒贸易公司与荣昌公司于2009年3月10日签订的抵押合同，该判决已生效。

二审法院另查明：1.2010年1月18日，浙江省浦江县人民法院裁定批准天听公司重整计划，终止天听公司重整程序。天听公司重整计划（草案）载明：在重整后持续经营条件下的普通债权人的清偿比例为普通债权审核金额的15%。2.2010年2月8日，浙江省龙游县人民法院裁定荣昌公司、天听亚伦公司终止重整程序，宣告荣昌公司、天听亚伦公司破产。3.2010年4月15日，浙江省龙游县人民法院对天听亚伦公司管理人制作的《关于浙江天听亚伦纸业集团有限公司破产财产的变价方案》裁定予以认可。

原告荣恒贸易公司诉称：由于天听公司、天听亚伦公司、荣昌公司三位债务人未能按还款协议的约定履行还款义务，至今拖欠本金人民币28477175.94元及利息人民币428439.11元，被告班班纸业公司作为保证人亦未能依约承担连带保证责任。故此，请求法院判令：班班纸业公司对人民币28477175.94元承担连带保证责任，并偿付以该款为本金自2009年5月26日起至实际支付之日止按银行同期贷款利率计算的利息损失。

被告班班纸业公司辩称：对其为三位债务人的债务提供担保没有异议，但三位债务人均已进入了破产程序，原告也已经申报了债权，根据《担保法》的规定，原告现不能主张担保债权，而应在破产程序终结后六个月内才能要求被告承担保证责任。原告诉请的利息，应在主债务进入破产程序之日起停止计算。此外，原告与荣昌公司签订的抵押合同已被法院判决撤销，原告对此有过错；即使被告应承担担保责任，范围也不能超过全部债务的二分之一。

【审判】

一审法院认为：天听公司、天听亚伦公司、荣昌公司拖欠荣恒贸易公司款项的事实清楚，且未在还款协议约定的期限内归还所拖欠的款项。在债务人未还款的情况下，荣恒贸易公司有权根据《最高人民法院关于适用〈中华人民共和国担保法〉若干问题的解释》（以下简称《担保法司法解释》）第20条第1款的规定向作为连带保证责任人的班班纸业公司进行追偿。在保证期间，已有法院受理了债务人天听公司、天听亚伦公司、荣昌公司的破产案件，荣恒贸易公司既可以向人民法院申报债权，也可以向作为连带保证责任人的班班纸业公司主张权利，因此，荣恒贸易公司提起本案诉讼要求班班纸业公司承担连带保证责任具有法律依据。虽然荣恒贸易公司在提起本案诉讼前后，已分别向进入重整程序的三债务人申报了债权，但并无法律明文禁止荣恒贸易公司在向三债务人申报债权的同时，向连带保证责任人班班纸业公司提出要求其承担连带保证责任的诉讼请求。因此，班班纸业公司提出的抗辩理由缺乏法律依据，不予支持。

由于提供抵押财产的系荣昌公司，因此，对于天听公司、天听亚伦公司的债务而言，其既有荣昌公司所提供的物的担保，也有班班纸业公司所提供的人的担保。根据法律规定，荣恒贸易公司既可以请求荣昌公司承担物的担保，也可以要求班班纸业公司承担人的担保，选择权在于荣恒贸易公司。现荣恒贸易公司既已选择了由班班纸业公司来承担天听公司和天听亚伦公司债务的人的担保责任，则抵押合同的撤销与否显然与班班纸业公司是否应承担人的担保责任并无必然的关联性。对于荣昌公司的债务而言，由于其既有荣昌公司自身提供的物的担保，又有班班纸业公司提供的人的担保，荣恒贸易公司依法应先要求荣昌公司以自身提供的财产来清偿债务，在担保财产不能全部清偿债权时，再由班班纸业公司承担剩余部分的清偿责任。但由于抵押合同已被生效判决所撤销，故班班纸业公司仍应当按照合同的约定或法律的规定承担保证责任。法院认为，抵押合同被撤销的原因是由于抵押发生在人民法院受理荣昌公司破产申请前一年内，班班纸业公司并无证据能够证明荣恒贸易公司对此存在过错。在荣恒贸易公司与荣昌公司签订的抵押合同被撤销后，班班纸业公司称其只需承担二分之一责任的抗辩理由缺乏明确的法律依据，不予支持。因此，虽然抵押合同被撤销，班班纸业公司仍应就天听公司、天听亚伦公司、荣昌公司的全部债务承担连带保证责任。根据法律规定，附利息的债权自破产申请受理时起停止计息。因此，本案主债务的利息依法应计算至三主债务人的破产申请受理时止，班班纸业公司作为担保人，其应承担的担保范围应以主债务人的债务为限，故班班纸业公司对此的抗辩意见成立，应予采纳。对已归还的人民币100万元，根据还款协议的约定，该还款应视为天听亚伦公司的还款。

综上，依照《中华人民共和国担保法》第二十一条第一款、第三十一条，《中华人民共和国企业破产法》第四十六条第二款，《中华人民共和国物权法》第一百七二六条，《最高人民法院关于适用〈中华人民共和国担保法〉若干问题的解释》第二十条第一款、第三十八条第二款、第四十二条第一款、第四十四条之规定，判决：一、班班纸业公司于判决生效之日起十日内向荣恒贸易公司支付人民币28477175.94元及相应的利息（利率按银行同期贷款利率，起算日为2009年5月26日，其中人民币23806425.94元部分计至2009年6月25日，人民币4670750元部分计至2009年9月1日）；二、班班纸业公司在承担了上述保证责任后，有权就其已清偿部分向荣昌公司、天听亚伦公司、天听公司追偿；三、驳回荣恒贸易公司的其余诉讼请求。案件受理费人民币186328元、财产保全费人民币5000元，合计人民币191328元，由荣恒贸易公司负担人民币1000元，班班纸业公司负担人民币190328元。

一审宣判后，班班纸业公司提起上诉称：（1）其同意作出连带责任保证是基于荣昌公司提供了物的抵押，若主债务人未按期履行债务的，荣恒贸易公司应先就荣昌公司提供的抵押物实现债权，不足部分由班班纸业公司承担保证责任。现一审法院认定抵押合同被撤销后班班纸业公司仍应承担全部债务的连带保证责任，明显违背了班班纸业公司提供保证的真实意思表示。（2）荣恒贸易公司在签订抵押合同之前未履行对荣昌公司经营状况的审查义务，以致还款协议签订后仅3个多月荣昌公司即进入破产重整、抵押合同被撤销，对此荣恒贸易公司存在过错。（3）三主债务人均未按时履行2009年5月的还款义务，按照还款协议的约定全部债务可视为到期，此时荣恒贸易公司应当要求三主债务人立即清偿并行使抵押权。但荣恒贸易公司未积极行使权利，致抵押合同在荣昌公司进入破产后被撤销，且荣恒贸易公司在撤销诉讼中还放弃了上诉。荣恒贸易公司的上述行为属于怠于行使担保物权的行为，班班纸业公司应当减免相应的担保责任。(4) 原审法院适用法律错误。三主债务人现均已进入破产程序，荣恒贸易公司已经申报了全部债权，根据《担保法司法解释》第 44 条的规定，荣恒贸易公司应当在破产程序终结后六个月内就未受清偿部分的债权向担保人主张权利。由于目前破产程序尚未终结，故荣恒贸易公司不能同时要求班班纸业公司承担保证责任。即便法院已经受理了本案，也应当中止审理，待破产案件程序终结后，视荣恒贸易公司的受偿情况决定案件的处理，否则，就有可能使荣恒贸易公司双重受偿。综上，班班纸业公司认为一审认定事实不当，适用法律错误，请求二审法院撤销原判，发回重审或依法予以改判。

荣恒贸易公司答辩称：(1) 班班纸业公司所作的连带责任保证意思表示真实有效，班班纸业公司称其提供保证的前提是荣昌公司提供了物的抵押，没有任何事实依据。(2) 抵押合同被撤销是基于《企业破产法》的规定，并非是由于显失公平、重大误解或欺诈等事由，荣恒贸易公司对此并无过错。荣恒贸易公司在该撤销纠纷案件中未提起上诉，是基于尊重法律和事实，且也是为了避免司法资源的浪费。(3) 根据法律规定，当物的担保和保证均为第三人提供的情况下，物的担保与保证处于同一地位，债权人可以请求物的担保人或保证人承担担保责任。现荣恒贸易公司选择要求班班纸业公司承担担保责任，符合法律规定。(4) 本案中班班纸业公司提供的保证为连带责任保证，根据法律规定，荣恒贸易公司可以要求债务人履行债务，也可以要求连带责任保证人承担保证责任。荣恒贸易公司现既申报债权又要求班班纸业公司承担连带保证责任，并不违反立法原意。《担保法司法解释》第 44 条的规定，是为了保证债权人在破产程序中未受偿部分债权的实现，若将此条款理解为债权人一旦申报债权就必须等待破产程序终结后方可向保证人主张权利，其后果必然将连带保证责任变更为一般保证责任，这显然不利于保护债权人的利益。(5) 本案不存在重复受偿的问题，班班纸业公司承担保证责任后，可以代位荣恒贸易公司申报的债权，并可依法在破产财产最后分配前补充申报，荣恒贸易公司也会向破产管理人报告受偿的具体情况。就本案而言，目前仅是通过法院判决明确保证人的法律责任，尚未涉及保证人清偿，只有在保证人履行责任时，才有可能涉及与破产案件的债权申报和受偿的衔接，故本案无中止审理的必要。荣恒贸易公司请求驳回班班纸业公司的上诉请求，维持原判。

二审法院认为，本案的争议焦点主要在于：(1) 关于程序问题。班班纸业公司为主债务人天听公司、天听亚伦公司、荣昌公司的债务向荣恒贸易公司提供了连带共同保证，班班纸业公司与主债务人对债权处于同一清偿顺序。根据《担保法司法解释》第 44 条第 1 款“保证期间，人民法院受理债务人破产案件的，债权人既可以向人民法院申报债权，也可以向保证人主张权利”的规定，荣恒贸易公司在申报债权、参加破产程序的同时，可以要求班班纸业公司承担保证责任。关于班班纸业公司以为避免荣恒贸易公司双重受偿为由，请求中止本案审理的问题，二审法院认为，保证人在破产程序尚未终结前可暂时停止向债权人清偿，待破产程序终结后再根据破产受偿情况，向债权人作出相应的清偿，债权人向保证人主张的权利应当以破产程序中未受清偿的部分为限。(2) 关于实体问题。至于班班纸业公司认为荣恒贸易公司怠于行使担保物权的问题，二审法院认为，虽然荣恒贸易公司可以按照还款协议的约定，在主债务人未按期履行2009年5月还款义务的情况下，宣布全部债权到期并行使抵押权，但由于荣昌公司在2009年6月25日即进入破产重整，因此荣恒贸易公司未在此较短期间内行使抵押权并不属于怠于行使权利的情形。更何况，即使荣恒贸易公司行使了抵押权，但由于不符合法律规定，仍然会被荣昌公司管理人请求撤销。故抵押合同被撤销、抵押权无法实现，荣恒贸易公司并无过错，故班班纸业公司应对荣昌公司的全部债务承担连带保证责任。

综上，班班纸业公司的上诉理由缺乏事实和法律依据，不应予以支持，但一审法院判决结果不当，应予纠正。据此，上海市高级人民法院依照《中华人民共和国物权法》第一百七十六条，《中华人民共和国担保法》第十八条、第二十一条第一款，《中华人民共和国企业破产法》第四十六条第二款，《最高人民法院关于适用〈中华人民共和国担保法〉若干问题的解释》第二十条第一款、第三十八条第一款、第二款、第四十四条以及《中华人民共和国民事诉讼法》第一百五十三条第一款第（二）项、第一百五十八条之规定，于2010年11月29日作出（2010）沪高民二（商）终字第60号民事判决。

【评析】

本案争议的主要问题有两个：第一是本案的程序问题，即荣恒贸易公司是否有权提起本案诉讼，本案是否应当中止审理；第二则涉及实体问题即荣恒贸易公司对抵押权不能实现是否存有过错，班班纸业公司应承担的担保责任的范围。

一、程序上的问题

本案系债权人在人民法院受理债务人破产案件并申报全部债权后，在破产程序尚未终结前，又同时向保证人主张权利的保证合同纠纷案件。对于这类案件，程序上是否必须中止等待破产程序终结后方可审理，法律没有明确规定，实务界亦有不同观点。且如果保证人在破产程序尚未终结前履行了保证责任，而债权人在破产程序中又获得了部分受偿，确有可能出现如当事人担忧的情况即同一债务双重受偿。若债权人在双重受偿后，未将双重受偿部分主动返还给保证人，亦可能会产生新的纠纷和诉讼。二审裁判通过分析《担保法司法解释》第44条第2款规定，认为该规定主要针对的是债权人就破产程序中未受清偿部分向保证人追偿的期限问题，并非禁止债权人在申报债权的同时向保证人主张权利，所以本案中荣恒贸易公司提起诉讼并无不当，荣恒贸易公司在申报债权、参加破产程序的同时，可以要求班班纸业公司承担保证责任。二审裁判通过对相关法律规定的分析和论证，确定了这类诉讼无需中止审理，同时作出附履行条件的判决，保证了债权人担保债权的及时实现，同时又避免双重受偿等情况的发生。一审法院虽然在判决理由中已经考虑到了避免双重受偿的问题，但实体处理上却未能予以体现，致使判决结果仍然可能出现双重受偿情况。而本案如果中止审理，只会无限期地延长诉讼期限，造成当事人的讼累，社会效果也不好，二审判决严格以法律为准绳，又灵活地运用了法律规则，减轻了当事人的诉讼成本。这是本案裁判的一大亮点，对今后处理类似的案件提供了良好的借鉴。

二、实体上的问题

本案系争抵押合同被撤销的原因系抵押权的设立时间在法院受理荣昌公司破产申请前一年。根据法律规定，法院受理破产申请前一年，对没有财产担保的债务提供财产担保的，管理人有权请求法院予以撤销，因此抵押合同被撤销并非班班纸业公司或荣恒贸易公司任何一方的责任。虽然荣昌公司在抵押合同签订后3个多月即进入了破产重整程序，但班班纸业公司并无证据证明荣恒贸易公司与荣昌公司存在串通骗取班班纸业公司提供保证的情况，而法律亦未规定债权人有对债务人或担保人的经营状况进行审查的义务，故荣恒贸易公司对抵押合同被撤销不存在过错。由于各方签订的还款协议并无班班纸业公司仅就抵押物不足清偿债权部分承担保证责任的约定，班班纸业公司亦未提供其他证据证明各方对其应承担的保证责任范围另有约定，故班班纸业公司承担保证责任的范围仍应以还款协议的约定为准。荣恒贸易公司对天听公司和天听亚伦公司的债权，既有班班纸业公司作为连带责任保证人提供的保证又有荣昌公司提供的物的担保，根据法律规定，荣恒贸易公司可请求保证人或者物的担保人承担担保责任。现荣恒贸易公司选择请求班班纸业公司承担保证责任符合法律规定，班班纸业公司应对天听公司、天听亚伦公司的全部债务承担连带保证责任。荣恒贸易公司对荣昌公司的债权同样既有物的担保又有保证存在，但由于抵押合同已被生效判决撤销，抵押权已不复存在，而荣恒贸易公司对抵押合同被撤销并无过错，故班班纸业公司应对荣昌公司的全部债务承担连带保证责任。

（一审合议庭成员：姚蔚薇　何　玲　徐越峰
二审合议庭成员：盛勇强　姜　山　壮春晖
编写人：上海市高级人民法院　壮春晖　傅伟芬
责任编辑：韩建英
审稿人：曹守晔）

30. 艾陆诉中国民生银行股份有限公司信用卡纠纷案

问题提示：如何认定贷记信用卡“全额罚息”条款的性质？

【要点提示】

“全额罚息”是指《信用卡（个人卡）领用合约》中约定的“持卡人未能于最后还款日前足额偿还全部到期应还款项的，不享受免息待遇，并且所有交易和应付费用改为自记账日起按透支利率计算利息。”该条款虽属于格式条款，但没有免除被告责任，或加重原告责任、排除原告权利的内容，故不属于未尽到合理提示义务而无效的格式条款。

【案例索引】

一审：北京市西城区人民法院（2009）西民初字第2437号（2009年3月20日）

二审：北京市第一中级人民法院（2009）一中民终字第6525号（2009年6月19日）

【案情】

原告（上诉人）：艾陆

被告（被上诉人）：中国民生银行股份有限公司

一审法院审理查明：2008年7月14日，原告在被告提供的《中国民生银行信用卡（个人卡）领用合约》上签名，申请被告提供的VISA（双币信用卡）金卡。在合约中约定“除章程或本合约另有约定的情形之外，对持卡人的非现金交易，从记账日起至最后还款日之间的日期为免息还款期，持卡人在免息还款期内偿还全部应还款项的，无需支付当期刷卡消费交易款项的利息，免息还款期的最长期限由本行在有关金融规章许可的范围内确定。持卡人未能于最后还款日前（含当日）足额偿还全部到期应还款项的，不享受免息待遇，并且所有交易和应付费用改为自记账日起按透支利率计算利息。”后该合约经被告审核通过，双方建立信用卡合同关系，原告领取了中国民生银行贷记信用卡金卡，卡号：4213709986907661。后原告收到被告发出的12月账单交易明细，记载：上期账单金额1861.76元，本期已还金额1800.00元，循环利息34.72元。

原告诉称：2008年11月，原告使用信用卡透支消费1861.76元。由于未记准尾数，在该月账单最后还款期前，原告还款1800元，有61.76元未还。2008年12月，被告扣取原告2008年11月账单逾期利息，数额为34.72元。该罚息未以原告11月实际逾期金额61.76元作为基数计算，而是以全部透支金额1861.76元作为基数计算。原告认为，原告与被告签订的《中国民生银行信用卡（个人卡）领用合约》属于格式条款。被告在条款中规定如果发生逾期欠款，就按照全部透支金额计算罚息，违反了法律法规的有关规定，加重了还款人的责任，显失公平，且本案中被告未对该条款进行合理提示，因此该条款应属无效条款。原告诉至法院要求：（1）判决被告返还原告34.72元，并支付占有上述款项的利息（从2008年12月31日至实际返还之日，按人民银行同期贷款利率计算）；（2）判决原告以实际逾期金额61.76元为基数，重新计算罚息；（3）判决被告承担本案诉讼费。

被告辩称：原告与被告签订《合约》，原告领取信用卡以及相应欠款罚息的情况属实。原告与被告在平等、自愿的前提下签订《合约》，依法成立并生效，双方都应当严格按照合同履行，未经协商一致，不能擅自变更。原告一方面以被告未尽到格式条款的说明义务为由要求认定格式条款无效，另一方面又以显失公平为由要求变更合同，其对合同条款效力的认定，与诉讼请求所依据的理由是相互矛盾的。本案中关于逾期罚息的条款不属于法律规定的无效情形，是否对格式条款履行说明义务，并不必然导致条款无效。关于该条款是否显失公平的问题：（1）申请信用卡是自由自愿平等的，合约内容原告也是认可的，是其真实意愿的表示；（2）合约中关于逾期罚息的条款内容，符合国家法律法规，以及人民银行、银监会等银行监管部门的要求；（3）全额罚息的规则是一项国际惯例，是银行业用以防范信用卡风险，减少遏制恶意透支和套现的一种风险防范手段；（4）被告作为独立的公司法人，拥有自主经营的权利，对自己提供的金融服务产品，在法律规定的范围内，有自主定价的权利，原告可以自愿选择是否接受被告提供的金融产品；（5）不同银行针对自己的信用卡产品所规定的免息期、年费、利息、手续费等方面的差异，是市场主体不断竞争的体现，如果以法律手段强制性的要求企业提供完全一致的产品，违背法律、违背市场规律。故请求法院驳回原告的诉讼请求。

【审判】

一审法院认为：《中国民生银行信用卡（个人卡）领用合约》中关于还款及利息计算方式的条款，属于格式条款。根据法律规定，提供格式条款一方免除其责任，加重对方责任，排除对方主要权利的，该条款无效。同时，提供格式条款一方，应采取合理的方式提请对方注意免除或者限制其责任的条款，按照对方的要求，对该条款予以说明。本案中，关于还款及利息计算方式的条款，并未超出法律法规的许可范围，同时也是银行业为减少恶意透支及信用卡套现的一种风险防范手段。该条款并没有免除被告责任，或加重原告责任、排除原告权利的内容，故不属于法定无效的条款。在该条款中没有免除或限制被告责任的内容，因此原告以被告未尽到合理提示义务为由主张该条款无效，缺乏法律依据，本院不予支持。另，原告以显失公平为由，主张该条款无效，同样缺乏法律依据，本院不予支持。依照《中华人民共和国合同法》第三十九条、第四十条之规定，作出如下判决：驳回原告艾陆的诉讼请求。

一审宣判后，原告艾陆不服提出上诉。原告上诉称：（1）被上诉人“全额罚息”条款加重上诉人责任，有违公平原则，为无效条款。（2）原审法院遗漏重要事实，上诉人与被上诉人办理的信用卡是贷记卡的一种，该事实原审庭审中上诉人及被上诉人均认可。本案中，双方信用卡的种类，涉及是否适用《贷款通则》第14条第3款、第34条第3款的问题。原审判决在事实查明部分对此未涉及，属于遗漏重要事实。（3）原审法院称“全额罚息”并未违反法律规定，属适用法律错误。根据《合同法》第39条第1款、第40条，《贷款通则》第14条第3款，《银行卡业务管理办法》第21条的规定，在本案中，上诉人适用的信用卡为贷记卡一种，使用信用卡消费实质为简单的贷款合同。上诉人已经按期偿还款项不属于逾期贷款，只有对逾期贷款才可以按规定计收罚息。上诉人按期偿还的贷款数额远远高于最低还款额度，却以全部贷款数额计算透支利息显然有失公平，有违公平原则。因此原审法院称“全额罚息”并未违反法律规定，属于适用法律错误。（4）原审法院称“全额罚息”条款是银行业为减少恶意透支及信用卡套现的一种风险防范手段，没有法律及事实依据。况且在本案中，上诉人根本不存在恶意透支及信用卡套现情况。5.原审法院称“全额罚息”条款并未加重上诉人责任、排除上诉人权利，与事实不符。“全额罚息”条款要求上诉人对于已经按期偿还的款项按欠款计算罚息，显然剥夺了持卡人的权利。

被上诉人答辩称：被上诉人向上诉人收取的是透支利息而非全额罚息，符合中国人民银行和被上诉人的有关规定，是完全合法的。信用卡合约中的条款不属于格式条款，是合法有效的。该条款并没有加重持卡人的义务，领取合约经过持卡人签字，是其完全自愿的。被上诉人采用的透支计息方式已经成为银行业的惯例。

二审查明的事实与一审法院查明的事实一致。

二审法院认为：被上诉人与上诉人签订的《中国民生银行信用卡（个人卡）领用合约》主体合格，双方当事人意思表示真实，内容未违反法律、行政法规的强制性规定，属有效合同。双方均应按照合同的约定，履行各自的义务。该合约明确约定："除章程或本合约另有约定的情形之外，对持卡人的非现金交易，从记账日起至最后还款日之间的日期为免息还款期，持卡人在免息还款期内偿还全部应还款项的，无需支付当期刷卡消费交易款项的利息，免息还款期的最长期限由本行在有关金融规章许可的范围内确定。持卡人未能于最后还款日前（含当日）足额偿还全部到期应还款项的，不享受免息待遇，并且所有交易和应付费用改为自记账日起按透支利率计算利息"。上述约定与普通贷款不同，既有持卡人按约定履行义务可享受的免息约定，又有持卡人超过约定的最后还款日还款按透支利率计算利息的约定。上述约定符合银行业的行业惯例，不构成加重持卡人的责任。被上诉人依照上述约定向上诉人收取透支利息依法有效，上诉人的上诉意见缺乏法律依据，本院不予支持。综上，一审法院认定事实清楚，适用法律正确，依法应予维持，判决驳回上诉，维持原判。

【评析】

据了解，本案应属北京市首例信用卡持卡人就所谓"全额罚息"问题起诉发卡银行的民事诉讼，而且在一审的审理过程中，恰逢中国工商银行在全国范围内率先取消"全额罚息"的格式条款，因此本案受到了社会各界和媒体的广泛关注。而此案的判决结果，对同类纠纷的处理以及银行推行新的信用卡管理办法和格式合同，都具有非常重要的指导意义。

本案的特点在于认定事实比较容易，案件争议焦点集中在对所谓"全额罚息"条款性质的法律认定。就这个问题，法院从6个方面进行了仔细的考量。

1. 该条款应属格式条款。在《中国民生银行信用卡（个人卡）领用合约》中关于还款及利息计算方式的条款，是作为合同一方当事人的银行为重复使用而预先拟定，并在订立合同时未与对方协商的条款。申请信用卡时，一般都是填写由银行提供的合同，申请人只需在相应空白处填写自己的基本资料

（如姓名、身份证号、住址等信息），合同的权利义务条款都是事先拟定好的，申请人也无权对具体条款进行协商或修改，这样的合同条款属于法律规定的格式条款。

2. 本案争议条款应属合同义务而非责任。首先，贷款利息应属义务而非责任。义务和责任的区别在于责任属于第二性义务，在合同关系中主要表现为违约责任和缔约过失责任，这两种责任都具有补偿履约方损失的性质。信用卡透支消费，实质上是银行在信用额度内为持卡人提供小额贷款的金融服务。利息是贷款的孳息，是持卡人享受信用卡小额贷款这种金融服务而支付的对价，也是商业银行作为公司法人的一种盈利方式。因此，贷款利息是合同义务而非责任。其次，本案中的争议条款应属对利息的约定。该条款中既有持卡人按约定履行义务可享受的免息约定，又有持卡人超过约定的最后还款日还款按透支利息计算利息的约定，这样的约定是关于合同正常利息计算方式的一种体现，或者可以理解为是持卡人对支付利息这种义务的承担方式。所以，该条款应属合同义务而非责任。

3. 该条款没有加重持卡人责任、排除持卡人权利的内容。基于上述对合同义务和责任的理解，在银行借贷合同法律关系中，具备责任性质的是罚息而不是利息。本案中争议条款虽然名为"全额罚息"，但这只是一种约定俗成的说法，并不能由此认定这种利息计算方式属于真正意义上的罚息。如果该条款是罚息，应属违约责任的一种表现形式，违约责任条款必然包含违约情形，违约责任承担方式等构成要素。而该条款的内容是"……不享受免息待遇，并且所有交易和应付费用改为自记账日起按透支利率计算利息"，明显不符合违约责任条款的构成要件，因此，将其理解为"罚息"责任，缺乏事实和法律依据。

4. 该条款并未违反法律法规及有关行业规定。商业银行作为独立的市场主体，有权在法律、行政法规、规章或相关行业规定的范围内，自主决定利息的计算方式或计算标准，这样的做法是正当的市场行为。同时，银行以合理合法的方式降低营业风险，保障自身合法权益，并无不妥。另外，原告在一审的辩论意见以及二审的上诉意见中都提到了《银行卡业务管理办法》第 21 条关于"最低还款额"的规定，并陈述在本案中原告的实际还款金额远远高于"最低还款额"，不应按照当期贷款的全部金额计算利息。"最低还款额"是一种特殊的还款方式，如选择以"最低还款额"作为利息计算方式，需要在合同中加以注明，合同中也列有相关的备选项。而在本案中，原告与被告签订合同时，并未在合同中注明选择"最低还款额"的还款方式，故上述规定不适用于本案的情形。

5. 在一审过程中，原告将中国工商银行取消“全额罚息”条款的新闻报道作为其第四项证据提交法庭。一审法院认为中国工商银行作为独立的市场主体，在法律法规及行业规定许可的范围内，有权决定自主经营的相关事项，该行为是个别市场行为，既不具备法律、法规或规章的强制力，也不具备普遍性的指导意义。原告提供中国工商银行取消“全额罚息”条款的证据，与本案无关联性，不能作为本案的定案依据，因此原告提交的第四项证据本院未予采纳。

6. 关于显失公平的问题：在一审过程中，原告提出该条款显失公平，并据此主张合同无效。显失公平应属于条款可撤销、可变更的法定事由，原告据此主张合同无效，其主张与理由不相符，不能成立。而审理过程中，原告也未明确提出以显失公平为由，主张该条款可变更、可撤销的诉求，因此对原告的第二项诉讼请求，一审法院亦不予支持。

【编后补评】

所谓“全额罚息”是指持卡人消费后在还款最后期限超过之后，无论当月信用卡是否产生了部分还款，发卡行都会对持卡人按照总消费金额计息。由于信用卡消费一般不设抵押，为督促持卡人按期还款，银行一般会采用免息期和全额罚息双管齐下的办法。即如果客户在规定期限内偿还全部当期欠款，则可以享受免除利息的待遇；如果客户不能在规定期限内偿还全部欠款，非但不能享受免息待遇，还要以当期全部欠款为基数，从消费行为发生之时开始计算利息。银行方面称，“全额罚息”是一种国际惯例，可强化信用卡持卡人的信用意识，避免信用卡坏账率的增加。目前，国内绝大多数银行都在信用卡合同中规定了这种计息方式。

前述中国工商银行在全国范围内率先取消了该行信用卡“全额罚息”的条款，但在随后的近一年时间里，国内并没有其他银行效仿这种做法，真可谓是曲高和寡。在我国信用卡业务刚刚开展的时候，信用消费作为一种经济实力的象征，面向高收入高消费的小众群体，“全额罚息”属于一个愿打，一个愿挨，倒也没有引起太多争议。但随着信用卡和准信用卡（贷记卡）业务的迅速推广，该条款开始广受消费者诟病，以至于在网络上被冠以“潜规则”、“服务陷阱”或“社会主义红旗下的高利贷”等称号，在消费者眼中已经被定性为“霸王条款”。

据悉，在信用消费非常发达的美国，信用卡的计息和还款方式非常多样，消费者可以根据自己的实际情况选择不同的还款方式。而督促持卡人按期还款的保障也不一定是高额的逾期利息，更重要的是宝贵的信用记录。“全额罚

息”虽然并不违法，但不可否认的是，在订立信用卡合同时，银行确实处于强势地位，并利用这种强势地位将成本和风险转嫁给了消费者。即便“全额罚息”真的是国际惯例，也应当根据当前中国的经济环境和消费者的认知程度，进行合理的调整。

信用消费是现代经济体制下拉动消费以促进经济发展的有效途径，我国的信用消费业务起步较晚，但发展势头迅猛，在我国一些较发达城市中已经成为中高收入人群的一种消费习惯。从根本上讲，促进信用消费应通过建立完善的信用评价体系和金融服务系统来实现，高额的逾期利息对于发展和完善我国的信用消费行业实在是弊大于利。信用卡消费的“全额罚息”是一个难以回避的问题，希望在不久的将来，银行业能够制定出既可以有效降低信用卡风险，又能实现拉动信用消费增长的科学的、现代化的信用卡管理政策。

（一审独任审判员：王　珊
二审合议庭成员：郭　勇　韩　梅　张印龙
编写人：北京市西城区人民法院　张笑竹
责任编辑：韩建英
审稿人：曹守晔）

31. 北京恒亿盛世葡萄酒有限公司与李伟革等股权转让纠纷案

问题提示：股权转让未经工商登记能否对抗善意第三人？

【要点提示】

有限责任公司股权转让后，没有进行工商登记，股权转让合同有效，但此情形不能对抗善意第三人，当善意第三人信赖工商登记而与原股东订立股权转让协议，在支付合理对价后，就能取得股权。

【案例索引】

一审：北京市第一中级人民法院（2008）一中民初字第10828号（2008年12月9日）

二审：北京市高级人民法院（2009）高民终字第516号（2009年4月8日）

【案情】

原告（被上诉人）：北京恒亿盛世葡萄酒有限公司（以下简称恒亿盛世公司）

被告（原审被告）：李伟革

被告（上诉人）：王英林

北京市第一中级人民法院经审理查明：2007年3月9日，原告恒亿盛世公司与被告李伟革、王英林签订股权转让协议，约定：李伟革将其持有的东海鑫业公司（变更后的注册资本为1000万元）的31%的股权转让给恒亿盛世公司，王英林将其持有的东海鑫业公司的20%的股权转让给恒亿盛世公司，上述股权转让款合计为510万元。至2007年5月14日，恒亿盛世公司分批支付完毕上述股权转让款，但各方当事人并未在工商行政管理局办理股权变更登记手续。2008年5月8日，李伟革与他人成立卡斯特公司，并任卡斯特公司的法定代表人及总经理。2008 年 6 月 28 日，王英林与李景签订《出资转让协议书》，将其在东海鑫业公司的 200 万元货币出资转让给李景。同日，李伟革与李景签订《出资转让协议书》，将其在东海鑫业公司的 160 万元货币出资转让给李景，李伟革又与卡斯特公司签订《出资转让协议书》，将其在东海鑫业公司的 640 万元货币出资转让给卡斯特公司。之后，李景支付了股权转让款后，卡斯特公司未向李伟革支付股权转让款。东海鑫业公司在工商行政管理局办理了股权变更登记手续，同时，东海鑫业公司法人股东名册记载的投资者姓名和股本结构为卡斯特公司出资 640 万元，李景出资 360 万元。遂原告恒亿盛世公司向北京市第一中级人民法院提起诉讼，请求确认被告李伟革及王英林向李景、卡斯特公司转让东海鑫业公司的股权无效。

【审判】

北京市第一中级人民法院审理认为，李伟革、王英林分别与李景签订的《出资转让协议书》有效，而李伟革与卡斯特公司签订《出资转让协议书》部分无效，理由如下：《公司法》第 33 条第 3 款规定："公司应当将股东姓名或者名称及其出资额向公司登记机关登记；登记事项发生变更的，应当办理变更登记。未经登记或者变更登记的，不得对抗第三人。"由此可见，虽然工商登记是否变更既不影响股权转让合同的生效，也不影响股权的取得，但是股东权转让各方不能凭转让合同或者公司股东名册及工商登记对抗善意第三人。优先保护善意第三人的利益，体现着商法的公示主义和外观主义。这里优先保护的是善意第三人的利益，如果第三人与股权出让人之间恶意串通，损害了股权受让人的利益，根据《合同法》第 52 条中关于"恶意串通，损害国家、集体或者第三人利益的合同无效"的规定，则股权出让人与第三人签订的股权转让合同即使办理了工商变更登记，亦应按照无效合同处理。本案中，李景受让股权并非恶意，从目前证据来看，并无证据证明其知道或者应当知道李伟革已将东海鑫业公司 51% 的股权转让给恒亿盛世公司，且李景亦实际支付了股权转让款并办理了工商变更登记，且李伟革对东海鑫业公司 49% 的股权享有处分权（本案中有另一争议问题是王英林股东资格问题，法院认定其是挂名股东，并不具有东海鑫业公司的股东资格。实际上东海鑫业公司除去恒亿盛世公司的 51% 股权后，余下 49% 皆为李伟革享有。），故李景取得东海鑫业公司 36% 的股权合法有效，对从保护善意第三人及有权处分的角度出发，李伟革、王英林分别与李景签订《出资转让协议书》应属有效。李伟革系东海鑫业公司的总经理，同时，其也是卡斯特公司的总裁及法定代表人，并拥有卡斯特公司 80% 的股权，卡斯特公司的两名股东李伟革及李捷均在明知东海鑫业公司51%的股权已经转让给恒亿盛世公司的情况下，卡斯特公司又受让李伟革在东海鑫业公司64%的股权，李伟革与卡斯特公司已经构成恶意串通，损害了恒亿盛世公司的利益，且该转让亦未支付股权转让款，卡斯特公司并非善意第三人，从这个角度出发，李伟革与卡斯特公司签订《出资转让协议书》应属无效，但考虑到李伟革对东海鑫业公司49%的股权享有处分权，在其将东海鑫业公司36%的股权转让给李景之后，其对东海鑫业公司13%的股权尚享有处分权，其将该部分转让给卡斯特公司的行为属有权处分，合法有效，但李伟革将另外东海鑫业公司51%股权转让给卡斯特公司的行为无效。一审法院依照《中华人民共和国合同法》第四十四条、第五十二条第一款第（二）项，《中华人民共和国公司法》第三十三条第三款之规定，判决确认：李伟革、王英林分别与李景签订《出资转让协议书》应属有效；李伟革与卡斯特公司签订的《出资转让协议书》中涉及转让东海鑫业公司百分之五十一股权的部分无效。

宣判后，被告王英林不服，提出上诉。北京市高级人民法院经审理，作出了驳回上诉，维持原判的判决。

【评析】

本案当事人李伟革、王英林（法院认定为挂名股东）进行了两次股权转让，第一次2007年，李伟革、王英林与原告恒亿盛世公司签订股权转让协议，恒亿盛世公司实际受让股权，法院判决确认股权转让合同合法有效，其取得股权，成为东海鑫业公司的股东。但是，依据《公司法》第33条第3款之规定，虽然其在股东名册上进行了记载，但股东名册的变更登记不具有公示效力，只在公司内部具有对抗性，其不能对抗第三人。第二次2008年，李伟革、王英林又与李景订立股权转让协议，此时李景信赖工商登记而与王英林、李伟革订立股权转让合同，故其在受让股权时是善意的，并实际支付了股权转让款，从保护善意第三人的利益出发，法院判决确认李景取得了东海鑫业公司36%的股权。因此，股权转让中股权变更登记对第三人影响是本案争议焦点之一，也是本案评析的主题所在。

有限责任公司股权在当事人达成转让合意并实际支付股权转让款后，受让人具备股东资格，而法律要求的转让登记不是创设股权的要件，其立法价值在于保障股权转让的安全与秩序。股权转让登记制度包括股东名册变更登记和工商变更登记。其中，股东名册变更登记的依据是《公司法》第74条之规定，即“应当注销原股东的出资证明书，向新股东签发出资证明书，并相应修改公司章程和股东名册中有关股东及其出资额的记载”。工商变更登记依据《公司法》第33条第3款之规定，公司应当将股东姓名或者名称及其出资额向公司登记机关登记；登记事项发生变更的，应当办理变更登记。这两种登记对股权转让效力的影响是不同的。对于股东名册变更登记对股权转让效力的影响，学界和各国立法有两种态度：

1. 生效主义

公司股东名册的变更登记之时视为股权交付、股东身份（股东权利、义务、风险和收益）开始转移。① 股东名册变更后，才发生原股东股东权的消灭和新股东股东权的产生。采如此立法例的有我国澳门和香港地区。

2. 对抗主义

股东名册变更登记是股权转让的对抗要件。又分为两类，一类认为股东名册变更登记使股权转让具有对抗公司的效力，而不具有对抗第三人的效力，另一类则认为股东名册变更登记赋予股权转让的对抗效力不仅及于公司，而且及于公司以外的第三人。采前者观点的立法例有我国台湾、法国、意大利。而采后者观点的立法例有日本和韩国。②

就我国公司法上股东名册变更登记采何主义而言，《公司法》未给出明确规定。首先，可以确定的是我国没有采生效主义，因为股东名册不是设权的名册，“股东权是因参加公司、加入公司或受让、继承、受赠股权或者公司合并而取得，而不是因股东名册的记载而取得”③。其次，就股东名册是否具有对抗力上，区分是对抗公司还是第三人进行分析。《公司法》没有要求必须将股东名册予以登记，其不具备公示的意义，当然不能对抗第三人。至于能否对抗公司，《公司法》第33条第2款“记载于股东名册的股东，可以依股东名册主张行使股东权利”，虽未直接说明股东名册可以对抗公司，但可以解释为具备对抗公司的效力。因为，股东权即股东资格是相对于公司而言的，股东只能是某一公司的股东，股东权也只能向某一特定的公司主张行使。④ 鉴于此，股东名册上的股东，可以向公司主张行使股东权利，自然也可以以公司股东名册的记载对抗公司。这正是一个硬币的两面，故《公司法》虽未直接规定股东名册可以对抗公司，但其规定已蕴含此意。

对于工商变更登记对股权转让效力的影响，学界和实务界基本达成一致，即工商登记是证权性的，而不是设权性的，这种登记只是公示行为，对外起对

---

①② 郑艳丽：《论有限责任公司股权转让效力与相关文件记载的关系——新公司法视角下的理论与实践分析》，载《当代法学》2009年第1期。

③④ 王保树：《有限公司股东的两种不同登记》，《中国工商管理研究》2005年第8期。

抗效力。工商登记不是合同生效的要件，登记事项发生变更但未作变更登记的，不得对抗第三人。

股权转让合同当属合同，同样适用《合同法》规定的合同生效条件。合同生效，是指已经成立的合同在当事人之间产生一定的法律效力，它是国家权力对当事人行为的评判和取舍，以保证当事人实现其预期的合同目的。合同的生效要件属价值判断，体现了国家意志对当事人之间业已成立的合同关系品质的评判，这些要件是法律通过强制性规定所确立的，不是当事人通过意思自治可以解决的。按照《合同法》第44条的规定，依法成立的合同，自合同成立时生效。法律、行政法规规定应当办理批准、登记等手续的，依照其规定。就股权转让而言，我国现行立法并未规定转让合同必须在办理工商登记后才能生效，经双方当事人达成股权转让协议即生效（当事人有约定的除外）。

股权变更后，有限责任公司股东在工商管理部门登记的性质应为宣示登记，而不是设权性登记，它与公司设立工商登记的性质是不一样的。《公司法》和有关公司、企业的登记管理法均规定，公司、企业经核准登记，自取得企业法人营业执照之日起成立。所以公司的工商登记是决定公司成立、取得独立法人资格的设权程序。而工商管理部门的股东变更登记的性质完全不同。根据《公司法》和《公司登记管理条例》的规定，公司应当将通过受让股权成为有限责任公司的股东者的姓名或者记载于公司章程和股东名册，并由公司向工商管理部门办理登记变更的手续。如果有限责任公司出资人未经工商登记或股东转让股权后未作变更工商登记，就不具有对抗第三人的效力，更直接地说，公司、股东和股份受让人以外的第三人完全可以以此为由否定出资人或受让人的股东资格。[1] 我国《公司法》第33条第3款正是传达了此种含义。

公司股东的工商登记属于宣示性的登记，主要原因为：公司将其确认的股东向工商管理部门办理登记，公司的确认既已实现，则股东的身份已经确定，股东的权利亦已产生，股东的工商登记仅仅是一种宣示而已。因此可以认为，股东权利的获得与行使并不以工商登记程序的完成为条件。股东的工商登记来源于公司的登记，或者说股东的工商登记以公司股东名册为基础和根据。这不仅表现为程序上的时间顺序，更是由两种登记的不同性质决定的。公司股东名册的登记确定股权的归属，工商登记将其登录在案；公司股东名册的登记发生变动，工商登记的内容亦作相应的更改。两者之间的关系决定了在发生差异的时候，即工商登记的内容与公司股东名册登记内容不一致的时候，作为一般原则，公司股东名册的登记内容应作为确认股权归属的根据；在股权转让合同的

① 周友苏：《试析股东资格认定中的若干法律问题》，载《法学》2006年第12期。

当事人之间、股东之间、股东与公司之间因为股权归属问题发生纠纷时，当事人不得以工商登记的内容对抗公司股东名册的记录，除非有直接、明确的相反证明。

《公司法》第33条第3款规定："公司应当将股东的姓名或名称及其出资额向公司登记机关登记；登记事项发生变更的，应当办理变更登记。未经登记或者变更登记的，不得对抗第三人。"该规定之前，国家工商行政管理局工商企字〔2000〕第263号文件关于股权转让有关的问题曾答复为，有限责任公司设立登记后，股东之间可以相互转让股权；经股东会通过，股东可以向股东以外的人转让其股权。经公司登记机关核准变更登记后，成为公司股东。该答复表明：第一，股权转让变更登记的前提是股权转让协议已经发生法律效力，因为工商变更登记，是工商行政管理部门通过对股权转让的双方当事人已经发生的事实的真实性、合法性加以审查、确认，向社会公众公示的一种行政管理手段。其前提条件必须是股权转让协议已经发生法律效力，要通过工商变更登记对这个事实加以确认，并公布于众。如果当事人股权转让协议在办理工商变更登记手续后才能生效，那么，办理股权变更登记的事实依据就不足了。第二，只有经过转让变更登记的股权转让协议，才具有对抗第三人的效力。因此，《公司法》该条如此规定是公司实践的水到渠成。

法律给予工商登记以外部对抗效力或者说没有进行工商登记将无法对抗第三人，是出于对交易安全的考虑，法律不能将审查是否具备股东资格的义务苛以第三人，一方面是由于外部的第三人对于公司内部股东实际情形难以调查和了解，即便是股东名册上记载的股东，如果有证据证明其不具备股东资格，也可以推翻股东名册上的股东享有股东资格的推定，故第三人实际上难以得知欲转让股权的股东是否真实具备股东资格；另一方面，要求第三人进行调查股东资格实际上违背了商法要求的提高商事交易效率的精神，公司股权转让在商事活动中非常频繁，如果法律规定的程序和方式过于繁杂，势必增加交易成本，而无法快速交易，最终影响整个商事活动的进行。相反，如果将因未进行登记或变更登记的结果即无法对抗第三人课以公司或股东，则其更有动力去完成登记。事实上，要求其进行登记，是在对交易安全的保护中所付出的最小成本，如此设计方公平合理和富有效率。基于此，在商法强调外观主义和公示主义的基础上，第三人可以依据工商登记的事项进行抗辩，即便事实上此工商登记事项与实际并不一致。

综上，股东名册和工商登记都不具有创设股东权利的功能，而只是证明股东权利。当然，这种证明在有其他相反证据表明记载的股东不是真实股东时可以推翻。二者不同之处在于，股东名册具备内部对抗效力，即不能对抗外部第三人，仅仅对抗公司；而工商登记具有外部对抗效力，其能对抗公司以外的第三人。

鉴于上述情形，当公司未将股东进行登记或变更登记的，第三人依据公司登记记载的事项与无权利人进行受让股权时，其可以取得股东权利，此为股权的善意取得。善意取得是“为了保护信赖权利外观者而治愈让与人无权利的瑕疵的制度”[①]。

善意取得须满足以下的条件方能成立，如下所示[②]：

1. 股权是可以处分的。法律禁止处分的股权或者不能流通的股权不能成立善意取得。

2. 从无权利人处分受让股权。善意取得要求第三人是从无权利人处取得，如果转让的人是具备股东资格的股东，当然不存在善意取得的问题。

3. 第三人取得时须无恶意或重大过失。恶意与善意相对，此处是指第三人明知转让者不是真正的权利人而受让股权。重大过失指第三人只要稍加注意就能发现转让人是无权利者，其怠于注意而没有发现转让者无处分权这一事实。

4. 依据法律或公司章程规定的方法取得股权。如果法律或是公司章程对股权取得方式另有规定的，受让人须完成此规定行为，方取得股权。

5. 须支付合理对价。第三人须支付对价且支付的对价应该合理。如果对价明显不合理例如显著低于正常价格时，则很难认定受让人是善意取得。

结合上述内容的阐释，可以看出商法无时无刻不强调着公示主义和外观主义，这在有限责任公司股权的转让中也不例外。公示主义要求有限责任公司在股权转让后应予以变更登记，对外具有公示力，可以对抗第三人。外观主义允许第三人信赖外部工商登记的事项而与公司股东进行股权转让交易，尽管股权转让方是无股东权利人，转让系无权处分，但法律对于信赖登记的善意第三人赋予其获得股权的权利。

具体在本案中，2007 年原告恒亿盛世公司与被告李伟革、王英林分别签订股权转让协议，并实际受让股权，但没有进行工商变更登记。据前所述，恒亿盛世公司与李伟革、王英林订立的股权转让合同不受是否进行工商登记的影响，合法有效，其取得股权，成为东海鑫业公司的股东。但是，依据《公司法》第 33 条第 3 款之规定，未经工商登记，无法对抗第三人。虽然其在股东名册上进行了记载，但股东名册的变更登记不具有公示效力，只在公

①② 施天涛：《公司法论》，法律出版社 2006 年版，第 225 ~ 226 页。

司内部具有对抗性，其不能对抗第三人。2008 年，王英林、李伟革分别与李景订立股权转让协议，此时未做变更的工商登记上记载的股东正是此二人，工商登记具有公示效力，李景信赖工商登记而与王英林、李伟革订立股权转让合同，故其在受让股权时是善意的，并实际支付了股权转让款，从保护善意第三人的利益出发，法院确认李景取得了东海鑫业公司 36% 的股权。

对于李伟革与卡斯特公司订立的股权转让协议。对于协议本身，法院认定其是部分无效，理由准确充分。李伟革先前已经将其在东海鑫业公司 51% 的股权转让给了恒亿盛世公司，恒亿盛世公司给付李伟革股权转让款，并参与了东海鑫业公司的经营，成为了东海鑫业公司股东，是该股权的所有权人，李伟革已对该股权不具有处分权。后来，李伟革与他人一同成立卡斯特公司，其为该公司的大股东，并担任法定代表人及总经理一职。李伟革再将该股权转让给卡斯特公司，卡斯特公司此时不可能不知道该股权已经转让给恒亿盛世公司的事实。李伟革与卡斯特的行为已经符合《合同法》第 52 条规定的“有下列情形之一的，合同无效：……（二）恶意串通，损害国家、集体或者第三人利益；……”。故法院认定李伟革与卡斯特公司构成恶意串通，损害了恒亿盛世公司的利益，转让应属无效。同时，法院核查了东海鑫业股东各持有的股权，其中，恒亿盛世公司占有 51%，李景善意取得 36%，李伟革剩余持有 13%，故李伟革与卡斯特公司的东海鑫业公司 51% 的股权转让协议中，其中的 13% 股权为有权转让，应当认定为有效，其他为无效。最后，既然卡斯特公司是恶意的，且股权转让协议部分无效，其当然亦不能善意取得东海鑫业公司的股权。故一审法院认定卡斯特公司占 13% 的股权状态，二审予以维持，此判决是正确的。

可喜的是，本案例所评析的法律问题，在最高人民法院于 2011 年 1 月 27 日公布的《关于适用〈中华人民共和国公司法〉若干问题的规定（三）》第 28 条给出了法律正解。那么，该案例就是奠定该司法解释的一个鲜活的司法实践。

（一审合议庭成员：阴　虹　宁　勃　人民陪审员　李　勇
二审合议庭成员：刘小军　殷立红　肖皞明
编写人：中国应用法学研究所　韩建英
责任编辑：韩建英
审稿人：曹守晔）

32. 周益民诉上海联合产权交易所等股权转让案

问题提示：企业产权转让中通过产权交易所向不特定主体公开发布的挂牌信息公告的法律后果是什么？

【要点提示】

企业产权转让中的挂牌信息公告应认定为要约邀请，这种通过产权交易所向不特定主体公开发布的特殊要约邀请对产权转让人具有一定的法律拘束力。在产权交易机构未收到正式受让意向申请之前，如果不实质性损害意向受让人的权益，可适度保护产权转让人的交易自由，挂牌信息公告可以变更；在产权交易机构收到正式意向申请之后，涉及实质要件变更的，应予以严格限制，否则因此而致使意向受让人信赖利益损失的，应承担缔约过失责任。

【案例索引】

一审：上海市黄浦区人民法院（2010）黄民二（商）初字第72号（2010年5月5日）

二审：上海市第二中级人民法院（2010）沪二中民四（商）终字第842号（2010年10月21日）

【案情】

原告（上诉人）：周益民

被告（被上诉人）：上海联合产权交易所

被告（被上诉人）：华融国际信托有限责任公司

上海市黄浦区人民法院经审理查明：2009年8月28日，华融国际信托有限责任公司（下称华融信托）受托将所信托持有的450万股银联数据服务有限公司（下称银联数据公司）员工股权，通过上海联合产权交易所（下称联

交所）发布出让信息。联交所在该所网站和交易大厅显示屏和《中国证券报》上发布了期满日为9月25日、交易方式为“网络竞价—多次报价”的挂牌信息。9月22日，联交所因产权出让人的要求变更了该公告，将交易方式改为一次报价的网络竞价方式、挂牌期限重新计算自9月22日至10月23日，并在原信息发布渠道予以公告。9月25日，周益民向联交所提交《举牌申请书》并支付保证金参与竞价，在承诺接受挂牌信息所载全部要求后，周益民拿到了记载交易方式为“一次报价”的《出让文件》。12月10日，周益民作出接受《出让文件》中各条款的承诺。但在次日的竞拍中，周益民却对原股权挂牌延期事宜提出异议并要求联交所给予合理答复并出示相关依据。经联交所解释，周益民决定选择参与当日竞拍，并提交《竞买文件》，但周益民最终没能如愿竞得股权。

嗣后，周益民因之诉至法院。请求确认联交所、华融信托变更挂牌转让信息公告内容的行为无效。

【审判】

一审法院经审理认为：被告联交所对于信息公告变更已尽到其合理的通知义务，并符合法定程序。而原告周益民作为系争产权的竞买人，产权信息的变更与其投资决策具有紧密联系，周益民对信息变更却未予以适当关注，有违常理。而从周益民通过泰地公司向联交所递交《举牌申请书》的时间明显晚于联交所公布信息变更公告的时间来看，周益民及泰地公司应当知晓系争产权信息变更情况。本案系争产权经公告后，由各竞拍人提出举牌申请并实际参与竞拍后成交。整个竞拍过程经上海市产权管理办公室全程监督及公证处公证，符合法定程序。依照《中华人民共和国民法通则》第五十八条的规定，原审法院于2010年5月5日判决：驳回原告诉请。本案一审减半收取的案件受理费人民币40元，由周益民负担。

一审宣判后，原告不服提起上诉。原告认为，本案争议焦点应在于产权转让过程中信息公告是否可以变更、如何变更，应遵守何种规则。一审法院对以上争议焦点认定事实有误，适用法律不当。故请求：撤销原审判决，改判支持其原审诉请。

二审法院经审理认为，本案的主要争议焦点问题为：1. 被上诉人就之前发布的涉案股权转让信息公告进行变更的行为，是否有违我国相关法律、行政法规的规定或产权交易的行业规则；2. 2009年9月25日周益民向联交所提交举牌申请书时，对于涉案股权转让信息已发生变更的事实是否知晓，周益民主张其举牌行为系针对联交所2009年8月28日所发布的股权转让信息，是否有合理依据。对此，二审法院认为：第一，涉案股权转让信息公告，实际是向不特定主体发出的以吸引或邀请相对方发出要约为目的的意思表示，依据我国《合同法》第15条的规定应认定为要约邀请。我国《合同法》对于要约邀请的变更或撤销情形未有明确的规定，依照一般要约邀请的法律性质，只要未给善意相对人造成信赖利益的损失，要约邀请人可以变更或撤回要约邀请。但是对于产权转让中的挂牌信息公告的变更，除受《合同法》的调整外，还应受相关产权交易市场的政府主管部门以及产权交易所制定的相应交易规则的约束和限制，这种限制是合法且必要的，有利于保证交易信息的稳定、保护信赖交易信息而履行了一定前期准备工作的相对人的经济利益。

第二，根据产权交易相关规则，产权转让公告中的受让条件，一经发布不得擅自变更，因特殊原因确需变更信息公告内容的，应当由产权出让批准机构出具文件，由联交所在原信息发布渠道进行公告。基于此，涉案股权转让的交易信息公告后，可以进行变更，但要有特殊原因且应当由产权出让机构批准。对于特殊原因的定义，上述有关规定中未给出明确限定，二审认为，应在不影响举牌申请人利益的情况下，适度保护产权转让人的交易自由，原则上可以尊重产权出让批准机构作出的合理解释。就本案而言，涉案股权转让的交易信息公告变更前并未有人递交举牌申请书，而且，权利人已就交易信息的变更作出决议并存在合理的理由。

第三，2009年9月25日周益民向联交所提交举牌申请书时，对于涉案股权的转让信息已发生变更的事实应当知道，且事后实际也予以了确认，周益民认为其举牌系针对联交所2009年8月28日所发布的股权转让信息缺乏依据。

综上，原审法院根据查明的事实所作的判决是正确的，应予维持。二审于2010年10月21日判决：驳回上诉，维持原判。上诉案件受理费80元由周益民负担。

【评析】

本案涉及企业产权转让信息公告变更的效力及规则问题。目前的法律法规及相关行业规则未对此做出具体规定，实践中对产权转让挂牌信息公告在何种情况下可以变更、如何变更、变更的限制等问题引发了较多争议。本案的意见和处理可能对今后类似案件的裁判具有一定的指导意义。

一、要约抑或要约邀请：企业产权转让挂牌信息公告的法律性质

对于挂牌信息公告是否可以变更，首先要明确挂牌信息公告的法律性质，这是一个法律行为接受法律评价的前提，也是判定当事人权责的基础。

要约邀请又称“要约引诱”，是指特定的主体希望不特定的对象向自己发出要约的意思表示。要约，根据《合同法》第14条规定，要约是希望和他人订立合同的意思表示，该意思表示应当符合下列规定：（1）内容具体确定；（2）表明经受要约人承诺，要约人即受该意思表示约束。一般而言，要约是当事人自己主动愿意缔结合同的意思表示；而要约邀请是当事人表达某种意愿的事实行为，其目的不在于直接订立合同，而是邀请对方当事人向其发出要约的意思表示，是当事人订立合同的预备行为。其次，要约中含有当事人表示愿意承受要约约束的意旨，要约人将自己置于一旦对方承诺，合同即告成立的无可选择的地位；而要约邀请人对于相对人的意思表示，仍然有决定承诺与否的自由。而且，要约内容必须具备足以使合同成立的必要条款，而要约邀请可以不具备此等必要条款。但需要指出的是，内容是否具体确定，并不是要约与要约邀请最根本的区别。因为，要约邀请也可能是内容具体明确的。要约与要约邀请在效力上最根本的区别，在于要约将成立合同最终的权利交给了受要约人；而要约邀请将成立合同的最终权利留给了邀请人自己。

区分要约与要约邀请非常重要，因为如果某项允诺被认定是要约，则构成合同的内容而约束当事人，若系要约邀请则通常不具有要约的此种约束力。实践中，一般可以从以下几方面来区分：（1）依照法律的规定作出区分；（2）根据当事人的意愿作出区分；（3）依意思表示是否注重特定对象来区分；（4）根据交易习惯及当事人历来的交易做法来区分。关于企业产权转让信息公告的法律性质是要约邀请还是要约的问题，其区分的标准应首先依照法律的规定。我国《合同法》第15条规定，“要约邀请是希望他人向自己发出要约的意思表示。寄送的价目表、拍卖公告、招标公告、招股说明书、商业广告等为要约邀请。商业广告的内容符合要约规定的，视为要约。”本案挂牌转让企业股权信息公告与《合同法》规定的拍卖公告、招标公告一样均属于合同竞争订立的一种方式，法律性质相同，亦是通过发布公告的形式，对拟转让的标的物广为宣传，意在广泛地唤起有意购买者参与竞价，其实质是向不特定主体发出的以吸引或邀请相对方发出要约为目的的意思表示，这仅仅是一种缔约意向信息的传递，是缔约的准备，出让人并没有将成立合同的最终权利交给竞价人，故其性质应为要约邀请。竞价人随后所作举牌申请响应产权转让公告中的受让条件的，该意思表示对竞价人具有约束力，故竞买人的竞买报价即构成要约。出让人对符合公告要求的竞价行为进行确认后，交易达成，此即为承诺。

二、随意变更抑或特殊限制：企业产权转让挂牌信息公告的法律拘束力

如上所述，要约邀请只是引诱他人发出要约，属缔约合同的准备行为，因

而我国《合同法》未对要约邀请的撤回和变更作条件限制，在发出要约邀请以后，要约邀请人撤回、变更其邀请，只要没有给善意相对人造成信赖利益的损失，要约邀请人一般不承担法律责任。然而，我国《合同法》又以举例的方式把"寄送的价目表、拍卖公告、招标公告、招股说明书、商业广告等"确认为要约邀请，之所以这样规定，原因就在于这些行为在合同成立中具有特殊性。这类要约邀请中通常包含了使合同成立的全部及必要条款，且邀请人在要约邀请中明示了部分交易条件，同时表示愿意受这些交易条件的约束，因此该要约邀请就依邀请人的意思产生了拘束力。这种拘束力表现为形式拘束力和实质拘束力。

（一）形式拘束力

形式拘束力，是指要约邀请人不得随意取消或更改要约邀请的意思表示。要约邀请一般包含了交易得以发生的一些重要条件，比如转让标的、转让底价、价款支付、受让资格等一系列合同赖以成立的要件。对于这些内容邀请人不得随意更改。如我国法律对于招标公告中规定的招标方式、招标时间、地点，都不许招标人随意改变，更不允许擅自撤回招标公告。招标具有很强的法律强制性，招标公告一经发出，就在招标者与投标者之间产生招投标法律关系。对于产权转让信息公告，《上海市产权交易市场管理办法实施细则》及《上海市产权转让信息公开发布活动管理规则》均明确规定，在产权转让公告中公布的受让条件，一经发布不得擅自变更。因特殊原因确需变更的，应当由产权转让批准机构出具文件，由联交所在原信息发布渠道进行公告，并重新计算公告期。

（二）实质拘束力

从合同法理论上讲，要约邀请原则上不具有实质拘束力，但要约邀请中承诺交易条件或其他条件不变的，要约邀请就具有了实质拘束力。这种拘束力的内容是：要约人以要约邀请中的条件为要约的条件时，邀请人应当承认这个条件，邀请人不得以条件不符合自己的愿望为由而拒绝承诺。在一定意义上，要约邀请的实质拘束力，最终表现为邀请人的缔约义务。邀请人在转化为受要约人后，有义务按照要约邀请规定的交易条件和其他条件进行承诺。正如拍卖人在拍卖公告中所承诺的拍卖标的、拍卖数量、拍卖底价、拍卖期限等对委托人和拍卖人都有约束力，而且具有法律效力，其通过竞买人的要约及后续的承诺，进入合同，构成合同的权利和义务。

根据我国《拍卖法》、《招标投标法》、《公司法》相关规定，拍卖公告、招标公告、招股说明书等这些要约邀请具有严格的规范性和法律强制性，其目的在于规范要约邀请人的行为，公平、公开、公正地吸引要约人向其发出要

约。本案中的挂牌信息公告亦如此，这种通过产权交易所向不特定主体公开发布的特殊要约邀请，其内容的变更或撤销，除受《合同法》的调整外，还应受相关产权交易市场的政府主管部门以及产权交易所制定的相应交易规则的约束和限制。这种限制是合法且必要的，有利于保证交易信息的稳定、保护正常的交易秩序及维护交易市场的公信力。

三、无效抑或赔偿：企业产权转让挂牌信息公告变更或撤回后的法律后果

企业产权交易挂牌信息公告一经发布，就会使意向受让人产生合理信赖，进而据此作出商业判断和决策。在此期间内，如发生原挂牌信息公告变更或撤回的情形，很有可能损害已经履行一定准备工作的意向受让人的利益，而且在标的额较大的产权交易市场，这种经济利益的损失不容忽视。因此，如何分配和承担由此引发的民事法律后果和责任，这是产权交易制度必须解决的一个法律问题。

从合同法上讲，当事人撤回或调整要约邀请不产生合同上的责任，要约邀请只发生在合同缔结的准备过程中，只要不发生后续的要约和承诺，合同尚不能成立，故要约邀请的变更和撤回不会导致发生合同无效的法律后果。但是，如果要约邀请的内容足以使相对人产生一定的信赖，相对人为此发出了要约并支付了一定的费用，若因为邀请人的过失甚至恶意的行为致相对人损失，亦应承担缔约过失责任。这是法律从加强缔约当事人的责任心，防止缔约人因故意或过失使合同不能成立或欠缺有效要件，维护社会经济秩序稳定的角度出发，要求当事人必须履行诚实信用原则所产生的随附义务的结果。应当注意的是，这种在缔约阶段所发生的信赖利益损失，必须通过独立的赔偿诉讼请求予以保护和实现。

具体在产权交易法律制度中，因挂牌信息公告的变更或撤回导致意向受让人遭受经济损失的，在认定出让人构成缔约过失责任时，必须明确缔约过失责任的构成要件、赔偿范围问题。对于此种情况下判定缔约过失责任的成立需要具备两个要件，即合理信赖和履行准备工作。所谓合理信赖是指尽管挂牌信息公告并非不可撤销，但是意向受让人可以合理地认为该要约邀请不可撤销，这通常要结合交易习惯等具体因素进行判断；其次，履行准备工作，是指意向受让人对要约行为产生了合理的信赖，并且基于这种信赖从事了履约准备。履约准备的程度的认定应当坚持必要的标准，从常理上进行判断应当是对合同的履行是必要的。对于缔约过错责任的赔偿范围问题，一般认为是受害方因信赖对方并相信合同能够有效成立而遭受的信赖利益损失，包括为订立合同或准备履行合同而实际发生的直接费用损失及丧失与第三人另订合同机会所产生的合理的间接利益损失。需要指出的是，受损方负有举证证明损失存在的责任，且间接损失应当限定在我国《合同法》第113条规定的合理预见的范围之内。

四、尊重交易自由抑或维护交易安全：挂牌信息公告变更规则的设定

鼓励交易自由和维护交易安全是现代市场经济活动的两个相辅相成，紧密结合的价值追求。意思自治是商法的基石，而交易安全则是维持市场秩序、促进经济发展的基本保障。商主体特有的逐利性，使得其在追求自身利益最大化的过程中，不可避免地会对整个市场的秩序和安全构成威胁。特别是在产权交易市场中，随着交易标的额的增大、交易方式的复杂、交易周期的加快和交易范围的扩大，交易风险亦在日益加大。为了增强产权交易主体的安全感，调动市场主体从事交易活动的积极性，维护产权交易安全原则便构成了现代产权市场交易制度的首要价值追求。

一个规范、有序的产权交易市场，必须有明晰、完善的产权转让规则。产权转让信息公告变更规则作为产权转让规则的重要组成部分，亦应清晰、明确、合理、合法。目前，《上海市产权交易市场管理办法实施细则》及《上海市产权转让信息公开发布活动管理规则》等产权交易行业规则中均未对产权转让信息公告的变更作出具体规定，这给当事人和司法机关实际适用法律带来不少困难。笔者认为，可以从以下几个方面细化和完善企业产权转让信息公告的变更规则。

（一）在未收到受让意向申请时，确需变更的，应履行相应程序

产权出让人在编制出让文件时，应当尽可能考虑到转让标的项目的各项要求，并在信息公告中作出相应的规定，力求使所编制的出让文件做到内容准确、完整，含义明确。但有时也难以绝对避免出现文件内容疏漏或含义不清的地方；或者因情况变化需对已发出的转让信息公告作必要的修改、调整等情况。在这种情况下，如信息公告发出后，产权交易机构尚未收到正式受让意向申请之前，允许出让人对信息公告作必要的修改，应属对出让人权益的合理保护，也有利于保证出让标的投资的合理和有效使用，符合商事活动的特点和保障交易目的及效率的实现。

应当明确的是，这种允许出让人对已发出的信息公告加以变更的行为，应当在不损害意向受让人权益的前提下进行，且产权交易所，作为交易活动的中介机构，必须履行相应的法律义务：

1. 审核义务。在收到出让方重新编制的信息发布申请书时，产权交易所应履行更为严格的审核义务，包括对产权出让批准机构出具的对申请变更事由

的合理解释、重新提交材料的真实性、完整性和有效性，以及变更行为的合法合规性审查等，以有效降低产权市场的交易风险，促进产权交易的规范化，推动产权交易内控机制的建立。

2. 告知义务。在交易信息公告变更之后，联交所收到举牌申请的，对于信息公告变更事项，应及时、直接、明确地予以告知，并将告知程序固定化、证据化，这不仅可以保证意向受让人获取交易信息的准确性，提高交易的成功率，也有利于增强产权交易机构自身风险防范能力。

3. 说明义务。对于出让方变更信息公告内容的行为，产权交易所在履行告知义务的同时，还应对变更事项所涉及的事实、正当理由以及通过审批的情况予以相应的披露和说明，以充分尊重和保护举牌申请人的合法权益，促进产权交易的顺畅流转及产权交易市场的公开、公平、公正。

（二）在收到受让意向申请后，涉及实质要件变更的，应严格限制

本案中，产权出让人变更挂牌信息公告时，联交所尚未收到意向受让人的举牌申请，故实际并不影响竞价人的权益。但如果当有意向受让人正式提出举牌申请后，因出让人变更或撤回挂牌信息公告而遭受实际损失的，如前文所述，意向受让人有权基于信赖利益的损失要求出让人及产权交易机构承担缔约过失责任。因此，对于在产权交易机构收到正式的受让意向申请之后，应严格控制挂牌信息公告的变更行为。但可对此项下的情况区别对待：

1. 涉及合同一般要件的变更。根据《上海市产权转让信息公开发布活动管理规则》中的相关条款规定，出让方应当在产权转让公告中披露产权标的涉及的基本情况、出让条件、受让方资格条件、延长信息发布的情形和期限、与产权标的相关的重要信息等内容。其中，对于出让产权涉及的基本情况，包括出让方、受托执业会员的名称、标的企业性质、注册地、注册资本、出资人及份额、总资产及负债等相关情况，这些一般性基础要件的变更通常不会影响交易对象的合法权益及交易的有效达成，故在产权出让批准机构出具正当、合理解释的情况下，通过产权交易机构充分履行审核、告知和说明义务等程序义务后，一般可予准许。

2. 涉及合同实质要件的变更。如前文所述，要约邀请的法律意义不仅在于邀请他人向自己发出要约，还在于提出交易条件及与交易密切相关的要件，而这些条件可以拘束要约邀请人，可以进入合同，构成合同义务。产权出让人在发出转让标的的要约邀请之后，受邀请人信赖了该要约邀请，并为缔约接触进行了准备行为，如此时变更要约邀请中的重大、实质性要件，则将改变合同的主要权利义务，直接损害要约人的合法权益，应当予以严格限制。具体来讲，参考《合同法》第30条中对要约实质性内容变更的界定，在产权交易信

息公告中，凡涉及以下事项的，属实质性要件变更：（1）产权标的出让条件。包括转让价格、价款支付的方式和期限、交易方式等为达成交易而必须加以明确的出让条件。（2）受让方资格条件。包括在资信、资质、商业信誉、财务状况、资产规模等方面的基本条件和优势条件。（3）交易重要信息。主要指审计报告和评价报告的重要揭示、企业存在的重大债权债务等将对意向受让方构成重要的决策因素的相关信息。（4）信息发布期限。包括无人申请举牌的情况下，信息公告的顺延和终止等要件。对于这些将构成交易成败的决定性因素，在排除不可抗力、政府原因或者其他不能归责于双方的原因后，均应严格限制其变更或撤回。这一规则的设定对于促进产权交易的规范化，降低交易风险，增强交易安全，构建统一、开放、竞争、有序的产权交易市场具有重要意义。

（一审独任审判员：曹　栋
二审合议庭成员：王信芳　林晓镍　高增军
编写人：上海市第二中级人民法院　高增军
责任编辑：韩建英
审稿人：曹守晔）

33. 上海美浩电器有限公司等三公司破产清算案

问题提示：如何审理关联企业破产实体合并？

【要点提示】

尽管法律没有就关联企业破产实体合并作出明确的规定，但这却已成为法院审理部分资产高度混同的关联企业破产案件的唯一有效选择。为避免滥用，会计师事务所等中介机构出具的第三方声明、债权人会议同意适用以及法院的综合审查应被作为关联企业破产实体合并的三个必要限制条件。

【案例索引】

上海市金山区人民法院（2008）金民二（商）破字第1、2、3号（2008年11月20日）

【案情】

上海美浩电器有限公司（以下简称美浩公司）与上海特毅通用动力机械有限公司（以下简称动力公司）系香港億毅集团有限公司分别于1998年和2002年出资设立的台港澳法人独资性质的有限责任公司，注册经营地分别为上海市闵行区和上海市金山区；上海特毅企业有限公司（以下简称企业公司）系英属维尔京群岛金克莱斯勒有限公司于2004年出资设立的外国法人独资性质的有限责任公司，注册经营地为上海市闵行区。美浩公司、动力公司与企业公司（以下并称三家公司）实际经营地相同，均在上海市金山区。2008年，因拖欠债务，三家公司先后在上海市金山区人民法院被债权人提出宣告破产申请。虽均登记为外商独资企业，但三家公司事实上存在着紧密的联系：第一，实际控制人为同一自然人潘某某。第二，经营范围紧密关联，分别负责通用发动机的生产、销售和管理。第三，人员高度混同，仅设立了一个财务部门，财务总监也为同一人。企业职工在三家公司间调换频繁，难以区分员工究竟隶属于哪家公司。第四，财产高度混同，设备与货物混合存放于仓库内，固定资产台账与实物、卡片无法逐一核对，审计机构无法确定设备与货物的权属；而车辆与房屋等需要登记确权的财产则主要列于动力公司名下。第五，债务高度混同。三家公司相互借款、相互担保，公章交叉使用或同时使用，致使部分债权人难以准确界定债务人的身份。部分债权人取得的债权凭证上甚至载明，“兹有上海特毅通用动力机械有限公司、上海特毅企业有限公司与上海美浩电器有限公司系同一实体控股的三家公司”，并同时加盖三家公司的公章予以确认。

【审判】

考虑到三家公司的高度关联性，上海市金山区人民法院启动关联企业破产实体合并程序。具体包括四个步骤：

1. 通过指定管辖获得完整的管辖权。动力公司的注册经营地在上海市金山区，企业公司和美浩公司的注册经营地均在上海市闵行区。考虑到三家公司的资产主要集中在从事生产活动的动力公司名下，为了提高破产清算效率，上海市金山区人民法院经向上海市第一中级人民法院请示并获得指定管辖权后，于2008年5月14日裁定受理债权人对三家公司提出的破产申请，并指定相同的破产管理人具体负责清算工作。

2. 确认经债权人会议表决通过的实体合并清算方案。破产管理人依据三家公司资产和债务高度混同的实际情况，认为如分别清算，则不但不能实现公平清偿，还会造成清算成本增加，不利于保护债权人的合法权益。为此，破产管理人建议将三家公司的财产合并清算、统一清偿，并将清算方案分别提请三家公司的债权人会议表决。三家公司债权人会议的表决结果分别为：动力公司有表决权的债权人149户，同意清算方案的债权人110户，占无担保债权的比例为57.29%；企业公司有表决权的债权人122户，同意清算方案的债权人99户，占无担保债权的比例为62.81%；美浩公司有表决权的债权人32户，同意清算方案的债权人27户，占无担保债权的比例为53.90%。鉴于清算方案在三家公司均达人数过半、无担保债权金额过半的标准，法院对债权人提出的合并清算方案予以确认。

3. 实质合并关联企业的债权债务。在内部债权债务中，三家公司之间总额为118220929.88元的债权债务直接涤除；在外部债权债务中，同户名债权人予以合并，登记债权人的数量因此从308户减少为235户。

4. 终结破产清算程序。三家公司破产财产经统一清算，在优先拨付破产费用、依法清偿债务人拖欠的职工工资、解除劳动合同补偿金、社会保险费用以及尚欠税款后，剩余破产财产为 32339636.44 元，用于清偿总额为 450316700.09 元的三家公司的全部普通破产债权，清偿率为 7.18%。2010 年 2 月 23 日，在管理人就破产财产分配完毕后，上海市金山区人民法院裁定终结破产清算程序。

【评析】

关联企业破产实体合并是指“将已破产之关联企业的资产与债务合并计算并且去除掉关联企业间彼此之债权和保证关系，完成前述‘合并’后，即将合并后之破产财团，依债权额比例分配予该集团之所有债权人，并不加细究该债权是由哪一家从属公司所引起”。[①] 我国现行法律并未对此作出具体规定，各地法院的实际做法也并不相同。多数法院严格遵循法人人格独立的公司法原则，坚持对进入破产程序的关联企业分别清算。[②] 较有影响的案件包括：广东国际信托投资公司破产案[③]、德隆系关联企业破产清算案[④]；而少数法院已经开始依据司法实践的需要有所突破，尝试关联企业破产实体合并清算的做法。较有影响的案件包括：南方证券关联企业破产清算案[⑤]、沈阳欧亚集团破产清算案[⑥]。本案亦采取了关联企业破产实体合并清算的做法。笔者拟结合具体案情，谈一谈关联企业破产实体合并的正当性、适用条件以及审理要点。

一、关联企业破产实体合并的正当性

在法无明文规定的情况下，关联企业破产实体合并的正当性是必须首先厘清的问题。反对适用关联企业破产实体合并的理由主要有三点：第一，违反了法人人格独立的基本原则。在各关联企业均已领取法人营业执照的情况下，独立的法人人格应当受到尊重。第二，受偿比例的改变将侵犯部分债权人的利

---

① SeePhillip. Blumberg, The Law of Corporate Groups, Little Brown & Co Law & Business, May 1985, pp. 401 ~402。

② 实践中，有些法院采取先注销子公司，然后再将原子公司资产与母公司一并清算的做法。参见重庆市高级人民法院民二庭课题组：《关联企业破产实体合并中的法律问题及对策》，载《法律适用》2009 年第 12 期，第 82 ~83 页。严格来说，这种做法并不属于合并清算，而仍属于分别清算，因为在子公司注销后已经不存在所谓的关联企业。这种“先注销再清算”的做法在现有的法律框架内解决了部分关联企业资产难以区分的问题，但在关联企业无法先行注销的案件中仍难以适用。

③ 具体案情可参见“广东国际信托投资公司破产案”，载《中华人民共和国最高人民法院公报》(2003 年卷)，人民法院出版社 2004 年版，第 341 ~345 页。

④ 具体案情可参见应勇课题组：《关联企业破产实体合并法律问题研究》，第 14 ~16 页。该课题为最高人民法院 2008 年重点调研课题。

⑤ 具体案情可参见钱晓晨：《论我国证券公司破产的法律规制》，对外经贸大学博士论文。

⑥ 具体案情可参见沈阳市中级人民法院（2008）沈中民三破字第 3 号民事裁定书。

益。第三，缺乏明确的法律规定。

笔者则认为，上述三点理由均不足以否认有条件适用关联企业破产实体合并的正当性。

1. 关联企业自身对法人人格独立原则的遵守是适用该原则的前提条件。诚然，法人人格独立原则应当得到恪守，但任何一项法律原则的适用都是有前提条件的，而并非绝对适用。就法人人格独立原则而言，适用的前提条件是：法人及其股东或者实际控制人自身必须受到法人人格独立原则的约束，必须从人、财、物等各个方面保证法人的独立运转。如果法人及其股东或者实际控制人自身都没有将法人作为独立法律主体来看待，则笔者认为法人以外的其他主体也就没有义务和能力将法人作为独立的主体看待。根据权利义务相对等的基本原则，关联企业只有履行了法人人格独立原则项下的义务，才能主张法人人格独立原则项下的权利。本案中，三家公司在人、财、物等各个方面的混同均是非常严重的，已经达到了三家公司自己也无法分清的地步，以致他们在给债权人的债权凭证上公开宣称，三家公司"系同一实体控股的三家公司"，而这显然有悖于三家公司在工商登记中记载的出资情况。实质重于形式。考虑到三家公司在实际运作中均没有把自身视为独立的法人，如果法律还要求三家公司以外的债权人严格遵循法人人格独立原则，则司法的结果显然将有利于违法者而不利于守法者。至于三家公司均已领取法人营业执照这一事实，笔者则认为不应被作为判断法人人格是否存在的唯一依据。法人营业执照所宣示的精神在于：于申请登记的特定时间点上，法人具备作为独立主体开展营业活动的各项条件。但是，这种外在宣示作用并非绝对的和一成不变的，法人是否持续地在法律上被作为独立主体看待，取决于法人运作的合规性等多项因素。一纸法人营业执照，并不足以为企业的独立人格提供终生的保证。

2. 从债权人的视角来看，实体合并应当属于意思自治的范畴，当可通过债权人会议表决的方式确定是否适用。毋庸置疑，经过实体合并清算后，债权人的受偿比例可能会发生变化，既有可能提高，也有可能降低。受偿比例降低的债权人的利益确实受到了影响，但笔者认为这并不影响实体合并的正当性。主要原因在于：破产作为一项特殊的集体受偿制度，始终是以多数债权人同意作为运作基础的，而并非以全体债权人的同意作为先决条件。本案中，在三家公司均已进入破产程序的情况下，破产财产在总量上已经确定，只是无法在三家公司之间作出准确的区分。如果坚持采用个别清算的方式，则无论哪一个债权人都无法得到实际清偿，至于清偿比例的高低则更是纸上谈兵。司法实践当中，采取分别清算方式审理的破产案件往往因关联企业之间的债权债务无法区分而难以审结。比如，上海法院所审理的德隆系关联企业破产清算案[①]自2006年立案起至今尚未审结；北方证券公司关联企业破产案[②]作为上海法院受理的首例证券公司破产案件，因北方证券公司的两家关联公司与北方证券控股股东之间的债权债务难以清理，自2007年受理后也陷入停顿状态。

3. 从救济手段自身的有效性来看，实体合并是解决关联企业财产无法区分问题的唯一选择。为了规制关联企业之间的不当交易行为，现行法律当中明确规定的救济方式包括破产撤销权、破产无效和法人人格否认。但是，限于自身的适用条件和功能，破产撤销权、破产无效和法人人格否认均无法在关联企业财产难以区分的情景下发挥作用。[③] 从适用条件来看，破产撤销权和破产无效并不对法人人格本身的独立性提出质疑，而法人人格否认也仅仅在个案中否认法人人格，在后续案件中法人人格仍有可能得到尊重，而实体合并的适用则等于终局性地否认法人人格，破产程序终结后法人人格将不可能继续存在；从功能来看，破产撤销权、破产无效和法人人格否认多针对某项特定的不当交易提出，其功能在于通过取回特定财产或者追究股东责任来增加债权人受偿的可能性，而实体合并则并不以特定交易的正当性作为审查重点，它是通过对高度关联性的认定从根本上否定关联企业之间的法人人格界限，从而解决认定财产困难的问题。可以说，破产撤销权、破产无效、法人人格否认以及实体合并这四种救济手段针对严重程度不同的关联交易发挥作用：破产撤销权与破产无效针对最为轻微的关联交易，债权人只需要证明破产企业在特定交易中存在不当情形即可；法人人格否认针对中等严重程度的关联交易，债权人需证明股东或实际控制人具有滥用法人人格的情形，但不需证明关联企业的财产达到了无法区分的程度；实体合并针对程度最为严重的关联交易，即由于股东或实际控制人的滥用，关联企业之间的财产已经达到了无法有效区分的程度。比如在本案中，三家公司均已进入破产程序，法人人格面临终局性的否认，并不符合破产撤销权、破产无效和法人人格否认的制度初衷。同时，本案最核心的问题在于三家公司之间的财产难以区分，以致破产程序难以推进，而无论破产撤销权、破产无效还是法人人格否认均不具有厘清关联企业产权界限的作用，均不能解决审判中的实际问题。

综上所述，笔者认为，尽管现行法律没有就关联企业破产实体合并作出明

---

① 上海市第一中级人民法院（2006）沪一中民三（商）破字第2号。

② 上海市第二中级人民法院（2007）沪二中民四（商）破字第1号。

③ 破产撤销权、破产无效以及法人人格否认在解决关联企业破产案件中的局限性可参见孙向齐、杨继锋：《关联企业破产违法行为的规制》，载《法学杂志》2009年第9期，第120～121页。

确的规定，但出于规制关联企业违规行为、保护多数债权人利益以及有效审理相关破产案件的考虑，关联企业破产实体合并的有条件适用具有正当性。在这方面，笔者认为司法实践再次走在了立法的前面，[①] 相关的成功经验和做法亟待为立法所吸收。

二、关联企业破产实体合并的适用条件

由于缺乏明确的法律规定，笔者认为关联企业破产实体合并的适用应当受到严格的限制，必须同时具备以下三个条件方可适用。

1. 负责清算的会计师事务所等中介机构出具第三方声明，表明关联企业之间的财产难以准确区分。与审理法人人格否认等其他关联企业案件不同的是，法院在关联企业破产实体合并中的自由裁量权应当受到最大的羁束，只有在关联企业的财产确实已无法区分时方可适用。如果进入破产程序的企业虽然为关联企业，但其财产可以有效区分，则不应采取实体合并。实践中，关于财产是否可以区分的判断应当交由具有专业知识的会计师事务所等中介机构作出。这样做，既可避免法官在财产清算当中的专断，也可以减少债权人对实体合并的质疑。

2. 债权人会议表决通过实体合并方案。在类似本案的关联企业破产案件中，破产财产的总量是确定的，债权人的破产债权总数也是确定的，唯一需要决定的是破产财产的清算方式。笔者认为，在关联企业均已进入破产阶段后，此后再次以独立法人的身份对外开展经营活动的可能性已经微乎其微，因此采取不同的清算方式所影响到的仅仅是破产债权人的利益，与社会公众无涉，甚至对破产的关联企业本身也不产生任何实质的影响。在这种情况下，债权人的意思自治理应受到尊重。

3. 法院自身的综合判断。除了会计师事务所等中介机构出具的第三方声明、债权人会议表决同意外，法院也必须对应否启动实体合并作出独立的判断。主要包括三个方面：一是从法律层面对关联企业的主要财产是否可以区分予以复核；二是考虑财产以外的关联情况；三是对债权人会议表决的有效性进行审查。

---

① 有关司法实践引领立法的典型案例可参见："贾国宇诉北京国际气雾剂有限公司、龙口市厨房配套设备用具厂、北京市海淀区春海餐厅人身损害赔偿案"，载《中华人民共和国最高人民法院公报全集（1995～1999）》，人民法院出版社2000年版，第545～547页。该案中，北京市海淀区人民法院在当时法律并无明确规定的情况下，开创性地判决第一被告和第二被告共同支付原告精神损害赔偿金10万元。此后，有关精神损害赔偿的内容逐渐为相关司法解释和法律所确认。

三、关联企业破产实体合并的审理要点

案件管辖。在涉案关联企业的注册经营地不同时，首先产生的难点就是案件的管辖问题。比如在德隆系关联企业破产清算案中，德隆系企业的破产案件分别由上海法院、新疆法院、湖南法院和江苏法院受理。德隆系案件至今尚未审理终结，除了与案件本身的复杂性有关外，与法院的分散管辖也不无关系。管辖的分散势必导致清算机构与清算资料等的分散，使得法院更难了解破产关联企业的全貌。法院之间也难以就是否采取实质合并达成统一的认识。有鉴于此，上海市金山区人民法院在收到债权人针对本案三家公司提出的破产申请后，虽然已经查明三家公司的注册经营地不同，但还是向上级法院提出了指定管辖的申请，最终获得了三起破产案件的管辖权，从而为破产程序的有序推进奠定了重要的基础。在确定管辖法院时，原则上应当指定关联企业主要财产所在地法院为管辖法院。

表决程序。关联企业的债权人会议应当分别就实体合并的清算方案予以表决，《企业破产法》第 61 条第 1 款第（11）项[①]所规定的兜底条款可被视为相应的法律依据。关于各关联企业表决的有效性，应当依据《企业破产法》第 64 条第 1 款予以判断。[②] 在各关联企业分别表决后，法院应当对表决情况进行汇总。在法律尚未作出明确规定的情况下，实体合并的进行应当以各关联企业的债权人会议均表决通过为前提条件。

债权调整。一是关联企业之间的债权债务直接予以涤除，提高普通债权人的受偿比例。实体合并后，关联企业的财产打破所有权界限，相互之间的债权债务视为从来没有发生。应当注意的是，涤除并不意味着关联企业之间的债权债务仅仅相互予以抵消，然后以余额计入破产债权，而是不分数额地全部从关联企业的资产负债表当中抹去，视为关联企业之间不存在债权债务关系。本案采取实体合并后，关联企业间共计 118220929. 88 元的债权债务被涤除，极大地提高了普通债权的受偿比例。二是普通债权人的债权按照户名予以合并，以

---

① 《企业破产法》第 61 条第 1 款规定：“债权人会议行使下列职权：（一）核查债权；（二）申请人民法院更换管理人，审查管理人的费用和报酬；（三）监督管理人；（四）选任和更换债权人委员会成员；（五）决定继续或者停止债务人的营业；（六）通过重整计划；（七）通过和解协议；（八）通过债务人财产的管理方案；（九）通过破产财产的变价方案；（十）通过破产财产的分配方案；（十一）人民法院认为应当由债权人会议行使的其他职权。”

② 《企业破产法》第 64 条第 1 款规定：“债权人会议的决议，由出席会议的有表决权的债权人过半数通过，并且其所代表的债权额占无财产担保债权总额的二分之一以上。但是，本法另有规定的除外。”

减少债权人的数量。比如本案中，实体合并之前，同一债权人可能同时在美浩公司、动力公司、企业公司申报了债权；实体合并后，清算组对同户名债权予以合并，户名相同的债权人无论申报了几次债权，都作为一个债权人对待。由此，登记债权人的数量从308户减少为235户，极大地提高了清算效率。

（合议庭成员：黄杰国　王永亮　高丽宏
编写人：上海市金山区人民法院　王永亮　高丽宏
责任编辑：韩建英
审稿人：曹守晔）

34. 李智勇等四股东请求兴海有限责任公司强制清算案

问题提示：如何界定强制清算程序的启动符合法律规定？

【要点提示】

根据《中华人民共和国公司法》（以下简称《公司法》）第184条及《最高人民法院关于适用〈中华人民共和国公司法〉若干问题的规定（二）》（以下简称《公司法解释（二）》）第7条的规定，在公司解散事由出现后一段时间内，公司不开展清算或怠于清算以至于损害公司相关权利者利益的，权利人可以申请法院对公司强制清算。但《公司法》上的强制清算不同于以评估股权价值、满足股东知情权或以对公司进行合并分立为目的对公司资产负债的全面清理核查。强制清算程序的启动需要符合《公司法》的规定，对不符合强制清算条件的申请，人民法院不应受理。

【案例索引】

一审：呼和浩特市中级人民法院（2008）呼民初字第142号（2009年3月23日）

二审：内蒙古自治区高级人民法院（2009）内民二终字第45号（2009年8月4日）

【案情】

申请人（被上诉人）：李智勇、郭丽萍、贾利国、邢月英

被申请人（上诉人）：呼和浩特兴海仓储有限责任公司（以下简称兴海公司）

兴海公司系经改制成立的有限责任公司，李智勇等四名申请人为该公司股东。2006年7月28日，该公司召开股东大会修订了《公司章程》，其中第12

条第6项规定，公司清算时按出资比例分取剩余资产；第18条之（二）第5项规定，股东会会议作出修改公司章程，增加或减少注册资本的决议，以及公司合并、分立、解散或变更公司形式的决议，必须经代表三分之二以上表决权的股东通过。2007年4月，兴海公司股东大会决议通过了《关于公司吸收合并后股东的安置方案》，一致同意公司二次改制，与建强公司进行吸收合并，并成立改制领导小组。2007年4月29日，兴海公司股东大会通过了《关于被吸收合并的股东会决议》，同意被建强公司吸收合并。2007年4月30日，兴海公司通过了《关于吸收合并后股东的安置方案》。2007年5月7日通过了《关于公司吸收合并的股东会决议》，主要内容为吸收合并后由吸收公司建房的表决。以上决议签名股东所持表决权均超过了三分之二。2007年9月29日，兴海公司在《呼和浩特日报》刊登公告称：经股东会决议，决定被建强公司吸收合并，原公司被吸收合并后注销。2008年12月16日，市土地收储中心刊登土地拍卖《公告》，该公告中有本案兴海公司所称的吸收合并之土地使用权。在兴海公司股东会议决议公司因吸收合并解散的过程中，本案四名申请人持不同意见，认为兴海公司作出的是解散决议，应当对公司资产进行清算，而兴海公司在决议解散后并未按照《公司法》强制清算程序的规定展开工作，致使申请人不能知晓公司财务实际状况，无法主张应得的份额，损害了股东的利益。四申请人最终向人民法院提出对兴海公司的强制清算申请。

【审判】

一审法院认为：兴海公司通过吸收合并的形式解散原公司符合《公司法》的相关规定，且其股东大会决议均超过有三分之二以上表决权的股东签名通过，但兴海公司不能举出吸收合并公司的证据，也不能举出是否进行清算的证据，所以兴海公司仅凭在报纸上自行刊登的合并公告，并不能证明是否真实存在与他人合并的事实。既然股东大会通过了公司因合并而解散的决议，那么根据《公司法》的相关规定即应当进行实际真实的清算，遂裁定：兴海公司自裁定生效之日起30日内由该院指定清算组进行清算，并给予当事人对一审裁定的上诉权。

兴海公司不服一审裁定提起了上诉，认为对经股东会决议合并的公司，法院接受强制清算的申请是不符合法律规定的。

二审法院审查后认为：我国《公司法》将公司因被吸收合并而解散的情况排除在申请法院强制清算的范围之外。本案中兴海公司所作出的是吸收合并解散决议而非解散决议。李智勇等四申请人认为兴海公司吸收合并虚假，兴海公司所作的决议就是解散决议，兴海公司既已经解散，就应当进行清算，公司不清算，股东就有权申请强制清算的理由不能成立。如四申请人认为公司决议侵害了其股东利益，可以直接针对该决议提起相应的股东权益诉讼。此外，四申请人认为作为兴海公司的股东，不能知晓公司的财务状况，属于股东知情权问题，也非强制清算程序启动的理由，可以通过股东知情权的行使维护其合法权益。据此，四申请人对兴海公司强制清算的申请，不符合《中华人民共和国公司法》所规定的强制清算的条件，法院不应受理。原审裁定适用法律不当，依法应予纠正。依照《中华人民共和国公司法》第一百八十一条、第一百八十四条，《最高人民法院关于适用〈中华人民共和国公司法〉若干问题的规定（二）》第七条的规定，撤销一审民事裁定，驳回李智勇等四股东对兴海公司清算的申请。

【评析】

当一个公司出现解散事由后，正常的运作是通过清算程序处分公司财产，了结各种法律关系，最终消灭公司的人格，使其退出市场。但是目前公司出现了解散事由却不依法进行清算，损害权利人利益的情况却大量存在。对此，我国《公司法》第184条及《公司法解释（二）》第7条规定，在公司解散事由出现后未进行清算，股东及债权人可以申请法院对公司展开清算，此即我国《公司法》意义上的强制清算程序。

（一）股东作为强制清算程序申请人的正当性

强制清算程序的设置不仅保护债权人的权利，同时也维护公司股东的利益及公司利益相关者的利益。公司的清算是对公司资产的最后一次分配，直接关系债权人利益，但同时公司不当清算将会严重损害公司股东利益，因而对于强制清算的申请主体，《公司法》规定债权人可以作为申请主体，同时在《公司法解释（二）》又规定了在债权人未提起清算申请时，公司股东可以作为申请人。

本案当中，四申请人正是兴海公司的股东，依照《公司法解释（二）》的规定，他们可以成为向法院申请公司强制清算的主体。

（二）申请强制清算必须具备的相应前提条件

公司的解散和清算是公司退出市场，消灭其法律人格所必经的环节和程序。强制清算启动的条件是公司出现解散事由，达到法定时限未清算，权利人得请求法院启动清算程序，成立清算组，对公司资产进行清查核实，编制资产负债表和财产清单，通知、公告债权人，清欠税费，清理债权债务，分配清偿债务后的剩余财产。之后，通过相应的法律程序注销公司。由此可以看出，公司出现解散事由是强制清算启动的最基本前提条件。

本案当中，兴海公司是否出现了解散事由是当事人争议的一个重要问题。依据公司解散的事由，可以将公司解散的原因分为自愿解散和强制解散。依据公司章程或公司决议而解散属于自愿解散，而依据行政命令或司法判决而导致的解散是强制解散。

本案当中，四股东作为强制清算申请人认为兴海公司已经出现了自愿解散事由，理由是公司通过的合并解散决议中合并解散事由虚假，因而公司达成的就是解散决议，且公司实质已经解散，职工已经下岗回家。公司既然已经解散，就应当进行清算，公司不清算，股东就有权申请强制清算。但是从公司通过的一系列决议来看，该公司股东会议决议系合并解散决议，而非终止公司存续的解散决议，上述决议达到了三分之二以上表决权。这些决议的通过是否存在内容违法或程序违法并不属于强制清算程序所审查的内容。《最高人民法院关于审理公司强制清算案件工作座谈会纪要》中“关于强制清算的申请”对此有明确的规定：“7. 公司债权人或者股东向人民法院申请强制清算应当提交清算申请书。申请书应当载明申请人、被申请人的基本情况和申请的事实和理由。同时，申请人应当向人民法院提交被申请人已经发生解散事由以及申请人对被申请人享有债权或者股权的有关证据。”“13. 被申请人就申请人对其是否享有债权或者股权，或者对被申请人是否发生解散事由提出异议的，人民法院对申请人提出的强制清算申请应不予受理。申请人可就有关争议单独提起诉讼或者仲裁予以确认后，另行向人民法院提起强制清算申请。”

强制清算属于非诉程序，非诉的意义在于符合条件即受理，不符合即驳回。对于强制清算程序受理前提条件应严格按照《公司法》第181条规定，审查公司是否已经自愿解散或被强制解散，而对公司应不应该解散，是否达到了解散条件，解散决议是真是假均不属于审查范围。四申请人要求法院确认同一个股东大会决议部分内容是真，部分内容是假，吸收合并解散决议就等同于解散决议，且以此要求启动清算，是不符合强制清算受理条件的。

（三）强制清算程序的启动所排除的解散事由

一般而言解散公司必当清算，因为“解散只是在生活层面上消灭法人，而清算才是在法律层面上消灭法人”。①《公司法》上的强制清算不同于以评估股权价值、满足股东知情权、公司合并分立为目的的对公司资产负债的全面清理核查。《公司法》上的强制清算是市场主体的退出机制，“在实质意义上，清算的目的应是对公司债权人利益、公司股东利益和社会经济秩序的保护，仅仅为了终止公司的法律人格，大可不必通过复杂的清算程序。但是，终止公司

① 张俊浩主编：《民法学原理》（上册），中国政法大学出版社2000年版，第214页。

人格之后，债权人的债权能否得到清偿，公司股东对公司享有的股东权益能否得到实现，社会经济秩序能否得到维护，确是法律最应该关注的问题，公司清算制度的根本目的和价值正在于此。"① 当公司解散事由出现后，公司要通过清产核资，对外清偿债务，对内分配公司剩余财产，最终办成注销手续。"清算的终极目的是通过程序的保障和公司剩余财产的合理分配，在公司股东、债权人、职工等利益相关者间达到一种利益的平衡。"② 而以合并和分立为目的的公司解散则不需要进行清算，这是因为合并、分立并不会使公司的权利义务无人承受，公司合并、分立"在客观上仍然存在着与消灭的法人有权利义务继受关系的法人主体，消灭的公司的全部权利义务均由合并或者分立后的公司概括承受，债权债务关系也不会消灭，因此无需通过清算程序来清理公司的各种法律关系。"③

本案当中，兴海公司通过的是一个合并解散决议，不需要进行《公司法》第184条规定的清算程序。四申请人基于想了解兴海公司的资产及财务状况而要求开展清算程序与因公司解散后自行清算无法启动需通过公权力的介入以推动清算进程的强制清算程序设置的目的是不相同的。四申请人想了解兴海公司的资产及财务状况，应通过行使股东知情权来维护其合法权利而不是启动强制清算。

（四）本案表现的程序问题

对申请强制清算的案件在诉讼程序上如何进行，目前还无具体的法律规定。最高人民法院在《公司法司法解释（二）理解适用》中认为清算案件性质上属于非诉程序，类似于破产。而破产案件只有不受理的裁定才允许上诉，对受理的案件是一裁终审的。从《最高人民法院关于审理公司强制清算案件工作座谈会纪要》第16条即"人民法院裁定不予受理或者驳回受理申请，申请人不服的，可以向上一级人民法院提起上诉"来看，也应当是对不予受理的裁定才可以上诉。对已经受理的强制清算申请，经审查发现强制清算申请不符合法律规定的，可以裁定驳回强制清算申请。而本案一审是受理了清算申请，同时给予上诉的权利。为了妥善解决本案，纠正一审法院的错误裁定，使股东尽快寻找到维护其权益的合适正当的程序，减少诉累，本案最终适用了《民事诉讼法》的相关规定，撤销原裁定，直接驳回了申请人的申请。

---

① 赵旭东：《公司的注销与清算责任》，载 http：//house2008. com/article. asp.

②③ 奚晓明主编：《关于公司法司法解释（一）、（二）理解与适用》，人民法院出版社2008年版，第247页、第193页。

（一审合议庭成员：段慧智　白　清　李越明
二审合议庭成员：图　雅　王相瑞　武树萍
编写人：内蒙古自治区高级人民法院　图　雅
责任编辑：韩建英
审稿人：曹守晔）

35. TAT CO. Ltd 诉陆致成损害公司股东权益纠纷案

问题提示：《公司法》第 152 条和第 153 条的区别是什么？

【要点提示】

《公司法》第 152 条规定的是股东代表诉讼，是指当公司的合法权益受到不法侵害而公司却拒绝或者怠于通过诉讼手段追究有关侵权人的责任时，具有法定资格的股东为了公司利益而依据法定程序，以自己的名义代表公司对侵权人提起诉讼，追究其法律责任，所获赔偿归于公司的一种法律制度。《公司法》第 153 条规定的是董事、高级管理人员损害公司股东权益纠纷，是指股东针对董事、高级管理人员违反法律、行政法规或者公司章程的规定实施的损害股东利益的行为，股东可以向人民法院提起诉讼，要求董事、高级管理人员承担赔偿责任。

【案例索引】

一审：北京市第一中级人民法院（2009）一中民初字第 5468 号（2009 年 12 月 18 日）

二审：北京市高级人民法院（2010）高民终字第 534 号（2010 年 6 月 9 日）

【案情】

原告：TAT CO. Ltd（以下简称 TAT 公司）

被告：陆致成

2005 年 12 月 8 日，河北清华发展研究院、TAT 公司、金英镐、尹康植签订《清华科技园（廊坊）光电有限公司章程》。2005 年 12 月 26 日，廊坊经济技术开发区管理委员会以廊开管招（2005）314 号批复批准四方建立廊坊清华科技园光电有限公司的合同、章程及可研，该批复还确定了公司注册资本、各方所占注册资本比例、经营范围、经营期限、法定注册地等事项。

2006年6月13日，由于股权变动，各方对公司章程进行了修正，股东河北清华发展研究院将其持有的41%的股权转让给同方股份，增加同方股份为公司股东。

2007年3月25日，廊坊清华科技园光电有限公司董事会通过决议，审议事项包括：公司增加注册资本及总投资、股权变更、公司名称由廊坊清华科技园光电有限公司变更为清芯光电有限公司（以下简称清芯光电），股东同方股份名称变更情况等，其中河北清华发展研究院将其持有的4%股权、TAT公司将其持有的10%股权转让给同方股份，同方股份持有55%的股权。上述审议事项董事会全票通过。

2007年7月，由于股权发生变动，各方对公司章程进行了修正，股东尹康植将股权全部转让给崔民镐，崔民镐成为股东，股东人数未变。

2008年3月22日，清芯光电召开一届六次董事会，通过了如下决议：关于公司2007年度工作报告和2008年度经营计划的决议；同意同方股份增资和同意给予骨干员工股票期权（董事郑燕康保留意见）；在北京市顺义区天竺生产基地投资建设及设立子公司；向北京银行和招商银行申请流动资金贷款。

2008年7月3日，清芯光电召开第一届董事会第七次会议，修改了章程部分条款，并选举陆致成担任清芯光电董事长，聘任刘刚为清芯光电首席执行官，金学峰为总经理，易汉平、崔民镐为副总经理。

一审诉讼中，关于TAT公司诉讼请求中205万元赔偿数额的计算，TAT公司表示没有具体计算依据，是其单方估算的结果。

在二审中，TAT公司向本院补充提交二份证据：证据1. 2009年8月10日廊坊经济技术开发区人民法院（2009）廊开民初字第238号民事判决书。以此证明，清芯光电第一届董事会第七次会议决议已被撤销，陆致成根据该决议内容做出的一系列人事调整和机构设置以及控制合资公司的手段都是非法的。证据2. 2009年6月15日《调取证据复议申请书》及国内挂号信函收据。以此证明，TAT公司曾向一审法院申请依法调取证据，但未获一审法院准许。为此TAT公司在法定期限内申请复议，一审法院未依法给予答复，违反程序。二审庭审后，TAT公司补充了其向北京市西区邮电局查询的《邮件查单》，证明其复议申请已向一审法院寄出，且一审法院已收到。

陆致成的委托代理人认为，对于TAT公司提交的证据1的真实性无异议，但其认为该案诉讼还在审理过程中，且无论该案诉讼结果如何，均不影响本案的审理；即使第一届董事会第七次会议决议被撤销，陆致成也不应承担任何责任。对于TAT公司提交的证据2的真实性无异议，但其认为TAT公司申请一审法院调查取证不符合《最高人民法院关于民事诉讼证据的若干规定》第17条规定的当事人及其诉讼代理人可以申请人民法院调查收集证据的条件，一审法院不予准许，无不妥之处。

陆致成在二审中将其在一审中提交的电子邮件证据，即“深圳分公司原营销总监厉夏关于销售问题的邮件及后附报告”进行了公证，其认为该电子邮件应作为本案的证据予以采信。

TAT公司的委托代理人认为，陆致成二审中提交的证据已过举证期限，不予质证。

二审法院经审理查明的其他事实与一审法院查明的事实一致。

TAT公司在一审中起诉称：2005年12月，中外合资企业清芯光电成立，经营范围：研究、开发生产高亮度发光二极管外延片、芯片及其系列产品和配套工程产品，销售本公司自产产品。清芯光电由五个股东出资成立，分别是TAT公司、河北清华发展研究院、金英镐、崔民镐、同方股份有限公司（以下简称同方股份）。根据清芯光电公司章程规定：清芯光电设董事会，董事会是清芯光电的最高权力机构。董事长由股东河北清华发展研究院委派的郑燕康先生担任，总经理由TAT公司推荐金学峰先生担任。2008年7月3日，陆致成在未书面通知TAT公司的情况下召开所谓清芯光电董事会会议，在该次会议上未就陆致成提议的修改公司章程和改组董事会达成一致意见，也未就上述提议通过清芯光电第一届董事会第七次会议决议。该决议因内容和程序违法，多次被开发区管委会、工商行政管理部门拒绝变更登记，且至今也未获批准。2008年7月4日，陆致成利用该未生效决议，以清芯光电董事长名义任命刘刚为清芯光电CEO，趁机收走公司公章、合同章、财务章等，凌驾于总经理职务之上行使管理权，开始非法控制公司。随后，陆致成开始安插同方股份人员担任清芯光电各部门负责人，对清芯光电商业技术、商业信息等展开控制和掠夺，破坏清芯光电正常生产经营。其行为包括：关闭清芯光电在深圳设立的营销分公司；控制清芯光电人事权和财务权；私自设立经营管理部控制采购、销售预算等、剽窃清芯光电技术；未获董事会授权和批准将清芯光电首席技术官编入同方公司体系，建设与清芯光电同业竞争的同方股份的全资子公司同方光电科技有限公司（以下简称同方光电）；命令清芯光电核心技术团队参与建设同方光电，掠夺清芯光电人才和技术；在同方光电任董事、董事长，构成同业竞争。陆致成自2008年7月4日开始行使清芯光电董事长职务，却做出一系列损害清芯光电、损害TAT公司作为投资股东利益的行为，其应对自己的非法行为负责，赔偿由此给清芯光电和股东造成的巨大损失。请求：判令陆致成停止对清芯光电及股东利益的损害行为，判令陆致成停止违反忠实义务之行为，禁止在同业竞争公司同方光电任董事长职务、董事身份；赔偿TAT公司205万元。

陆致成在一审中答辩称：TAT公司所起诉的事实不属于公司董事、高级管理人员损害股东利益赔偿纠纷，即使TAT公司起诉的事实属实，也是损害清芯光电的利益，TAT公司应当提起股东代表诉讼。陆致成在清芯光电任职期间没有违反公司章程和相关法律的情况，且其从2008年12月11日以后就不再是清芯光电的董事长，故不同意TAT公司的诉讼请求。

【审判】

北京市第一中级人民法院认为：关于本案的管辖问题，TAT公司诉请陆致成停止侵权行为并赔偿损失，陆致成系中华人民共和国公民，其住所地位于北京市海淀区，属于一审法院辖区，故依照《民事诉讼法》第22条第2款关于“对法人或者其他组织提起的民事诉讼，由被告住所地人民法院管辖”的规定，一审法院对本案有管辖权。陆致成对一审法院行使管辖权未提出异议。关于本案的法律适用问题，陆致成系在中华人民共和国境内有住所的公民，TAT公司依据《公司法》的相关规定，提起侵权赔偿之诉，故与本案有最密切联系的法律为中华人民共和国法律，且本案双方均同意适用中华人民共和国法律为准据法，故本案应适用中华人民共和国法律。TAT公司虽主张本案属于公司董事、高级管理人员损害股东利益纠纷，但根据TAT公司的诉讼请求与所主张的事实可以认定，其是基于清芯光电公司利益受到损害而提起的诉讼。公司利益受损应当由公司提起诉讼，公司未主张而股东主张的，应为股东代表诉讼。提起股东代表诉讼应当具备以下条件：公司董事、高级管理人员具有《公司法》第150条规定的行为导致公司利益受损、股东书面请求监事会或不设监事会的有限责任公司监事向人民法院提起诉讼而监事会或不设监事会的有限责任公司监事拒绝提起诉讼或收到请求之日起30日内未提起诉讼。现TAT公司未经过法定的前置程序提起股东代表诉讼不符合《公司法》第152条的规定，提起股东代表诉讼的条件尚未成就，更无权请求陆致成赔偿股东的损失。陆致成的答辩意见有事实与法律依据，法院予以采信。综上，TAT公司的诉讼请求于法无据，法院对此不予支持。依照《中华人民共和国公司法》第一百五十二条、《最高人民法院关于民事诉讼证据的若干规定》第二条、《中华人民共和国民事诉讼法》第二十二条第二款之规定，判决：驳回TAT公司的诉讼请求。

宣判后，TAT公司不服一审法院判决，向北京市高级人民法院提起上诉，

其主要上诉理由是：1. 一审法院判决认定事实不清，适用法律错误。一审法院忽视法律规定和公司章程规定、虚构了一个监事会或监事，忽视清芯光电经营管理被同方股份和陆致成控制的现状、要求TAT公司履行法定的前置程序提起股东代表诉讼，故意避开TAT公司提起诉讼所依据的《公司法》第153条的规定、主动适用不符合清芯光电实际情况的《公司法》第152条的规定，从而得出驳回TAT公司诉讼请求的错误判决。（1）合资公司清芯光电根本没有设立监事会或监事。（2）合资公司清芯光电被陆致成一伙全面非法控制。（3）陆致成的行为违反了《公司法》第153条的规定。2. 陆致成作为合资公司清芯光电的董事、高级管理人员，违反法律法规及清芯光电公司章程的规定，损害了TAT公司的利益，TAT公司可以直接向人民法院提起股东利益受损的诉讼。3. 一审法院判决主观臆断认定事实错误部分，会对双方当事人之间其他正在发生的诉讼产生恶劣影响。4. 程序上，一审法院对TAT公司申请调查取证的复议申请未给出答复，有违公正审判原则。综上，请求：撤销一审法院判决，改判陆致成停止对清芯光电和TAT公司股东利益的损害行为，停止违反忠实义务之行为，禁止其在同业竞争的同方光电任董事长职务、董事身份；赔偿TAT公司损失205万元；诉讼费由陆致成承担。

陆致成服从一审法院判决，其答辩认为：（1）本案应当适用《公司法》第152条第3款的规定。（2）陆致成已经不在清芯光电担任任何职务，也不再是清芯光电的董事，TAT公司的诉讼请求没有审理的必要。

北京市高级人民法院认为：一审法院依据被告住所地确定本案管辖权，依据当事人共同选择确认的中华人民共和国法律作为本案准据法是正确的，本院予以确认。TAT公司所主张的陆致成侵犯公司利益的事实和行为指向的均是清芯光电的利益，而非股东TAT公司的利益。在清芯光电利益受损的情况下，应由清芯光电提起诉讼，清芯光电未形成决议而股东代为提起诉讼的，应为股东代表诉讼。一审法院依据《公司法》第152条的规定，认为TAT公司提起股东代表诉讼的条件尚未成就，无权请求陆致成赔偿股东的损失是正确的。TAT公司认为其依据《公司法》第153条的规定可以直接向董事、高级管理人员提起诉讼的上诉主张，因其基于的侵权事实均是陆致成作为清芯光电的董事、高级管理人员时的职务行为，并未直接侵害股东TAT公司的利益，不符合股东直接诉讼的规定，故一审法院驳回TAT公司的诉讼请求是正确的，本院予以确认。TAT公司以清芯光电未设立监事会，陆致成非法控制清芯光电而否定履行股东代表诉讼的前置程序，进而提起股东直接诉讼的上诉理由不成立，本院不予支持。TAT公司二审中提出清芯光电第一届董事会第七次会议决议已被撤销的证据，并不影响其应履行股东代表诉讼的前置程序。关于TAT

公司在一审中提出调查收集证据的申请，一审法院认为不符合《最高人民法院关于民事诉讼证据的若干规定》第17条的规定，对该申请不予准许的决定是正确的，本院予以确认。TAT公司仅凭《邮件查单》无法证明其就该决定已向一审法院提出复议申请，且复议结果亦不影响本案的处理结果。综上，一审法院判决认定事实清楚，适用法律正确，应予维持。依照《中华人民共和国民事诉讼法》第一百五十三条第一款第（一）项之规定，判决：驳回上诉，维持原判。

【评析】

本案原告依据《公司法》第153条提起诉讼，依原告的诉请案由定为公司董事、高级管理人员损害股东利益纠纷，在案件审理过程中当事人存在诸多争议，其主要争议为：（1）《公司法》第152条与第153条规定的区别。（2）本案是裁定驳回起诉还是判决驳回诉讼请求。3. 判驳后原告能否依据152条规定提起诉讼。

（一）《公司法》第152条与第153条规定的区别

《公司法》第152条规定的是股东代表诉讼，是指当公司的合法权益受到不法侵害而公司却拒绝或者怠于通过诉讼手段追究有关侵权人的责任时，具有法定资格的股东为了公司利益而依据法定程序，以自己的名义代表公司对侵权人提起诉讼，追究其法律责任，所获赔偿归于公司的一种法律制度。我国《公司法》第152条对此作出明确规定：董事、高级管理人员有本法第150条规定的情形的，有限责任公司的股东、股份有限公司连续180日以上单独或者合计持有公司百分之一以上股份的股东，可以书面请求监事会或者不设监事会的有限责任公司的监事向人民法院提起诉讼；监事有本法第150条规定的情形的，前述股东可以书面请求董事会或者不设董事会的有限责任公司的执行董事向人民法院提起诉讼。监事会、不设监事会的有限责任公司的监事，或者董事会、执行董事收到前款规定的股东书面请求后拒绝提起诉讼，或者自收到请求之日起30日内未提起诉讼，或者情况紧急、不立即提起诉讼将会使公司利益受到难以弥补的损害的，前款规定的股东有权为了公司的利益以自己的名义直接向人民法院提起诉讼。他人侵犯公司合法权益，给公司造成损失的，本条第1款规定的股东可以依照前两款的规定向人民法院提起诉讼。

由于股东代表诉讼指向的是损害公司权益的行为，公司股东基于所有者权益只是间接受有损害，并非符合普通民事诉讼程序中“与本案有直接利害关系的当事人”原告的资格条件，基于“司法不干预公司内部事务”的原则，为防止股东滥用诉权，该条对股东代表诉讼规定了严格的条件：

1. 原告资格。有限责任公司的股东没有持股比例和持股时间的限制，只要具有股东身份即可提起诉讼。而对于股份有限公司，则须至少连续 180 日单独或者合计持有公司 1% 以上股份的股东才可以提起诉讼。可见，我国的派生诉讼提起权性质依公司性质不同而不同，对于有限责任公司的股东来说是单独股东权，而对于股份公司的股东来说则是少数股东权。

2. 原告股东的资格限制。我国《公司法》对股份有限公司的股东要求持股时间需连续持股 180 日以上，持股数量为单独或合计持有 1% 以上，对有限责任公司的股东无资格限制。

3. 被告范围。根据《公司法》第 152 条的规定，我国派生诉讼的被告不仅包括董事、监事、高级管理人员还包括侵犯公司权益的“他人”。此外，《公司法》第 20 条第 2 款规定，公司股东滥用股东权利给公司或者其他股东造成损失的，应当依法承担赔偿责任；第 21 条规定，公司的控股股东、实际控制人、董事、监事、高级管理人员及其他人通过关联关系损害公司利益，致使公司遭受损害的，应当承担赔偿责任；第 113 条规定，董事会的决议违反法律、行政法规或者公司章程、股东大会决议，致使公司遭受损失的，参与决议的董事对公司负赔偿责任。因此，股东对于公司的股东（尤其是控股股东）、实际控制人等损害公司利益的行为，均可以适用第 152 条第 3 款来提起派生诉讼追究其赔偿责任。此外根据 2008 年 5 月 19 日起施行的《最高人民法院关于适用〈中华人民共和国公司法〉若干问题的规定（二)》第 23 条的规定，若清算组成员有违反法律、行政法规或公司章程给公司造成损失的，股东无论是清算程序进行中还是清算完毕均可以向清算组成员提起派生诉讼。可见，股东、实际控制人、董事、监事、高级管理人员、清算组成员及其他第三人均可能成为此类诉讼的适格被告。

4. 适用范围。根据《公司法》第 152 条的规定，我国股东代表诉讼的客体范围借鉴了美国法模式的规定，适用范围较广，不仅包括董事、监事、高级管理人员执行公司职务时违反法律、行政法规或者公司章程的规定给公司造成损失的情形，而且包括他人侵犯公司合法权益的行为。一方面，对公司管理者在经营管理过程中违反应尽的注意义务、忠实义务等而给公司造成损害的情形进行规制，体现了对股东、公司及公司管理人之间利益冲突的平衡理念。

5. 前置程序。各国立法几乎均将“竭尽公司内部救济”原则作为一个普遍原则，同时规定了例外情况。我国股东代表诉讼也规定了前置程序，股东在提起股东代表诉讼之前，应该请求公司的监事会或不设监事会的有限责任公司的监事，或者董事会或不设董事会的执行董事向人民法院起诉。如果其请求得不到满足，公司没有合理的理由却最终拒绝或怠于起诉，股东则可以提起派生诉讼。我国确立 30 日的等待期。当然，也做出弹性安排，即“情况紧急、不立即提起诉讼将会使公司利益遭受难以弥补的损害的”，可以直接提起代表诉讼。前置程序的要求是由股东代表诉讼的“派生”性所决定的，是股东派生诉权的他益权性质的体现，为避免股东因不了解情况而随意诉讼损害公司利益，前置程序的要求可以为公司内部自行解决纠纷提供最后机会。此外，通过前置程序的设置要求股东首先书面请求公司诉讼，也可避免股东滥用权利随意提起诉讼的发生。

6. 公司的诉讼地位。我国《公司法》第 152 条规定了股东可以提起派生诉讼的权利，但对公司在诉讼中的地位却未加明确。通说认为公司可以参与诉讼，且《 最高人民法院关于适用〈中华人民共和国公司法〉若干问题的规定(二)》(征求意见稿）也规定应当将公司列为第三人，北京市法院系统的派生诉讼案件亦均将公司列为第三人。但公司是否享有独立的请求权，公司在诉讼中究竟有何权利，是否可以请求终止诉讼等均无定论。公司参与诉讼时，谁来代表公司行使权利，履行义务，如何表明公司的意愿以确保诉讼真正符合公司利益，更未考虑。

7. 处理结果归属。胜诉利益归于公司是股东派生诉讼的核心和实质，我国《公司法》第 152 条的规定并未明确规定胜诉利益的归属。但理论上及各国司法实践均认为胜诉利益归属公司为股东代表诉讼制度的核心。

《公司法》第 153 条规定的是董事、高级管理人员损害公司股东权益纠纷，指股东针对董事、高级管理人员违反法律、行政法规或者公司章程的规定实施的损害股东利益的行为，股东可以向人民法院提起诉讼，要求董事、高级管理人员承担赔偿责任。相比第 152 条的股东代表诉讼，153 条的股东权益纠纷对于股东的诉权规定得较为宽松。

1. 原告资格。153 条的原告是公司股东，而无论其是否为有限责任公司股东还是股份有限公司股东，没有 152 条中对于股份有限公司股东持股比例和持股时间的特别要求。

2. 被告范围。153 条的被告仅是公司董事、高级管理人员，没有 152 条规定的被告中还有其他人员。

3. 适用范围。153 条适用的情形是董事、高级管理人员违反法律、行政法规或者公司章程的规定实施的损害股东利益的行为，如董事、高级管理人员不执行股东会关于分红的决议、不让股东行使表决权等，其指向均是股东的直接权益。第 152 条规定的是董事、监事、高级管理人员执行公司职务时违反法律、行政法规或者公司章程的规定给公司造成损失的情形及他人侵犯公司合法权益的行为，损害的是公司的权益。

4. 处理结果归属。因153条指向的是董事、高级管理人员违反法律、行政法规或者公司章程的规定实施的损害股东利益的行为，故原告股东是符合《民事诉讼法》规定的“与本案有直接利害关系的当事人”，其胜诉利益归属于原告。152条指向的是损害公司权益的行为，胜诉利益归属于公司。

5. 前置程序。因153条属于股东直接诉讼，故没有前置程序的要求。

本案TAT公司虽主张本案属于公司董事、高级管理人员损害股东利益纠纷，但根据TAT公司的诉讼请求与所主张的事实可以认定，其是基于清芯光电公司利益受到损害而提起的诉讼。公司利益受损应当由公司提起诉讼，公司未主张而股东主张的，应为股东代表诉讼。因此，本案TAT公司依据153条规定提起本案诉讼，缺乏事实依据。

（二）本案是裁定驳回起诉还是判决驳回诉讼请求

本案原告TAT公司提起本案诉讼的法律依据是153条，但是其事实依据指向的是152条，由于原告坚持依据第153条提起诉讼，但是其未举证证明其股东权益受到损害，因此依据证据规则因原告未举证证明其股东权益受到损害，其诉讼请求应予以驳回。如果依据原告举证的事实证据认为损害的是公司权益，本案应为股东代表诉讼而裁定驳回起诉，则改变了原告起诉的法律依据，法院司法裁量权超越了当事人的诉求。因此，本案应当根据原告的诉求，在原告的诉求范围内进行审查，判决驳回诉讼请求更为合适。

（三）判驳后原告能否依据152条规定提起诉讼

本案判驳后，原告依据《公司法》第152条规定可以提起新的诉讼，不构成“一事二理”。由于《公司法》第152条和第153条存在的上述区别，依据两条不同的法律条款提起的诉讼当事人不同、具体诉讼请求、利益归属等也不同，相互不能替代或涵盖。因此，本案原告依据《公司法》第152条可以提起诉讼，不构成“一事二理”。

（一审合议庭成员：杜卫红　魏应杰　李文成
二审合议庭成员：刘春梅　容　红　张　力
编写人：北京市高级人民法院　刘春梅
责任编辑：韩建英
审稿人：曹守晔）

36. 睢宁县希望公交有限责任公司诉胡会林股东会决议效力确认纠纷案

问题提示：出资不到位的股东行使股东权利是否应当受到相应限制？

【要点提示】

根据《公司法》的规定，有限责任公司股东出资不到位并不影响其股东资格的取得，但其股东权利的行使应当加以限制。这种限制应根据具体的股东权利的性质确定，即与出资义务相对应的权利只能按出资比例来行使。

【案例索引】

一审：江苏省邳州市人民法院（2010）邳商初字第149号（2010年8月8日）

二审：江苏省徐州市中级人民法院（2010）徐民终字第1505号（2011年2月11日）

【案情】

原告（上诉人）：睢宁县希望公交有限责任公司

被告（被上诉人）：胡会林

一审法院查明：睢宁县希望公交有限责任公司是2001年经徐州市睢宁工商行政管理局核准登记设立，公司设立时，登记股东为8人，分别为宋振亚、王成、胡会林、朱爱玲、宋洁（名册列为宋浩）、宋辉、仝德龙、赵相，其法定代表人为被告胡会林。在公司注册资本验资后，宋振亚、王成、宋洁、宋辉、仝德龙、赵相6个股东已将其认缴的出资抽走，王成、宋洁、宋辉、赵相的实物（车辆）出资也没有过户到公司名下，并分别于2001年9月、2002年12月、2003年12月转移给王甫廷、袁军、应寿春和汤从花。开办第一年公司给股东每人分配红利50元，其后未再分红。

2006年12月11日，该公司指定股东朱爱玲向原登记机关申请变更公司名称及经营范围，变更后的企业名称为睢宁县希望出租车客运有限公司，经营范围为出租车客运服务，2006年12月14日，徐州市睢宁工商行政管理局依据其申请核准颁发了营业执照。后经登记机关查明，其变更登记时提供的股东会决议、章程修正案为虚假材料，2007年2月26日，徐州市睢宁工商行政管理局对睢宁县希望出租车客运有限公司作出处罚决定，撤销了其2006年12月14日的公司登记，并罚款5万元。

2008年1月21日，该公司召开股东会，决定将没有交纳认缴出资的股东王成、宋洁、宋辉、仝德龙、赵相予以除名，并于2008年2月18日具状诉至睢宁县人民法院，要求确认王成、宋洁、宋辉、仝德龙、赵相不具备公司股东资格，后于2008年3月31日撤回起诉。2008年10月16日，江苏千秋业律师事务所律师曹大民参与，宋振亚、王成、宋洁（名册列为宋浩）、宋辉、仝德龙、赵相在睢宁县城金筷子酒店召开临时股东会议，会前依照程序通知了胡会林和另一股东朱爱玲，但胡会林和朱爱玲没有参加会议。此次会议作出了修改公司章程，罢免胡会林的董事长职务的决议，同时选举王成为公司新一届董事长。该公司董事长胡会林不认可此次股东会议决议的效力。

2008年10月26日，王成以新任董事长的名义，代表睢宁县希望公交有限责任公司将胡会林诉至睢宁县人民法院，要求判令被告交出公司营业执照、公章、财务章及会计账册。睢宁县人民法院以公司知情权纠纷为由立案受理，并分别于2009年2月9日和2009年4月10日两次开庭对该案进行了审理。2009年4月11日，胡会林以原告方亲属在睢宁县法院工作为由，申请将该案移送上级法院审理。2009年4月13日，睢宁县人民法院将该案报请徐州市中级人民法院指定管辖。

2009年4月29日，徐州市中级人民法院将该案指定本院管辖。2009年5月13日，本院以股东知情权为由立案受理，先由审判员谢军强独任审判，后依法组成合议庭，分别于2009年7月21日和2009年10月22日两次开庭进行审理，该案在审理期间，原告增加了诉讼请求，在要求判令被告交出公司营业执照、公章、财务章及会计账册请求不变的基础上，要求确认2008年10月16日的股东会议决议有效。2009年10月22日，本院作出（2009）邳民二初字第0414号民事裁定书，以主体不适格为由驳回了原告的起诉。原告对该裁定提出上诉。2010年2月4日，徐州市中级人民法院作出（2010）徐商终字第0050号民事裁定书，撤销了本院（2009）邳民二初字第0414号民事裁定书，指令本院继续审理。

2010年5月21日，本院以股东知情权为由再次立案受理，在审理过程中，原告又将诉讼请求变更为：请求法院判令被告立即交出公司营业执照、公章、财务章、会计账册。

原告诉称：2001年6月，由宋振亚作为发起人，王成、胡会林、朱爱玲、宋洁、宋辉、仝德龙、赵相参加，共同出资，依法成立希望公司。公司选举胡会林为董事长。但公司成立八年来，胡会林滥用职权，未公布一次账目，更不准看账、查账。八年来只是在公司开办第一年给股东每人50元的红利。为了达到独霸公司的目的，胡会林竟妄想撤销王成等五个人的股东资格，竟于2008年3月8日起诉。此案经睢宁法院民二庭审理后，胡会林看到要败诉，不得不于3月31日撤诉。鉴于胡会林的行为已严重损害了其他股东的合法权益，受损害的股东多次到有关部门请求解决。《公司法》第46条规定“董事任期由公司章程规定，但每届任期不得超过三年”。根据《公司法》规定，2008年10月16日召开了股东会议，经三分之二以上的股东表决同意，修改了希望公司的章程。并以无记名投票的方式，免去胡会林公司董事长、法定代表人的职务。选举王成为新一届公司董事长、法定代表人。但是，胡会林拒不交出公司营业执照、公章、财务章、会计账册，致使公司无法正常经营。请求法院判令被告立即交出公司营业执照、公章、财务章、会计账册。

被告辩称：（1）原、被告诉讼主体不适格；（2）2008年10月16日召开的股东会议产生的决议不具备法律效力；（3）该股东会议产生的决议违反公司章程第22条规定；（4）该股东会议产生的决议没有到工商管理机关备案，对外不产生公示力，因此王成不能以公司董事长的名义行使权利。

【审判】

一审法院认为：本案一审争议的焦点是：（1）原、被告主体是否适格。（2）2008年10月16日股东会决议是否有效。

睢宁县希望公交有限责任公司是有限责任公司，根据《公司法》的规定，股东应当按期足额缴纳公司章程中规定的各自所认缴的出资额。股东以货币出资的，应当将货币出资足额存入有限责任公司在银行开设的账户；以非货币财产出资的，应当依法办理其财产权的转移手续。动产出资未实际交付，视为出资不到位。同时，股东会会议由股东按照出资比例行使表决权。本案中，宋振亚、王成、宋洁（名册列为宋浩）、宋辉、仝德龙、赵相6名股东验资后即将投资抽回，实物（车辆）出资也没有过户到公司名下，实际上，该6名股东没有尽到对公司的出资义务。根据《公司法》的规定，股东出资不到位并不影响其股东资格的取得，但其享有股东权利的前提是承担相应的义务，违反出资义务，也就不应享有股东的相应权利，这也是民法中权利与义务统一，利益

与风险一致原则的具体体现。本案中，由于宋振亚、王成、宋洁（名册列为宋浩）、宋辉、仝德龙、赵相6名股东没有履行出资义务，其股东权利的行使应当受到一定的限制，这种限制应根据具体的股东权利的性质确定，即与出资义务相对应的权利只能按出资比例来行使，在其没有补足应缴出资额之前，则其不享有对睢宁县希望公交有限责任公司的表决权、利益分配请求权及新股认购权。因此，该6股东在2008年10月16日召开股东会形成的决议，不具有法律效力，因此，本案王成等6名股东的意思表示尚不能代表是睢宁县希望公交有限责任公司的真实意思表示，其以睢宁县希望公交有限责任公司为原告，王成作为法定代表人起诉被告胡会林，诉讼主体不适格。据此，邳州市人民法院根据《中华人民共和国民事诉讼法》第一百零八条的规定，裁定：驳回原告睢宁县希望公交有限责任公司的起诉。

原告不服一审裁定，提起上诉称：（1）原审裁定适用法律错误。《民事诉讼法》第108条是起诉必须符合的条件，而非诉讼主体不适格。徐州市中级人民法院（2010）徐商终字第0050号民事裁定书认定："王成作为希望公司的法定代表人提起诉讼的依据是2008年10月16日的股东会决议，因此，其具备原告诉讼主体资格"。而原审裁定一方面对股东会的内容和形式予以确认，一方面又认为股东会形成的决议不发生法律效力，"诉讼主体不适格"，自相矛盾，有意对抗徐州市中级人民法院的裁定偏袒胡会林。（2）原审裁定认定事实不清。原审法院认为：上诉人的6名股东验资后即将投资抽回，违反了出资义务，也就不享有股东相应的权利。那么胡会林有没有抽回投资，原审为什么不查明？实际上，胡会林、朱爱玲于2001年7月25日存入资金，验资后，7月31日即将验资抽回，但却依然霸占公司。原审法院认定6名股东没有依据，相反，此6名股东的车辆在公司跑了很长时间，尽到了股东对公司的义务。原审法院也没有说明哪些法律规定了哪些股东的权利受到限制。总之，2008年10月16日的股东会决议是合法有效的，股东的正当诉讼请求应当受到法律支持。请求二审法院撤销原审裁定。

二审法院认为：本案上诉人原审的诉讼请求是要求法院判令胡会林将公司的营业执照、公章、财务章、会计账册交出，该诉讼请求的实质在于通过司法程序剥夺胡会林对睢宁希望公交公司的控制权，而该公司目前工商登记的法定代表人系胡会林，其法定代表人资格也因公司成立之初的股东会选举产生，所以，王成以公司名义起诉就必须持有相应内容的合法有效的股东会决议，否则，王成缺乏与胡会林对抗的法律基础。换言之，王成要替代胡会林成为睢宁希望公交公司法定代表人必须有合法的基础，否则在没有公司公章的情况下，王成签字以公司名义起诉就不应当被受理或者起诉应当被驳回。因此，在本案中对睢宁希望公交公司2008年10月16日股东会决议效力的审查就显得十分重要。根据《公司法》的规定，股东出资不到位并不影响其股东资格的取得，但其享有股东权利的前提是承担股东义务，违反出资义务，也就不应享有股东的相应权利，这亦是民法中权利与义务统一，利益与风险一致原则的具体体现，股东对股东权利的享有与行使应当以履行股东义务为前提。2004年《公司法》第34条规定：股东在公司登记后，不得抽回出资（2005年10月27日修订后的《公司法》第36条亦有规定）。该法条系禁止性规定，所以，违反《公司法》该条规定的均应承担相应法律后果。依照《公司法》规定，股东权利的享有和行使须按其投入公司的资本额大小确定，股东在没有履行出资义务的情况下行使股东全部权利，明显有违公平的原则，亦损害其他股东利益，应对其股东权利加以限制。

按照我国《公司法》的规定，有限责任公司的股东享有以下权利：（1）表决权；（2）选举权和被选举权；（3）分取红利的权利；（4）剩余财产分配权；（5）查阅公司会议记录和财务会计报告权；（6）增资优先认购权；（7）转让出资权；（8）优先购买其他股东转让的出资权；（9）制定和修改公司章程的权利。其中，选举权和被选举权、查阅公司会议记录和财务会计报告权、制定和修改公司章程等身份性质的权利主要依据股东资格取得和享有，与实际出资无关。但是与股东投资行为相关的表决权、分红权、剩余财产分配权、增资优先认购权直接涉及公司的财产权，需按照股东实缴的出资比例行使。违反出资义务的股东，虽然名义上取得了股东资格，但由于其没有实施真实的投资行为，不仅没有使公司以其资本进行经营产生利润，也没有以其投资承担公司经营风险。因此，基于公平原则，没有履行出资义务的股东不能享有上述按出资比例确定的各项股东权利。在没有补足应缴出资款之前，应当对其相应的股东表决权、分红权、剩余财产分配权、增资优先认购权加以限制。

原审法院已经查明：参与2008年10月16日股东会的股东已将出资抽回，故无表决权的股东作出的决议应当无效。王成不能直接依据该决议替代胡会林的法定代表人地位，故其决定以公司名义提起诉讼，法院不应受理，该起诉应予驳回。综上，原审裁定驳回起诉并无不当，应予维持。二审法院依照《中华人民共和国民事诉讼法》第一百五十二条第一款、第一百五十三条第一款第（一）项、第一百五十四条之规定，驳回上诉，维持原裁定。

【评析】

出资是公司股东的基本法定义务，违反这一义务，我国《公司法》仅规定，违约方应向守约方承担违约责任。现有公司法理论著作也是多从违约责任

的角度对此进行论述的。但是，未出资的公司股东之法律资格应如何确定？是否仅需由违反出资义务的股东承担违约责任，而不必否定其股东的法律地位？其股东权利（股权）是否应因此受到影响？对于未足额出资的股东，其股东权利是否应当受到相应限制，我国《公司法》也未作出明确规定，最高人民法院也无相关的司法解释。公司的股东未缴纳出资的，应按照公司登记法规的股东承担法律责任，如就行政责任而言，可由工商行政管理部门给予罚款、责令改正甚至吊销营业执照；就民事责任而言，可以因设立瑕疵而否认其法人人格，由股东对公司的债务承担责任。公司的设立瑕疵可以产生法律责任，但并不否认股东的股东资格。

一、股权行使应否受限的理由

享受权利必须要以承担义务为前提，承认瑕疵出资人享有股权，并不表明不会产生其他影响。依民商法基本原则及理论，对瑕疵出资股东行使股权予以限制是理所当然的，理由如下：

（一）权利义务相一致原则的要求

毋庸置疑的是，从原始股权的取得方式来看，股权的取得须以出资作为对价。从这个意义上说，“股权是作为股东转让出资财产所有权的对价的民事权利”。无对价即无权利，这是民商法中的常识，也是我们主张限制未出资股东之股权的法理基础。《公司法》第16条第2、3款规定，公司为公司股东或者实际控制人提供担保的，必须经股东会或者股东大会决议，被提供担保的股东或者受被提供担保的实际控制人支配的股东，不得参加关于该事项的股东会或者股东大会决议的表决。这称为利害关系股东表决权的排除。举重以明轻从《公司法》此项特定情形下的表决权禁行义务也可以得出股东瑕疵出资应当限制其行使股权。可见股东履行出资义务与行使股权应互为条件，不能分离。如果股东瑕疵出资，依然可以不受限制地行使股权，反之一旦公司盈利，股东可以获得盈余分配，有时甚至可能以其获得的盈余分配来承担出资瑕疵责任。此时，股东履行极小的义务却行使了极大的权利，并以此来降低自身的风险。显然，义务与权利不一致，风险与收益不相当。

（二）股东平等原则的要求

股东平等有实质平等和形式平等两方面的内涵。实质平等是指股东按照股东身份平等地享有对公司的权利，如股东会的出席权、转让权等。形式平等是指股东按持股比例平等地享有对公司的权利，行使股权的大小根据持股比例不同而有所不同，如表决权、利润分配请求权等。股东之间人人平等，任何人不应行使超越他人的权利，并应当履行应尽的义务。瑕疵出资股东行使股权不受到适当的限制，显然违反实质平等的标准。股东行使权利的大小依据持股比例来判定，瑕疵出资股东行使股权不受到相应的限制，可能出现如下的情形，即虽认缴出资较少但实际出资足额的股东，相对于认缴出资较多但实际出资不足或根本未出资的股东，其可以行使的股权反而较小，这显然违反形式平等的标准。

（三）利益平衡理论的要求

肯定瑕疵出资人享有股权，必然造成以公司为核心的利益关系格局出现倾斜和失衡。一方面，股东瑕疵出资使本应到位的公司资本没有到位，是对公司权利的侵犯，侵犯公司权利的人却来操纵公司管理，进行相应的决策，是对公司更大的侵害。另一方面，瑕疵出资情形下，公司、其他股东、债权人三者的利益具有一致性，公司利益受到侵害，其他股东利益必然受到侵害，债权人利益也就得不到有效的保障。为了平衡各方利益，一方面应赋予公司、其他股东、债权人以相应的权利，另一方面就是限制瑕疵出资股东行使股权。

（四）诚实信用原则的要求使然

诚实信用原则是民法的最高指导原则，是民法原则的"原则"，它理所当然是民事立法、守法、司法的"帝王条款"。体现了市场经济的基本要求，在民法基本原则中居于统领地位，更是现代民法的基本精神之体现。有限责任公司的新增股东出资不到位或者抽逃出资的行为，违背了诚信原则，且已经损害了债权人的合法权益。股东的出资属于公司的责任财产，是公司在民事活动中承担责任的担保。而股东出资不实或者抽逃出资的行为其在作为公司股东的承诺，违反了诚信原则，导致其为公司承担民事责任能力下降加大了市场风险。

通过以上分析表明，限制瑕疵出资股东行使股权必要且可行。这样，不致对公司、其他股东、债权人造成实质性的威胁和损害，对多元利益主体包括瑕疵出资股东来说是一种多赢性选择。

二、可行使与限制行使的股权之内容

公司法理论将股权分为自益权和共益权。自益权一般属于财产性的权利，如股息或红利分配请求权、新股优先认购权、剩余财产分配权、股份转让权等。共益权则是公司事务参与权，一般为非财产性权利，如表决权、公司文件查阅权、召开临时股东会请求权、对董事及高级职员监督权等。从公司的本质上讲，公司只不过是为股东谋取利益的工具，因而自益权是目的性权利，而共益权不过是为了实现自益权的手段性权利。对于瑕疵出资股东可以行使哪些权利，应当本着权利与义务对等的原则，根据权利的不同情况作具体分析。下面以此为路径分别阐述。

（一）自益权的行使与限制

自益权主要体现股东自身的经济利益，多具财产权的内容。新《公司法》第35条规定："股东按照实缴的出资比例分取红利；公司新增资本时，股东有权优先按照实缴的出资比例认缴出资。但是，全体股东约定不按照出资比例分取红利或者不按照出资比例优先认缴出资的除外。"这说明立法既倡导股东按实际出资行使自益权，又明确允许实际出资与自益权脱钩实行意思自治原则。因此，一般而言，应限制瑕疵出资股东行使自益权，并以实际出资额作为计算标准，这样，投资收益与投资风险之间存在关联关系，符合公平、正义的原则。当然，也不能排除例外情况的存在，即如果全体股东约定，瑕疵出资股东按认缴出资额行使股权，应从其约定。

（二）共益权的行使与限制

共益权主要体现为股东对公司经营的参与和监督，多具管理权的内容，瑕疵出资股东可否行使共益权是争议颇多的问题。理论上存在两种不同认识，一种观点认为，共益权具有管理权性质而无财产权性质，没有必要限制；另一种观点认为，对共益权也要限制，只有补足出资后才能行使。笔者认为，对共益权的限制要区别对待。

首先，以查阅权、质询权为代表的共益权，属于知情权的范畴，允许股东行使，非但不会对公司、其他股东甚至债权人产生实质性的威胁和损害，而且有利于公司的正常经营和运作。显然，对这些共益权无限制行使的必要。公司法对此没有限制与否的规定，以"不禁止即为允许"的原则来分析，应该无限制其行使的意图。

其次，表决权、代表诉讼提起权是作为自益权的手段而行使，兼具共益权和自益权的特点，甚至有学者视之为自益权。对于以这些权利为代表的共益权是否需要限制行使，情况有些复杂，在此，仅以表决权为例加以讨论。《公司法》第43条规定："股东会会议由股东按照出资比例行使表决权；但是，公司章程另有规定的除外。"由此可以得出两点结论，一是出资与表决权的行使密切相关，二是出资与表决权的行使可以依法自由脱钩。因此，一般而言，瑕疵出资股东行使表决权应受到限制，这符合出资与权利成正相关的公司伦理。但是，股东也可以不考虑出资因素，在公司章程中约定表决权的行使问题，如按认缴出资比例或实缴出资比例，甚至约定其他比例行使表决权。

值得一提的是，第43条没有在"出资"之前用"实缴的"作定语限制，表明立法对表决权行使的要求较自益权要宽松。更为重要的是，这种灵活性规定为解释特殊情况下表决权的行使，提供了可以回旋的空间。因为随着公司资本制由实缴改为认缴，必然存在实缴出资与认缴出资不一致的现象，如果公司章程无特殊约定，就会产生行使表决权究竟应以实缴出资比例还是认缴出资比例为准的问题。此时，即可依法区分不同情况处理：第一，有一名或者多名股东实际缴纳出资的，股东按实缴出资比例行使表决权；第二，全体股东都没有实际缴纳出资的，股东按认缴出资比例行使表决权。

三、未出资股东股权行使之恢复

基于《公司法》有关规定，未出资股东可以补充出资，如果股东如数、按期补充了其应缴出资，则其股东权利应得到肯定和保护。所以，我们不能以未出资为由，从根本上否定该股东的权利，而只是在其未能履行补资的情形下，对其权利加以暂时限制，一旦该股东履行了补充出资义务，其股东权利应得到恢复。

有观点认为，如果未出资股东补充了出资，其股权行使的恢复是否溯及至公司设立开始之时？这个问题也具有十分重要的现实意义。笔者认为应当追溯及公司设立时。因为，未出资股东因其未出资的行为，可以由公司和已出资股东通过提出补充出资和承担违约责任的方式进行追究，未出资股东为此必须承担向公司补充出资及向守约方承担违约责任。换言之，未出资股东通过这种方式为自己的行为承受了相应的代价，法律为守约方提供了相应的救济途径。况且，瑕疵出资对出资人享有股权不能产生直接影响，它只是限制股东行使股权的理由。换言之，在公司存续过程中，股东享有的股权不存在间断的问题，即使出资瑕疵也不能导致股权享有在某一时间段内受到剥夺，瑕疵出资对股权行使而言也仅是一种暂时性障碍，一旦原因消除，其股权行使的恢复是否溯及至公司设立开始之时，其有权向公司要求其本来拥有的权利，其中当然包括应向股东分配的盈利。但是，当股东以行使表决权等共益权为由，主张公司机关已形成的决议无效或要求将其撤销时，如果允许股东的请求，对交易安全和公司团体的稳定非常不利，因此，表决权等共益权恢复行使应当自补足出资之时起算。由此可见，恢复股权行使的起点，应视权利不同而有所区别，不能一概予以肯定或否定。

（一审合议庭成员：庄广友　韩洪道　宋　阳
二审合议庭成员：于洪文　袁晓非　耿德举
编写人：江苏省邳州市人民法院　李晓东
责任编辑：韩建英
审稿人：曹守晔）

37. 中国人民财产保险股份有限公司广东省分公司直属支公司诉肇庆市联裕实业有限公司保险合同案

问题提示：如何审查传真件在保险合同缔约过程中的证据效力？

【要点提示】

在保险合同缔约过程中，当事人相互发送传真是常见的方式之一。对于这种便捷的做法，《合同法》第11条虽已加以确认，但传真件作为诉讼上的一种证据方式，它有较为特殊的表现形态与认定方式。

【案例索引】

一审：广东省肇庆市鼎湖区人民法院（2010）鼎民初字第210号（2010年4月20日）

二审：广东省肇庆市中级人民法院（2010）肇中法民终字第600号（2010年10月18日）

【案情】

原告（上诉人）：中国人民财产保险股份有限公司广东省分公司直属支公司（以下简称人财保广东直属公司）

被告（被上诉人）：肇庆市联裕实业有限公司（以下简称联裕公司）

第三人：简学伟

肇庆市鼎湖区人民法院审理查明：2008年12月间，被告向原告就投保财产一切险进行询价。2009年1月8日，原告出具了保单号为PQYA200944019802000012的《财产一切险保单》，清单载明：被保险人名称：肇庆市联裕实业有限公司；保险期限为2009年1月9日0时至2010年1月8日24时；总保险金额为

40000000 元，保险费为 80000 元，险种为财产一切险。2009 年 1 月 12 日，原告将该保单及保险业专用发票送交第三人简学伟，由第三人简学伟以“肇庆市联裕实业有限公司，经手人简学伟”的名义开具收条给原告，确认收到原告送来的上述的保单及金额为 80000 元的保险业专用发票。原告于 2009 年 7 月 18 日、9 月 18 日、11 月 4 日三次发函给被告，催收保险费，但被告没有支付保险费。2009 年 10 月 25 日，原告派员持保险费发票记账联复印件找到第三人，第三人在该件上签注“此发票的付款方联已收到，但保险费至今未付，特立此凭证”。

原告诉称，2008 年 12 月，联裕公司向我公司就投保财产险进行询价，我公司以传真的形式予以回复，联裕公司在我公司的报价单上盖公章予以确认，并将该件以传真的形式回复我公司。我公司于 2009 年 1 月 8 日向联裕公司出具正式的保单及发票，该保单的被保险人是联裕公司，保单起保日期是：2009 年 1 月 9 日 0 时至 2010 年 1 月 8 日 24 时，投保险种是：财产一切险，总保险金额：4000 万元（人民币肆千万元整）。我司出具保单后，于 2009 年 1 月 12 日，由我司业务员姚育贤将该保单及发票送达联裕公司处，由联裕公司经办人简学伟办理了交接手续及开具了收条，该收条注明联裕公司已收到我司送来的保单一份和发票一张，并对承保事实予以确认。故起诉请求被告支付保险费及其利息损失。被告辩称，原告主张没有依据，双方的保险合同关系并未成立。

二审法院补充查明：2009 年 1 月 4 日，联裕公司在人财保广东直属公司向其出具的《财产保险投保标的明细表》上加盖公章，由联裕公司的员工简学伟传真给人财保广东直属公司。该明细表上载明：中国人民财产保险股份有限公司财产一切险投保单，NO. 705，投保人名称及地址：肇庆市联裕实业有限公司，肇庆市鼎湖区永安镇工业园；保险期限为 2009 年 1 月 9 日 0 时至 2010 年 1 月 8 日 24 时；总保险金额为 4000 万元，保险费为 8 万元。其中备注栏载明：投保人兹声明上述内容（包括投保标的明细表及情况调查表）属实，同意以本投保单作为订立保险合同的依据；对贵公司财产一切险条款及附加条款（包括责任免除部分）的内容与说明已经了解，同意从保单签发之日起保险合同成立。

经二审法院向第三人简学伟调查取证，简学伟述称：其本人从 2007 年 9 月至 2010 年 8 月一直在联裕公司任行政总监，其一直代联裕公司办理购买保险的事宜，购买本案的保险是经过总经理同意的，办理保险经过是由其本人负责。2009 年 1 月 4 日《财产保险投保标的明细表》上的联裕公司的公章是由联裕公司的林总经理加盖，由其本人将该明细表传真给保险公司。其本人签收了《财产一切险的专业发票》后，原件已经交给联裕公司的财务。联裕公司

给其本人在广州购买社保是为了加大对员工的保障，联裕公司提供的购买社保的名单上大部分人员都是联裕公司的管理层。联裕公司与广州市裕联管理咨询有限公司的董事长均是陈云山。还查明：2010 年 8 月 12 日，广州市工商行政管理局出具的企业注册基本资料反映，广州市裕联管理咨询有限公司的法定代表人为陈云山。

经上诉人人财保广东直属公司申请，二审法院向中国银行股份有限公司肇庆分行发出调查函，以调查卡号为 6013827013002201284 的银联卡的信息资料，中国银行股份有限公司肇庆分行复函称：提供 6013827013002201284 卡号 2008 年 12 月 15 日至 2010 年 1 月 18 日银行交易流水资料一份。其中 2008 年 12 月 24 日、2009 年 5 月 12 日、2009 年 6 月 17 日 3 笔款项的付款方为“肇庆市联裕实业有限公司”（账号 878155869508091001）收款人账号为“代发工资”。在卡号为 6013827013002201284 的银行流水资料显示，户名：简学伟，账号：475820901880264868。

【审判】

肇庆市鼎湖区人民法院审理认为：本案是保险合同纠纷。原告认为，原、被告建立了保险合同关系的理据不足，理由有：（1）原告称 2009 年 1 月 4 日《财产保险投保标的明细表》为被告盖章后确认的保险合同文件，并以传真形式回复原告，但从该书证表面看，无法确认其是传真件还是复印件，也不能辨识是否是被告发出的传真件，而且被告对该传真件不予认可。因此原告认为被告签署并确认了《财产保险投保标的明细表》的证据不足，本院不予采纳。（2）根据该传真件的书面内容反映，该表是保险合同的一部分，要从保单发出日起保险合同才能成立。本案虽然原告提供收条、简学伟签收的保险业专用发票复印件证明第三人经手，原、被告建立了保险合同关系，但收条、简学伟签收的保险业专用发票复印件均没有被告盖章或法定代表人签名确认，也没有被告授权简学伟签署保险合同的证明，而且原告未能提供充足证据证明第三人简学伟与被告存在劳动关系和第三人简学伟与原告建立保险合同是职务行为，同时被告提供了第三人简学伟社保信息表反映第三人简学伟是在广州市裕联管理咨询有限公司购买社会保险的，并认为第三人简学伟不是被告员工，与被告无关。因此，原告认为，第三人简学伟有权代理被告签署保险合同，并代表被告收取保险单的证据也不充分，本院不予采纳。第三人简学伟经本院合法传唤无正当理由，拒不到庭参加诉讼，视为放弃质证和抗辩的权利。据此，原告主张被告支付保险费，本院不予支持。依照《中华人民共和国民事诉讼法》第六十四条、第一百二十八条，《中华人民共和国民法通则》第六十六条第一款、第八十四条，《中华人民共和国合同法》第三十三条、第四十八条的规定，判决：驳回原告人财保广东直属公司要求被告联裕公司向其缴纳保险费8万元及利息（从2009年1月9日起，以中国人民银行现行利率计算至实际清偿之日止）的诉讼请求。本案受理费1800元，由原告人财保广东直属公司负担。

人财保广东直属公司不服一审判决，上诉称：一审法院忽略了联裕公司已收到我司开具的保单及保险发票的事实，做出了错误判决。第三人简学伟就是其公司员工，履行了其公司的职责，他不但经办了整个购买保险的过程，还代表签署了其他重要文件；一审法院不能以简学伟有没有在联裕公司购买社保为由，否认他是公司的员工。上诉请求：（1）撤销鼎湖区人民法院（2010）鼎民初字第210号民事判决书；（2）判令联裕公司向我公司支付保险费8万元及利息（从2009年1月9日起，以中国人民银行现行利率计算利息至实际清偿之日止）；（3）判令联裕公司承担一审、二审的诉讼费用。

被上诉人联裕公司（原审被告）辩称：一审法院认定事实清楚，适用法律准确，程序合法，作出的判决是完全正确的，二审法院应该予以维持。上诉人的上诉主张理据不足，请求依法予以驳回。

二审期间，上诉人人财保广东直属公司向本院提交了一组新证据，包括有：（1）第三人简学伟的身份证复印件；（2）简学伟持有的中国银行银联卡（卡号为6013827013002201284）一张；（3）RBS流水查询单一张，以证明简学伟为联裕公司员工；联裕公司以上述证据不属于新证据，均不予确认。

肇庆市中级人民法院审理后认为：本案为保险合同纠纷。本案争议的焦点为人财保广东直属公司与联裕公司之间的保险合同关系是否成立。根据本院二审补充查明的事实，可以充分证明简学伟为联裕公司的职员，其代表联裕公司经办与人财保广东直属公司就联裕公司投保财产一切险的事宜，其行为为履行职务的行为，由此而产生的法律后果应当由联裕公司承担。上诉人人财保广东直属公司提供的2009年1月4日《财产保险投保标的明细表》虽然为传真件，但是该传真件经第三人简学伟确认属实，本院对2009年1月4日《财产保险投保标的明细表》的真实性予以确认。联裕公司在上述明细表上加盖公章的行为，应当视为联裕公司对向人财保广东直属公司投保财产一切险进行了确认。根据《保险法》第13条“投保人提出保险要求，经保险人同意承保，保险合同成立。保险人应当及时向投保人签发保险单或者其他保险凭证。保险单或者其他保险凭证应当载明当事人双方约定的合同内容。当事人也可以约定采用其他书面形式载明合同内容。依法成立的保险合同，自成立时生效。投保人和保险人可以对合同的效力约定附条件或者附期限。”的规定，本案中，人财

保广东直属公司在收到联裕公司确认的2009年1月4日《财产保险投保标的明细表》后，向投保人联裕公司发出了正式保单及发票，简学伟于2009年1月12日予以签收。据此，联裕公司与人财保广东直属公司之间的保险合同关系成立，且合法有效。故被保险人联裕公司应当向人财保广东直属公司支付保险费80000元及相应利息（利息按照中国人民银行规定的同期贷款利率从2009年1月9日开始计算到欠款还清之日止。）

综上所述，上诉人人财保广东直属公司请求撤销原审判决，改判支持其原审诉讼请求的上诉主张，理据充分，本院予以采纳。原审法院审理程序合法，但认定事实不全面，实体处理错误，本院依法予以改判。依照《中华人民共和国民事诉讼法》第一百五十三条第一款第（三）项之规定，判决：一、撤销肇庆市鼎湖区人民法院（2010）鼎民初字第210号民事判决；二、肇庆市联裕实业有限公司应当在本判决发生法律效力之日起十日内向中国人民财产保险股份有限公司广东省分公司直属支公司支付保险费80000元及相应利息（利息按照中国人民银行规定的同期贷款利率从2009年1月9日开始计算到欠款还清之日止）。本案一、二审案件受理费由肇庆市联裕实业有限公司负担。

【评析】

本案为保险合同纠纷，争议的焦点为人财保广东直属公司与联裕公司之间的保险合同关系是否成立。其中以下两个问题值得探讨：

一、传真件是否可以成为双方订立合同的证据

在现实生活中，为了适应社会快速发展以及便捷上的需要，当事人之间在交易过程中通过各种有效载体作为其意思表示的方式，其中，相互发送传真是其中重要而常见的方式之一，对于这种交易上的习惯性做法，我国有关法律对此已加以确认。根据《合同法》第11条规定："书面形式是指合同书、信件和数据电文（包括电报、电传、传真、电子数据交换和电子邮件）等可以有形地表现所载内容的形式。"但传真件作为诉讼上的一种证据方式，它有较为特殊的表现形态与认定方式。因为凡是发送的传真件，传真的原始件只能留在发传真的人手中，而接受传真的人手中收到的只是该传真的复制件。在诉讼中，当一方当事人将一份传真件作为支持其事实主张的证据时，如果另一方当事人对该传真件上的签名或者印章的真实性提出质疑，该传真件就不能作为合适的检材进行鉴定。因而在审判上，对传真件证据真实性的审查，就要求法院要查明双方当事人是否有相互发送传真作为表达其真实意思的载体与方式。本案中，人财保广东直属公司提供的2009年1月4日《财产保险投保标的明细

表》虽然为传真件，但是该传真件经第三人简学伟确认属实，且简学伟是联裕公司的负责办理保险业务的职员，因此，二审法院对 2009 年 1 月 4 日《财产保险投保标的明细表》的真实性予以确认。一审法院以联裕公司不予确认该传真件为由，不予查明与该传真件相关的事实，对该传真件不予采信的做法显属不当。

二、法院是否应当依职权调取查明案件事实的关键证据

本案中的关键事实是第三人简学伟是否为联裕公司职员？联裕公司极力否认第三人简学伟为其公司职员，人财保广东直属公司虽然提供了简学伟的银行卡及其银行卡的部分流水单，但其证据均不足以证明该银行卡为联裕公司向简学伟发放工资的事实。故二审法院依职权向中国银行调查取证，证明联裕公司在合同双方洽谈保险事宜期间，向简学伟发放工资。并且二审法院经多方联系第三人简学伟，向其调查取证，简学伟本人对其作为联裕公司行政总监办理保险事宜均予以确认。据此，可以充分认定简学伟为联裕公司职员，其代表联裕公司向人财保广东直属公司投保，联裕公司与人财保广东直属公司之间的保险合同成立。本案中，一审法院虽然追加简学伟为本案第三人，但其没有对本案的关键人物简学伟进行调查并查明身份，只是关注当事人提供的证据，对事实进行表面上的分析，而忽视了查明案件事实的关键证据，没有深入分析这些事实的内在联系，这是本案一审判决被改判的根本原因。

（一审合议庭成员：李　广　邹杰明　张绍煌
二审合议庭成员：叶庆军　何　桑　李升文
编写人：广东省肇庆市中级人民法院　何　桑　任建新
责任编辑：韩建英
审稿人：曹守晔）

38. 誉恒汽车运输公司诉阳光财产保险公司主、挂车互撞损失赔偿保险合同纠纷案

问题提示：主车与挂车相互碰撞造成损失是否属于商业性车辆损失保险责任赔偿范围？

【要点提示】

保险合同作为当事人的合意产物，应当适用“当事人意思自治”原则，因此保险公司对主车与挂车相互碰撞造成损失赔偿与否主要取决于双方当事人的保险合同约定，而不是主、挂车连接使用是否视为一体才得出赔或不赔的结论。从《营业用汽车损失保险条款》关于“碰撞”的释义来看，“外界物体”是相对于“被保险机动车”而言的。保险公司将被保险人主车与挂车分开出具保单，那么针对被保险主车，挂车应当为其“外界物体”；针对被保险挂车，主车应当为其“外界物体”。因此，主、挂车相互碰撞应当归属于车辆损失险中的碰撞情形，属于保险事故范围，应由保险公司对互撞损失承担保险赔偿责任。

【案例索引】

一审：江苏省淮安市清浦区人民法院（2011）浦商初字第0268号（2011年4月29日）

【案情】

原告：淮安市誉恒汽车运输有限公司（以下简称誉恒汽车运输公司）

被告：阳光财产保险股份有限公司淮安中心支公司（以下简称阳光财产保险公司）

淮安市清浦区人民法院经审理查明：2011年2月14日4时50分，原告单位驾驶员张长白驾驶苏H09667号重型半挂牵引车/苏HG705挂重型普通半挂

车沿苏 S326 线公路由西向东行驶至章集镇小穆庄西，因避让路上情况又加上雪天路滑，撞上路边警示桩，驶向沟底，发生主、挂车互相撞击交通事故，造成主车车辆及其他财物损失。该交通事故经交警部门认定，张长白驾驶机动车行驶中观察不慎，对该次事故负全部责任。由于原告为上述主、挂车分别在被告处投保了商业险（其中主车险种有车辆损失险、第三者责任险及车上人员责任险，均为不计免赔险；挂车险种有车辆损失险、第三者责任保险；主、挂车被保险人均为原告），而保单中《营业用汽车损失保险条款》第 4 条又约定："因下列原因造成被保险机动车的损失，保险人依照本保险合同的约定负责赔偿：（一）碰撞、颠覆、坠落；……"，且事故发生在保险期间内，故原告便向被告索赔。因被告以主、挂车互撞损失不在保险责任范围内为由拒赔，双方为此发生争议，原告遂诉至法院，要求被告根据双方签订的商业保险合同赔偿其车辆损失等计 25305 元。

原告誉恒汽车运输公司诉称：2011 年 2 月 14 日 4 时 50 分，原告单位驾驶员张长白驾驶苏 H09667 号重型半挂牵引车/苏 HG705 挂重型普通半挂车沿苏 S326 线公路由西向东行驶至章集镇小穆庄西，因避让路上情况又加上雪天路滑，撞上路边警示桩，驶向沟底，发生交通事故，造成麦田和车辆损失。之后，原告多次向被告索赔无果，现起诉请求判令被告支付原告保险赔偿款共计 25305 元，其中车辆损失 16660 元、现场施救费 5350 元（包括吊车费 2200 元、叉车费 800 元、人工转货费 2350 元）、麦田损失 500 元、路政警示桩 210 元、车损鉴定费 800 元、交通费 1785 元，并承担本案诉讼费用。

被告阳光财产保险公司辩称：原告在被告处投保是事实，但原告主、挂车连接使用应视为一体，且事故是由驾驶员操作不当造成，故主、挂车互撞不符合碰撞规定，其车辆损失不在保险范围内，故被告不应对此承担赔偿责任，请求依法驳回原告的诉讼请求。

【审判】

淮安市清浦区人民法院经审理认为：保险合同是最大诚信合同，原、被告应当按合同约定全面、适当履行各自的权利和义务。本案被告将原告主、挂车分开承保，分别出具保单，由此可见，被告在承保时是将主车与挂车视为不同的主体来看待的。那么针对主车而言，挂车应视为其"外界物体"，故主、挂车碰撞损失属于保险责任范围。故根据双方在《营业用汽车损失保险条款》中对"碰撞是指被保险机动车与外界物体直接接触并发生意外撞击，产生撞击痕迹的现象。包括被保险机动车按规定载运货物时，所载货物与外界物体的意外撞击"之定义，结合交警部门对该起事故事实及责任认定，应确定该事

故系保险事故，被告作为保险人应当依照承保险种承担赔偿责任。

据此，淮安市清浦区人民法院依照《中华人民共和国合同法》第八条、第三十九条，《中华人民共和国保险法》第五条、第十二条第四款、第十四条、第十七条、第五十五条第四款、第五十七条、第六十一条、第六十四条及《中华人民共和国民事诉讼法》第一百二十八条之规定，于2011年4月29日判决：一、被告一次性赔偿原告保险金21170元。二、驳回原告其他诉讼请求。

宣判后，双方当事人均未上诉，判决已发生法律效力。

【评析】

本案是一起较为典型的因主、挂车互撞所引发的保险合同纠纷案件。基于主、挂车在社会生活实践中通常都连接使用的特殊性质，保险公司常以“主、挂车一体”不符合保险条款中关于“碰撞”的约定来拒赔，从而在审判实践中产生诸多纷争。因此，正确处理本案对同类案件具有一定的参考价值。

一、主、挂车是否应当视为一体？

对于连接使用的主、挂车发生事故进行保险赔偿时是否应视为一体的问题，在保险业界和司法实务界一直存有较大的争议。保险业界认为应当视为一体，其理由是：商业第三者责任保险条款，如《机动车第三者责任保险条款》(2007) 第12条，有关于“主车和挂车连接使用时视为一体，发生保险事故时，由主车保险人和挂车保险人按照保险单上载明的机动车第三者责任保险责任限额的比例，在各自的责任限额内承担赔偿责任，但赔偿金额总和以主车的责任限额为限”的相关规定。司法实务界则认为不应当视为一体，其理由是：保险条款中关于主车和挂车视为一体的规定，其实质属于免除保险人责任、加重被保险人负担的格式条款，违反了我国《合同法》的相关规定，应为无效条款。那么，到底哪种意见是正确的呢？

笔者认为，主、挂车是否应视为一体并不是决定保险公司是否赔偿的关键或必然因素。因为，根据我国《合同法》和《保险法》相关规定，保险合同作为当事人的合意产物，仍应适用“当事人意思自治”原则，故保险公司赔偿与否主要取决于双方当事人的保险合同约定，而不是主、挂车连接使用是否视为一体才得出赔或不赔的结论。故对于主、挂车连接使用保险责任的认定与承担问题，应分两种情况区别对待：

（一）以格式条款约定主、挂车视为一体的处理

双方当事人签订的保险合同中以保险公司提供的格式条款约定主、挂车视

为一体、发生事故以主车的保险限额为限的，由于我国《合同法》第40条有“提供格式条款一方免除其责任、加重对方责任、排除对方主要权利的，该条款无效”以及《保险法》第19条有“采用保险人提供的格式条款订立的保险合同中的下列条款无效：（一）免除保险人依法应承担的义务或者加重投保人、被保险人责任的；（二）排除投保人、被保险人或者受益人依法享有的权利的”的明确规定，故保险公司如以格式条款将主、挂车视为一体及发生事故以主车的保险限额为限的内容纳入保险合同，具有免除其责任、加重对方责任的特征，排除了被保险人的应有利益，属于上述法律规定的无效约定情形，故该条款对双方当事人均不具有约束力。

（二）以非格式条款特别约定主、挂车视为一体的处理

双方当事人签订的保险合同中以非格式条款自愿进行特别约定主车和挂车视为一体、发生事故以主车的保险限额为限的，由于这种约定并不违反法律、法规强制性规定，根据当事人意思自治原则，尽管该条款可能有失公平，但在该条款未撤销或变更的情况下，双方当事人应当受到该条款的约束。

综上，在审理类似案件过程中，应当根据保险合同约定的内容情况进行严格审查并区分上述情形分别进行处理。本案中，原、被告之间的保险合同是以保险公司提供的格式条款签订的，因此即使有“主、挂车视为一体”的约定，也不具有法律效力；更何况本案原告除投保了商业第三者责任险外，还投有车辆损失险，该险种保险合同中并无此类条款的相关约定；故被告以主、挂车视为一体为由拒赔主、挂车互撞损失无法律依据。

二、主、挂车互撞是否属于保险条款中约定的碰撞情形？

对于主、挂车互撞是否属于保险条款中约定的碰撞情形问题，被告保险公司在案件审理期间基于“碰撞是指被保险机动车与外界物体直接接触并发生意外撞击，产生撞击痕迹的现象”的保险条款释义，辩称主、挂车连接使用时应视为一体，其相互之间不是外界物体，故主、挂车互撞不符合被保险机动车辆与外界物体直接接触并发生意外撞击的情形，应不予赔偿。对此，笔者认为，由于双方签订的车辆损失险中并没有主、挂车视为一体非格式条款特别约定，因此，主、挂车视为一体主张不适用于本案车辆损失险保险赔偿，不能作为保险公司拒赔的抗辩理由。同时，从生活实践情况看，尽管主车与挂车在连接使用时具有一定的特殊性，但主车与挂车实际上是作为各自独立的保险标的分别进行投保的，存在着不同的保险利益，是两个相互独立的保险合同客体；而主车和挂车在物理形态上也是各自独立存在，且通常均有各自的车辆号牌（即机动车身份证明），这表明它们在交通法律地位的定性上属于两辆不同的

机动车。从本案原、被告签订的车辆损失险保单中《营业用汽车损失保险条款》关于“碰撞”的释义来分析，“外界物体”是相对于“被保险机动车”而言。原告就主、挂车分别向被告投保了两份车辆损失险，被告也将该主、挂车分别作为各自独立的保险标的进行承保并将主车与挂车分开出具保单，那么针对被保险主车，挂车应为其“外界物体”；针对被保险挂车，主车应为其“外界物体”。因此，无论从机动车物理形态还是保险法律待遇上，主、挂车均应当互为外界物体。

另外，生活实践中主、挂车连接使用行驶过程中因制动力不同，易产生相互碰撞事故。保险制度的功能即为通过保险这种方式，分散投保人的风险，分担投保人的损失。保险公司收取保费，作为对价义务就是其在发生保险事故时承担保险赔偿责任。在双方当事人没有特别约定主、挂车互撞免除保险责任的情况下，如果将互撞损失排除在保险赔偿之外，则会出现保险人只享受保险合同权利而无须履行义务的保险责任真空局面。这既有违投保人参与投保的初衷，又有悖于责任保险制度最大诚信原则，严重背离了保险合同双务有偿的法律特质。

因此，本案主、挂两车相互碰撞应当归属于车辆损失险中的碰撞情形，属于保险事故范围，应由保险公司对互撞损失承担保险赔偿责任。

（一审独任审判员：吴祥华
编写人：江苏省淮安市清浦区人民法院　张广兄　任玉虹　陈益群
责任编辑：顾利军
审稿人：曹守晔）

二、案例精选·知识产权

39. 白广成诉北京稻香村食品有限责任公司著作权权属、侵权纠纷案

问题提示：民间文学艺术作品是否受《著作权法》的保护？把三维工艺美术作品印刷在商品包装上是否构成著作权法意义上的复制行为？

【要点提示】

符合作品独创性要求的民间文学艺术作品可以适用《著作权法》进行保护。对侵害民间文学作品著作权赔偿数额的确定，需要平衡保护、弘扬和传承民间文学艺术之间的关系。把三维工艺美术作品印刷在商品包装上构成著作权法意义上的复制行为。

【案例索引】

一审：北京市东城区人民法院（2010）东民初字第2764号（2010年12月20日）

【案情】

原告：白广成

被告：北京稻香村食品有限责任公司（简称北京稻香村公司）

北京市东城区人民法院经审理查明：北京鬃人是北京传统民间工艺。2007年6月，北京鬃人被北京市人民政府评为“市级非物质文化遗产”。原告白广成与其兄白大成是北京鬃人的传承人。“跑驴”是北京鬃人的传统制作项目。

2007年5月，原告白广成制作完成了涉案作品“跑驴”，该作品底座刻有“北京鬃人白”的字样。涉案作品曾多次在公开场合展出。2009年9月，原告购得被告北京稻香村公司生产的“老北京”广式月饼一盒，单价146元。月饼的包装盒和手提袋上使用了涉案作品“跑驴”，具体使用情况为：（1）手提袋一面的左上部使用1次，该面还有“老北京皮影”、“老北京冬虫儿”、“老北京京剧”3幅图画。（2）月饼大包装盒盒顶左侧中部使用1次，该面还有“老北京皮影”、“老北京冬虫儿”、“老北京京剧”、“老北京兔儿爷”、“老北京沙燕风筝”、“老北京四合院”6幅图画。（3）大包装盒内装有6例独立小包装盒，每个小包装盒在盒面上使用4次，小包装盒上也有上述6幅图画。经比对，月饼包装盒上使用的“跑驴”作品与原告创作的“跑驴”作品具有一致性。

原告认为被告未经许可，未支付使用费，以营利为目的，擅自将原告独自创作的涉案作品“跑驴”作为其月饼包装的一部分，并进行了颜色的修改，获利巨大，侵害了原告的署名权、修改权、使用权和获得报酬的权利。原告于2010年3月10日诉至法院，请求判令被告：（1）立即停止侵权行为。（2）在《北京晚报》上公开赔礼道歉。（3）赔偿原告经济损失53万元。（4）承担诉讼费用。

被告辩称：（1）被告不认可原告系涉案作品“跑驴”的作者，也不能确认该“跑驴”作品是否对北京鬃人的传统作品“跑驴”进行了改进，形成了著作权法上的新作品。（2）被告使用的是“跑驴”的图片，而不是鬃人作品。（3）原告并未因为被告使用图片的行为产生实际损失。被告销售的是月饼，与鬃人作品不具有竞争关系，不会造成原告鬃人作品销售数量的减少。（4）原告主张的赔偿数额过高，无法律依据。（5）被告设计使用“跑驴”图片的行为是对老北京文化的宣传和保护，没有侵害著作权的故意，也没有获得商业利益的目的，不应承担侵权责任。综上，不同意原告的诉讼请求。

【审判】

北京市东城区人民法院一审认为，北京鬃人是源于清末、流传于北京地区的特色民间工艺艺术，已被评为北京市非物质文化遗产。北京鬃人艺术作为代代相传的手工技艺，本身具有非物质的特性。原告白广成是北京鬃人艺术的传承人，在吸纳传统工艺和艺术风格的基础上制作完成的“跑驴”作品，是以有形载体形式表现的民间艺术作品。民间艺术作品可以成为知识产权保护的对象。目前，我国《著作权法》中规定民间文学艺术作品的著作权保护办法由国务院另行规定，但相关保护办法至今并未出台。在此种情况下，如民间艺术作品符合著作权法上作品的条件，可适用《著作权法》进行保护。本案中，原告持有“跑驴”作品原件，且其兄白大成出庭证明该作品系原告所做，在无相反证据的情况下，可认定原告为该作品的作者。虽“跑驴”属于北京鬃人的传统制作项目，但并无证据证明原告创作的“跑驴”作品与之前的鬃人作品相同，故确认涉案作品“跑驴”具有独创性，是《著作权法》所保护的作品。被告在其生产月饼的包装盒上使用了涉案作品“跑驴”，且包装盒上的“跑驴”作品与原告创作的涉案作品“跑驴”具有一致性，不构成对修改权的侵害，但确系自立体三维作品到平面二维作品的使用，属于复制行为之一。关于被告辩称月饼包装上使用的是“跑驴”图片，但未举证证明月饼包装上使用图片的合法来源，故对被告的该项辩称意见，本院不予采信。综上，被告未经许可使用原告创作的“跑驴”作品，未署姓名，亦未支付报酬，应承担停止侵害、赔礼道歉、赔偿损失的责任。

一审判决：一、自本判决生效之日起，被告北京稻香村食品有限责任公司停止在其生产、销售的“老北京”广式月饼包装盒上使用原告白广成创作的“跑驴”作品。二、自本判决生效之日起三十日内，被告北京稻香村食品有限责任公司在《北京晚报》上就其生产、销售的“老北京”广式月饼包装盒上，未经许可使用原告白广成创作的“跑驴”作品，未署原告姓名的行为，刊登致歉声明。三、自本判决生效之日起十日内，被告北京稻香村食品有限责任公司赔偿原告白广成经济损失人民币 2 万元。四、驳回原告白广成的其他诉讼请求。

宣判后，双方均未上诉。

【评析】

北京鬃人系传统技能类的非物质文化遗产。2011 年 2 月 25 日《非物质文化遗产法》的通过标志着我国非物质文化遗产行政法保护体系即公法保护体系的完善。涉案鬃人作品“跑驴”同时也属于民间文学艺术作品。对于民间文学艺术作品的私法保护现行《著作权法》第 6 条规定：“民间文学艺术作品的著作权保护办法由国务院另行规定。”但该保护办法至今尚未出台，故在审理该案件时出现不同的观点：有观点认为由于民间文学艺术作品著作权保护办法并未出台，涉案作品不属于《著作权法》保护的作品。法院在无法律依据的情况下应驳回原告起诉。有观点认为虽然民间文学艺术作品著作权保护办法并未出台，但从《著作权法》第 6 条的文义解释来看，民间文学艺术作品是可以受到著作权保护的，只不过由于其具有不同于一般作品的特殊性，故需另行制定特别保护办法。从司法适用角度来看，在民间文学艺术作品著作权保护

办法未出台之前，如民间文学艺术作品符合《著作权法》保护作品的条件，可适用《著作权法》进行保护，但同时需兼顾民间文学艺术作品的特殊性。

笔者赞同后一种观点，法院也最终采纳了该观点。本文从法官不得拒绝裁判的裁判理念、民间文学艺术作品是否可受《著作权法》保护及受《著作权法》保护的条件、法官适用《著作权法》时协调非物质文化遗产保护与著作权保护之间的关系等方面进行分析。

（一）法律没有规定不得成为法官拒绝裁判的理由

基于现代法治的理念，法官不得因没有法律规定而拒绝进行裁判，即法官“有义务在对争议的事实情况没有相应的法律规定的时候，对属于其管辖范围的待决法律案件做出判决”以保护权利。①根据该原则，尽管我国尚未制定具体的关于民间文学艺术作品著作权的保护办法（以下简称保护办法），但《著作权法》第6条的立法本意是要对民间文学艺术作品给予著作权保护的，只是保护的具体规则有别于一般作品。因此，对司法实践中出现的涉及民间文学艺术作品的纠纷，法官不得简单地以没有法律规定为由驳回当事人的诉讼请求，而应当通过法律解释的方法来正确选择并适用法律，依法保护当事人的合法权益，并弥补民间文学艺术作品保护领域立法上的不足。

（二）民间文学艺术作品可适用著作权保护

1. 民间文学艺术作品的涵义

根据1976年UNESCO和WIPO共同在突尼斯通过的《为发展中国家制定的样板版权法》，民间文学艺术使用folklore一词，其被定义为“在某一国家领土范围内可认定由该国国民或种族群落创作的、代代相传并构成其传统文化遗产之基本组成部分的全部文学、艺术与科学作品。”1982年UNESCO和WIPO共同通过的《保护民间文学艺术表达，防止不正当竞争利用及其他损害性行为国内示范法条》（以下简称《示范法条》）中提出了“民间文学艺术表达”（expressions of folklore）一词，指具有传统艺术遗产特征的要素构成，并由（某一国家的）一个群落或者某些个人创制并维系，反映该部落之传统艺术取向的产品。② 据笔者掌握的资料，目前国际组织相关文件中对民间文学艺术（作品）都未使用“work”（著作权法上的作品的英文译文）一词，《示范法条》中“ expressions of folklore”的使用也旨在突出民间文学艺术（表达）和传统版权作品的不同。中文语境中针对英文语境的词汇，也相应的出现了民

① ［德］伯恩·魏德士，丁小春、吴越译：《法理学》，法律出版社2003年版，第364、358页。

② 唐广良：《遗传资源、传统知识及民间文学艺术表达国际保护概述》，载郑成思主编：《知识产权文丛》（第8卷），中国方正出版社2002年版。

间文学艺术、民间文学艺术表达、民间文学艺术作品不同概念，本文限于篇幅不对上述概念如何界定进行分析，但需要澄清的是，民间文学艺术作品的范畴并不等同于著作权法上“作品”的范畴。

民间文学艺术作品与非物质文化遗产（Intangible Cultural Heritage）相比，非物质文化遗产的概念来源于2003年10月17日联合国教科文组织（UNESCO）通过的《保护非物质文化遗产公约》。我国《非物质文化遗产法》第2条规定：“本法所称非物质文化遗产，是指各族人民世代相传并视为其文化遗产组成部分的各种传统文化表现形式，以及与传统文化表现形式相关的实物和场所。包括：（一）传统口头文学以及作为其载体的语言；（二）传统美术、书法、音乐、舞蹈、戏剧、曲艺和杂技；（三）传统技艺、医药和历法；（四）传统礼仪、节庆等民俗；（五）传统体育和游艺；（六）其他非物质文化遗产。”[①]因此，民间文学艺术作品属于非物质文化遗产的范畴。

2. 民间文学艺术作品是否可成为著作权保护的对象

民间文学艺术作品是否可成为著作权保护对象有两种观点：一种是赞同派，认为民间文学艺术作品可以成为著作权保护的对象。突尼斯、安哥拉、多哥等国的立法明确民间文学艺术作品系版权法保护的作品。一种是反对派，即认为民间文学艺术作品与著作权制度并不融合，存在实质性冲突和难以跨越的障碍，应当在著作权之外另外设立单独、特别的权利（如民间文学作品权）对民间文学艺术作品进行保护，甚至有观点认为民间文学艺术作品属于公有领域。俄罗斯联邦1993年版权与邻接权法明确民间文学作品不受版权法保护。两种观点各有道理，本文认为对该问题的认识，可以从理论基础、立法模式和司法适用三个层面来分析。

首先，从理论基础看，民间文学艺术作品是以“作品”的表现方式存在的。民间文学艺术作品是基于世代相传的传统文化而产生，有观点认为某民族、某地域所独有的民间文学作品与其他民族、地域相比极具独创性。传统版权制度建立在个人权利基础之上，这种集体独创性与传统版权作品的独创性并非同一含义。因此，民间文学艺术作品无法全部纳入到传统著作权法的保护之下，但具有特定传承人创作的特定的民间文学艺术作品以及基于民间文学艺术作品而衍生的作品，对于前者来说由于每一位传承人在创作中融入个人特色、理解，可以符合作品的独创性要求；对于后者来说是对民间文学艺术作品进行

① 该条款的定义来源于2005年3月26日国务院办公厅发布的《关于加强我国非物质文化遗产保护工作的意见》所附的《国家级非物质文化遗产代表作申报评定暂行办法》第2条对非物质文化遗产的定义。

收集、整理、改编后形成的新的演绎作品，可成为《著作权法》的保护对象。因此，《著作权法》所保护的只是部分民间文学艺术作品，传统著作权制度具有保护民间文学艺术作品的可行性，但基于民间文学艺术作品与一般作品的特殊性，还需要特别法律规定予以保护，即民间文学艺术作品是一种特殊作品，民间文学艺术作品的著作权也是一种特殊的著作权，其权利的类型、行使均不同于传统著作权。郑成思教授曾提出对民间文学艺术作品只授予复制权、翻译权，不授予改编权。①

其次，从立法模式上说，民间文学作品的保护，从行政保护的角度可适用《非物质文化遗产法》。对于私法保护，除《著作权法》之外，我国已经明确了要单独制定具体的民间文学艺术作品著作权保护办法。这种单独立法模式，一方面是考虑民间文学艺术作品的特殊性，相对于《著作权法》属特别规定，对一般著作权制度需进行部分修订后适用于民间文学艺术作品。另一方面是考虑著作权体系整个的协调性，民间文学艺术作品著作权保护办法的制定根据之一是《著作权法》，《著作权法》和保护办法共同构成民间文学艺术作品保护的法律体系，特别法没有规定的仍然适用《著作权法》的一般规定。

最后，从法律适用的角度来看，虽然民间文学艺术作品并不能全部符合著作权保护的条件，但对于符合《著作权法》保护条件的作品应当适用《著作权法》予以保护。问题的难点和关键点在于“保护到什么程度”，如何确定此类案件中的侵权赔偿数额。郑成思教授认为司法机关着手处理纠纷极可能把公有领域的东西划为专有，也可能把专有领域的划为公有，可能“宽严皆误”，可能无所适从。②本案中，北京鬃人艺术作为一种传统技能，具有确定的继承人。原告作为继承人在制作涉案作品时融入了自己的特色和改进，且以有形的形式予以表现，完全符合《著作权法》中作品的条件，应当适用《著作权法》对其版权予以保护。但对非物质文化遗产的保护，需考虑到保存、保护、弘扬、传承和振兴的保护理念，在具体认定涉案行为是否构成侵权、侵权赔偿数额等方面需要平衡著作权制度对传承人私权的保护和非物质文化遗产的弘扬、传承、振兴之间的关系。

（三）本案被告使用原稿作品的行为属于复制行为

根据《著作权法》的规定，复制权是以印刷、复印、拓印、录音、录像、翻录、翻拍等方式将作品制作一份或者多份的权利。复制包括三种类型：第一种类型系不改变作品载体或虽改变载体但不改变体现方式的复制；第二种类型是从无载体变为有载体的复制；第三种复制是从平面到立体或从立体变为平面

①② 郑成思著：《版权法》（上），中国人民大学出版社2009年版，第151页、第149页。

的复制。[①] 本案中，被告使用涉案作品，是在包装盒上印刷有涉案作品，而涉案作品属于工艺类的美术作品，虽然是从三维立体表现形式变化为二维平面表现形式，但这种行为仍然属于著作权法意义上的复制。

【编后补评】

复制权是著作权中最重要的财产权之一，复制权从维度上可以分为三类，即从平面到平面、从平面到立体、从立体到平面的复制。本案涉及的复制系从立体到平面的复制。对这种情形是否属于著作权法意义上的复制，我国著作权法并无明文规定。

我国《著作权法》第10条第1款第（5）项规定，复制权，即以印刷、复印、拓印、录音、录像、翻录、翻拍等方式将作品制作一份或者多份的权利。因该条未对“平面到立体”及“立体到平面”是否属于复制作出明确规定，由此导致了我国学界和司法界对此问题的不同看法，其中司法界的主流观点承认平面与立体之间转换属于著作权法意义上的复制行为。例如，在范英海及李先飞诉北京市京沪不锈钢制品厂著作权纠纷案、日本圆谷制作株式会社诉上海某购物中心著作权纠纷案、复旦开圆诉福建冠福公司著作财产权纠纷案、南京现代雕塑中心与南京时代雕塑艺术有限公司和中科昆山高科技产业园管理委员会侵犯著作权纠纷案中，法院均认定“平面到立体”构成了著作权法意义上的复制。

法院的这种认定是符合国际通行做法的。作为世界最早、最重要的版权公约《伯尔尼公约》是涵盖了从平面到立体及立体到平面的复制方式的。该公约第9条第1款规定：“受本公约保护的文学艺术作品的作者，享有授权以任何方式和采取任何形式复制这些作品的专有权。”该条第3款又规定：“所有录音或录像均应视为本公约所指的复制。”这里的“任何方式”和“任何形式”应当解释为包括平面与立体之间的复制。除公约的规定外，世界大多数国家立法亦将平面与立体之间的复制方式明文纳入了著作权的保护范围。例如，《英国版权法》第17条（3）规定：“关系到艺术作品，复制包括对平面作品所进行的立体复制以及对立体作品所进行的平面复制。”《法国知识产权法》第122条规定：“复制是指，在有形物上以任何方式固定作品，其目的是将作品以间接的方式传播给公众；复制尤其可以通过下列方式而完成：印刷、绘画、雕刻、照相、制模，以及所有的雕塑、塑造、机械、电影和磁性录制的手段；就建筑作品而言，复制包括重复实施设计图纸或者标准方案。”这里的

---

① 郑成思著：《版权法》（上），中国人民大学出版社2009年版，第182页。

"在有形物上以任何方式固定作品"也应理解为包括平面与立体之间的复制。《日本著作权法》第2条第1款第（15）项规定："复制：指使用印刷、照相、复印、录音、录像或其他方法进行有形的再制作。以下列举的事项包括下列行为：（1）脚本及其他同类的戏剧著作物：对著作物的演出、广播或有线广播进行录音或录像。（2）建筑著作物：根据与建筑有关的图纸建成建筑物。"

法院的认定也是符合我国著作权立法的价值取向的。修改前的我国《著作权法》第52条规定："本法所称的复制，指以印刷、复印、临摹、拓印、录音、录像、翻录、翻拍等方式将作品制作一份或者多份的行为。按照工程设计、产品设计图纸及其说明进行施工、生产工业品，不属于本法所称的复制。"该条第2款明确排除了从平面到立体属于复制的提法。对比修改前后的《著作权法》关于复制的规定可以看出，修改后的《著作权法》删除了修改前第52条第2款的规定，虽然还没有明确将复制的范围扩展到平面与立体相互转换的程度，但至少说明我国《著作权法》对平面与立体之间的复制形式不再持否定立场，这是我国著作权立法的进步，是立法对当时的历史背景和利益分配进行考量的结果，也体现了我国著作权立法对著作权保护不断加强的价值取向。同时，从文义解释考察，《著作权法》第10条并未穷尽所有的复制方式，而是规定了"等方式"，也就是说法律并不排斥其列举方式之外的其他复制方式，这就为司法留下了"能动"的空间。因此，人民法院在司法实践中，面对当下我国平面与立体之间的复制侵权难以遏制的现实情况，紧紧围绕为经济、社会、文化、科技发展服务的大局，考虑立法的价值取向，能动司法，从当下我国保护著作权的现实需要出发，平衡文化创造与传播的利益关系，对法律没有明确规定的平面与立体之间的复制问题作出肯定性的认定，是符合我国著作权立法的价值取向和司法保护的现实需要的。

本案不仅对立体与平面之间的复制作出肯定性的认定，而且将其用于对民间文学艺术作品的保护，既具有较强的创新性，又为充分保护民间文学艺术作品开创了先例。

（一审合议庭成员：樊静馨　亓　蕾　樊　雪
编写人：北京市东城区人民法院　亓　蕾
责任编辑：丁文严
审稿人：罗东川）

40. 北京金视映画文化传播有限公司诉上海广播电视台、上海文广互动电视有限公司、北京市天龙有线电视设备器材厂侵害广播权案

问题提示：有线电视网络传播的节目信号侵害他人广播权，应如何界定该有线电视网络经营者的法律责任？

【要点提示】

有线电视网络经营者以自己的设备接受并传输电视台上节目信号的行为属于广播行为。在节目侵害他人广播权时，有线电视网络经营者的行为亦构成侵权。若有线电视网络经营者对其传输的节目信号不能控制、编辑等，且主观上不知道节目侵权，只需要承担停止广播行为的责任，不应当承担赔偿责任。

【案例索引】

一审：北京市朝阳区人民法院（2010）朝民初字第21002号（2010年11月23日）

【案情】

原告：北京金视映画文化传播有限公司（以下简称金视映画公司）

被告：上海广播电视台

被告：上海文广互动电视有限公司（以下简称文广互动公司）

被告：北京市天龙有线电视设备器材厂（以下简称天龙器材厂）

北京市朝阳区人民法院经审理查明：金视映画公司是电视剧《春桃的战争》的制片者，享有该电视剧的著作权。

“都市剧场”是由上海广播电视台向国家广播电影电视总局申请开办的付

费数字电视频道，该剧场播放的电视节目是数字化信号传输的节目。文广互动公司是该频道的实际经营者。文广互动公司与北京歌华有线电视网络股份有限公司（以下简称歌华有线公司）签订合同，将该频道推向北京市场。该“都市频道”的节目信号从上海发送到北京的过程如下：文广互动公司通过光纤将节目信号传送到上海文广集团的播控中心，播控中心再通过光纤将节目信号传送到地球卫星站，地球卫星站通过仪器将节目信号发射至广播卫星。歌华有线公司在北京的接收设备接收节目信号后，通过文广互动公司提供的解密卡将信号解密，之后将信号传送到歌华有线公司的前端，然后再将信号分配到歌华有线公司铺设的电视网络中，传送至用户。通过用户家中的机顶盒将数字信号还原成图像、声音后再通过电视机播放出来。

文广互动公司在只取得了涉案电视剧的信息网络传播权授权而未取得广播权授权的情况下，于2010年3月30日至4月8日在上述“都市剧场”中播放了涉案电视剧。用户在收看该电视剧时，只能在上述时间逐集观看，无法自行选择其他时间观看。

2010年4月7日10：45至12：38，根据金视映画公司的申请，公证部门在北京市朝阳区来广营乡水岸庄园小区的住户家中对“都市剧场”当天播出该电视剧的情况进行了公证。

天龙器材厂在北京市朝阳区来广营乡的水岸庄园小区内铺设了有线电视线缆，为用户提供数字电视机顶盒并接通节目信号，收取每月18元的有线电视收看维护费、付费数字频道的费用。目前该“都市频道”在北京地区并未收费，天龙器材厂也未因该频道收取费用。对于天龙器材厂为用户传送的节目信号的来源，天龙器材厂认为是经歌华有线公司许可来自于歌华有线公司，但未对此举证证明。歌华有线公司对此予以否认，并提出歌华有线公司和文广互动公司签订的是独家合同，在北京地区只有歌华有线公司可以传送“都市频道”的节目信号，故天龙器材厂传送的节目信号不是来自于歌华有线公司。

金视映画公司起诉称：上海广播电视台、文广互动公司、天龙器材厂共同经营“都市频道”，共同侵害了其对涉案电视剧享有的广播权，据此要求三被告赔偿经济损失及合理费用共计200万元。

上海广播电视台答辩称：其仅仅是“都市频道”开办者，不实际经营该频道，不应当承担法律责任。

文广互动公司答辩称：其取得了涉案电视剧的信息网络传播权，其涉案使用电视剧的方式是信息网络传播的方式，不侵害金视映画公司的广播权，不应当承担法律责任。

天龙器材厂答辩称：其仅仅铺设了有线电缆，并不经营“都市频道”，主观上不具有过错，不应当承担法律责任。

【审判】

北京市朝阳区人民法院认为，金视映画公司作为制片者，享有电视剧《春桃的战争》的著作权。

通过文广互动公司将涉案电视剧信号从上海发送到北京的过程及在“都市频道”收看涉案电视剧的情况，可以得知文广互动公司是通过无线的方式，将涉案电视剧的数字信号传送至歌华有线公司在北京的接收设备中，再通过有线电缆传送至用户家中，且用户只能在文广互动公司指定的时间逐集观看涉案电视剧，而不能自行选择时间观看。故文广互动公司的行为实际上是以无线的方式公开广播涉案电视剧，而不是以信息网络传播的方式传播涉案电视剧。由于文广互动公司获得的涉案电视剧的权利并不涵盖其传播涉案电视剧的方式，因此文广互动公司侵害了金视映画公司对涉案电视剧享有的广播权，应当承担赔偿经济损失的法律责任。

上海广播电视台只是“都市剧场”的开办者，其并不实际从事该频道的经营，也不决定该频道内播放的节目内容，实际从事广播涉案电视剧行为的是文广互动公司，而不是上海广播电视台，故上海广播电视台不应当承担侵权责任。

天龙器材厂尽管从事了涉案电视剧的广播行为，但其并不经营“都市剧场”，其无法控制节目信号内容，客观上也不可能对节目信号内容进行审查，难以注意到“都市剧场”频道中的节目信号是否侵权；其收取的费用为有线电视收看维护的基本费用，不包含为收看涉案电视剧而支付的额外费用。故天龙器材厂主观上并无过错，也未因此获利，不应承担赔偿责任。

北京市朝阳区人民法院依照《中华人民共和国著作权法》第四十八条第（一）项、第四十九条之规定，判决如下：

一、上海文广互动电视有限公司于本判决生效之日起十日内赔偿北京金视映画文化传播有限公司经济损失52万元；

二、上海文广互动电视有限公司于本判决生效之日起十日内赔偿北京金视映画文化传播有限公司合理费用3万元；

三、驳回北京金视映画文化传播有限公司的其他诉讼请求。

案件宣判后，双方当事人均未上诉。

【评析】

本案最有意义的问题是天龙器材厂的身份认定、行为性质的认定以及承担何种法律责任的界定，因为这关系到我国有线电视网络经营企业的发展以及我国有线电视事业的发展问题。

（一）本案中天龙器材厂的身份界定

本案中，天龙器材厂在北京市朝阳区来广营乡的水岸庄园小区铺设了有线电缆，为用户提供了机顶盒，负责给用户开通有线信号，向用户收取有线电视基本维护费用及数字付费频道的费用。据此，天龙器材厂认为其仅仅是线路铺设者。对于其为用户接通的信号来源，天龙器材厂认为是来自于歌华有线公司。但歌华有线公司对此予以否认，且歌华有线公司与文广互动公司签订的合同又是独家性质的，在北京地区只有歌华有线公司有权为用户接入文广互动公司的节目信号。在天龙器材厂未提供证据证明其信号有合法来源的情况下，只能推定天龙器材厂是自己未经许可截取的文广互动公司的节目信号。因此，天龙器材厂的行为就不仅仅是一个线路铺设行为，还从事了信号接受、向用户传输信号的行为。从其民事主体身份的角度看，尽管其接受的信号是未经许可截取的信号，可能会涉及行政违法的问题，但作为一个民事法律行为的民事主体，其身份与歌华有线公司具有一致性，所从事的行为都是以自己的设备接受卫星信号、再通过自己铺设的有线电缆将信号传输到用户家中，都属于有线电视网络经营者。因此，不能以天龙器材厂无法举证证明其传输的节目信号来源而认定其仅仅从事了铺设有线电缆的劳务行为，从而仅仅根据这一点就认定涉案侵害著作权的行为与其无关。

（二）本案中天龙器材厂行为性质的认定

从天龙器材厂涉案行为来看，天龙器材厂从事的行为是在小区铺设有线电缆、为用户提供机顶盒并接通有线电视、接收文广互动公司通过卫星发射的节目信号、通过自己在小区铺设的有线电缆将信号传输到用户家中再经由机顶盒将节目信号还原为图像、声音形式。因此，从天龙器材厂行为过程来看，其实施的就是以自己的设备、有线电缆为用户转播文广互动公司发射的无线信号。

依据我国《著作权法》第10条第（11）项对广播权的规定，广播权所控制的行为有三种：无线广播作品的行为、有线转播或者传播被无线广播的作品的行为、以扩音器等工具传播被无线广播的作品的行为。我国《著作权法》对广播权的规定直接来自于《伯尔尼公约》，该公约第11条之二第1款规定："文学艺术作品的作者享有下列专有权利：（1）授权广播其作品或者以任何其他无线传送符号、声音或图像的方法向公众传播其作品；（2）授权由原广播组织以外的另一机构通过有线传播或转播的方式向公众传播广播的作品；（3）授权通过扩音器或其他任何传送符号、声音或图像的类似工具向公众传播广播的作品。"可见，我国《著作权法》规定的广播权所控制的三种行为与《伯尔尼公约》所规定的广播权所控制的行为是一致的。

广播权所控制的上述三种传播行为中的第一种行为和第二种行为、第三种行为之间具有一种事实上的承接关系。也就是说从发生先后顺序来看，先有第一种行为，即先有无线广播组织发射无线节目信号，然后再有第二种或者第三种行为，即在无线广播组织发射出信号后，再由有线电视网络经营者通过其设备转播或者传播无线广播组织发射的信号，或者再由他人通过扩音器等工具传播无线广播组织发射的信号。法律规定第二种和第三种广播行为的初衷是为了更好地传送广播节目，因为由于电磁波的覆盖面、地形等原因，有的地区接受不到或者不能很好地接受电磁波信号，需要有线传输解决这一问题。

从天龙器材厂涉案行为来看，其实施的行为正是以自己的设备转播文广互动公司发射的无线信号，属于上述广播权所控制的第二种行为。因此，天龙器材厂的行为从法律定性上来看，属于广播权所控制的有线转播行为。

（三）天龙器材厂对其转播的有线电视节目侵害他人著作权的行为是否应当承担法律责任，承担何种法律责任

对这个问题，有三种不同的看法。第一种看法认为，天龙器材厂的行为是受广播权控制的广播行为，这属于著作权人的专有权利，只要未经许可实施了这种行为就属于侵权行为，应当承担停止侵权、赔偿损失等法律责任；第二种看法认为，天龙器材厂在经营中无主观过错，不构成侵权，不应当承担法律责任。因为天龙器材厂对于“都市剧场”中的节目无控制权，对于传播的节目信号不能修改、编辑，且也不可能知道哪些节目是否侵权，故根据侵权责任构成的要件，无主观过错，就不构成侵权。另外，如果天龙器材厂构成侵权，即意味着有线电视网络经营者在从事有线转播经营时肯定都是侵权的了，这对于有线电视网络经营者而言，将是很大的打击，不利于他们开展业务；第三种看法认为，从行为性质上讲，天龙器材厂的行为应当定性为侵害广播权的行为，但因为天龙器材厂不具有主观过错，故可以只要求其停止转播，而不要求其承担赔偿损失的法律责任。

这个问题涉及著作权专有权利与认定侵害著作权的关系、侵害著作权的归责原则等法律问题。对这个问题的正确解决将涉及有线电视网络经营企业的发展以及广大有线电视用户能否更好地继续享受有线电视服务问题。

著作权是由一系列专有权利组成的权利集合，如复制权、发行权、广播权等。每项专有权利都控制着一项或者一类使用作品的行为，比如复制权控制着以印刷、复印、拓印、录音、录像等方式将作品制作成一份或者多份的行为，发行权控制着以转移作品载体所有权为目的的出售或者赠与作品复制件的行为，广播权控制着无线广播、有线转播或传播、以扩音器等工具传播作品的行

为。这些专有权利划定了著作权人和他人之间的行为界限。对于著作权人而言，其有权实施这些专有权利控制的使用作品的行为，而对于他人而言未经授权则不得实施这些行为。如著作权人之外的他人在未经许可的情况下实施了受专有权控制的使用作品的行为，且不符合合理使用、法定许可等的情况，则行为人就构成了对著作权人专有权利的侵害。因此，从著作权专有权利与侵害著作权构成这种关系上来看，考察行为人是否构成侵权，是不需要考察行为人的主观过错状态的，这就是大多数国家和地区在知识产权侵权归责原则上实施的无过错责任原则。在这一无过错责任原则下，只要行为人实施了受专有权利控制的行为，不管行为人是有心实施还是无意而为，从行为性质上均构成了侵权，都应当承担停止侵权的法律责任，另外如果行为人是有意实施的，还需要承担赔偿损失的法律责任。可见，著作权专有权利与侵权构成的关系是与无过错责任密切相关的，两者浑然一体。

在这种无过错责任原则之下，考察本案中天龙器材厂是否构成侵权应该不会有争议。既然有线转播行为属于作者的广播权所控制的行为，天龙器材厂未经许可实施了这种行为，不需要考虑其主观是否具有过错，当然属于侵害作者广播权的行为，应当承担停止侵权的法律责任。但天龙器材厂对于节目信号确实无选择、编辑、改变等行为，其只是转播文广互动公司发射的无线信号，至于文广互动公司使用的作品是否侵权，天龙器材厂确实无法知晓，且文广互动公司在经营中会使用很多作品，客观上也不可能让天龙器材厂首先去一一审核文广互动公司所使用的节目的权属状况然后才决定是否转播。因此，天龙器材厂主观上不具有过错，不应当承担赔偿经济损失的法律责任。

上述结论在知识产权侵权归责原则为无过错责任的国家和地区是显而易见的。但在我国现行法律框架下得出上述结论则显得不是那么容易。因为我国现行法律中，对于侵害知识产权的归责原则并无特别的规定，而是统一适用侵权法中的过错原则。尽管不少学者从学理上对此提出了很多批评，但至今在立法中仍然规定的是过错责任原则。在这一原则之下，无过错则不构成侵权，不承担侵权法律责任。因此就难怪有意见认为天龙器材厂不具有过错，因此不构成侵权，不需要承担法律责任了。但是这种意见显然未顾及《著作权法》对广播权的规定。我国《著作权法》对广播权的规定来自于《伯尔尼公约》，也就是说《伯尔尼公约》要求成员国在本国对有线转播这一属于著作权人专有权利范围的使用作品的行为提供法律保护。如果按照这种意见，在我国对著作权人这种专有权利的保护岂不成为一句空话。这与我国应当履行的义务是不一致的。另外，从法理上讲，既然不构成侵权，就不需要承担法律责任，那么连停止侵权的责任也就不需要承担了，但在明确确认所传播的作品是侵权作品的情况下，连停止侵权的责任都不承担，显然有违公众的感情。因此，本人认为这种因天龙器材厂无过错，就不构成侵权，不应当承担法律责任的意见是不足取的。对于上述第一种看法，本人认为这种看法完全不考虑我国著作权侵权构成要件中要求主观过错的要件，也是不妥当的。而且在社会效果上，只要无线广播的节目是侵权的，那么有线电视网络经营者就必定要承担赔偿责任。这对于有线电视网络经营者而言过于严格，会阻碍有线电视网络的发展。

上述第三种看法是较为科学、可行的意见。既为作者的广播权提供了法律保护，又使得有线电视网络经营者的利益得到平衡，还不会对有线电视网络的发展造成阻碍。但是，这种意见与我国现行的侵害知识产权过错责任原则有一定的矛盾之处，既然有线电视网络经营者没有过错，为何还认定其构成侵权，判令停止转播电视节目，这在逻辑上存在一定的矛盾。因此，如何在现行法律框架下解释这一问题，成为我们需要思考的问题。

其实，从法理上还是可以解释这个问题的。在侵权行为法中，过错是一个核心概念，但对于什么是过错，在何种意义下考虑过错，是从主观具有可受非难的心理状态的角度，还是从行为的违法性角度考虑过错，在法理上一直存在主观过错和客观过错的分歧和争论，也由此导致了侵权构成要件的三要件还是四要件的争论。不管采取三要件说还是四要件说，在确定是否具有过错时，都采取了过错客观化的判断标准。因此，这样一来，即使是采取四要件说的主观过错理论下，在衡量行为人是否具有过错时，也基本上都是采取客观化的判断标准。所谓过错的客观化的判断标准，就是说判断行为人是否具有过错重在考察行为人的外在表现，包括是否违反法定义务、法律强制性规范、一般行为准则等，依此确定行为人是否具有过错。只要行为人的行为违反了法定义务、强制性规范、一般行为准则等，就可以直接认定行为人具有过错。因此，在这种判断中，我们不必去考察行为人实施广播行为时的主观心理状态，而只要能判定其未经许可实施了受广播权控制的广播行为，违反了《著作权法》的规定，就具有了过错，就构成了侵权。从这个角度得出的结论与前述在侵害知识产权中施行无过错责任的国外法制得出的结论是基本一致的。因此，借助于过错判断的客观化标准，完全可以达到与无过错责任归责原则基本一致的结果，两者具有异曲同工之妙。因而，我们可以说有线电视网络经营者由于未经著作权人许可实施了受著作权人广播权控制的有线转播行为，具有过错，从而构成侵权，应当承担停止侵权的法律责任。但这种过错只是表现在有线电视网络经营者违反了《著作权法》关于保护著作权人专有权利的法律规范方面，有线电视网络经营者在经营过程中并无能力控制节目信号，不对节目信号进行选择、编辑和改变等行为，其并不实际知晓、也不可能知晓无线广播组织所发射的无

线广播信号是侵害他人著作权的节目信号，因此有线电视网络经营者在具体经营中无可受非难的主观状态，不应当受到否定性评价，对于因其有线转播行为而致使著作权人受到的损失，不应当承担赔偿责任。

以上是从过错的法理上所作的解释。其实在我国现行法律中也有这种构成侵权从而需要承担停止侵权责任但不需要承担赔偿责任的规定。例如，《信息网络传播权保护条例》中对提供信息存储空间服务、搜索链接服务的网络服务商的法律责任所做的规定，基本上都是规定网络服务提供商主观上不知道或者不应当知道通过其网络服务所传播的作品是侵权作品的情况下，不承担赔偿责任，但还是需要承担停止侵权责任的。这里的“不知道或者不应当知道”从过错的法理上分析，其实强调的就是可受非难的主观状态。网络服务提供商客观上还是帮助作品上传人传播了作品，未经许可实施了受权利人专有权利控制的行为，因此还是具有客观过错的。但如果仅仅具有这种客观过错，而没有可受非难的主观状态，即“不知道或者不应当知道”，就不需要承担赔偿责任，仅需停止侵权即可。在司法实践中，对于侵权复制品的发行者是否构成侵权，是否需要承担法律责任，基本上也是这种思路。因此，无论从现行法律规定上，还是在司法实践中，也是可以为有线电视网络经营者在构成侵权的情况下，只承担停止侵权责任，而不承担赔偿责任找到比照依据的。

综上，天龙器材厂的身份应当是有线电视网络经营者，其行为应当是有线广播行为，鉴于其传播的节目信号是未经许可传播的构成侵权的节目信号，天龙器材厂的行为构成了侵权，应当承担停止侵权的法律责任。但由于金视映画公司未提出该项停止侵权的诉讼请求，法院不予主动处理。天龙器材厂对节目信号不具有识别和控制能力，故主观上不具有可受非难的心理状态，不应当承担赔偿损失的法律责任。这种认定能够较好地平衡有线电视网络经营者和著作权人之间的关系，不会阻碍有线电视事业的发展。

（合议庭成员：李自柱　杜月霞　韦铁兵
编写人：北京市朝阳区人民法院　李自柱
责任编辑：丁文严
审稿人：罗东川）

41. 雅戈尔集团股份有限公司诉李春红确认不侵害商标权纠纷案

问题提示：在产品标识中描述性使用与他人注册商标相同的标识，是否构成侵害商标权？

【要点提示】

在产品标识中描述性使用与他人注册商标相同的标识，属于正当费用不构成侵权。判断对他人注册商标是否属于描述性正当使用，要看客观上该产品是否具备使用商标标识所描述的特征，主观上使用人是否有引起公众与他人商标混淆的故意。

【案例索引】

一审：宁波市鄞州区人民法院（2008）甬鄞民一初字第2691号（2009年1月4日）

【案情】

原告：雅戈尔集团股份有限公司（以下简称雅戈尔集团）

被告：李春红

宁波市鄞州区人民法院经审理查明：李春红于2003年8月21日注册了"DP"商标，核定使用商品第25类，即服装、鞋、帽等。2005年底起，雅戈尔集团在其生产的使用了面料抗皱整理技术的"雅戈尔YOUNGOR"牌纯棉免熨衬衫上使用"DP"标识。2008年3月20日，李春红以律师函的形式向原告发出警告函，认为原告使用"DP"标识侵犯了其"DP"注册商标专用权，要求原告停止使用"DP"标识，并赔偿被告的损失。2008年4月8日，李春红向宁波市工商行政管理局鄞州分局投诉，要求该分局予以查处。该分局于2008年8月4日予以销案。2008年7月7日，《新京报》发表题为《雅戈尔标

"DP"遭千万元索赔》的文章，文章提及被告已向北京市朝阳区人民法院起诉原告，但被告实际没有正式起诉。

另查明，"DP"作为服装抗皱整理技术的缩写，被科研单位广泛使用。原告持有"雅戈尔 YOUNGOR"注册商标，使用商品也是第25类，"雅戈尔 YOUNGOR"商标是国家工商行政管理局商标局认定的驰名商标，2007年中国品牌500强中，"雅戈尔"品牌排名第66位，品牌价值92.11亿元。"DP纯棉免熨精品衬衫"是国家重点新产品，该产品约90%通过各大商场的雅戈尔专厅或雅戈尔专卖店销售，剩余的约10%是有关单位委托原告生产的职业服装。

雅戈尔集团提起诉讼，请求法院确认其不侵害李春红注册商标专用权。

【审判】

宁波市鄞州区人民法院经审理认为，《商标法实施条例》第49条规定："注册商标中含有的本商品的通用名称、图形、型号，或者直接表示商品的质量、主要原料、功能、用途、重量、数量及其他特点，或者含有地名，注册商标专用权人无权禁止他人正当使用。""DP"虽为李春红的注册商标，但由于"DP"系服装面料整理技术的通用缩写，雅戈尔集团有权对自己产品因为描述需要而正当使用"DP"标识。雅戈尔集团在使用了DP技术的纯棉免熨衬衫上标识"DP"，客观上产品具备"DP"标识所描述的特征；雅戈尔集团的"雅戈尔 YOUNGOR"商标是中国品牌500强中排位第66的驰名商标，品牌价值高达近百亿元，"DP纯棉免熨精品衬衫"更是国家重点新产品。相比之下，李春红的"DP"商标知名度相对较低，故雅戈尔集团显然不可能故意让公众把自己的产品误以为是知名度相对较低，又没有衬衫市场份额（被告自称只生产女装）的李春红的产品，所以，雅戈尔集团主观方面也没有与李春红注册的"DP"商标混淆的故意；雅戈尔集团使用"DP"标识的位置在衬衫的吊牌上，虽然"DP"标识在吊牌中间位置，且"DP"字母明显大于其雅戈尔商标，但由于吊牌相对于整体包装来说较小，而包装上的"YOUNGOR"商标十分醒目，吊牌上的"DP"标识相对于包装上"YOUNGOR"商标并不突出，所以雅戈尔集团客观方面没有突出使用"DP"标识，且雅戈尔集团生产的衬衫与李春红的产品有不同的销售方式和途径，当消费者在商场的雅戈尔专厅或雅戈尔专卖店看到外包装上标有显著的"YOUNGOR"商标的衬衫时，不可能把驰名的雅戈尔集团的产品误认为是知名度相对较低的李春红的产品。据此判决：

原告雅戈尔集团在其生产的采用了DP抗皱整理技术的服装上使用"DP"标识不侵犯被告李春红的"DP"注册商标专用权。

一审宣判后，双方当事人均未提出上诉，一审判决已经发生法律效力。

【评析】

商标的正当使用是指他人在生产经营活动中可以正当使用商标权人的商标，而不必征得权利人的许可并不必支付商标使用费。在判断使用他人商标是否正当时，应从以下几个方面考量：

一、基础要件——该产品是否符合标识所描述的特征

语言文字具有有限性，特别是一些如地名、产品特征描述类词汇，本身就是一种稀缺的公共资源。产品提供者在向消费者描述自己产品的名称、种类、质量、产地等特征的时候，不可避免地会使用到注册商标所含的文字、词汇等信息。关于描述性词汇构成商标禁止权保护范围问题，是实践中争议比较大的问题，特别是一些通用产品特征描述性文字或者词汇，如果允许商标注册人或者使用人独占使用的话，必然会导致他人对自己产品表述方式的限制，造成商标权人与他人利益甚至社会公众利益的不平衡。

对于通用词汇能否成为商标，我国商标法采取了宽容的态度，认为包括商品通用名称在内的可以通过使用取得“第二含义”而成为注册商标。通用词汇被注册成商标后，实际上就形成了作为“第二含义”，即已经符号化的商标与该词汇本身描述性的“第一含义”并存。

注册商标范围扩大、过多地赋予商标权人的禁止权，实际上是以缩小公共利益为代价的。为了平衡商标权人专用权与他人描述自己产品的权利，《商标法实施条例》第49条规定：“注册商标中含有的本商品的通用名称、图形、型号，或者直接表示商品的质量、主要原料、功能、用途、重量、数量及其他特点，或者含有地名，注册商标专用权人无权禁止他人正当使用。”

但是，这并非表明注册商标如果含有商品通用特征的描述，他人就可以任何方式来使用。对自己产品特征的“描述性”，是合理使用他人注册商标标识的基础要件。如果该产品不符合标识词汇所描述的特征，那么，使用人主张其是在第一含义上使用他人注册商标就失去了基础。

要认定本案原告是否具备这一基础要件，应该从两个方面来考虑：一是“DP”是否为一种通用特征描述性词汇，二是原告的产品是否具备这种描述词汇所描述的特征。

对于第一方面，原告通过举证中国服装协会的《复函》：“‘DP’是一种抗皱整理技术”，“‘DP’已成为服装行业一个常用的有特定含义的技术词汇的缩写，为广大科研单位、服装企业认同和广泛使用”，以及《北京服装学院

学报》、中国印染行业协会网站、《练漂整》教材等多部行业资料均使用“DP”缩写，东莞市恒业助剂有限公司也在其产品介绍中使用了“DP”缩写，证明“DP”是一种服装抗皱整理技术的缩写，具有行业公认的产品功能特征的描述性。

对于第二方面，原告举证国家科学技术部等四部局核发的《国家重点新产品证书》一份，来证明原告的“DP纯棉免熨精品衬衫”经过DP技术处理，从而证明原告产品具备“DP”所描述的特征。

“DP”作为商标的知名度与“DP”作为行业通用产品特征描述意义的强弱比较上来说，前者显然也不及后者，这也从另一个角度证明了原告使用“DP”描述自己产品特征的合理性。

二、主观标准——是否故意引起公众与他人商标混淆

对于正当使用，理论界很多观点都把“善意”作为认定的要素，《北京市高级人民法院关于审理商标民事纠纷案件若干问题的解答》中明确规定将“善意”作为构成商标正当使用的要件。商标法上的善意与恶意是从竞争的角度加以判断的，认定是否属善意，主要是考量使用者的使用目的是否有引起公众与他人商标混淆的故意。

“善意”虽然是一种主观心理表现，也需要有客观的证据支持与认定标准。如果有证据证明，使用他人注册商标具有攀附他人商誉或者商标知名度，以使消费者产生混淆或误认等不正当竞争意图的，则认定该使用行为超出了我国商标法规定的正当使用范畴。

对于是否故意引起公众与他人商标混淆，个案的差异创造了不同的认定要素。如看两种产品的相关公众是否有所交叉；再如分析原告商品与被告商品在类别上的距离，行业上的差异、技术上的关联程度；对于地名商标分析原告与被告之间的地理空间距离等等。

《商标法实施条例》第50条第（1）项规定，在同一种或者类似商品上，将与他人注册商标相同或者近似的标志作为商品名称或者商品装潢使用，误导公众的，属于侵犯注册商标专用权的行为。该条明确规定将“误导公众”作为构成商标侵权的主观要件，将“同一种或者类似商品”作为认定是否误导的客观标准，而实际上“在同一种或者类似商品上使用”只是一个参照因素，既非充分也非必要条件，两个使用于相同或者类似商品上的近似商标标识并不必然导致混淆的后果。比如本案中，原、被告使用“DP”标识产品类别是一致的，都是在服装上使用，但原告的“DP”纯棉免熨衬衫约90%通过商场的雅戈尔专厅或雅戈尔专卖店销售，其余约10%是有关单位委托原告生产，对

此，被告没有异议。原告产品独特的生产与销售渠道，使原告的相关公众特定化，其消费群体为信任雅戈尔品牌并对该品牌有明确的消费意向的消费者。这使原告与被告相关公众交叉并不大。

所谓“攀附”自然是下对上、低对高的攀附，具体到商标来说，就是知名度与品牌价值低的商标对知名度与品牌价值高的商标的攀附。“攀附”是借用他人注册商标信誉为自己谋取不正当利益的前提。

如果使用人没有使用自己的商标，而使用与他人注册商标近似的文字，则“攀附”的主观目的性更为明确。如果使用人在使用了自己的注册商标的同时，将与他人注册商标近似的文字或词汇在产品上使用，属于第一含义上的“使用”还是第二含义上的“使用”，除了考虑使用者的产品是否具有第一含义所描述的特征之外，本判决所使用的原、被告商标知名度与品牌价值比较的方法不失为一种好的佐证方法。

原告的“雅戈尔 YOUNGOR”商标是中国品牌500强中排位第66的驰名商标，“DP纯棉免熨精品衬衫”是国家重点新产品，相比之下，被告“DP”商标的知名度相对较低，故原告显然不可能故意让公众把自己的产品误以为是被告的产品。

（一审合议庭成员：周兴宥　鲍根月　赵春兰
编写人：浙江省宁波市鄞州区人民法院　周兴宥　郭敬波
责任编辑：丁文严
审稿人：罗东川）

42. 李耀中诉太原市同翔金属镁有限公司侵犯发明专利权纠纷案

问题提示：1. 权利要求书中有多项独立权利要求，如何确定专利权的保护范围？2. 在判定侵犯发明专利权时，如何理解并适用“全面覆盖原则”？

【要点提示】

1. 确定专利权的保护范围，应当以权利要求书的实质内容为基准，在权利要求书不清楚时，可以借助说明书和附图予以解释。2. “全面覆盖原则”适用的前提是被控侵权客体（产品或方法）的全部技术特征中均包含在涉案专利的必要技术特征之内，如果缺少某项必要技术特征，则不能使用该原则判定侵权成立。

【案例索引】

一审：太原市中级人民法院（2008）并民初字第237号（2009年2月27日）

二审：山西省高级人民法院（2009）晋民终字第153号（2009年7月28日）

【案情】

原告：李耀中

被告：太原市同翔金属镁有限公司

太原市中级人民法院经审理查明：李耀中于2002年9月19日向国家知识产权局申请了一项名称为“源头消除污染的热态脱硫的净化加热炉”的发明专利，于2008年6月25日获得授权，专利号为ZL02102956.3。该专利权利要求1记载：“一种源头消除污染的热态脱硫的净化加热炉，包括燃烧净化器和脱硫净化器，其特征在于，加热炉内设有阻燃火焰、烟尘、废气流减慢流速的燃烧净化器和脱硫净化器，燃烧净化器内有阻燃的构件，在炉内的源头是双燃煤炉膛或单炉膛添湿水煤运行，炉膛的后位或侧位是阻燃炉膛火焰的隔墙，隔墙的下方是引向烟尘和废气流的大空间火道，或炉体外的输废气管，以及用耐火材料预制成的块状型单体的辅助的阻燃小部件；燃烧净化器包括：炉膛、隔墙、火道、阻燃的块状小部件、外排输废气管、插板；隔墙在炉膛的后位或侧位，火道在隔墙内至隔墙下方火道出口，单体阻燃的块状小部件、垒集成的大小不规则狭窄绕行的小空间火道同煅烧炉内矿料堆集形成的空间一样；烟尘就在阻燃的高温小空间火道内绕行外排的过程中燃烧尽；外排输废气管、插板在炉体外。脱硫净化器设在炉内燃烧净化器后的热态区域内至插板前，有三种形式：（1）在炉内的炉膛至热态区域的一周，设有喷入粉状脱硫剂的管孔，喷入炉内的粉状脱硫剂在飞扬喷落的过程与废气硫中的二氧化硫热态接触反应中和了；（2）在炉内把块状小部件的脱硫剂，垒集成大小不规则的废气流外排能绕行通过去的空间或者用氧化钙或炼稀土后的渣块堆集在脱硫净化器内，当废气气流中的二氧化硫在外排绕行、经过大小空间时，脱硫剂二氧化硫接触发生中和反应形成硫酸钙；（3）在炉体外把废碳化钙粉或氧化钙粉及附加脱硫剂碱性材料制成浆液，喷入炉内排放废气流的通道中形成浆雾态与废气流中的二氧化硫接触反应脱硫。”该专利权利要求5记载：“一种立式燃气煅烧炉，包括权利要求1所述的脱硫净化器中的块状型脱硫剂单体部件，其特征在于，燃气的立式煅烧炉体的高度10～15米，煅烧炉的外廓形状有圆体，也有方体，或下方上圆体；具有筒形状煅烧室；向炉内供煤气的燃烧室，在煅烧炉体地面3米以上的位置；矿石加料口在煅烧炉顶部，煅烧炉底部有1～4个落料漏斗。”

根据李耀中提供的涉案专利说明书，该发明涉及一种源头消除污染的热态脱硫的净化加热炉，采用组合燃烧净化器，彻底削除了煤在燃烧过程中产生的烟尘，只有废气流从烟筒口排出，各种燃烧净化器的部件应用于一切燃煤炉、一切燃油炉或一切燃气炉，在利用余热中生产碱性产品，用脱硫净化器脱掉了废气流中的二氧化硫。燃煤净化器是由多个耐火材料制件或金属制件或金属与耐火材料组合成的各种形状的再气化燃烧的火道阻燃结构；脱硫净化器是由耐火材料制件或金属制件内装脱硫剂与制位部件组合成的产品结构。脱硫净化器就是制位脱硫剂的一种装置，因脱硫剂比重小、不成型，或者说难成型及多种因素，很难在实践中得到合理应用，而且效果不好浪费资源。采用脱硫净化器制位各种脱硫剂，就什么问题也解决了。脱硫净化器在不同的炉体中，加热室或熔池后入烟道口处内的中段内90℃～100℃段，装有框架脱硫净化器。在脱硫净化器内是多层排列着孔型脱硫剂或方棒形脱硫剂，脱硫剂的形状是块状或棒形同某种燃烧器部件的形状，有长方形、方形、圆形三种。块上两面有纵横排列穿透的长条孔或方孔或圆孔。框架的容积大小因需定，是随燃烧炉膛的大小确定的。在炉体内脱硫净化器有一个妥当合理的位置。脱硫净化器放置位置不同，脱硫剂的成分、形状、组合结构也各异，脱硫剂都是装在脱硫净化器内使用的。

太原市同翔金属镁有限公司成立于1995年7月21日，经营范围包括：金属镁、重溶用铜头镁锭、铸造镁合金等，属于生产金属镁民营企业。建煅烧炉初期，太原市同翔金属镁有限公司多次派人员到中国华北冶金建设公司岭南金属镁厂、潞城市大祥金属镁有限公司等进行考察，对煅烧炉进行全面改造。2005年1月20日，中国有色金属工业协会镁业分会对该公司煅烧炉技改成果进行考察，考察认为，该炉型具有结构简单、造价较低、操作方便、煤种选择灵活、回收利用率高、炉温及排放物调节可控、煅白产量和合格率明显提高的优点，是现阶段符合环保要求的煅烧窑型。

根据李耀中提供被控侵权煅烧炉的照片、图纸表明，太原市同翔金属镁有限公司使用的煅烧炉主要特征为：煅烧炉的整体外形呈圆锥体形，炉体高15.59米，煅烧炉由预热段、燃烧段、高温段、风预热段、冷却段组成，炉底部为一个斗式自然落料。煅烧炉的设计为煤气喷嘴，在煅烧炉体地面3米以上的位置均布，空气喷嘴在比煤气嘴低0.5米的地方均布，在炉腔的中心处设计有四个均布的空气嘴。煅烧炉加料口在预热带的顶部一侧。

李耀中诉称：原告持有涉案发明专利的有效专利证书，2008年8月8日，发现太原市同翔金属镁有限公司正在使用一台立式燃气煅烧炉煅白云石。该煅烧炉炉体高10~15米，煅烧炉的外廓形状是圆体，内腔具有筒形煅烧室，向煅烧炉内供煤气的燃烧室在煅烧炉体地面3米以上的位置，矿石加料口在煅烧炉顶部，一个落料漏斗在煅烧炉的底部。上述煅烧炉的形状结构特征，全部落入李耀中发明的立式燃气煅烧炉的权利要求范围，侵犯了其专利权，故请求法院判令：（1）太原市同翔金属镁有限公司立即停止侵权行为；（2）赔偿李耀中经济损失52万元；（3）承担本案的诉讼费用及其他相关费用。

太原市同翔金属镁有限公司辩称：我公司使用的煅烧炉在李耀中申请专利之前就已广泛使用，与李耀中持有的专利权利要求书保护的范围不同。我公司是1995年兴建的金属镁生产企业，在建煅烧炉初期，我公司多次派领导和技术人员到河南、河北及我省的潞城、运城等金属镁企业进行考察，这些厂家所使用的煅烧炉在20世纪80~90年代已广泛使用，但污染问题一直没有得到很好的解决。1998年我公司开始对煅烧炉进行全面改造，经过对多家金属镁生产企业考察，分析各种煅烧炉的性能、优缺点，决定以邯郸岭南镁厂煅烧白云石的粗炉型为基本炉型进行改造。该炉型是单炉体外燃式，煅烧分上、中、下三部分，上部分为预热带、中部为高温带、下部为冷却带，所煅烧的白云石产品符合要求。这种单炉体外燃式的缺点是保温性能差，不符合环保要求。后又经过考察，使用了潞城大祥金属镁煅烧炉，该煅烧炉是双体炉，外加煤燃烧室，它的优点是少了二个散热面，有利于保温，结构坚固合理。虽然效益好，但环保问题仍然没有从根本上得到彻底解决。2003 年，经过环保技术改造，达到了环保要求，最终建成现在使用的煅烧炉，该炉外形是圆锥体而不是圆体，是单炉体而不是双炉体，是由煤气站供煤气而不是自产煤气，煤气燃烧去除了燃烧室，煅烧炉内腔是由预热段、燃烧段、高温段、风预热段、白灰冷却段组成，是具有锥形的燃烧段而不是筒形燃烧室，是炉底间断半自动化落料的煅烧炉，与李耀中起诉专利侵权的煅烧炉没有必然的联系。请求判决驳回李耀中的诉讼请求。

【审判】

太原市中级人民法院认为：李耀中于 2008 年 6 月 25 日依法获得专利号为 ZL02102956. 3 的源头消除污染的热态脱硫的净化加热炉发明专利权，应受法律保护。

关于涉案专利权的保护范围。根据《专利法》第 56 条的规定，发明专利权的保护范围以其权利要求的内容为准，说明书及附图可以用于解释权利要求。李耀中 ZL02102956. 3 号发明专利的权利要求共有 10 项，其中权利要求 1 是净化加热炉整体的权利保护范围，权利要求 5 是立式燃气煅烧炉的权利保护范围。按照单一性原则的要求对于发明专利申请而言，应当仅限一项发明，但属于一个总的发明构思的两项以上的发明，可以作为一件提出。所谓“属于一个总的发明构思”，是指两项以上的发明在技术上相互关联，并共同包含一个或多个相同或者相应的特定技术特征。权利要求 1 和权利要求 5 之间的关系，首先要符合《专利法》要求的单一性的关系，即权利要求 5 和权利要求 1 之间必须有相同或相应的必要技术特征，否则审查员不会批准该权利要求 5 的存在，从权利要求书字面内容看，尽管权利要求 5 和权利要求 1 描述的是不同的产品，这两种产品应当具有相同或相应的必要技术特征，权利要求 1 的必要技术特征部分包括“燃烧净化器和脱硫净化器”，显然权利要求 5 也应当包括“燃烧净化器和脱硫净化器”等必要技术特征。故根据涉案专利权利要求 1、5 的描述，立式燃气煅烧炉的技术特征为：（1）包括权利要求 1 中所述的燃烧净化器和脱硫净化器以及权利要求 1 所述的脱硫净化器中的块状型脱硫剂单体部件；（2）燃气的立式煅烧炉体的高度 10～15 米；（3）煅烧炉的外廓形状有圆体，也有方体，或下方上圆体；（4）具有筒形状煅烧室；（5）向炉内供煤气的燃烧室，在煅烧炉体地面 3 米以上的位置；（6）矿石加料口在煅烧炉顶

部；（7）煅烧炉底部有 1 ~4 个落料漏斗。

太原市同翔金属镁有限公司是否侵犯了原告李耀中的专利权。发明专利侵权判定中，应当以专利权利要求中记载的技术方案的全部必要技术特征与被控侵权产品的全部技术特征逐一进行对应比较。将被控侵权煅烧炉技术特征与涉案立式燃气煅烧炉的必要技术特征一一对比，相同之处在于：（1）煅烧炉体的高度 10 ~15 米，被控侵权煅烧炉体的高度为 15. 59 米，该技术特征属于无需经过创造性劳动就能够联想到的技术特征且增加的高度并不会影响到煅烧炉的功能及效果，两者属于等同特征；（2）向炉内供煤气的燃烧室，在煅烧炉体地面 3 米以上的位置；（3）矿石加料口在煅烧炉顶部；（4）煅烧炉底部有 1 ~4个落料漏斗。不同之处在于：（1）被控侵权的煅烧炉不含有燃烧净化器和脱硫净化器。根据权利要求 1 的描述，燃烧净化器包括：炉膛、隔墙、火道、阻燃的块状小部件、外排输废气管、插板；脱硫净化器设在炉内燃烧净化器后的热态区域内至插板前，有三种形式：①在炉内的炉膛至热态区域的一周，设有喷入粉状脱硫剂的管孔，喷入炉内的粉状脱硫剂在飞扬喷落的过程与废气硫中的二氧化硫热态接触反应中和了；②在炉内把块状小部件的脱硫剂，垒集成大小不规则的废气流外排能绕行通过去的空间或者用氧化钙或炼稀土后的渣块堆集在脱硫净化器内，当废气气流中的二氧化硫在外排绕行、经过大小空间时，脱硫剂二氧化硫接触发生中和反应形成硫酸钙；③在炉体外把废碳化钙粉或氧化钙粉及附加脱硫剂碱性材料制成浆液，喷入炉内排放废气流的通道中形成浆雾态与废气流中的二氧化硫接触反应脱硫。李耀中提供的被控侵权煅烧炉的照片、图纸等证据不能证明太原市同翔金属镁有限公司使用的煅烧炉具有燃烧净化器和脱硫净化器技术特征。另外，从被控侵权煅烧炉功能角度出发，太原市同翔金属镁有限公司的煅烧炉是用于冶炼金属镁，本领域技术人员公知该反应中并不需要脱硫这一过程，所以该煅烧炉与权利要求 5 记载的“单体脱硫部件”所要达到的目标完全不一致，不存在等同的关系。虽然李耀中的说明书第 13 页下数第一行记载了“碱性材料的煅烧室是一个脱硫净化器”，说明书第 14 页第四段记载了“脱硫净化器在烟道的入火口处，是一个石灰石煅烧室”，但是李耀中对此并未反映在权利要求书中的技术方案，仅记载在专利说明书中，故不能纳入专利权保护的范围。（2）被控侵权煅烧炉外廓形状是圆锥体而不是圆体，也不具有筒形状的煅烧室，故上述技术特征也未落入原告专利的保护范围。综上所述，被控侵权煅烧炉的技术特征未包含李耀中专利权利要求中记载的全部必要技术特征，未落入专利权的保护范围，故太原市同翔金属镁有限公司未侵犯李耀中的专利权。依据《中华人民共和国专利法》第十一条、第五十六条第一款，《最高人民法院关于审理专利纠纷案件适用法律问题的若干规定》第十七条第一款,《中华人民共和国民事诉讼法》第六十四条、第一百二十八条之规定,判决如下:驳回李耀中的诉讼请求。

李耀中不服一审判决,向山西省高级人民法院提起上诉。主要上诉请求:(1)撤销原判;(2)判令被上诉人立即停止侵权行为。(3)被上诉人赔偿经济损失52万元。理由:第一,被上诉人的煅烧炉侵犯了其专利权权利要求书中的第1、5两项权利,在以下几个方面构成侵权:①被上诉人的炉体高度15.59米;②炉体为圆体煅烧炉形;③煅烧室为桶形状;④煅烧炉体3米处是煅烧位置;⑤加料口在煅烧室的顶部;⑥底部有1~3个落料漏斗。第二,原判决适用法律错误。

山西省高级人民法院查明的案件事实与一审法院一致。另查明,2008年3月1日,被上诉人太原市同翔金属镁有限公司向国家知识产权局申请实用新型名称为煅烧竖窑的专利,2009年1月21日被国家知识产权局授予专利。该专利涉及煅烧领域,具体是一种煅烧白云石和石灰石的煅烧室。解决了现有煅烧竖窑存在的煅烧质量不统一的问题。窑体内由上至下分为预热、燃烧带、冷却带。保证了煅烧后成品的质量统一,并有明显的节能降耗效果。

山西省高级人民法院认为:上诉人李耀中依法获得名称为源头消除污染的热态脱硫的净化加热炉的发明专利权、被上诉人太原市同翔金属镁有限公司依法获得名称为煅烧竖窑的实用新型专利,先后均被国家知识产权局授予专利,均应受法律保护。上诉人李耀中的发明专利源头消除污染的热态脱硫的净化加热炉,该炉包括有热源、热阻、热容、热压、热调五个方面的简短论著及利用余热的技巧。采用组合燃烧净化器,把煤在燃烧过程中产生的烟尘给彻底清除了。只有废气流从烟筒口排出,各种燃烧净化器的部件应用于一切燃烧炉。在利用余热中生产碱性产品,用脱硫净化器脱掉了废气中二氧化硫。被上诉人太原市同翔金属镁有限公司的实用新型专利,涉及煅烧领域,具体是一种煅烧质量不统一的问题。窑体内由上至下分为预热、燃烧带、冷却带。保证了煅烧后成品的质量统一,并有明显的节能降耗效果。上诉人李耀中认为,被上诉人太原市同翔金属镁有限公司在以下几个方面构成侵权:(1)被上诉人的炉体高度15.59米;(2)炉体为圆体煅烧炉形;(3)煅烧室为桶形状;(4)煅烧炉体3米处是煅烧位置;(5)加料口在煅烧室的顶部;(6)底部有1~3个落料漏斗。法院认为,上诉人李耀中所述的六个侵权方面,均不是其发明专利的核心技术内容,且不具有发明专利应当具备的创造性、新颖性的特征,而属社会公众均普遍熟知并使用的公知技术的领域,且上诉人与被上诉人各自拥有的发明专利和实用新型专利,专利特征不同,专利领域不同,专利服务目的不同,专利所涉产品煅烧炉的内部结构不同,故被上诉人煅烧炉的技术特征,未落入上诉人专利权的保护范围，上诉人认为被上诉人侵犯其发明专利权的上诉理由不能成立。依照《中华人民共和国民事诉讼法》第一百五十三条第一款第(一)项之规定，判决如下：驳回上诉，维持原判。一审案件受理费9000元，二审案件受理费9000元，共计18000元，由上诉人李耀中负担。

【评析】

本案涉及的法律问题主要是：一、涉案专利权保护范围的确定。二、侵犯发明专利权的判定。

一、专利权保护范围的确定

本案首先需要解决的问题是如何确定专利权的保护范围。专利权的保护范围，是指专利权法律效力所涉及的发明创造的范围。根据《专利法》的相关规定，发明或者实用新型专利权的保护范围以其权利要求书的内容为准，说明书和附图可以用于解释权利要求。在确定专利权的保护范围时，既不能将专利权保护范围仅限于权利要求书严格的字面含义上，也不能将权利要求书作为一种可以随意发挥的技术指导。确定专利权的保护范围，应当以权利要求书的实质内容为基准，在权利要求书不清楚时，可以借助说明书和附图予以澄清。仅记载在专利说明书及附图中，而未反映在专利权利要求书中的技术方案，不能纳入专利权保护范围。即不能以说明书及附图为依据，确定专利权的保护范围。将专利权利要求中记载的技术内容作为一个完整的技术方案看待的原则。即应当将专利独立权利要求中记载的全部技术特征所表达的技术内容作为一个整体看待，记载在前序部分的技术特征和记载在特征部分的技术特征，对于限定专利保护范围具有相同作用。发明或者实用新型专利权的保护范围不仅包括权利要求书中明确记载的必要技术特征所确定的范围，而且也包括与该必要技术特征相等同的特征所确定的范围，即某一特征与权利要求中的相应技术特征相比，以基本相同的手段，实现基本相同的功能，达到基本相同的效果，对于本领域的普通技术人员来说无须经过创造性的劳动就能联想到。这就是"等同替换"原则。李耀中ZL02102956.3号发明专利的权利要求共有10项，其中权利要求1是净化加热炉整体的权利保护范围，权利要求5是立式燃气煅烧炉的权利保护范围。根据涉案专利权利要求1、5的描述，立式燃气煅烧炉的技术特征为：(1)包括权利要求1中所述的燃烧净化器和脱硫净化器以及权利要求1所述的脱硫净化器中的块状型脱硫剂单体部件；(2)燃气的立式煅烧炉体的高度10~15米；(3)煅烧炉的外廓形状有圆体，也有方体，或下方上圆体；(4)具有筒形状煅烧室；(5)向炉内供煤气的燃烧室，在煅烧炉体地面3米以上的位置；（6）矿石加料口在煅烧炉顶部；（7）煅烧炉底部有1～4个落料漏斗。应将上述七个特征确认为涉案专利的保护范围。李耀中主张太原市同翔金属镁有限公司在（1）被上诉人的炉体高度15.59米；（2）炉体为圆体煅烧炉形；（3）煅烧室为桶形状；（4）煅烧炉体3米处是煅烧位置；（5）加料口在煅烧室的顶部；（6）底部有1～3个落料漏斗。以上六个方面构成侵权，是没有任何依据的。

二、侵犯发明专利权的判定

对于发明、实用新型专利权的侵权判定来说，如果被控侵权客体（产品或方法）包含了一项专利的权利要求的全部技术特征，且这些技术特征一一对应，并在专利法意义上两者相同，则认为被控侵权客体落入了专利权保护范围。这就是通常所说的全面覆盖原则。全面覆盖原则是从权利要求字面含义上认为各技术特征彼此相同，需要说明，在这里字面含义上的相同应当从专利法意义加以考虑。例如，当独立权利要求中的必要技术特征采用上位概念，而被控侵权客体中相应技术特征为下位概念，则两者为专利法意义上的相同；被控侵权客体在独立权利要求中全部技术特征基础上又增加新的技术特征，则该被控侵权客体相对于权利要求的技术方案来说仍构成相同侵权。法院应首先分解涉案专利的独立权利要求中记载的必要技术特征，其次分解被控侵权产品的主要技术特征，最后把两者的技术特征进行比较，获得对比结果，如果被控侵权产品的技术特征包括了涉案专利的独立权利要求中记载的所有必要技术特征，即在被控侵权产品中能够找到涉案专利的独立权利要求记载的所有必要技术特征，就可以认定被控侵权产品完全覆盖了涉案专利保护范围，据此法院认定被控侵权产品构成侵权。如果被控侵权产品缺少了涉案专利的独立权利要求中记载的某些必要技术特征，则判定是不构成侵权。本案中，将太原市同翔金属镁有限公司的产品的主要技术特征与李耀中专利的独立权利要求进行比较，被控侵权产品没有完全覆盖了涉案专利保护范围，所以判定不构成侵权，依法驳回了李耀中的诉讼请求。

（一审合议庭成员：景铜柱　段晋文　韩旭霞
二审合议庭成员：凌　宇　申玉英　王　丽
编写人：山西省太原市中级人民法院　景铜柱　段晋文
责任编辑：原晓爽
审稿人：罗东川）

43. 深圳市腾讯计算机系统有限公司诉上海蔚蓝计算机有限公司等侵害计算机软件著作权及不正当竞争案

问题提示：移动通讯产品的开发者与运营者未经权利人许可而擅自接入他人即时通讯系统，是否构成不正当竞争？如何认定其同时侵害注册商标专用权的行为？《反不正当竞争法》第2条可否作为认定不正当竞争行为的法律适用依据？

【要点提示】

本案系一起新类型的不正当竞争纠纷案件，主要涉及两被告未经原告腾讯公司的许可擅自接入QQ即时通讯系统，导致相关公众对即时通讯市场主体和服务来源产生混淆是否构成不正当竞争的法律问题。由于原告腾讯公司的企鹅图形商标和"QQ"文字商标在网络用户中具有较高的美誉度，QQ即时通讯系统在广大网民中又享有很高的知名度，因此，两被告的行为必然造成对原告合法权益的损害，应认定构成不正当竞争。

【案例索引】

一审：上海市第二中级人民法院（2006）沪二中民五（知）初字第207号（2010年1月29日）

二审：上海市高级人民法院（2010）沪高民三（知）终字第16号（2010年4月28日）

【案情】

原告：深圳市腾讯计算机系统有限公司（以下简称腾讯公司）

被告：上海蔚蓝计算机有限公司（以下简称蔚蓝公司）

被告：上海掌上灵通咨询有限公司（以下简称灵通公司）

原告腾讯公司是QQ即时通讯系统的开发者和经营者，QQ注册用户可利用该系统，通过互联网、移动设备与其他QQ用户进行实时交流。QQ即时通讯系统为普通QQ用户提供有线（计算机终端）的即时通讯服务，为移动QQ用户提供无线（手机移动）即时通讯服务。

原告的《腾讯QQ用户服务条款》载明：腾讯QQ软件由腾讯公司开发，该软件一切版权等知识产权，以及与其相关的所有信息内容……均受著作权法和国际著作权条约以及其他知识产权法律法规的保护。未经腾讯公司书面同意，用户不得擅自借助该软件发展与之有关的衍生产品、作品、服务等。

"移动QQ"业务是原告与移动通信运营公司合作推出，移动电话用户可以使用短信功能、WAP功能和QQ用户进行短讯通信的一种服务。短信版和WAP版每月均收费人民币5元。开通该项业务的步骤为：首先通过有线网络上的计算机终端在QQ服务器上注册并获得原告分配的QQ号码，成为普通QQ用户；其次普通QQ用户根据《移动QQ服务条款》的规定，开通移动QQ服务，并定期支付服务费用；最后用户还必须使用原告提供移动QQ即时通讯客户端软件访问及通过QQ即时通讯系统服务器与其他QQ用户进行通讯。

原告既是企鹅图形商标专用权人之一，也是"QQ"文字商标独占被许可人。

被告灵通公司于2001年1月16日成立，公司类型为外国法人独资公司，为案外人灵通有限公司的一个全资子公司。被告蔚蓝公司成立于1999年12月2日，公司类型为国内合资公司。被告蔚蓝公司与被告灵通公司在"掌上i聊"业务上具有合作关系，被告蔚蓝公司负责无线增值电信和网络服务，被告灵通公司提供技术支持。

"掌上i聊"为一款集合了QQ、MSN、YAHOO通三种软件的即时聊天工具，具备移动聊天室在线交友功能的移动通讯产品。"掌上i聊"分为短信版和WAP版两种，短信版每月收费人民币5元，WAP版每月收费人民币8元。

2005年9月20日，广东省深圳市公证处根据原告的申请对www. linktone. com网站的相关内容进行证据保全，并出具了（2005）深证字第11060号公证书。该公证书主要介绍了"掌上i聊"业务的短信版定制和使用的步骤为：（1）移动用户，输入短信"26"发送到2000，就可成功定制"掌上i聊"；（2）进入不同的聊天页面。回复Q：进入手机QQ页面；（3）登录聊天账号。输入Q，QQ账号、密码，就可以登录QQ；（4）聊天。进入不同登录页面后，直接回复好友列表中好友聊天号：马上与好友开始聊天；（5）添加、查看好友；（6）进入i聊聊天室。在"掌上i聊"业务的宣传网页上出现企鹅图形和

"QQ"文字标识。

2005年9月21日，长安公证处根据原告的申请对手机上发送短信的操作过程及其收到的有关信息内容进行证据保全，并出具了（2005）长证内经字第82640号公证书。该公证书主要介绍了短信版和WAP版"掌上i聊"业务。在成功定制"掌上i聊"业务后，网页上出现企鹅图形标识。

2005年9月30日，北京市公证处根据原告的申请使用"掌上i聊"短信代码通过手机发送短消息，并进行聊天功能的测试，公证人员对上述过程进行了证据保全，并出具了（2005）京证经字第35804号公证书。

2006年3月3日，广东省深圳市公证处根据原告的申请对www.linktone.com网站的相关内容进行证据保全，并出具了（2006）深证字第22542号公证书。

2006年4月25日，北京市公证处根据原告的申请使用手机上对"掌上i聊"的QQ无线聊天业务的相关内容进行证据保全，并出具了（2006）京证经字第15768号公证书。

2006年5月26日，北京市公证处根据原告的申请对www.linktone.com网站的相关内容进行证据保全，并出具了（2006）京证经字第16179号公证书。该公证书载明，通用网址"linktone"所属单位为被告灵通公司，指向的网站是"www.linktone.com"。公证书还载明了被告蔚蓝公司和被告灵通公司的经营模式，对外以被告蔚蓝公司的名义进行无线增值电信和网络服务，被告蔚蓝公司与被告灵通公司内部签订《独家技术咨询和服务协议》，由被告灵通公司提供独家技术，被告蔚蓝公司支付相应的技术服务费。

2006年7月7日，北京市公证处根据原告的申请对相关内容进行证据保全，并出具了（2006）京证经字第18135号公证书。该公证书主要介绍了"掌上i聊"业务的服务内容，资费说明：每月收费人民币8元，客服信息：公司名称为上海蔚蓝计算机有限公司，客服电话：021－33184900－3920，业务简介：掌上灵通全力开发的移动即时通讯产品，横跨SMS、WAP两大产品，可以通过手机登录MSN、QQ、YAHOO。

庭审中，两被告确认"掌上i聊"系统能够接入原告的QQ服务器系统，并实现即时通讯的功能。

原告腾讯公司诉称：两被告破坏原告为保护QQ服务器软件著作权而设置的技术措施，擅自复制使用原告的QQ服务器软件，侵害了原告对该计算机软件享有的著作权；两被告在其网站页面和WAP版i聊服务界面上擅自使用原告的企鹅图形商标和"QQ"文字商标，并且未经原告许可接入原告的QQ即时通讯系统，足以使社会公众产生混淆，构成不正当竞争。两被告构成共同侵权，应承担连带责任。故诉请法院判令：（1）被告蔚蓝公司立即停止侵害原告计算机软件著作权以及不正当竞争行为；（2）被告灵通公司立即停止侵害原告计算机软件著作权以及不正当竞争行为；（3）两被告连带赔偿原告经济损失人民币500万元。

被告蔚蓝公司、被告灵通公司共同辩称：（1）原告提供的证据不足以证明其是QQ服务器软件和QQ客户端软件的著作权人。（2）原告指控两被告计算机软件著作权侵权不成立，两被告对原告声称享有的计算机软件既没有复制，也没有使用，更没有破解。两被告的"掌上i聊"业务并不使用原告的任何硬件和软件资源。（3）原告指控两被告构成不正当竞争也不能成立。两被告为方便用户互联互通，为QQ用户通过方便登录QQ系统通道的行为是合法的，无需获得原告的许可。部分用户选择两被告的业务也是基于两被告的技术领先，这本来就是电信行业在资源共享环境下公平有效竞争的必然结果，并不构成不正当竞争。原告起诉所依据的事实和理由完全不能成立，两被告请求法院驳回原告的全部诉讼请求。

【审判】

一审法院认为：原告腾讯公司享有QQ服务器软件的著作权，两被告合作经营的"掌上i聊"系统未经原告许可接入QQ即时通讯系统，以及两被告在对外进行广告宣传中使用了企鹅图形和"QQ"文字标识的行为，足以使相关公众对原、被告的市场主体及其商品或者服务的来源产生混淆，构成对原告的不正当竞争，两被告应依法承担停止侵害、赔偿损失的民事责任。两被告之间在经营"掌上i聊"业务上具有合作关系，应承担共同侵权的民事责任。原告指控两被告构成对QQ服务器软件的著作权侵权，法院不予支持。据此，依照《中华人民共和国民法通则》第四条、第一百三十条，《中华人民共和国反不正当竞争法》第二条、第二十条第一款，《计算机软件保护条例》第九条之规定，判决：被告蔚蓝公司、被告灵通公司立即停止对原告腾讯公司的不正当竞争行为；被告蔚蓝公司、被告灵通公司应于本判决生效之日起十日内共同向原告腾讯公司赔偿包括合理费用在内的经济损失人民币40万元。

一审判决后，两被告不服，提起上诉。

二审法院判决驳回上诉，维持原判。

【评析】

本案系新类型的不正当竞争纠纷案件，被告行为的实质是未经权利人许可而擅自接入他人即时通讯系统，对该行为的认定涉及是否构成不正当竞争以及是否侵害著作权的判断。

一、适用《反不正当竞争法》一般条款的条件及其分析

本案中，法院最终判决被告的行为构成对原告的不正当竞争，相应的法律适用依据是《民法通则》第4条的“诚实信用”原则条款和《反不正当竞争法》第2条关于竞争行为的原则规定。《民法通则》第4条规定民事活动应当遵循自愿、公平、等价有偿、诚实信用的原则，被誉为“帝王条款”，对一切民事行为具有总纲的作用。《反不正当竞争法》第2条概括规定了不正当竞争行为的抽象条件，因而被称为概括条款或一般条款。学者认为，《反不正当竞争法》一般条款既是兜底条款，可以在法律明文规定的不正当竞争行为之外认定某些不正当竞争行为；又是授权条款，授权法院根据抽象的一般标准认定新的不正当竞争行为；也是竞合条款，有明文规定的不正当竞争行为也应同时符合一般条款的原则性要求。《反不正当竞争法》第二章专章规范“不正当竞争行为”，以列举的方式规定了十一类不正当竞争行为，其中第5条、第9条、第10条、第14条所涉及的不正当竞争案件在实践中作为知识产权案件实行专属管辖。这几个条文规定的不正当竞争行为主要指假冒注册商标、擅自使用他人商品名称、包装、装潢、擅自使用他人企业名称、仿冒认证标志、虚假宣传、侵害商业秘密、损害商誉等。显然，就本案而言，被告实施的行为难以纳入上列。对被告行为的性质，只能从《反不正当竞争法》第2条的一般条款出发来进行认定。

关于《反不正当竞争法》的适用范围，曾有观点认为除该法第二章所规定的十一类不正当竞争行为外，不宜根据基本定义和原则规定来认定新的不正当竞争行为。但实践中，常有符合一般侵权行为要件的新型不正当竞争行为需要司法机关作出处理。虽然在立法和司法解释中，并未明确《反不正当竞争法》第2条可否作为认定不正当竞争行为的法律适用依据，但在相关司法文件和审判实践中，最高人民法院已多次表明赞成的态度。如原最高人民法院副院长曹建明就曾在有关会议上明确指出：“对没有具体规定予以禁止的行为，如果确属违反诚信或公认的商业道德、商业惯例并且有损害事实，不制止不足以维护公平竞争秩序时，可以适用《反不正当竞争法》第2条的一般规定予以制止。”现任最高人民法院副院长奚晓明也指出：“法律明文禁止的不正当竞争行为有所减少，但挑战法律边界的行为屡见不鲜，需要适用《反不正当竞争法》的原则条款判断的案件越来越多”。典型案例如北京百度网讯科技有限公司诉青岛奥商网络技术有限公司等不正当竞争纠纷案也反映出法院的立场。该案中，法院认为，网络接入服务提供者利用其提供互联网接入服务的条

件，对服务对象的搜索请求进行人为干预，易使网络用户误认为强制弹出的广告页面为搜索服务提供者发布，并影响了搜索服务提供者的服务质量，损害了其合法权益，违反了诚信原则和公认的商业道德，根据《反不正当竞争法》第2条的原则性规定，应当认定构成不正当竞争。按照《反不正当竞争法》第2条认定不正当竞争行为时，可以从如下三个基本方面加以把握：首先，属于一种市场竞争行为；其次，违反了市场竞争原则；再次，对市场竞争造成了损害。对此也可以理解为适用一般条款的基本步骤。当然，法官在具体适用时，不可僵化为之，而是应以法律精神为指导，结合侵权行为的要件，针对个案案情而灵活展开。

二、对本案被告不正当竞争行为的具体分析

本案中，被告未经原告许可接入原告的QQ即时通讯系统的行为是否属于不正当竞争，因缺乏相关法律规定予以规范，只能从《反不正当竞争法》第2条一般条款关于不正当竞争的基本规定出发来进行判断。

具体而言，原告认为被告未经原告许可接入原告的QQ即时通讯系统，足以使社会公众产生混淆，且被告在其网站页面和WAP界面上擅自使用原告的企鹅图形商标和“QQ”文字商标，故被告行为构成不正当竞争。而两被告则认为，为QQ用户登录QQ系统提供通道，目的是方便用户互联互通，故该行为是合法的，无需获得原告的许可。部分用户选择被告的业务恰恰是电信行业在资源共享环境下公平有效竞争的结果，并不构成不正当竞争。

对此，法院的观点是：经营者在市场交易中，应当遵循诚实信用原则，遵守公认的商业道德。具体到本案，对于两被告是否构成不正当竞争，可从五个方面进行综合分析。

1. 竞争关系。显然，两被告的“掌上i聊”业务与原告的“移动QQ”业务均属于即时通讯领域市场中的同类产品和服务，故原告与两被告为同业竞争者。

2. 知名度。原告为企鹅图形商标专用权人之一，也是“QQ”文字商标独占被许可人，企鹅图形商标和“QQ”文字商标在网络用户中具有较高的美誉度，为相关公众所知悉。原告开发和经营的QQ即时通讯系统在中国即时通讯领域市场也具有较高的知名度，占有较大的市场份额，拥有大量的QQ注册用户。

3. 实施行为。两被告的“掌上i聊”系统可以接入QQ即时通讯系统，实现即时通讯的功能；两被告将QQ即时通讯系统作为“掌上i聊”系统的组成部分对外进行广告宣传，向“掌上i聊”用户提供使用QQ即时通讯系统的服

务；两被告在“掌上i聊”业务的网站宣传页面和广告宣传资料上均使用了企鹅图形和“QQ”文字标识。

4. 主观过错。两被告明知原告投入大量的资金研制开发了QQ即时通讯系统，为该系统的财产所有权人，但仍未经其许可将“掌上i聊”系统接入QQ即时通讯系统，挤占了原告的通讯通道，无偿使用了QQ即时通讯系统的相关资源，其目的显然在于借助原告QQ即时通讯系统的良好声誉，吸引更多的用户加入其“掌上i聊”业务，以提高其在即时通讯市场的竞争力，从而谋取更大的商业利益。故两被告主观上具有过错。

5. 客观结果。两被告的上述行为，足以使相关公众对原、被告的市场主体及其商品或者服务的来源产生混淆，其行为违背了民事活动应当遵循的公平、诚实信用原则以及公认的商业道德，损害了原告的合法权益，破坏了公平的竞争秩序，构成对原告的不正当竞争。

可见，法院在本案中采取的法律适用方法与前面介绍的《反不正当竞争法》一般条款的适用步骤是一致的。只是对是否违反市场竞争原则的判断，在本案中反映为对被告行为的认识及其主观过错的评判；而是否对市场竞争造成损害，则主要是衡量其行为造成的客观后果。值得注意的是，本案中法院专门分析了原告标识和产品（服务）的“知名度”，这实际上是强调反不正当竞争司法保护中的“显著性”要件。一般而言，除非有法律的明确规定，当适用一般条款时，对不正当竞争所侵害的对象无需限定“知名”的条件，这也是法律原则的基本含义所要求的。但实践中，“知名”往往是与“显著性”相联系的。虽然并非作为一项单独的保护条件，但认定原告主张的权利是否“知名”，在判断行为人的主观过错及损害后果时，仍有积极的意义，将有助于主观标准的客观化，并强化法官的相应认识。如在本案起诉时，腾讯QQ即时通讯系统用户已达4亿9千万户，其中移动QQ用户约为800万户，在业内无疑具有相当高的知名度，结合被告使用原告的企鹅图形商标和“QQ”文字商标的事实，足以使法院相信被告未经许可接入QQ系统，有“傍名牌”、“搭便车”的故意，且导致相关公众对原、被告的市场主体及其商品或者服务的来源产生混淆。

三、被告未侵害原告的软件著作权，被告的商标侵权行为被不正当竞争行为所吸收

本案中原告还主张被告侵害了其软件著作权，认为被告为了商业目的，复制使用了原告享有著作权的QQ服务器软件，构成对QQ服务器软件的著作权侵权。对此问题也略作分析如下：

一方面，原告作为QQ即时通讯系统的开发者和经营者，该系统包括了QQ服务器和QQ客户端两个系统，QQ服务器系统包括了QQ服务器软件。原告向法院提交了QQ服务器软件两个程序模块及其说明等证据，在没有相反证据的情况下，可认定原告享有QQ服务器软件的著作权。

另一方面，当事人对自己提出的诉讼请求所依据的事实有责任提供证据加以证明。没有证据或者证据不足以证明当事人的事实主张的，由负有举证责任的当事人承担不利后果。本案中，虽然两被告对于"掌上i聊"系统能接入原告的QQ即时通讯系统，并实现即时通讯功能的事实无异议，但原告并未举证证明两被告在经营"掌上i聊"业务中复制使用了QQ服务器软件，原告据此推定两被告复制使用了QQ服务器软件，尚缺乏相应的证据。故法院对于原告指控两被告构成对QQ服务器软件的著作权侵权的主张不予支持。

最后，要说明的是，本案中两被告在"掌上i聊"业务的网站宣传页面和广告宣传资料上使用企鹅图形和"QQ"文字标识的行为显然也违反了《商标法》的规定，构成商标侵权。广义上，假冒他人的注册商标也属不正当竞争行为，该行为构成商标侵权与不正当竞争的竞合。一般而言，对于不同法律均有规定的法条竞合情形，在适用上应按特别法优于一般法的原则，按照特别法的规定予以规范。相对于《反不正当竞争法》，《商标法》关于假冒注册商标的规定属于特别法，故不正当竞争同时侵害注册商标专用权的，法院在审理时应适用《商标法》。但本案原告并未主张商标侵权，两被告的行为也非单纯的商标侵权，其擅自使用原告商标的行为与擅自接入原告即时通讯系统的行为相结合，构成综合的不正当竞争行为。从这个意义上讲，商标侵权只是整个不正当竞争的一个环节。实践中，如原告并不提起商标侵权之诉，法院在审查时，往往是将商标侵权作为被告实施不正当竞争行为的一个情节来看待，不影响定性，但在判断过错程度以及损害后果时有一定的关联。本案即属此类情形。

（一审合议庭成员：芮文彪　胡　宓　陆　萍
二审合议庭成员：钱光文　马剑峰　李　澜
编写人：上海市第二中级人民法院　芮文彪
责任编辑：丁文严
审稿人：罗东川）

二、案例精选·海事海商

44. 陈娇盈诉远顺达船务有限公司船舶碰撞损害责任纠纷案

问题提示：未经登记的受让人能否以船舶所有人的身份就船舶碰撞提起诉讼，要求损害赔偿？

【要点提示】

未经登记的船舶所有人向第三人主张损害赔偿权利的，第三人不能以物权变动未经登记为由对抗该所有人。

【案例索引】

一审：广州海事法院（2009）广海法初字第316号（2009年11月12日）

二审：广东省高级人民法院（2010）粤高法民四终字第2号（2010年12月17日）

【案情】

原告：陈娇盈

被告：钦州市钦州港远顺达船务有限公司

广州海事法院经公开审理查明：2009年4月13日凌晨，钢质散货船“泰联鑫”轮与木质渔船“琼临高11074”在海域发生碰撞事故。“泰联鑫”轮船舶所有人及经营人均登记为被告，船籍港钦州港。事故发生时，该轮的海上船舶检验证书簿、海上货船适航证书、海上船舶吨位证书、海上船舶防止油污证书、海上船舶载重线证书，适航证书均有效；实际配员15人，符合该轮船舶最低安全配员证书要求。

“琼临高11074”船籍港海南省临高县调楼港，登记船舶所有人符启能，船舶登记证书有效期至2009年8月26日。渔业船舶安全证书、渔业船舶载重线证书、渔业船舶吨位证书、渔业船舶渔捞和起重设备证书等有效期均至2008年12月9日止。该渔船的渔业捕捞许可证由临高县海洋与渔业局于2005年2月19日颁发，持证人符启能，作业场所为A类、C3类渔区，作业时限从2005年2月19日至2010年2月18日。符启能四年前已亡故，其子符日心将“琼临高11074”渔船转让给原告，调楼居委会盖章确认情况属实。

湛江海事局对“泰联鑫”轮船员刘用昌、潘家余、易志刚、田波文、刘孟文进行调查所作的笔录表明，2009年4月13日凌晨1点10分，“泰联鑫”轮在装载16000吨矿砂后从湛江港起航开往南通。起航时驾驶台值班人员有船长刘用昌，负责指挥操纵和瞭望；二副潘家余，负责操车；水手刘孟文，负责操舵；机舱值班人员为二管田波文和机工陈立义。时值吹偏东风4至5级，有雾，能见度约1海里，退潮。船舶离泊时开启了航行灯和驾驶台右侧1台雷达，用6海里、3海里和1.5海里量程交替观测。船长刘用昌陈述，约2点40分，“泰联鑫”轮刚转向进入龙腾航道时，在雷达6海里量程上发现前方3海里处有来船回波，来船沿着航道右侧航行，处于对驶状态。此时“泰联鑫”轮的航向约110°，航速约10节，并沿着计划航线的右侧一点航行。“泰联鑫”轮船长发现来船后，切换到雷达3海里量程继续观测，仍保向保速航行。约2点52分，“泰联鑫”轮将到达31号灯浮时，在雷达上观测到来船在“泰联鑫”轮左前方几度，距离不清楚，船长向水手下令操右舵5度，航向从110°改为115°，船速11节。约3点02分，“泰联鑫”轮驶过31号灯浮附近，与进港船“辽通油9”轮左舷会遇通过，此时在雷达3海里量程上测量到另一来船距离约1海里，在左前方约7至8度，两船处于对驶状态，船长鸣放了一长声，并在驾驶台右侧用闪光灯对来船闪了几下。据二副潘家余陈述，“泰联鑫”轮除鸣放上述声号外，之前没有鸣放其他声号。“泰联鑫”轮将过30号灯浮时，船长肉眼可见来船的红、绿灯及很多白色闪光灯，位于本船前方稍偏左方向。船长陈述，“泰联鑫”轮驶过30号灯浮时，两船距离约0.5海里（据湛江海事局调查分析，此时该轮与来船相距约0.3海里），船长下令大角度右舵，接着减速、停车。约3点05分，“泰联鑫”轮船艏与来船驾驶楼右侧成约70度夹角碰撞。碰撞发生后，“泰联鑫”轮用左满舵并全速倒车，后停车，由于惯性作用继续前冲。碰撞分析图显示，“泰联鑫”轮是在经过30号灯浮后，在航道右边缘以外与来船发生碰撞的。3点08分，船长向湛江交

管中心报告事故情况，3 点 13 分，船长通知大副易志刚放右舷救生艇进行搜救。船长刘用昌陈述，被告对“泰联鑫”轮配有相应的体系文件，但未到船上进行指导业务；大部分船员没有首次上船时的开航前指令；部分船员没有交接记录；除船长、轮机长、二管轮、三管轮外，船舶未按规定对有关人员履职情况进行培训；事故发生当晚无记录夜航命令簿等等。

湛江海事局对原告及“琼临高 11074”渔船船员陈法、陈腾、陈林祥、林妃柬、陈伍、朱叶煌进行调查所作的笔录表明，“琼临高 11074”渔船在阳江闸坡附近海域从东往西进行了 7 天捕鱼作业后，于 4 月 12 日晚 21 点 30 分从硇洲东约 30 海里处起航开往湛江港，航向西北偏北方向约 280°，沿着湛江港龙腾航道灯浮南侧在航道边缘外航行，渔船右舷逐渐靠近红标，航速约 4.7 节。该渔船使用手提式罗经及 GPS 卫星导航进行导航，并有一台甚高频无线电话，用 23 频道与渔船之间联系。航行中该渔船显示红、绿舷灯、桅灯、艉灯，船头显示 4 盏白色闪光网灯。驾驶室值班人员有船长陈法，2 名水手陈林祥、林妃柬，机舱 1 名轮机员。在船舶碰撞前 4 至 5 分钟，船长陈法发现来船在渔船北侧对驶而来，后确定来船是“泰联鑫”轮。水手林妃柬述称，其看到来船后，在驾驶台右门使用探照灯向来船闪灯。在碰撞前 2 至 3 分钟，船长看见来船在渔船前方偏右一点对遇航行，保持航速用左满舵避让。在渔船向左转向过程中，右舷驾驶台与来船发生碰撞，碰撞后渔船船艏向右偏转，逐渐贴近来船右舷，并贴着来船右舷从船艉离开，期间渔船上的 2 名船员爬上来船船艏。其后，“湛港三拖”轮救出渔船上的 11 名船员，船长在清点人数时发现 1 名船员失踪。约 9 时渔船完全沉没，沉没时船艉下沉，船艏上翘。

事故发生后，被告委派人员与原告协商事故善后事宜，2009 年 4 月 14 日，被告支付 3 万元给原告，原告出具收据，写明该款为受伤船员家属的护理费、交通费、住宿费，该款可在以后商谈赔偿总额时扣除。

原告购买渔船的协议书显示价款 838000 元，但原告在湛江海事局的调查询问笔录中述称其买船花去 538000 元，买回后支出修理费 86000 元左右。被告提交了一份渔船资产总值及索赔事项单及附表，表上列明渔船购买价 538000 元，被告称该表是原告在碰撞事故发生后向其提供的，但该书据上没有原告签字确认。原告主张购船后为修缮渔船支出了修理费，并提供了 2009 年 4 月 15 日雷州市二轻乌石造船厂出具的证明，证明“琼临高 11074”渔船于 2008 年 10 月 8 日在该厂大修，修理费 88600 元。

原告在湛江海事局的调查询问笔录中述称事故发生时渔船上捕捞的鱼货约值 12 万元。船长陈法在调查询问笔录中称发生事故时渔船上的鱼货有红三鱼 200 箩，每箩 40 斤；龙利鱼 50 担，麻蛇 20 担，沙甲鱼 5 担，每担均为 100

斤；虾100多斤；蟹100斤；石斑鱼50至60斤；其他500斤。原告在庭审中申请渔船船员陈国军、陈用妙出庭作证，证人作证称事故发生时，渔船上载有鱼货约8吨，市价约12万元。对于渔船上的渔具、网具的价值，原告在调查询问笔录中称船上配有捕鱼网具1300张，后提供了2008年10月13日和16日的提货单两张，以证明其购买铅、杆等价值247052元材料用于加工1300张鱼网配备到渔船上。原告称渔船沉没时船员个人物品损失按13部手机，每部500元计算，为6500元，但没有提供相关的证据证明，仅有船长陈法在调查询问笔录中称损失了手机、皮鞋、现金等个人物品。

关于渔船渔汛损失的问题。原告在湛江海事局的调查询问笔录中述称其自购买渔船后大约于2008年10月份开始出海捕鱼，平均每月2至3次，具体捕鱼数量说不清楚，但价值每月15万元左右，除去人工、油料、补网等费用，纯收入每月3万元左右。雷州市乌石镇文堂村民委员会2009年7月1日出具的证明称“琼临高11074”渔船每月出海捕鱼3次，每次6至7天，每次收入除船员工资及其费用外，平均每次余下纯收入3万元。雷州市乌石镇人民政府在该证明上盖章确认“生产情况属实”，雷州市海洋与渔业局也盖章确认情况属实。2009年7月27日，雷州市乌石镇文堂村民委员会再次出具证明称“琼临高11074”渔船的捕捞方式是单层刺网，无受休渔期影响，休渔期间也正常出海作业。广东省渔政总队雷州大队盖章确认情况属实。

雷州市乌石镇文堂村民委员会出具的证明称：“琼临高11074”渔船船员每月收入是船长3500元，大副3000元，轮机长3000元，大管轮2900元，水手2800元。雷州市乌石镇人民政府在证明上盖章确认属实。庭审中原告承认船员工资是按渔获进行分成，上述证明中的船员工资数额是按渔船以往经营收入平均计算得出。原告还提供了广东省湛江市服务业定额发票和海南省餐饮、旅店业定额发票总计2315元，广东省道路客运随车发票987元，以证明事故发生后原告支付了船员受伤治疗费、船员参与事故调查及其家属往来的住宿餐饮费和交通费。

原告诉称碰撞事故造成原告损失合计1498650元，其中渔船损失838000元，维修费损失88600元，渔汛损失每月9万元、按2个月计算为18万元，鱼货损失12万元，手机等财物损失6500元，工人工资损失75200元，渔船上网具损失247050元，差旅费损失3302元，扣除卖出原有网具所得6万元。被告应承担本次事故的主要责任，请求法院判令被告赔偿原告损失的80%即120万元，并由被告承担本案的诉讼费和诉前财产保全申请费。

被告辩称：在本次船舶碰撞事故中，原告应承担事故的主要责任，被告只需承担次要责任；原告向法院起诉要求被告赔偿的损失，大部分没有事实依

据，请求法院驳回原告的诉讼请求。

【审判】

广州海事法院经审理认为：本案为一宗船舶碰撞损害赔偿纠纷。对于碰撞事故的责任认定，应适用《1972 年国际海上避碰规则》划分碰撞双方的过错责任。

本次事故中，“泰联鑫”轮与“琼临高 11074”渔船均违反了《1972 年国际海上避碰规则》的有关规定，对导致船舶碰撞均存在过失。鉴于“泰联鑫”轮未能及早地注意运用良好船艺和海员通常做法进行避让，对在航道右侧边缘以外航行的对驶船采取右满舵避让，致使两船碰撞难以避免，是本次碰撞事故的最主要原因，对造成本案碰撞负有更大的过失责任。根据“泰联鑫”轮和“琼临高 11074”渔船的过失程度，两船应分别对本案碰撞承担 80% 和 20% 的过失责任。

船舶碰撞的责任，由对碰撞有过失的船舶承担，而船舶的过失往往是由船长、船员驾驶或管理船舶的过失造成的，雇用船长、船员的船舶所有人应当对航行安全负责，故船舶碰撞产生的赔偿责任由船舶所有人承担。被告是“泰联鑫”轮的所有人，故应当作为本案的责任主体。而原告是否“琼临高 11074”渔船的所有人，能否作为渔船所有人行使占有、使用、收益和处分的权利，是本案争议的焦点之一。原告从符日心处受让渔船后，虽没有办理过户登记手续，但依照《海商法》第 9 条第 1 款“船舶所有权的取得、转让和消灭，应当向船舶登记机关登记；未经登记的，不得对抗第三人”的规定，船舶登记只是船舶所有权变动的公示方法，而不是生效要件，原告已支付渔船价款，且符日心已将渔船实际交付原告，原告已取得渔船的所有权并实际控制使用该渔船，因该渔船碰撞而产生的纠纷，原告作为渔船的所有权人，可以行使权利并承担相应的民事责任。

原告提供的出售渔船协议书及渔船买卖的中介人均证明原告购买该渔船支出 838000 元，但原告在湛江海事局的水上交通事故调查询问笔录中却述称购船价款为 538000 元，原告支付了大笔的款项却没有相应的收款收据，不符合民间交易的习惯，也未能提交有关存折取款凭证证明。被告提供的渔船资产总值及索赔事项清单，所列的渔船价值、修理费、网具价值、鱼货价值等数额均与原告在海事局的询问笔录中陈述的金额大致相同，而该清单是被告在完成举证说明，查阅本院调取的湛江海事局事故调查询问笔录的同时提交给法院的，由此可以推断被告有较大可能是从原告处获得该清单。该清单也可以印证原告在调查询问笔录中所说的购船款确为 538000 元。原告在发生事故后的较短时间内已向湛江海事局反映购买渔船后支出了一定的修理费，此后还提供了雷州市二轻乌石造船厂的证明，两者所记录的修理费数额相差不大，且购买船舶后投入使用前进行适当修理也符合常理，原告所主张的船舶修理费88600应当较为真实，可予以认定。以上两项合计，可以认定原告的渔船损失为626600元。

原告称其渔船上共配备了1300张渔网，渔船船员陈林祥在调查询问笔录中则称大约有900张网具，船员林妃柬则称为1200至1300张网，三人所述渔船上网具的数目有一定的差距，但均远远超过临高县海洋与渔业局颁发的渔业捕捞许可证中允许配备的400张流刺网的渔具数量。按照《渔业法》第25条"从事捕捞作业的单位和个人，必须按照捕捞许可证关于作业类型、场所、时限、渔具数量和捕捞限额的规定进行作业，并遵守国家有关保护渔业资源的规定，大中型渔船应当填写渔捞日志"的规定，原告应当按照渔业捕捞许可证中允许配备的渔具数量进行作业，在请求赔偿时也应该按照渔业捕捞许可证中允许配备的网具数量计算赔偿额。按照提货单所示，原告为制作1300张渔网共购买材料值款247052元，400张渔网所需材料款即为76016元。扣减原告卖掉渔船上原来配备的渔具所得的6万元，原告网具损失16016元。

原告虽然取得"琼临高11074"渔船的所有权，但未按规定向原发证机关重新申请渔业捕捞许可证，其持符启能的渔业捕捞许可证从事渔业捕捞，违反了《渔业法》的有关规定。（琼临高）（2005）第HY－000044号渔业捕捞许可证是临高县海洋与渔业局颁发的，其规定的作业场所应在海南省管辖水域界限作业，而本案事故发生前原告渔船是在阳江闸坡海域作业，已属跨省管辖水域界限作业。原告未依法取得捕捞许可证擅自进行捕捞、违反捕捞许可证关于作业场所、渔具数量的规定进行捕捞所获得的收入属于违法所得，不应予以保护。故原告请求被告赔偿鱼获损失和渔汛损失，合议庭不予支持。

"琼临高11074"渔船船员的收入是不固定的，随着渔船捕获的海产品价值的多少而浮动，没有收获即没有报酬，且原告也未提供证据证明其在渔船沉没后的两个月仍然支付工资给船员，对原告该诉讼请求合议庭不予支持。

原告主张船员手机等财物的损失。因本案事故发生于凌晨，其时渔船上船员多数在休息，船舶发生碰撞沉没后，船员的个人物品随船沉入大海，从湛江海事局对船长陈法的调查询问笔录中也可以印证船舶碰撞造成了船员个人财物的损失。根据《最高人民法院关于审理船舶碰撞和触碰案件财产损害赔偿的规定》第9条第（7）项规定，船员个人生活必需品的损失，按实际损失适当予以赔偿。鉴于损失物品已沉入大海，由原告举证证明损失数额确实存在一定的困难，故可以酌情计算该部分损失。原告主张按13名船员每人500元计算6500元的损失额，尚属合理，可予支持。

事故发生后被告已付给原告3万元作为受伤船员家属的护理费、交通费、住宿费等，原告再就该费用索偿，应当提供除该3万元外原告额外另行支出的费用。原告目前提供的票据仅3000余元，故可认为被告已对原告该损失进行了赔偿，原告再请求被告赔偿该部分损失没有依据，不予支持。对于该3万元是否应在被告应赔偿给原告的赔偿额中扣减，因双方当事人对该款专用于受伤船员家属护理费、交通费、住宿费没有异议，且被告未提出将该款从赔偿总额中予以抵扣，故对该款本案不作处理。

综上所述，原告因船舶碰撞事故造成的损失额为649116元，由其自行承担20%，由被告赔偿80%。依照《中华人民共和国海商法》第一百六十九条第一、二款之规定，判决如下：一、被告钦州市钦州港远顺达船务有限公司赔偿原告陈娇盈船舶碰撞损失519293元；二、驳回原告陈娇盈的其他诉讼请求。

一审宣判后，被告不服一审判决提起上诉。经二审法院主持调解，双方当事人达成和解协议，内容如下：双方同意一审判决认定的碰撞责任比例及损失数额，被告支付给原告519293元和解款项作为双方船舶碰撞财产损害赔偿纠纷的最终和全部的解决方案；该款抵扣被告垫付的朱来人身损害赔偿款25000元、陈亥人身损害赔偿款80000元后，被告还应付给原告414293元；原告收到和解款项后，前述因碰撞事故而引起的任何财产损害赔偿纠纷即得到最终解决，原告不可撤销的确认免除和解除被告及其船舶、股份船东、光船租船人、经营人、管理人、船舶保险人因前述纠纷而引起的或与前述纠纷有关的任何和所有责任，保证不就前述财产损害赔偿纠纷对被告提出任何性质的索赔或请求。

【评析】

在沿海及内河船舶中，所有权转移但未办理登记的情况较为常见。一旦船舶发生碰撞事故，未经登记的受让人能否以船舶所有人的身份提起诉讼，主张损害赔偿？本案就是这种情况，与“泰联鑫”轮发生碰撞的“琼临高11074”渔船是原告从他人处受让的船舶，没有办理船舶转让登记手续，该渔船在碰撞沉没后，原告以船舶所有人身份主张权利，其主体资格是否具有法律依据？

《海商法》第9条第1款规定了“船舶所有权的取得、转让和消灭，应当向船舶登记机关登记；未经登记的，不得对抗第三人”，对于该条款的理解有两种意见，一种意见认为：没有登记的受让人不得以未经登记为由来对抗第三人的权利要求，如受让人以权利人的身份主张权利，则不存在对抗第三人的问题，其合法权利应予支持；第二种意见认为：受让人与出让人之间的船舶转让的效力仅及于双方当事人，不具有对抗第三人的效力，即未经登记的受让人不得以船舶所有人的名义向合同之外的第三人请求船舶碰撞损害赔偿，受让人与案件没有直接利害关系，不是适格原告。

笔者认同第一种观点，理由如下：

1.《海商法》第9条规定采用的是登记对抗主义而非登记生效主义，因此船舶物权的设立、变更、转让和消灭，在未进行登记之前，在当事人之间已发生效力，受让人已取得了船舶物权。之所以规定未经登记不得对抗第三人，其根本目的在于保护第三人的利益，因此，未登记对第三人并不意味着绝对无效。

2. 船舶转让在登记前，其物权的变动在当事人之间已经生效，因此对物权取得人的合法权益，也应注意依法保护。《海商法》第9条规定的“第三人”不能从字面含义来理解为原船舶转让合同当事人以外的所有的人，在此后颁布的《物权法》第24条已将第三人的范围限制为善意第三人（船舶、航空器和机动车等物权的设立、变更、转让和消灭，未经登记，不得对抗善意第三人），故“第三人”的范围应受到一定的限制。尤其值得注意的是，《物权法》规定的“未经登记，不得对抗善意第三人”，意味着物权变动即使未进行登记，也可以对抗某些第三人，如一般债权人、不法侵害或占有交易标的的人、无效的登记名义人、基于无效行为受让物权的人等等①。

3.“未经登记，不得对抗善意第三人”的规定是为了保护善意第三人的合法权益，应理解为如果善意第三人对转让的标的物主张物权的，则该善意第三人的主张应当依法予以支持，而受让人向第三人主张权利的，该第三人不能以物权变动的效力不存在为由对抗受让人。

4. 损害是侵权责任必备的构成要件，任何人只有在因他人的行为或他人的物件受到实际损害的情况下才能请求法律上的救济，而行为人也只有在其行为或其物件致他人损害时，才有可能承担民事责任。如果没有损害，就谈不上损害赔偿，损害赔偿的目的也是使受害人回复到如果伤害未发生的状态。对照上述第二种意见，如认为船舶的登记所有人才与案件有直接利害关系，才是适格的原告，该登记所有人已将船舶出让并获得相应的对价，船舶受损，是受让人的财产受到损害，而登记所有人没有损害，没有损害又有何依据要求侵权人承担赔偿责任？从实践情况来看，登记所有人已将船舶出让，再要求以其名义向法院提起诉讼也不现实，最终会导致真正受害人的利益得不到保护。

---

① 最高人民法院物权法研究小组编著：《〈中华人民共和国物权法〉条文理解与适用》，人民法院出版社2007年版，第115页。

【编后补评】

本案还涉及原告无证捕捞所得鱼货因碰撞而灭失的损失是否应当赔偿的问题。上述鱼货在因原告的违法行为而被罚没之前，仍然归原告所有，将其视为非法所得不计入损失的看法值得进一步讨论。

（一审合议庭成员：倪　学　文　静　杨优升
二审合议庭成员：王建平　李云朝　莫　菲
编写人：广州海事法院　文　静
责任编辑：黄西武
审稿人：王彦君）

45. 八马汽船株式会社诉香港畅鑫船务有限公司等船舶碰撞损害责任纠纷案

问题提示：船舶碰撞发生后，未经登记的光船承租人能否以自己的名义向对方船舶主张损害赔偿，能否判令未经登记的光船承租人承担船舶碰撞责任？

【要点提示】

在光船租赁合同真实有效的前提下，光船租赁登记与否，不影响光船承租人请求船舶碰撞损害赔偿的主体资格。

【案例索引】

一审：上海海事法院（2008）沪海法海初字第74号（2009年12月28日）

二审：上海市高级人民法院（2010）沪高民四（海）终字第74号（2010年3月17日）

【案情】

原告（被上诉人）：八马汽船株式会社

被告一：福州市华隆船务有限公司

被告二（上诉人）：香港畅鑫船务有限公司

上海海事法院经公开审理查明：

"Cape May"轮船舶所有人为日本邮船株式会社。2004年3月22日，日本邮船株式会社与原告签订光船租赁合同，将"Cape May"轮光租给原告，租船期限自船舶交付之日起五年，交付日期为2004年4月1日起至2004年4月30日期间，由原告指定。"Cape May"轮船籍国日本，国际海事组织编号8518209，总吨42145，净吨20190，总载重吨38127，船总长248.12米，宽

32.30 米，1986 年建造。2006 年 7 月 28 日，“畅达 217”轮船舶所有人被告一将该轮光租给被告二，光租期限至 2008 年 7 月 27 日，并进行了光船租赁登记。“畅达 217”轮船籍国伯利兹，国际海事组织编号 9024889，总吨 2983，净吨 1932，总载重吨 5300，船总长 99.80 米，宽 15.80 米，2005 年建造。

2006 年 12 月 16 日 17：10 时，“Cape May”轮装载 2050 个集装箱从上海驶往宁波。2006 年 12 月 15 日，“畅达 217”轮装载 4873.836 吨钢材从日照驶往香港。“Cape May”轮经深水航道和 B1 出口分道，以航向 90°自西向东行驶。“畅达 217”轮在 2008 年 12 月 16 日 20：00 时已进入长江口定线制水域，并以航向 180°继续自北向南行驶，与“Cape May”轮形成交叉相遇局面。碰撞前，“Cape May”轮于 20：50 时左右发现“畅达 217”轮在其左舷行驶，“畅达 217”轮于 20：57 时发现“Cape May”轮在其右舷行驶，至 21：00 时两轮之间距离约为 1 海里。两轮发现对方船舶后，“Cape May”轮连续向右改变航向以避让，“畅达 217”轮于 21：03 时采取左满舵以避让，直至 21：04 时左右，“Cape May”轮与“畅达 217”轮在上海长江口水域 31°05′.3N，122°29′.9E 位置发生碰撞，“畅达 217”轮右舷船头撞上“Cape May”轮左舷船尾，两轮碰撞位置在碰撞当时属于长江口定线制“B”警戒区内。

碰撞发生后，两轮均向上海海事局吴淞海事处进行报告。2006 年 12 月 18 日，“Cape May”轮靠泊吴淞锚地接受调查，并于次日离开，产生港口费用 8555 美元。为完成剩余航次，“Cape May”轮分别在上海和宁波进行了应急和临时修理，产生修理费 2871.30 美元和 3256 美元。此后，“Cape May”轮又在大连和上海进行了两次永久修理，分别产生修理费 65353 美元和 33584 美元，在大连港发生港口费用 7473.72 美元。此外，“Cape May”轮还产生船级社检验费 4462 美元。因涉案碰撞事故还导致“Cape May”轮营运和燃油损失 101548.09 美元。2006 年 12 月 19 日，“畅达 217”轮靠泊吴淞锚地接受调查，并于 12 月 21 日离开，后到广州进行船舶修理。

原告向一审法院起诉称：“Cape May”轮在长江口航道正常航行时，“畅达 217”轮违规穿越航道。被告一和被告二分别是“畅达 217”轮的船舶所有人和光船承租人。请求依法判令两被告按照 80% 的碰撞责任比例赔偿原告损失共计 191590 美元［包括事故应急修理费 2871.30 美元（其中 270225 日元按照美元与日元汇率 1∶110 折算）、宁波港修理费 6370.92 美元、大连港修理费 65353 美元、上海港修理费 33584 美元、船期和燃油损失 101548.09 美元（其中船期损失 7835927 日元按照美元与日元汇率 1∶110 折算），船级社检验费用 4462 美元、上海港额外港口费用 8555 美元、大连港额外港口费用 7473.72 美元、事故处理费用 9270 美元，共计 239488.03 美元，原告主张其中的 80%，计191590美元］及利息（按照中国人民银行同期企业活期存款利率标准，从2008年1月1日起计算至判决生效之日止），承担本案诉讼费用。

两被告共同辩称：首先，原告未能举证其光船租赁合同已依法登记，不能对抗第三人，原告不具备诉讼主体资格；其次，“Cape May”轮应对涉案碰撞事故承担主要责任，原告的索赔金额也存在不合理之处；第三，被告一已将船舶光船出租给被告二，不应承担碰撞赔偿责任。两被告对原告按照美元与日元的汇率1:110折算事故应急修理费和船期损失予以确认，对原告主张的利息请求的起止日期和计算标准亦予确认。

【审判】

上海海事法院认为：原告与“Cape May”轮船舶所有人就该轮签订了光船租赁合同，船舶已实际交付原告营运，原告作为“Cape May”轮光船承租人的身份可予确认。《船舶登记条例》第6条规定，船舶抵押权、光船租赁权的设定、转移和消灭，应当向船舶登记机关登记；未经登记的，不得对抗第三人。根据该条规定，第三人主张的权利请求必须是与光船租赁权的设定、转移和消灭相关时才产生对抗效力。现原告在本案中要求两被告作为“畅达217”轮的船舶所有人和光船承租人承担因船舶碰撞而产生的赔偿责任，两被告并非权利人，也没有任何权利与光船租赁权的设定、转移和消灭有关，故两被告关于“Cape May”轮的光船租赁合同未经登记，不能对抗第三人的抗辩，不予采纳。根据光船租赁合同的约定，合同到期时，原告作为光船承租人应当在保持船舶交付时原状的情况下将船舶返还给船东。光船租赁期间，船舶由原告实际营运，船舶碰撞后的修理、检验、营运损失等一系列损失由原告实际承担，故原告享有以光船承租人的身份就因涉案碰撞事故产生的损失提出索赔的权利。

两轮碰撞发生在长江口定线制“B”警戒区内，应遵守《长江口船舶定线制》和《1972年国际海上避碰规则》（以下简称《规则》）的相关规定，并应按照《规则》界定双方的各项责任和义务。碰撞当时，能见度良好，两轮处于交叉相遇局面，应适用《规则》第二章第一节和第二节中的有关规定。根据《规则》第15条的规定：“当两艘机动船交叉相遇致有构成碰撞危险时，有他船在本船右舷的船舶应给他船让路，如当时环境许可，还应避免横越他船的前方。”因此，“畅达217”轮应按照《规则》的规定，为避免碰撞及早大幅度向右转向给“Cape May”轮让路。但该轮一直未履行让路义务，在碰撞紧迫局面已形成的情况下，又错误地向左转向，直至撞上“Cape May”轮。此外，“畅达217”轮第一次发现“Cape May”轮在20：57时，碰撞发生在约

7分钟后，在能见度良好的情况下，“畅达217”轮发现来船的时间太晚，显然还存在瞭望疏忽。根据《规则》第17条规定：“……当保持航向和航速的船一经发觉规定的让路船显然没有遵照本规则各条采取适当行动时，该船即可独自采取操纵行动，以避免碰撞。当规定保持航向和航速的船，发觉本船不论由于何种原因逼近到单凭让路船的行动不能避免碰撞时，也应采取最有助于避碰的行动……”。“Cape May”轮作为直航船在20：50时左右发现“畅达217”轮在其左舷后，直至两轮碰撞的过程中，未能密切注意“畅达217”轮的动态，瞭望疏忽，没能及时采取有效的避让措施以避免碰撞的发生，对碰撞事故的发生亦存在过错。综上，“畅达217”轮瞭望疏忽、采取避让措施错误、未能履行让路义务是导致本次碰撞事故发生的主要原因，应承担70%的责任，“Cape May”轮因瞭望疏忽，未能及时采取有效的避让措施是导致本次碰撞事故的次要原因，应承担30%的责任。

在碰撞事故发生时，被告二为“畅达217”轮的光船承租人并依法进行登记，船舶的驾驶、营运均由其负责。根据《最高人民法院关于审理船舶碰撞纠纷案件若干问题的规定》第4条规定：“船舶碰撞产生的赔偿责任由船舶所有人承担，碰撞船舶在光船租赁期间并经依法登记的，由光船承租人承担。”故被告二应对涉案碰撞事故造成原告的损失承担赔偿责任。被告一作为船舶所有人，未参与船舶驾驶和营运，对于涉案碰撞事故的发生不存在过错，不应承担因碰撞而产生的赔偿责任。

“Cape May”轮的事故应急修理费2871. 30美元、宁波港修理费3256美元、大连港修理费65353美元、上海港修理费33584美元、船期和燃油损失101548. 09美元和船级社检验费4462美元，均系因涉案碰撞事故而产生的损失，对上述损失，本院予以确认。对于原告主张的宁波港修理而产生的其他费用3114. 92美元，该笔费用均为住宿、差旅、招待等用途。原告未能举证证明上述费用确系因“Cape May”轮在宁波港修理而产生以及费用的合理性，两被告又不予认可，故对该笔费用，本院不予支持。原告诉请的上海港额外港口费用，两被告对其中的领航费确认。两被告虽对其他费用提出异议，但对“Cape May”轮为处理涉案碰撞事故而靠泊吴淞锚地的事实确认，“Cape May”轮在驶离上海港途中与“畅达217”轮碰撞，于12月18日靠泊吴淞码头系为进行事故调查，且第二天就离去，两被告未能举证证明“Cape May”轮停留吴淞锚地期间处理过涉案碰撞事故以外的其他事务而产生了其他额外费用，故本院对两被告的抗辩不予采纳，对上海港发生的额外港口费用8555美元予以确认。关于原告诉请的大连港额外港口费用，两被告认为“Cape May”轮在大连港存在其他作业，相关费用不属于碰撞所造成的损失。两被告对“Cape

May”轮到大连港进行修理的事实确认，该轮到港和离港的日期与船舶实际修理期限一致，两被告虽就此笔港口费用提出异议，但未提供证据支持自己的主张，且无证据显示该轮靠泊大连港存在其他作业，故可以认定“Cape May”轮系为进行船舶修理而停靠大连港，本院对两被告的此节抗辩亦不予采纳，对原告诉请的大连港额外港口费用7473.72美元予以确认。关于原告诉请的事故处理费用9270美元，因原告未能举证证明该笔费用应由原告支付并已支付完毕，两被告又不予确认，对原告的该项诉讼请求本院不予支持。综上，原告的损失227103.11美元，可予确认，因被告二对涉案碰撞事故承担70%的责任，故对于原告诉请的损失158972.18美元，予以支持。

两被告对原告诉请利息损失的计算标准和起止日期均予确认，可予支持。故原告的利息损失应按照中国人民银行同期企业活期存款利率标准，从2008年1月1日起计算至判决生效之日止。

依照《中华人民共和国海商法》第一百六十九条第一款，《中华人民共和国民事诉讼法》第六十四条第一款，《最高人民法院关于审理船舶碰撞纠纷案件若干问题的规定》第四条，《最高人民法院关于民事诉讼证据的若干规定》第二条、第七十四条的规定，判决如下：一、被告香港畅鑫船务有限公司应于本判决生效之日起十日内向原告八马汽船株式会社赔偿损失158972.18美元；二、被告香港畅鑫船务有限公司应于本判决生效之日起十日内向原告八马汽船株式会社赔偿上述款项的利息损失，按照中国人民银行同期企业活期存款利率标准，从2008年1月1日起计算至判决生效之日止；三、对原告八马汽船株式会社的其他诉讼请求不予支持。

一审宣判后，香港畅鑫船务有限公司不服提起上诉称：（1）被上诉人是没有进行光船租赁登记的光船承租人，其光船承租人的身份没有公示，不能约束和对抗第三人，也不是合法的索赔主体，但其作为“Cape May”轮的实际占有和经营人应对碰撞造成损失承担赔偿责任，其是适格的赔偿主体。（2）“Cape May”轮作为追越船错误横越“畅达217”轮船艏是造成事故的主要原因，应承担80%赔偿责任，原判认定交叉相遇和“畅达217”轮是让路船有误。（3）“Cape May”轮在大连和上海发生的港口费用仅有费用账单，不能证明该费用已经支付，也与碰撞事故没有关系。原判认定事实和适用法律均有部分错误。请求二审法院撤销原判，支持上诉人的全部诉讼请求。

上海市高级人民法院经审理查明，原审认定事实清楚，二审予以确认。另查明，上诉人以原告身份于2008年12月在上海海事法院起诉被上诉人，要求被上诉人赔偿因涉案碰撞事故产生的“畅达217”轮经济损失［（2008）沪海法海初字第75号，以下简称75号案件]，上海海事法院于2009年12月18日以（2008）沪海法海初字第75号民事判决（以下简称75号民事判决）作出一审判决，判决被上诉人赔偿上诉人损失42540.60美元和人民币10023元及利息损失，对上诉人的其他诉讼请求不予支持。

上海市高级人民法院认为：本案是船舶碰撞纠纷。双方当事人争议焦点主要是被上诉人是否系适格的主体、碰撞责任的承担比例和具体赔偿金额。

《船舶登记条例》规定，船舶抵押权、光船租赁权的设定、转移和消灭，应当向船舶登记机关登记；未经登记的，不得对抗第三人。该规定是指权利人对船舶营运中产生的合同或侵权纠纷的债权提起诉讼时，船舶所有人不能以未经登记的光船租赁合同为由逃避或不承担民事责任。本案与75号案件是同一起船舶碰撞侵权纠纷，碰撞双方均有过失，碰撞双方当事人分别起诉对方承担碰撞侵权责任，被上诉人与上诉人均为侵权行为人和承担碰撞责任的当事人，任何一方起诉追究对方的侵权责任与光船租赁合同的设定、转移和消灭没有关系，且上诉人并未选择追究船舶所有人日本邮船株式会社的民事责任，也没有要求追加日本邮船株式会社作为碰撞纠纷的当事人，而是选择被上诉人承担侵权赔偿责任，被上诉人亦要求上诉人承担赔偿责任，且被上诉人在一审法院判决其承担涉案碰撞损失后并未提起上诉，故在被上诉人与日本邮船株式会社之间的光租合同真实合法的前提下，该光租合同在境外是否需要登记及登记与否，均不影响被上诉人主张船舶碰撞侵权赔偿和承担责任的主体资格。在上诉人未选择日本邮船株式会社承担碰撞责任的前提下，上诉人一方面要求被上诉人承担侵权赔偿责任，同时又以光租合同未经登记为由否定被上诉人主体资格的上诉理由没有依据，不予支持。

船舶在长江口定线制警戒区水域航行，应当遵守《规则》和《长江口船舶定线制》的有关规定，使用安全航速，保持正规瞭望，谨慎驾驶船舶。本案中，两轮在碰撞发生前均已经进入长江口定线制水域航行。根据事故报告和相应的航行记录等证据证明，“畅达217”轮自北向南航行，计划航向180°，“Cape May”轮由西向东在出口航道航行，在事发当天21：00时航向90°，两船互见时形成交叉相遇。根据有关航行规则和当时的船舶态势，“Cape May”轮船位位于“畅达217”轮右舷，故“畅达217”轮是让路船。“畅达217”轮在20：57时两轮相距1海里处才发现“Cape May”轮，已经形成紧迫局面，作为让路船的“畅达217”轮在21：03时采取避让措施时未考虑两轮的安全距离，又采取不正确的避让措施，以致无法避免“畅达217”轮船艏右舷与“Cape May”轮船艉左舷发生碰撞，且现有证据不能证明“Cape May”轮是追越船错误横越“畅达217”轮船艏，故上诉人应承担70%的碰撞责任。作为直航船的“Cape May”轮在定线制警戒区水域航行时，未保持安全航速和正规瞭望，在紧迫局面形成后未能使用良好船艺避免与“畅达217”轮发生碰撞，应承担30%的碰撞责任。此外，被上诉人在上海、大连等港口进行靠泊和修理，由此产生合理的港口等费用，且有相关的检验报告和费用账单予以证明，上诉人对相关费用有异议但没有提供相反证据予以证明，应承担不利的后果。原判对碰撞事实、碰撞责任比例、相关经济损失等认定正确，上诉人关于“Cape May”轮应承担80%碰撞责任等上诉理由缺乏依据，不予支持。

综上，上海市高级人民法院认为：原判认定事实清楚，适用法律正确，应予维持。畅鑫公司的上诉理由不能成立，不予支持。依照《中华人民共和国民事诉讼法》第一百五十二条、第一百五十三条第一款第（一）项、第一百五十八条之规定，判决驳回上诉，维持原判。二审案件受理费计人民币13998.06元，由上诉人香港畅鑫船务有限公司负担。

【评析】

本案事实并不复杂，碰撞双方之间的责任比例也比较清楚，具有典型意义的问题是，光船租赁未经登记对船舶碰撞损害赔偿的请求权与责任主体的影响。有观点认为在现行法律制度下船舶碰撞责任主体为船舶所有人和经过登记的光船承租人，本案原告是未经登记的光船承租人，其以自己的名义就船舶碰撞所造成的损失对外索赔似乎与现行法律“相悖”。我们认为，在光船租赁合同真实有效的前提下，光船租赁登记与否，不影响光船承租人请求船舶碰撞损害赔偿的主体资格。

一、光船租赁登记与光船承租人对外的权利义务

根据航运实践，代表船舶的主体包括船舶所有人、光船承租人、船舶融资承租人等。在光船租赁情况下，尽管船舶所有权人对船舶行使所有权，但光船承租人依据光租合同享有占有、使用和基于船舶经营的收益等所有权权能。光船承租人为其自身的利益而雇用船员，通过建立内部劳动关系对船员进行指挥、监督和管理，从而达到实际控制和经营管理船舶。因此，基于光船承租人实际控制并管理船舶，且以此获得收益，光船承租人可以成为船舶碰撞的诉讼主体。

我国《船舶登记条例》第6条规定，船舶抵押权、光船租赁权的设定、转移和消灭，应当向船舶登记机关登记；未经登记的，不得对抗第三人。采取登记对抗主义后，船舶所有人不能以未经登记的光船租船合同逃避法律责任。从对抗的权利内容看，对第三人权利请求的范围是有限制的，第三人主张的权

利请求必须是与光船租赁权的设定、转移和消灭相关时才产生对抗效力的问题。如果第三人的权利请求与光船租赁权的交易并无关系，则第三人并不会因光船租赁权的登记与否而受到损害，这种情况下光船租赁权的登记与否对第三人的权利实现并不会产生影响。因此，对于光船承租人在履行光船租赁合同过程中对第三人产生的债（包括合同之债和侵权之债），无论光船租赁是否经过登记，均不影响光船承租人的权利和义务。“Cape May”轮的光船租赁尽管没有经过登记，但是其与船舶所有人日本邮船株式会社签订的光船租赁合同合法有效，船舶所有人也承认其享有光船租赁人的权利、承担相应的义务，被告二亦在75号案件中将原告作为碰撞责任方。因此，原告作为光船承租人的身份应当得到认可。涉案船舶碰撞属于侵权之债，没有经过登记并不产生对抗效力，原告有权就其损失向被告索赔。

再者，不以登记作为光船承租人在碰撞纠纷中诉讼主体资格限制的观点，在大部分国家都是被认可的。甚至在英美法国家，光租合同与期租、程租一样都被认为是私人合约而不要求进行登记，[①] 因此更不存在“未经登记不能对抗第三人”一说。

二、我国现行碰撞责任主体制度

关于船舶碰撞责任主体，我国《海商法》第168条规定：“船舶发生碰撞，是由于一船的过失造成的，由有过失的船舶负赔偿责任。”从字义理解，承担碰撞责任的主体是船舶，这种“船舶拟人化”理论在英美法系中通常辅之以对物诉讼制度，但在我国的民事诉讼制度中并不存在对物诉讼，船舶只是碰撞法律关系的客体，因此船舶不可能成为诉讼主体，更不可能成为责任主体。因此，为了明确船舶碰撞责任主体，最高人民法院在2008年出台了《关于审理船舶碰撞纠纷案件若干问题的规定》（以下简称《碰撞规定》），在第4条规定：“船舶碰撞产生的赔偿责任由船舶所有人承担，碰撞船舶在光船租赁期间并经依法登记的，由光船承租人承担。”最高人民法院负责人在就该司法解释答记者问时指出，该条规定实际上是将《海商法》规定的碰撞船舶的赔偿责任转化成为责任人的赔偿责任。[②] 有观点认为，这条规定属于封闭式条款，其规定的船舶碰撞主体只有船舶所有人和经过登记的光船承租人，而且以船舶所有人为原则、以光船承租人为例外，并认为正是由于这条司法解释的规

---

① 杨良宜：《租约》，大连海事大学出版社1994年版，第395页。

② 刘岚：《统一裁判尺度　及时公正审理船舶碰撞纠纷案件——最高人民法院民四庭负责人答记者问》，载 http：//rmfyb. chinacourt. org/pulic/detail. php? id = 119469，访问日期：2011年3月10日。

定，使得未经登记的光船承租人在现有法律制度下不可能成为碰撞责任的主体。[①]

我们认为，该规定是最高人民法院对现有法律的解释，理解司法解释的内涵，目的解释方法比文义解释方法更加重要。所谓目的解释就是以法律规范目的为根据阐释法律意义的一种解释方法。解释法律，必先了解法律所欲实现何种目的，以此为出发点，加以解释。[②]《碰撞规定》第4条规定是以明确船舶所有人责任承担为主要目的，侧重从实现受害人权利救济的可能性角度出发的。因为在侵权事故发生后，受害人首先需要明确权利主张的对象，这也是法院立案受理的基本前提，最直接的途径就是以经过登记公示的船舶所有人作为权利主张对象。一般而言，所有权人对物享有占有、使用、收益和处分的所有权权能，同时也是物的监管主体，因此法律首先将其推定为由该物引起的侵权事故的第一责任人。但从侵权构成要件看，这种法律推定可以被实际侵权人排除，如在光船租赁时，光租人因实际经营管理船舶而承担由此引发的侵权责任。但仅让光租人承担侵权责任也会给实践带来困惑，若光船租赁未经登记，第三人无从知晓光船租赁事实，若规定一概由光租人对外承担责任势必造成一种信用风险，即船舶所有人故意借以光船租赁关系逃避责任承担。因此，在船舶所有人和受害人之间，法律倾向于保护受害人，将船舶所有人不承担碰撞责任的情形仅限于光船租赁经过登记，未经登记的，船舶所有人不得以船舶以光租给他人为由作为抗辩事由拒绝承担碰撞责任。如果碰撞船舶有过失，只有当光船租赁关系经过依法登记时，船舶所有人才不承担赔偿责任，而由该船舶的光船承租人承担赔偿责任。[③] 由此可见，《碰撞规则》第4条只是确立了以船舶所有人应承担碰撞责任为一般原则，以不承担责任为例外的规定，而不是界定光租人在何种情况下享有权利或承担责任。换言之，船舶所有人因光租经登记不承担责任推导不出光租人因未经登记而不能成为诉讼主体的结论。理解《碰撞规定》应当将其置于整个法律体系特别是《侵权责任法》和《海商法》之内。光租人是否应当承担碰撞责任，应从前述侵权责任构成要件上去判断，其行为只要符合侵权责任构成要件，不论是否登记，追究其船舶碰撞责任并不存在法律障碍。

---

① 李海：《关于船舶碰撞若干问题的思考——评〈最高人民法院关于审理船舶碰撞纠纷案件若干问题的规定〉》，载《中国海商法年刊（2009）》，第49～54页。曲涛：《光船租赁登记对认定船舶碰撞责任主体之影响》，载《中国海商法年刊（2010）》，第78～83页。

② 梁慧星：《民法解释学》，法律出版社2003年版，第226页。

③ 胡方：《〈关于审理船舶碰撞纠纷案件若干问题的规定〉的理解与适用》，载《人民司法》，第25页。

此外，司法实践中也有主张追究船舶所有人和光船承租人的连带责任，尽管这种做法能够给予受害人充分救济，符合对受害人保护的政策，但是在目前法律条件下尚缺少合法性基础。连带责任属于债务人的“加重”责任，连带责任的适用具有严格的限制条件，在我国连带责任的产生应基于法律规定。但为更好的保护受害人利益，我们建议可考虑让索赔方在诉讼中选择诉讼责任承担主体，即可以向船舶所有人主张也可以向光船承租人主张，让其根据支付能力等情况做出对自身最为有利的选择。当事人如果不加选择地要求所有人和光租人都承担责任，法院应予释明，如果坚持要求承担连带责任，可以视为其放弃选择权，法院可以根据实际情况，从最大限度地保护受害人的角度出发选择一方作为船舶碰撞的责任承担方。

（一审合议庭成员：谢振衔　潘　燕　乔归民
二审合议庭成员：陈子龙　冯广和　黄　海
编写人：上海海事法院　潘　燕　李海跃
责任编辑：黄西武
审稿人：王彦君）

二、案例精选·行政

46. 孙孝清诉昌江黎族自治县人民政府土地行政许可案

问题提示：在不服土地颁证行政行为的行政诉讼中，是否适用善意取得制度？

【要点提示】

在不服土地颁证行政行为的行政诉讼中不适用善意取得制度，而应当在认定善意取得事实的前提下灵活运用新的裁判方式来保护善意第三人的合法权益。

【案例索引】

一审：海南省昌江黎族自治县人民法院（2009）昌行初字第04号（2009年9月22日）

二审：海南省第二中级人民法院（2009）海南二中行终字第5号（2010年1月7日）

【案情】

原告（上诉人）：孙孝清

被告（被上诉人）：昌江黎族自治县人民政府

第三人：钟昌校

第三人：冯标梅

昌江黎族自治县人民法院查明的事实：

昌江黎族自治县人民法院（以下简称县法院）在执行中国工商银行昌江支行与张孟龙借款纠纷案过程中，于1993年9月28日以昌法执字（1993）第3号《民事裁定书》（以下简称《3号民事裁定书》）裁定“将已查封的被执行人张孟龙位于石碌镇矿建三角路口的自建二层楼房一栋及小房（简称拍卖标的）拍卖给李学良。”随后，李学良将买受的房屋转让给孙孝清。在强制执行张孟龙搬出该楼房时，县法院基于对被执行人张孟龙生存权的考虑，保留了楼房后面的小瓦房作为张孟龙及其家属的基本生活住所。同时，要求昌江黎族自治县人民政府（以下简称县政府）的职能部门昌江黎族自治县国土环境资源局（以下简称县国土局）协助执行，将孙孝清的楼房与张孟龙的小瓦房占用土地的界限、面积以及四至范围加以确定。此后，孙孝清在楼房后面砌起围墙与张孟龙的小瓦房隔开，以此划分双方居住的界线。1997年8月26日，县政府在制作图号为J331122的土地的《地籍调查表》时，确认了孙孝清用地的四至范围、土地用途、实际使用面积97.76平方米，孙孝清和冯标梅均在该《地籍调查表》上签名认可。县政府于1997年10月28日给孙孝清办理了昌国用（土）字第97-00092号《国有土地使用证》（以下简称《92号土地证》），确定孙孝清用地面积为97.76平方米。同年11月3日给冯标梅办理了昌国用（土）字第97-000106号《国有土地使用证》（以下简称《106号土地证》），确定冯标梅的用地面积为57.84平方米。双方一直相邻居住，没有再因住宅地及房屋权属问题发生纠纷。2000年12月30日，县政府为孙孝清换证制作〔99年检〕昌国用（2000）字第0628号《国有土地使用证》（以下简称《628号土地证》），换证时孙孝清也未因其享有97.76平方米的土地面积提出异议。2007年7月3日，冯标梅将房屋产权及57.84平方米的土地权属转让给钟昌校，县政府依职权于2007年9月17日给钟昌校核发了昌国用（2007）第0088号《土地使用证》（以下简称《88号土地证》）。孙孝清不服县政府颁发《88号土地证》的行政行为，向法院提起了行政诉讼。另查明，冯标梅系张孟龙的妻子。原昌江黎族自治县基本建设局批准给符仕败的宅基地（即张孟龙在该地块上建设的楼房）面积为168平方米，但实际用地面积为155.6平方米。

原告孙孝清诉称：被告于2000年7月6日仅给原告办理了该地块97.76平方米的《92号土地证》，余下57.84平方米的土地使用权证未办，原因是张孟龙仍盖简易房屋居住在那里，需待被执行人张孟龙搬出后方给原告办理余下57.84平方米的土地使用权证。2007年10月12日，原告走访才发现被告于2007年9月17日已将该57.84平方米的土地使用权划给了第三人钟昌校。原告在1993年10月5日就已取得158平方米的土地使用权。被告却在1997年将其中的57.84平方米划给冯标梅（张孟龙妻子）并办理土地使用权证，导致冯标梅将该地非法转让给钟昌校。请求法院确认《88号土地证》不合法并予以撤销，同时确认原告享有《88号土地证》四至范围内的土地使用权并判令被告给原告办理土地使用证。

被告县政府辩称：《88号土地证》标明的地块原先是第三人冯标梅所使用土地的一部分，是1987年补办的用地手续，面积为150平方米，实际用地面积为155.6平方米。1997年县国土局分别给原告和第三人冯标梅办理了土地使用证，双方都在土地登记的《地籍调查表》上签名认可，并无如原告所说的待冯标梅搬出后即归还该地使用权的约定。而后冯标梅将该土地使用权转让给第三人钟昌校，我方依法给予办理相关登记变更手续，为钟昌校办理了《88号土地证》。请求法院依法驳回原告的诉讼请求。

第三人钟昌校述称：基于《106号土地证》的公信力，其合理信赖第三人冯标梅享有该土地证所标明地块的使用权，并与之达成交易合意，随后双方向县政府申请土地使用权转让过户并履行了相关手续。故被诉具体行政行为符合法律规定，法院应予以维持，请求法院依法驳回原告的诉讼请求。

第三人冯标梅述称：原告购买的97.76平方米楼房和本人转让给钟昌校的57.84平方米小房原系早年我与符仕败合股投资建造的，属于符仕败与我共有的合法财产，后因本人丈夫张孟龙的债务被县法院拍卖抵债。县法院曾召集各方当事人和协助执行的有关单位领导进行多次协商，商定以97.76平方米的楼房拍卖抵偿债务，保留后面的57.84平方米小房作为我的基本生活住所，并划分小房和楼房的界线，而后孙孝清又筑墙将两家分开。1997年11月3日县政府给我颁发了《106号土地证》，我将小房及地基转让给第三人钟昌校的行为合法。被告给第三人钟昌校颁发《88号土地证》符合法律规定，请求法院驳回原告的诉讼请求。

【审判】

县法院经审理认为：被告依据土地登记程序办理登记并发给第三人冯标梅本案争议地的土地证后，冯标梅将其协议转让给第三人钟昌校，属行使自己的处分权并无不当。故此种情况下被告依职权给第三人钟昌校办理相关变更登记手续、颁发土地证，并未侵害原告权利，原告主张没有事实和法律依据。依照《行政诉讼法》第五十四条第（一）项、《最高人民法院关于执行〈中华人民共和国行政诉讼法〉若干问题的解释》第五十六条第（四）项的规定，判决驳回原告的诉讼请求。

一审宣判后，孙孝清不服提起上诉。

上诉人孙孝清诉称：孙孝清购买房产后，曾多次要求冯标梅搬出小房，但其拒不迁出。也数次向县国土局申请办理包括小房在内的158平方米土地的使用证，但县国土局均以冯标梅有异议为由拒绝办理，故只得先行办理了其中97.76平方米的土地使用证。直到冯标梅将小房转让给钟昌校后才不得不向法院起诉。另外，不能以县政府提交的《地籍调查表》认定上诉人承认57.84平方米的小房使用权归他方所有，也无证据证明县法院在执行时将上述小房留给冯标梅。该地的使用权仍归孙孝清所有，故请求二审法院撤销一审判决，撤销《88号土地证》，确认争议地归孙孝清所有，判令县政府为上诉人办理该地的土地证。

被上诉人县政府辩称：孙孝清称曾多次向县国土局申请办理该158平方米土地的使用证，但县国土局以第三人冯标梅有异议为由，只同意办理其中97.76平方米土地证及《地籍调查表》上冯标梅的签名系伪造的主张没有事实根据。孙孝清在《地籍调查表》中的签名，表明孙孝清已经默认了冯标梅是其相邻土地的权属人。请求二审法院驳回上诉，维持原判。

海南省第二中级人民法院对一审法院认定的如下事实不予确认："在强制执行张孟龙搬出该楼房时，一审法院基于对被执行人张孟龙生存权的考虑，保留了楼房后面的小瓦房作为张孟龙及其家属的基本生活住所。同时，要求县政府的职能部门昌江黎族自治县国土环境资源局协助执行，将孙孝清的楼房与张孟龙的小瓦房占用土地的界限、面积以及四至范围加以确定"。"2000年12月30日，县政府为孙孝清换证制作〔99年检〕昌国用（2000）字第0628号《国有土地使用证》，换证时孙孝清也未因其享有97.76平方米的土地面积提出异议。"没有证据证明孙孝清知晓县政府已经对冯标梅颁发土地证，因此，孙孝清未提出异议不意味其放弃了57.84平方米土地使用权及其上的瓦房的相关权益。

海南省第二中级人民法院对一审法院认定的其余事实予以确认。

海南省第二中级人民法院经审理认为：土地使用者转让地上建筑物所有权时，其使用范围内的土地使用权随之转让，《3号民事裁定书》虽然是针对房屋所有权转移的裁定，但在法律上已经对包括争议地的使用权均已作处理。李学良将争议房屋转让给孙孝清，孙孝清获得了争议房屋占用土地的相关权益，因此，与被诉具体行政行为有法律上的利害关系，具有本案诉讼的原告主体资格。按照《土地登记规则》第6条、第32条、第37条的规定，变更土地使用权，必须双方当事人共同申请，还须向土地管理部门提交土地转让合同、土地税费缴纳证明文件和原土地证书等材料。县政府和钟昌校均未在法定期间内向一审法院提交据以颁发《88 号土地证》的相关证据材料，应认定没有证据证明被诉行政行为合法。钟昌校认为其作为善意第三人，对争议地享有合法的土地使用权，应得到法律的特殊保护。善意取得制度只能作为民事诉讼关于物权归属的抗辩理由，不能作为行政诉讼中被诉具体行政行为合法性的抗辩理由；本案只对颁证行为的合法性进行审查，并不对争议地的最终归属做出确权决定。因此，对钟昌校的上述辩称理由不予采纳。由于行政裁决是土地使用权争议的前置程序，行政诉讼只对被诉具体行政行为的合法性进行审查，并不直接对土地权属进行确认，所以，对孙孝清“确认《88 号土地证》登记的 57.84 平方米的土地归孙孝清所有”的上诉请求，人民法院不予审理。在人民政府未依法就争议地的权属争议做出处理决定之前，法院对孙孝清请求判令县政府向其颁发争议地土地证的诉请事项也不予审理。依照《行政诉讼法》第五十四条第（二）项第（1）目、第（3）目、第六十一条第（三）项、《最高人民法院关于执行〈中华人民共和国行政诉讼法〉若干问题的解释》（简称《若干解释》）第七十条之规定，判决撤销一审判决，撤销县政府向钟昌校颁发的《88 号土地证》。

【评析】

本案的焦点问题是，在不服土地颁证行政行为的行政诉讼中，是否适用善意取得制度？可否在认定善意取得事实的前提下灵活运用新的裁判方式来保护善意第三人的合法权益？对此，有三种意见：

第一种意见：适用善意取得制度，并判决确认县政府颁证行为违法。其理由是，冯标梅持有土地证，钟昌校是善意第三人，且支付了合理对价，办理了土地变更登记，符合善意取得的构成要件。土地登记机关对冯标梅与钟昌校之间的土地变更登记行为，只是对土地交易行为的被动记载，其记载权利的形式必须服从于真实的交易内容。鉴于登记与土地转让是形式和内容的关系，在登记行为违反土地登记的程序规定时，只能算是程序瑕疵，不能从实体上否定受让方的土地权利。因此，即使县政府的土地颁证行为违法，也不能做出撤销颁证的判决；但也不能做出驳回原告诉讼请求的判决。因为，县政府的颁证行为属于严重违反法定程序，只有判决确认违法，当事人才能据以提起国家赔偿。因此，应适用《若干解释》第 58 条规定，判决确认颁证行为违法。

第二种意见：适用善意取得制度，判决驳回孙孝清要求撤销颁证行为的诉讼请求。适用善意取得制度的理由同上，但认为做出确认违法的判决没有法律依据。因为《若干解释》对确认违法判决规定了三种情形：一是被告不履行法定职责，但判决责令其履行法定职责已无实际意义的；二是被诉具体行政行为违法，但不具有可撤销内容的；三是被诉具体行政行为违法，但撤销该具体行政行为将会给国家利益或者公共利益造成重大损失的。本案不符合上述三种情形中的任何一种。依据《若干解释》第56条第（4）项规定，以被诉具体行政行为存在程序瑕疵但不足以判决撤销为由，做出驳回原告诉讼请求的判决。

第三种意见：不适用善意取得制度，直接判决撤销县政府的颁证行为。主要理由是：因善意取得是否成立本身依赖于本案的终审判决结果，善意取得制度没有适用的余地；民行争议交叉案件，以“谁为前提谁优先”为程序处理原则；《土地登记规则》等土地登记制度在本质上是强制性规定，而非可遵守可不遵守的倡导性规定，因为土地登记制度具有独立的程序价值，违反土地登记法律规定的行为是严重违法行为，应予撤销；按照利益衡量的基本原理，在社会利益与个人利益相冲突时，社会利益优先；确认违法判决和驳回诉讼请求判决均无法律依据。

二审法院采用了第三种意见，其理由分述如下：

（一）善意取得的构成要件之一就是本案的审理对象，所以，善意取得制度没有适用的余地

按照《物权法》第106条的规定，钟昌校对争议地主张善意取得必须满足三个要件：一是钟昌校必须是善意，对冯标梅不是真正权利人的事实不知情；二是钟昌校必须支付了合理对价；三是已经进行了土地变更登记。但是，被诉的土地变更登记行为的法律效力待定，如果人民法院撤销被诉具体行政行为或者确认无效，那么，善意取得的三个要件就因缺少一个要件而不能成立。因此，善意取得是否成立本身依赖于本案的终审判决结果，没有适用的余地。

问题的关键是对善意取得构成要件中的“已经登记”如何理解，对此，有两种解释：一是认为只要“已经登记”，不管该登记行政行为是否违反了法律规定，也不管是严重违法还是轻微违法，甚至不管该登记行为是否被依法撤销，都算满足了“已经登记”的要件。二是认为“已经登记”是指“依法登记”。如果因非法登记被撤销或者确认无效，则该登记行为自始无效，不能适用善意取得制度。二审赞成第二种解释。首先，《物权法》第9条第1款规定，“不动产物权的设立、变更、转让和消灭，经依法登记，发生效力；未经登记，不发生效力，但法律另有规定的除外。”比照该规定，“已经登记”应明确为“依法登记”。其次，由于不动产物权采登记生效主义，立法对不动产登记程序做出了严格规定，只有不动产登记程序法律规定被严格执行，赋予强制性而非倡导性，才能保证不动产登记承载的公示公信功能。体现在司法审查中，就是对违反不动产登记程序的行政行为予以彻底否定，或撤销或确认无

效。再次，《物权法》第106条对“已经登记”的法律涵义未作相反解释。最后，《物权法》第106条有“法律另有规定”的但书条款。因行政诉讼法已经明确规定对主要证据不足、违反法定程序的具体行政行为予以撤销，人民法院对严重违反法定程序的土地登记行为予以撤销，否定“善意取得”，属于“法律另有规定”情形。本案判决并未突破善意取得制度，是对善意取得制度内容的丰富和补充。

（二）民行争议交叉案件，以“谁为前提谁优先”为程序处理原则

在有可能涉及民事争议和行政争议并存情形，在诉讼程序上应以“谁为前提谁优先”为处理原则。是否构成“善意取得”属于民事法律关系的范畴，本案属于行政争议。如果民事争议是行政争议的前提，那么应在民事争议的前提事实解决后，再开始本案诉讼。相反，如果本案的行政争议是民事争议的前提，就应先解决本案争议，再由钟昌校根据行政案件判决结果决定是否提起民事诉讼。显然，本案是前提，应优先处理，再确定“善意取得”的事实认定和法律判断。

（三）利益衡量

1. 在个人利益和公共利益之间应有理性的选择。本案经三次一审、三次二审，县政府和第三人钟昌校始终未向人民法院提交除了《88号土地证》以外的有关联性的证据材料，即未提交证据证明以下关键程序事实：如钟昌校和冯标梅共同向县国土局提交书面申请和权属来源证明材料，县国土局依照法定程序进行地籍调查，县国土局对地上附着物权属证明即小瓦房的权属证明、土地转让合同、申报地价材料、土地税费缴纳证明文件等资料文件依法审查，依法形成诸如土地登记审批表、土地登记卡、土地归户卡等土地档案文件资料等。仅凭冯标梅提交的原土地证，就进行了土地变更登记，是严重违法行为。基于这种严重违反法定程序的颁证行为违背了不动产物权登记制度的价值取向，动摇了不动产物权登记行为的公示公信力，危及潜在的其他善意第三人的合法权益，破坏交易安全和正常的经济秩序，如果不依法撤销此类土地登记颁证行为，违背依法行政、程序正当的价值理念，损害的是政府土地登记的公示公信力。

2. 在个人利益和司法权威上应有权衡。因争议地的使用权已被一审法院的生效裁定确定为李学良所有，如果不判决撤销颁证行为，人民法院的司法权威受损。

3. 在个人利益和行政审判的社会效果上应有理性判断。李学良是争议地原来的权利人，如果不判决撤销被诉具体行政行为，李学良就不能全面履行对孙孝清的合同义务，孙孝清据此可能向李学良提出违约赔偿的请求；李

学良据此又可能向县政府提起确认向冯标梅颁发《106号土地证》行政行为违法暨国家赔偿的诉讼，导致"案结事不了"的恶性循环，判决的社会效果难以保证。

4. 在孙孝清和钟昌校之间应有一个利益权衡。孙孝清作为本案的利害关系人，早在十多年前就已经向李学良支付了合理对价，其利益如果不能得到保护，同样有违公平公正原则。

综上，如果不判决撤销钟昌校的土地证，虽然保护了钟昌校的个人利益，却放弃了对李学良、孙孝清合法权益的保护，损害了司法权威，还偏离了不动产物权登记制度的价值目标和依法行政的政策导向，是得不偿失的利益权衡。

（四）严重违反《土地登记规则》规定的主要程序的行为，等同于违反了法律的强制性规定，应在司法审查中对该违法登记行为予以彻底否定并做出撤销判决

我国的土地物权登记法属行政程序法范畴，有独特的程序价值，承载了不动产物权登记公示公信的功能。在行政审判中赋予土地登记规则以强制性规定的定位，对违反法定程序的土地登记行为予以彻底否定并做出撤销或者确认无效的判决，才能增强土地物权登记公示公信力，才能保障交易安全、维护经济秩序。

《物权法》确立了不动产物权强制登记制度。其他相关法规、规章规定的不动产物权登记规则，是不动产物权强制登记制度的延伸和细化，体现了国家对不动产物权设立、变动、消灭过程的合理干预，是强制性干预；关于不动产物权登记的规则、程序具有浓厚的强制性色彩，以保证不动产物权登记应有的公示公信力，保障交易安全和维护经济秩序。因此，不动产物权登记并非对不动产物权状态和不动产物权变动的简单记载，而是国家对于私人意思自治的依法管理和限制。从物权法的立法精神来看，可以合理地推导出，违反《土地登记规则》等不动产物权登记制度规定的程序进行登记的行为是严重违法行为，等同于违反了法律的强制性规定，应在司法审查中对该违法登记行为予以彻底否定并作出撤销判决。

（五）确认违法判决和驳回诉讼请求判决均无法律依据

如前所述，确认违法判决无法律依据，而驳回诉讼请求判决同样没有法律依据《若干解释》第56条规定判决驳回原告的诉讼请求的情形包括：（1）起诉被告不作为理由不能成立的；（2）被诉具体行政行为合法但存在合理性问题的；（3）被诉具体行政行为合法，但因法律、政策变化需要变更或者废止的；（4）其他应当判决驳回诉讼请求的情形。按照司法实践的通行作法，对诉不动产登记行为的行政案件，只有不动产物权的转让人是真正权利人，且登

记机关违反的不是主要程序规定，才将该违法情节定性为程序瑕疵。而本案中登记机关的登记行为严重违反法定程序，不属于程序瑕疵。

基于以上评述，应判决撤销县政府的颁证行为，至于钟昌校相关合法权益的保护问题，可以通过其他途径另行解决。

（一审合议庭成员：符　兴　林瑞凤　韩雪琴
二审合议庭成员：周文娟　贾希闯　黄茂忠
编写人：海南省第二中级人民法院　贾希闯　陈　璐　王庆伟
责任编辑：黄　斌
审稿人：蒋惠岭）

47. 苏志义诉厦门市公安局集美分局不服行政处罚案

问题提示：告知程序履行瑕疵对行政处罚效力的影响如何？

【要点提示】

行政机关作出行政处罚决定，必须先履行法定告知义务。告知程序的设定目的是处罚公开和保护当事人的合法权益，使当事人充分行使陈述权和申辩权，体现行政处罚公平公正。如果行政机关未履行告知程序即作出行政处罚的决定，该行政处罚不能成立。

【案例索引】

一审：福建省厦门市集美区人民法院（2010）集行初字第2号（2010年8月25日）

二审：福建省厦门市中级人民法院（2010）厦行终字第56号（2010年12月7日）

【案情】

原告：苏志义

被告：厦门市公安局集美分局（以下简称集美公安分局）

第三人：张秀华

厦门市集美区人民法院经审理查明：2009年7月17日，苏志义雇请施工机械在集美区灌口镇深青村施工时，因土地使用问题与邻居张金随、张秀华发生纠纷，在互相争吵、拉扯后，苏志义动手殴打张秀华头部，致使张秀华轻微伤。集美公安分局接报警后，依法询问双方当事人及相关证人，固定、调取相关证据，认定苏志义的行为违反了《治安管理处罚法》第43条第1款之规定。2009年10月14日，集美公安分局作出集美公（灌口）决字（2009）第

00184号行政处罚决定书，决定对苏志义处以行政拘留十日，并处罚款二百元。苏志义不服向厦门市公安局提起行政复议，经复议，厦门市公安局维持了处罚决定。苏志义于2010年1月11日以厦门市公安局集美分局为被告诉至法院，请求撤销对其作出的行政处罚决定。

原告苏志义诉称：被告集美公安分局作出行政处罚的程序违法，其在行政处罚告知笔录中未载明原告意思表示的陈述，未履行告知程序。且告知笔录制作时间为2009年9月11日，但行政处罚审批时间为同年9月21日，决定书制作时间为同年10月14日，其行为违反治安管理处罚决定。原告认为被告集美公安分局作出行政处罚认定事实不清，证据不足，作出行政处罚的程序违法，应予撤销。

被告集美公安分局辩称：原告所诉未履行告知义务，未及时、全面公正的调查取证，与事实不符。认为对原告苏志义的处罚事实清楚，证据确凿，适用法律正确，程序合法，请求依法维持处罚决定。

第三人张秀华与被告集美公安分局的意见一致。

2010年8月25日，福建省厦门市集美区人民法院作出一审判决。苏志义不服一审判决向厦门市中级人民法院提起上诉，请求撤销原审判决，支持其原审诉讼请求。

上诉人苏志义诉称：1. 一审判决认定被上诉人作出的行政处罚行为程序合法是错误的，没有事实和法律依据。（1）被上诉人作出行政处罚行为存在严重的程序违法行为，应予以撤销。本案行政处罚案件的结案时间是2009年9月21日，办案人员呈报拟以行政处罚获得审批的时间是2009年10月14日，处罚决定书送达给上诉人的时间是2009年10月14日，按上述时间表，已充分证明被上诉人没有履行告知义务，在上诉人没有明示放弃陈述和申辩权的情况下，被上诉人没有充分听取上诉人的意见，于审批决定制作行政处分决定书当日就做行政处罚决定，且于当日将行政处罚决定书送达给上诉人，显然，被上诉人作出行政处罚的程序已经严重违反了法律规定；（2）被上诉人提交2009年9月11日制作的行政处罚告知笔录内容不具有真实性，也不符合法律规定，被上诉人从未向上诉人履行告知义务。从告知时间看，其告知时间在结案时间前，案件尚未结案就告知要处罚，显然与法律规定的程序相违背。从告知内容看，被上诉人没有告知处罚的具体内容，在告知笔录中，有被上诉人询问，却没有上诉人意思表示的陈述，更没有上诉人放弃陈述和申辩的意思表示的记录。从被告知人的签名看，也没有上诉人的签名，因此，整份告知笔录都是被上诉人一手炮制出来的。2. 一审判决认定被上诉人作出行政处罚行为事实清楚、证据充分、适用法律正确，是错误的。被上诉人作出行政处罚行为事

实不清、证据不足，适用法律错误，其作出的行政处罚决定应予以撤销。(1) 被上诉人依据证人朱大展的证言及指认认定上诉人有殴打张秀华，但是朱大展的证言及指认不具有证明上诉人殴打张秀华的事实；(2) 张秀华的伤是她为挣脱他人强行拉其离开现场时自己导致的受伤。汪明庆、苏开花的证言证明上诉人并没有动手打人，张秀华的伤并不是上诉人挥拳所致，是张秀华为挣脱他人强行拉其离开现场自己导致的受伤。

被上诉人集美公安分局辩称：上诉人在诉状中称被上诉人未履行相关告知义务，与事实不符，被上诉人已按公安机关办理行政案件的程序履行了告知义务，因苏志义拒绝签收，被上诉人按规定在告知笔录中注明苏志义拒绝签收，于法有据。结案报告是被上诉人内部的审核文书，结案报告不是非得在结案之前或之后，只是给相关领导汇报案件情况。关于9月11日告知的材料，是对当事人权利的一种告知，告知时还在民警侦办过程中，民警对案情有个判断，所以被上诉人告知的时候只能告知对相对人即将给予一个行政处罚，告知的时候还不能告知具体是何种处罚。因此，上诉人已经履行了告知的义务，是根据公安部相关的告知格式进行的，合乎法律和程序。至于苏志义拒绝签名，该情况民警已经进行了记录。因而，原审查明的事实清楚，判决正确，请求二审予以维持。

【审判】

一审厦门市集美区人民法院经审理认为：被告集美公安分局在处罚决定尚未作出时，向原告苏志义告知其拟依据《中华人民共和国治安管理处罚法》第43条第1款之规定，拟对其进行处罚。并告知其相关权利，后被告亦依据该法条对原告苏志义作出处罚，该行为并无违法之处。告知笔录虽未载明原告苏志义对拟对其作出处罚在言语、肢体语言等方面的反应，但可以证明原告苏志义在场，被告集美公安分局履行了告知义务。原告苏志义申请出庭的证人证言，仅能证明原告与第三人等人发生争吵的片段，不足以推翻被告集美公安分局提供的证明原告苏志义打伤第三人张秀华的事实。据此，被告集美公安分局作出的行政处罚行为，事实清楚，证据充分，适用法规正确，程序合法。依照《中华人民共和国行政诉讼法》第五十四条第（一）项之规定，判决如下：维持被告厦门市公安局集美分局作出集美公（灌口）决字〔2009〕第00184号行政处罚决定书。案件受理费人民币100元由原告苏志义负担。

二审厦门市中级人民法院经审理认为：（1）有关被上诉人作出具体行政行为的内部审批程序问题。从各方当事人向原审法院提交的证据材料看，2009年9月21日，承办人员调查结束提出处理意见：2009年9月21日，承办单位负责人签署意见；2009年10月14日，审核部门负责人签署意见；2009年10月14日，领导审批意见。从以上事实看，无其他证据表明被上诉人内部审批程序违反法律规定，上诉人的相关质疑，缺乏依据，本院不予采纳；（2）被上诉人就作出具体行政行为之前所作调查及告知程序问题。查明的事实表明，虽然被上诉人提交的行政告知笔录上并没有上诉人的签字，但被上诉人下属职员已经签字并注明上诉人拒绝签字的事实，这种做法符合相关程序规定。而告知的内容只能表明相对人的权利以及即将实施的处罚，具体处罚的幅度必须得到审核部门的审批。上诉人对此上诉提出的相关主张，缺乏依据，本院不予支持；（3）本案涉及事实的认定问题。查明的事实还表明，上诉人殴打张秀华的事实有相关的证人证明，被上诉人在查明事实后，依法作出行政处罚并无不当。至于张秀华是否构成轻微伤，仅仅是处罚幅度的参考依据。综上，原审法院查明的事实清楚，判决并无不当，上诉人的上诉缺乏依据，本院不予支持。依照《中华人民共和国行政诉讼法》第六十一条第（一）项的规定，判决如下：驳回上诉，维持原判。

二审案件受理费50元，由上诉人苏志义负担。

【评析】

行政处罚是行政执法机关对社会秩序进行管理的一项重要手段，是日常执法中运用频率最高、处罚范围最广、同时也是最有可能侵犯当事人合法权益的行政举措。由于当事人在行政处罚过程中与行政机关相比处于不平等、相对弱小的地位，故行政处罚须严格按照程序进行，以保护当事人的合法权益。本案涉及的主要问题有：

一、行政处罚告知义务问题

行政处罚告知制度是指行政机关在作出行政处罚决定之前，将其掌握的有关违法行为人的违法事实、证据材料、拟作出行政处罚决定的理由和法律依据以及当事人所享有的有关权利告诉当事人，使其知晓的法律制度。当事人有被告知的权利，公安机关在行政执法中如不履行告知程序，则行政处罚无效。按照法律规定，行政机关作出行政处罚决定必须先履行法定告知义务，其重要意义在于给当事人以针对事实、理由和依据进行陈述申辩的机会，保证这一告知程序的有效运作，有利于相对人在处罚实施的过程中享有的权利得到充分的保障，这是确定行政处罚的公开性、公正性、合法性的前提和基础，也是实现实体合法的一个根本保证。遵循法定的程序进行行政处罚，能有效防止行政主体在实施处罚过程中滥用职权行为的发生。

我国《行政处罚法》第 31 条规定：行政机关在作出行政处罚决定之前，应当告知当事人作出行政处罚决定的事实、理由及依据，并告知当事人依法享有的权利。第 32 条规定：当事人有权进行陈述和申辩。第 41 条规定：行政机关及其执法人员在作出行政处罚决定之前，不依照本法第 31 条、第 32 条的规定向当事人告知给予行政处罚的事实、理由和依据，或者拒绝听取当事人的陈述、申辩，行政处罚决定不能成立；当事人放弃陈述或者申辩权利的除外。在实践中，一些执法部门对违反法定程序的行政处罚是一种无效行为，其对违法行为的认识还比较模糊，由此也可看出轻告知程序的陈旧观念还有一定的"市场"。告知是行政处罚中的一个重要前置程序，必须在作出处罚决定前履行，否则行政处罚无效。

本案中，上诉人（原审原告）苏志义正是认为被告未履行告知义务，行政处罚程序违法，并据此请求撤销对其的行政处罚。一、二审法院均认为集美公安分局作出行政处罚已履行告知义务，告知的方式并不影响义务的实际已履行，程序并无不妥，因而维持了对上诉人的行政处罚决定。

二、本案行政处罚行为程序是否合法

告知是行政处罚程序的一个重要环节。《行政处罚法》设立行政处罚告知程序，其主要目的就是规范和制约行政权，从而保护当事人的合法权益不受行政机关的侵害。在实施行政处罚时行政机关履行告知义务不是为了走过场，也不仅是为了在形式上满足程序合法的要求，而应该把保障当事人充分行使陈述、申辩权作为履行告知程序的目的。行政处罚告知程序必须在办案人员调查结束并提出拟处罚意见之后，行政处罚决定做出之前进行，这样才能充分保障当事人的合法权利。

本案上诉人苏志义诉称被上诉人作出行政处罚行为存在严重的程序违法行为，应予以撤销。其理由为本案行政处罚案件的结案时间是 2009 年 9 月 21 日，办案人员呈报拟以行政处罚获得审批的时间是 2009 年 10 月 14 日，处罚决定书送达给上诉人的时间是 2009 年 10 月 14 日，按上述时间表，已充分证明被上诉人没有履行告知义务，在上诉人没有明示放弃陈述和申辩权的情况下，被上诉人没有充分听取上诉人的意见，于审批决定制作行政处分决定书当日就做行政处罚决定，且于当日将行政处罚决定书送达给上诉人，显然，被上诉人作出行政处罚的程序已经严重违反了法律规定。然从法院查明的事实看，无其他证据表明被上诉人内部审批程序违反法律规定，上诉人的相关质疑，缺乏依据。被上诉人在处罚决定尚未作出时，向上诉人苏志义告知其拟依据《治安管理处罚法》第 43 条第 1 款之规定，拟对其进行处罚。并告知其相关权利，后被上诉人亦依据该法条对上诉人苏志义作出处罚，该行为并无违法之处，符合相关程序规定。据此，一、二审法院均认定行政处罚合法有效，予以维持。

（一审合议庭成员：江鸿斌　王吉鹏　黄丹丹
二审合议庭成员：林琢弘　纪赐进　陈雅君
编写人：福建省厦门市集美区人民法院　张庆东
责任编辑：黄　斌
审稿人：蒋惠岭）

48. 吕炳贵诉高新公安分局西区派出所治安行政处罚案

问题提示：合法有效的行政处罚决定应具备哪些形势和实质要件？

【要点提示】

作出书面警告的行政处罚行为应当符合《行政处罚法》第39条关于“行政处罚决定书应当载明下列事项：……（三）行政处罚的种类和依据；（四）行政处罚的履行方式和期限”的规定。行政处罚决定书未编号以及没有处罚具体内容，缺失行政处罚实体内容即行政处罚种类，导致该行政处罚决定书无法实际执行，致使无法产生应有的行政处罚法律后果。

因此，该类行政处罚行为应予撤销。

【案例索引】

一审：成都市高新区人民法院（2010）高新行初字第12号（2010年1月19日）

【案情】

原告：吕炳贵

被告：成都市公安局高新技术产业开发区分局西区派出所（以下简称高新公安分局西区派出所）

成都市高新区人民法院经审理查明：2009年4月14日被告受理原告吕炳贵扰乱单位秩序的治安案件并进行登记，于2009年4月15日口头传唤原告吕炳贵，被告对原告吕炳贵制作了询问笔录。询问笔录内容反映，2009年4月8日原告吕炳贵进京上访，先后到国家信访局、国土资源部、最高人民法院、最高人民检察院，后在北京天安门广场东侧被民警挡获。被告于当日对原告吕炳贵作出了未编号的《公安行政处罚决定书》，决定书载明，被处罚人姓名及基本情况、处罚的事实和法律依据、“现决定（未处理）”、“履行方式：书面警告”，并告知其申请行政复议或者提起诉讼的权利和期限。该处罚决定书未加盖公章。2009 年 8 月 27 日被告对其该未编号未加盖公章的《公安行政处罚决定书》补盖公章后送达给原告吕炳贵。原告吕炳贵于 2009 年 9 月 27 日向成都市公安局申请行政复议，成都市公安局于 2009 年 10 月 15 日作出驳回行政复议申请决定书。原告吕炳贵不服于 2009 年 11 月 12 日向法院提起行政诉讼。

【审判】

成都高新区人民法院经审理认为：依照《治安管理处罚法》第 91 条“治安管理处罚由县级以上人民政府公安机关决定；其中警告、五百元以下的罚款可以由公安派出所决定”之规定，被告高新公安分局西区派出所有权对原告作出治安处罚。被告高新公安分局西区派出所于 2009 年 4 月 15 日作出《公安行政处罚决定书》。从其内容来分析，有被处罚人的姓名及基本情况、处罚事实、法律依据、救济权利和期限的告知。该《公安行政处罚决定书》载明“现决定（未处理）”、“履行方式：书面警告”。从程序上判断，高新公安分局西区派出所进行受理案件登记，对被处罚人吕炳贵调查询问后作出《公安行政处罚决定书》。因此，被告高新公安分局西区派出所于 2009 年 4 月 15 日作出《公安行政处罚决定书》先后通过受案登记、口头传唤原告并制作了询问笔录等程序性准备行为。从该公安行政处罚行为外在客观判断，符合具体行政行为的成立要件。但该行政处罚决定书未编号以及没有处罚具体内容，不符合《行政处罚法》第 39 条“行政机关依照本法第 38 条的规定给予行政处罚，应当制作行政处罚决定书。行政处罚决定书应当载明下列事项：……（三）行政处罚的种类和依据；（四）行政处罚的履行方式和期限”。由于该治安行政处罚决定书缺失行政处罚实体内容即行政处罚种类，导致该行政处罚决定书无法实际执行，致使无法产生应有的行政处罚法律后果。成都市高新区人民法院依照《中华人民共和国行政处罚法》、《最高人民法院关于执行〈中华人民共和国行政诉讼法〉若干问题的解释》第五十七条第二款第（三）项，确认成都市公安局高新技术产业开发区分局西区派出所于 2009 年 4 月 15 日对原告吕炳贵作出的《公安行政处罚决定书》无效。

【评析】

行政处罚决定书具有国家强制性，表现为确定性和单向性，但行政处罚决定还依赖于相对人的自觉履行，而相对人的自觉履行又建立在相对人的理解和

处罚正当的基础之上，但如何能使相对人感知到处罚的正当性呢？这就要求行政处罚文书既要体现具体行政行为的实体正义也要体现其程序正义。

从程序上看行政文书包括内在价值与外在价值。内在价值是指程序本身所具有的品质来满足人需要的价值。其一，是属于行政程序自身固有的，独立于“好结果”而独立存在着的优良品质，它能够直接承载和体现法制的精神和价值，弘扬公认的道德主张，直接满足人们的需要和欲求，而无需通过结果反映和折射。其二，它区别于外在的手段价值具有自身独立的价值。其三，它能使相对人无需通过结果而直接感知行政行为的合法合理。其四，一般情况下，只要在合法合理的程序下所做出的行政行为，其结果也是合理的，外在价值是指行政程序所具有的实现特定实体目的的有效性。据此，程序一直被人们认为是一种手段和工具而遭到忽视。笔者认为，程序是一项具有独立自在价值的过程。因此，行政文书本身的瑕疵，也会影响行政行为的合法有效性。

本案中，被告制作的行政处罚决定书，未编号也没有处罚的具体内容，被告就以此辩称该行政处罚行为并不存在，因而原告要求撤销该行政处罚的诉请也就不能成立的理由，在笔者看来是一种狡辩。从文书的形式要件上分析，被告对原告作出行政处罚的决定，先后通过受案登记、口头传唤原告并制作询问笔录等程序性准备行为，并出具了行政处罚决定书，已经完成行政处罚这一具体行政行为所需具备的各形式要件，具体行政行为已在被告向原告出具行政处罚决定书之时成立，对原告具有了行政处罚的效力。但是，被告出具的行政处罚决定书上没有编号，且没有处罚的具体内容，这是处罚程序上的瑕疵导致处罚文书的效力受到影响，正如前述行政文书上所体现的价值也将导致行政行为合法有效性。根据《行政处罚法》第 39 条“行政机关依照本法第 38 条的规定给予行政处罚，应当制作行政处罚决定书。行政处罚决定书应当载明下列事项：……（三）行政处罚的种类和依据；（四）行政处罚的履行方式和期限”。由于该《治安行政处罚决定书》缺失行政处罚的内容即行政处罚种类，导致该行政处罚决定书无法实际执行，致使无法产生应有的行政处罚法律后果。这就造成原告对行政处罚的正当性产生了合理的怀疑，也不能主动自觉履行，因而提起诉讼的原因。因此，法院依照《行政处罚法》第 3 条“公民、法人或者其他组织违反行政管理秩序的行为，应当给予行政处罚的，依照本法由法律、法规或者规章规定，并由行政机关依照本法规定的程序实施。没有法定依据或者不遵守法定程序的，行政处罚无效”、《最高人民法院关于执行〈中华人民共和国行政诉讼法〉若干问题的解释》第 57 条第 2 款“有下列情形之一的，人民法院应当作出确认被诉具体行政行为违法或者无效的判决：……（三）被诉具体行政行为依法不成立或者无效的。”之规定，撤销被告作出的处罚决定。

（一审合议庭成员：陈　敏　李玉梅　陈德旭
编写人：四川省成都高新技术产业开发区人民法院　严　枫
责任编辑：黄　斌
审稿人：蒋惠岭）

49. 黄国成诉泰州市姜堰工商行政管理局工商行政登记案

问题提示：行政行为引发原告承继的民事权益消灭，原告是否具有行政诉讼主体资格?

【要点提示】

原告通过民事行为承继民事权利，且被诉的行政行为引发该民事权利消灭的，尽管承继该民事权利的民事行为发生在被诉行政行为作出之后，应当认定原告与被诉行政行为之间具有法律上利害关系，从而认定原告具有行政诉讼主体资格。

【案例索引】

一审：江苏省姜堰市人民法院（2011）泰姜行初字第003号

【案情】

原告：黄国成

被告：泰州市姜堰工商行政管理局（以下简称工商局）

第三人：工商银行姜堰市支行（以下简称工商银行）

第三人：姜堰市化工轻工总公司（以下简称化轻总公司）破产管理人

第三人：姜堰市化工材料有限公司（以下简称化材公司）

第三人：中国华融资产管理公司南京办事处（以下简称华融公司）

1997年6月18日，化轻总公司向工商银行贷款600万元，双方签订房产抵押合同，并向工商局申请抵押登记，同年9月15日工商局发放了抵押物登记证。1998年，化轻总公司进行了改制，另成立化材公司，化轻总公司将其不动产全部转让给化材公司。2000年1月10日工商局根据盖有化轻总公司和工商银行印章的“注销协议”和“注销登记申请表”注销了该抵押物登记。

2000 年 4 月 28 日，工商银行将涉案债权及其项下的不动产抵押权一并转让给华融公司；2002 年 8 月 12 日化轻总公司被法院裁定宣告进入破产还债程序。华融公司受让债权后，便向化轻总公司清算组申报债权和向化材公司、化轻总公司清算组主张涉案债权项下的不动产抵押权，并于 2006 年向法院提起民事诉讼；同年 6 月 29 日华融公司将其受让债权转让给黄某，华融公司和黄某同时向法院申请变更民事诉讼的原告为黄某，法院裁定予以准许。在民事诉讼过程中，化材公司于 2009 年 9 月向某中级人民法院提交了"企业抵押物注销登记申请书"和"注销协议"两份证据，以抗辩原告主张不动产抵押权。黄某知道后便向工商银行查询申请注销登记情况，工商银行否认曾向被告工商局申请注销抵押物登记的事实，并与黄某一同向某市公安局举报。同月，公安局根据工商银行和黄某的举报，对原化轻总公司法定代表人合同诈骗案进行立案侦查，并对参与申请注销登记的相关人员进行了调查询问。公安侦查笔录一致反映该注销登记申请系时任化轻总公司法定代表人与工商银行相关工作人员串通，在违背债权人真实意思的情况下骗取的，而化轻总公司事实并未履行涉案债务。

另查明：1997 年 12 月 31 日，市级人民政府发出《印发关于市区企业办理财产抵押登记有关问题意见的通知》，该文件规定自 1998 年 1 月 1 日起企业办理房产抵押登记的，登记机关为政府的房产管理部门。1998 年 3 月 17 日，县级人民政府转发该文件。两份文件对此前已在工商行政管理部门办理过房产抵押登记的如何处理并无具体规定。

此外，本案在诉讼中，尚有原告向化轻总公司破产管理人和化材公司主张债权和抵押权民事诉讼未审理终结，并因本行政诉讼的提起而中止审理。

原告诉称：(1) 工商银行和化轻总公司出具的申请书和注销协议系两单位工作人员恶意串通所为，并非债权人工商银行的真实意思表示，被告未尽必要审查义务给予注销，严重侵害到原告受让的合法债权和抵押权的实现；(2) 被告作出注销登记行为时，相关政府的文件规定企业房产抵押登记转移到政府的房产管理部门，被告的注销登记行为系超越职权所作，遂于 2011 年 1 月 14 日向法院提起行政诉讼，请求判决撤销被告作出的注销登记行政行为。

被告辩称：(1) 原告是在被告作出注销登记的若干年后才通过债权转让取得债权的，并且，华融公司在 2006 年 6 月将其受让的债权转让给原告时，没有债务人化轻总公司参与订立，也没有担保内容，故原告不是本案被诉行政行为的行政相对人，也不是利害关系人，原告不具有主体资格；(2) 如果华融公司和原告受让债权时，按照规定办理变更登记，则应当知道该抵押登记已被注销；原告在 2006 年 6 月受让时未申请变更登记，原告对注销登记行为提起行政诉讼的起诉期限至2008年6月届满，其在2011年1月起诉早已超过法定起诉期限；（3）被告办理注销登记时，经审查，抵押人和抵押权人提交的资料章戳齐全，手续完备，作为该抵押物登记的原登记机关，被告依据《企业动产抵押物登记管理办法》第11条、第12条的规定办理了注销登记，其行为合法有效。综上，请求法院判决驳回原告的诉讼请求。

工商银行述称：由于本案的相关事实已涉及刑事犯罪，应当先通过刑事侦查及审判程序，本案的行政诉讼应当中止审理。化轻总公司破产管理人陈述由法院依法确认裁判。化材公司述称，注销协议是借贷双方协商一致的结果，这是法律事实，应当予以认定。原告认为注销协议是双方工作人员恶意串通所致，这涉及刑事犯罪，应当先通过刑事侦查及审判程序，公安侦查笔录不能作为本案的证据。化材公司取得原化轻总公司的房产所有权是根据市政府的文件批准，并支付了对价，属善意取得，其所有权应受法律保护，请求法院判决驳回原告的诉讼请求。华融公司述称，其受让工商银行的债权再转让给原告属实。但华融公司没有法定义务应当知道该抵押权已被注销的事实，实际操作中一般不进行抵押权变更登记，且转让给原告的是以不良资产现状转让，抵押权不能实现的风险与本公司无关。

【审判】

审理法院认为，本案争议焦点是：（1）原告是否具有诉讼主体资格？（2）原告起诉是否超过法定的起诉期限？（3）被告作出注销登记行为是否超越职权？（4）被告作出注销登记行为其主要证据是否充分？

1. 关于原告是否具有诉讼主体资格的问题

本案涉案的600万元主债权经过两次转让，工商银行在向华融公司转让债权时，已通知作为债务人（抵押人）的化轻总公司，化轻总公司并参与订立债权转让协议。华融公司受让后即向化材公司和化轻总公司破产管理人主张债权和实现抵押权，并提起民事诉讼。诉讼中，原告受让了债权及抵押权，并以债权人的身份加入到已进行的民事诉讼中。由于本案原告抵押权的实现与否，依赖于本案被诉的注销登记行为，该注销登记行为与原告有法律上的利害关系，故原告诉讼主体适格。

2. 原告诉讼是否超过法定起诉期限问题

（1）从本案庭审调查情况看，原告事实是在2009年9月化材公司向法院提交“注销登记申请书”和“注销协议”时，才知道该抵押物登记已由被告于2000年1月予以注销的事实；

（2）国家工商行政管理总局《企业动产抵押物登记管理办法》第9条规

定，变更被担保的主债权种类、数额或者抵押担保范围的，当事人双方须向登记机关申请办理变更登记，而法律、法规并未规定在债权转让后，须办理变更登记手续，故华融公司和原告在受让债权时无须知道被告注销抵押物登记的事实；

（3）本案涉及的抵押物系不动产，应适用最长的法定起诉期限。

综上，法院确认原告在 2011 年 1 月起诉并未超过法定起诉期限。

3. 被告是否超越职权作出被诉行政行为问题

不动产抵押登记两级政府的文件只规定：自 1998 年 1 月 1 日起，企业办理房产抵押登记的，登记机关为政府的房产管理部门。但对在此之前已在工商行政管理部门办理过房产抵押登记的登记机关应如何处理未作规定；且《企业动产抵押物登记管理办法》第 12 条规定的是向原登记机关办理注销登记。故认为被告无权办理注销抵押登记并无具体法律、行政法规或行政规章的规定，可视被告未超越职权。

4. 被诉的注销登记行为其主要证据是否充分问题

（1）从庭审情况并参考公安局对申请注销登记进行侦查的询（讯）问笔录看，本案被告作出的注销抵押物登记行为所依据的所谓债务已履行完毕的“注销协议”，其印章真实但内容不真实，申请注销抵押物登记并非是债权人工商银行的真实意思表示；

（2）按照法律规定，抵押物须经行政登记方产生抵押效力，其抵押权非经债务履行完毕或者抵押物灭失等法定事由不得消灭。即便抵押物被转让亦不能消灭该不动产上原已设定的抵押权。而本案涉及的抵押物既未灭失，债务人化轻总公司对其债务事实亦未履行；

（3）抵押权终止其效力的情形有主债权的消灭、抵押物的灭失和抵押权的实现。被告作为抵押物登记的主管部门，对终止其抵押权的“注销登记”应当持慎重态度，特别是对申请注销登记的履行债务凭证等主要证据的真实性须尽必要的审查义务，而被告疏于审查，仅以注销协议为据作出注销登记具体行政行为，该行为已实际影响到原告抵押权的实现。

综上，被告作出的注销登记行为依据的主要证据不足，应当予以撤销。依照《中华人民共和国行政诉讼法》第五十四条第（二）项第一目之规定，判决：

撤销被告作出的注销抵押物登记具体行政行为。

本案判决后，当事人均未上诉。

【评析】

一、原告是否具有行政诉讼的主体资格

关于原告是否具有主体资格问题，审理中有意见认为，被告作出被诉行政行为时，原告尚未出现。原告受让债权民事行为发生在被诉行政行为作出之后，且其受让债权是否合法有效，没有经过民事确认，应当先通过民事诉讼取得抵押权人资格，才有资格提起行政诉讼。原告不是该行政行为直接的行政相对人，其不具有诉讼主体资格。

本案对于原告是否具有行政诉讼原告主体资格的认定较为复杂，同时涉及相关的民事法律关系认定，笔者分析如下：

1. 原告对涉案抵押权存在承继关系

本案原告为证明其具有行政诉讼的主体资格，提交了两次债权转让协议和法院允许主张抵押权民事案件的原告由华融公司变更成本案原告的民事裁定书等证据。对这些证据在庭审质证中，各方当事人对其均无异议。对于两次债权转让是否合法有效，工商银行向华融公司第一次转让债权时，已通知债务人化轻总公司，化轻总公司并参与订立转让协议；原告是在华融公司已经开始的向化材公司和化轻总公司破产管理人主张抵押权的民事诉讼中受让了债权并以债权人的身份加入到民事诉讼中。两次债权转让均符合民法关于债权转让的法定条件，应当合法有效。并且，按照主权利转让，从权利一并转让的原则，两次债权转让均同时转让了抵押权。因此，本案原告是通过债权转让承继了涉案债权和该债权项下的抵押权。

2. 抵押物转让不能导致抵押权丧失

本案涉诉的抵押物在债权转让前、注销登记后产权人化轻总公司已通过改制转让给化材公司，化材公司经房屋产权管理部门登记后成为新的产权持有人。审理中有意见认为，化材公司已合法取得房屋产权，该房产上原设定的抵押权也就不复存在，原告对抵押物注销登记提起行政诉讼无实质意义。笔者认为，法律虽未规定抵押物禁止转让，已设定抵押权的抵押物在一般情况下也难以实现转让，但本案基于政府对一些老企业实施大规模改制的特殊时期，且正值不动产抵押登记机关职能调整之时，抵押物被实际转让在所难免。而根据相关法律规定，抵押权经抵押双方约定并经行政登记后方产生抵押效力；并且，抵押权非经主债务履行完毕、抵押物灭失和抵押权已经实现的法定事由不得消灭。故抵押物即便被转让并不必然导致抵押权丧失，原在抵押物上设定的抵押权仍然存在。由于本案抵押登记的效力最终取决于被诉的注销登记行政行为是否合法，是否应予撤销，故承继该抵押权的承继人与被诉的注销登记行政行为当然具有法律上的利害关系。

3. 承继抵押权的民事行为发生在被诉行政行为作出之后，承继人具有行政诉讼原告资格

一般情况下，民事法律关系发生在前，行政行为介入已经存在的民事法律关系之中，民事法律关系各主体都具有对行政行为提起诉讼的主体资格；而行政法律关系发生在前，民事法律关系发生在后，民事法律关系涉及的其他关系人始终不能成为行政法律关系的主体，不具有行政诉讼主体资格。但后一情况有一例外，即存在民事权利义务承继关系的承继人，被诉的行政行为引发承继人承继的该民事权利义务产生或消灭的，尽管承继该民事权利义务的民事行为发生在被诉行政行为作出之后，应当认定承继人与被诉行政行为之间具有法律上利害关系，从而认定承继人具有行政诉讼的主体资格。这是因为，抵押权是附属于主债权项下的物权，在未丧失之前法律并未禁止转让，而受让方对抵押权的实现具有期待权，应当具有行政诉讼的原告主体资格。

4. 本案在判定原告主体资格时，可通过现有证据运用民法规则对相关的民事法律关系予以认定，无须民事确认前置

本案中，原告向化轻总公司破产管理人和化材公司主张债权和抵押权民事案件同时存在，并因本案行政诉讼而中止审理。审理中，有意见认为原告应当先通过民事诉讼取得抵押权，再行行政诉讼，即先民后行。笔者对此持不同意见，其理由是：其一，原告所提起的是主张实现抵押权民事诉讼，而不是请求确认抵押权归属或抵押权效力问题的民事诉讼；其二，前面已述，抵押权效力取决于抵押物登记的效力，而抵押物登记的效力取决于被诉的注销登记是否因法定事由（债务履行完毕、抵押物灭失或抵押权已经实现）而由当事人申请注销。本案行政诉讼所要解决的是涉案债权上原设定的抵押权是否仍然存在，是否有效问题，而不是抵押权归属问题；其三，本案时间跨度长，原始的债权人工商银行以及第一次受让该债权的华融公司通过债权转让对其民事权益已作处理。行政争议发生后，即使之前民事关系存在争议，亦不可能提起民事诉讼。行政诉讼中，如不能通过现有的证据运用民事法律规则对相关民事法律事实和民事法律关系作出认定，行政诉讼无法顺利进行。综上，本案原告提供了其具有原告主体资格的两次债权转让协议、法院同意由华融公司变更本案原告为民事案件原告的民事裁定书等证据，行政诉讼中，在经过庭审质证、认证后，可以直接运用民事法律规则对相关的民事法律事实和民事法律关系予以认定，无须民事确认前置。

二、原告起诉是否超过法定起诉期限

本案被告在辩称原告超过法定起诉期限时认为，华融公司在2000年4月受让债权后，因债权人发生变化而应当到登记机关办理变更登记，如果办理变更登记，则应当知道该抵押物登记已被注销。同样，原告在2006年受让债权后，也应当到抵押物登记机关办理变更登记，因此，原告在2006年就应当知道该抵押物登记已被注销的事实，其在2011年1月14日提起行政诉讼已超过两年的法定起诉期限。

笔者认为，《最高人民法院关于执行〈中华人民共和国行政诉讼法〉若干问题的解释》第41条、第42条规定的“应当知道”，须有法律、行政法规或行政规章明确规定的事由。本案中，判断抵押物变更登记是否是原告“应当知道”被诉行政行为的法定事由，需考量债权转让当时有无法律、法规或行政规章规定应当到登记机关办理变更登记。《企业动产抵押物登记管理办法》第9条规定必须办理变更登记的情形有：变更被担保的主债权种类、数额或者抵押担保范围的，当事人双方须向登记机关申请办理变更登记，而并未规定在债权转让，债权人发生变化的情形下，亦须办理变更登记手续。因此，华融公司和原告在受让债权时均无法定事由应当知道被告在2000年1月10日作出注销抵押物登记的行为。

2008年7月1日施行的《房屋登记办法》第45条规定，在抵押当事人、债务人的姓名或名称发生变化的，当事人应当申请抵押权变更登记。这一规定要求此后的抵押权人在转让债权和抵押权时，应当到登记机关将抵押权人变更登记为受让人。但因法不溯及既往，故该《办法》不适用于本案。

三、被诉的注销登记行为其主要证据是否充分

本案被告作出的注销抵押物登记行为，依据的是盖有借贷双方印章的“注销登记申请书”和所谓债务已履行完毕的“注销协议”。该“注销登记申请书”和“注销协议”是否能够成为被告作出被诉行政行为的主要证据，其证据是否充分，笔者分析如下：

1. 从庭审情况看，并参考公安局对申请注销登记进行侦查的询（讯）问笔录，该“注销登记申请书”和所谓债务履行完毕的“注销协议”事实为借贷双方单位相关工作人员恶意串通骗取的，申请注销抵押物登记并非是债权人工商银行的真实意思表示。债务人化轻总公司对其债务事实亦未履行。这是通过庭审调查确认的事实。故“注销登记申请书”和“注销协议”尽管其印章真实，但其内容不真实。

2. 按照《企业动产抵押物登记管理办法》第12条的规定，抵押物注销登记须经主债务履行完毕或抵押物灭失等法定事由，申请人持主债务履行完毕或抵押物灭失的凭证向登记机关申请注销登记。这里的“凭证”有人认为可扩大解释为“债务履行完毕”的“证据”。登记机关通过形式审查后，只要其印章真实，即可办理注销登记。笔者认为，履行银行贷款债务的“凭证”，不同于履行一般民间借款债务，应有其特殊的表现形式。在本案环境下，对《企业动产抵押物登记管理办法》第12条规定的履行债务的“凭证”，不能作扩大解释，否则，就会忽视据以注销登记的所谓债务已履行完毕“注销协议”的虚假性。

3. 抵押权是一种物权，其一经行政登记后就产生抵押效力，且非经债务履行完毕、抵押物灭失或抵押权实现等法定事由不得消灭。作为抵押物登记的主管部门，对涉及当事人的民事权益，并可能引发该民事权益消灭的注销登记申请，仅进行形式审查是不够的，而应当对当事人之间债务是否履行完毕，抵押物是否灭失，抵押权是否已经实现等法定条件作实质性审查。本案被告应对据以注销登记的主要证据的真实性作进一步审查。

综上所述，被告据以注销登记的“注销协议”其内容不真实，申请注销登记不是债权人真实意思表示；债务人对涉案债务事实上并未履行；该注销登记行为所依据的主要证据不足，且已实际影响到权利人对其民事权益的主张，应当判决予以撤销。

注：本案涉案标的物系不动产，裁判中适用了《企业动产抵押物登记管理办法》行政法规，是基于该《办法》第17条规定：“县级以上人民政府规定由工商行政管理部门办理城市房地产或者乡（镇）、村企业的厂房等建筑物抵押登记的，适用本办法的规定”。

（一审合议庭成员：孟尔金　单　洁　杨　京
编写人：江苏省姜堰市人民法院　张桂林　杨　京
责任编辑：黄　斌
审稿人：蒋惠岭）

50. 朱文轩等六人诉自贡市荣县工商局工商登记侵权案

问题提示：所有与具体行政行为有关的利害关系人都能成为行政诉讼的原告吗？

【要点提示】

行政诉讼的原告是指与具体行政行为有法律上利害关系的公民、法人或者其他组织。这种法律上的利害关系应当理解为切身的利害关系、现实的利害关系、直接的利害关系。

【案例索引】

一审：四川省荣县人民法院（2008）荣行初字第5号（2008年6月3日）

二审：四川省自贡市中级人民法院（2008）自行终字第17号（2008年8月22日）

【案情】

原告：朱文轩

原告：朱志忠

原告：汤选怀

原告：冯朝荣

原告：曾玉章

原告：熊正辉

被告：四川省自贡市荣县工商行政管理局（以下简称荣县工商局）

第三人：熊金万

第三人：荣县达源山实业有限公司（以下简称达源山公司）

六原告诉称：自己系荣县长山镇双马凼煤厂高松林井采区投资人，2005

年4月13日，合伙负责人熊金万以私人名义将该采区转让给邹成华，邹成华等人在申请设立达源山公司时提供虚假材料，被告审查不严，违法办理设立登记。原告曾先后多次向被告讲明事实，要求被告依法撤销该公司的营业执照，但被告以不存在过错和义务为由予以拒绝，故请求人民法院依法撤销被告对第三人达源山公司的工商登记。

被告辩称：（1）六原告不是达源山公司的股东，未向被告申请过股东登记；（2）六原告经营的高松林井不是达源山公司投资设立的分支机构，未将该井向被告申请过工商注册登记；（3）原告主张的权利必须合法，非法利益不受法律保护，原告无证据证明被告的登记行为侵犯了其合法权利；（4）被告对企业设立登记是形式审查而不是实质审查。申请人提供的申请材料齐全，符合法定形式，程序合法，适用法律正确，请求人民法院依法驳回原告起诉并由原告承担诉讼费用。

第三人达源山公司述称：（1）达源山公司设立时的申请人为邹成华、金长勇，根据《行政诉讼法》第12条规定，原告应当是认为具体行政行为侵犯其合法权益的人，原告不是公司股东，被告并未侵犯其合法权益；（2）申请人提交的申请材料齐全，内容客观真实，被告核准登记，程序合法，故请求法院根据《最高人民法院关于执行〈中华人民共和国行政诉讼法〉若干问题的解释》第44条第1款第（2）项之规定，裁定驳回原告起诉。

第三人熊金万述称：原告为原荣县长山镇双马凼煤厂的股东，邹成华申请设立达源山公司时，只将主井、古佛井纳入公司登记范围，而将原告等人经营的高松林井排除在外，被告审查不严，少登、漏登股东，其登记行为违法。

经四川省荣县人民法院审理查明：原荣县长山镇双马凼煤厂属荣县长山镇镇办集体企业，矿区范围内有主井、古佛井、高松林井三个作业区，其中，高松林井系第三人熊金万和原告等人投资形成。2002年9月28日，荣县长山镇人民政府将该煤厂转让给熊金万；同年10月30日，熊金万与邹成华签订协议约定，高松林井由熊金万所有并负责经营管理，独立承担权利义务，主井和古佛井归邹成华所有并负责经营管理，独立承担权利义务，原双马凼煤厂所有经营证照手续由双方共同使用。2005年4月13日，熊金万与邹成华签订协议，熊金万将荣县双马凼煤厂转让给邹成华，由邹成华申请达源山公司的工商登记；2005年4月18日，荣县双马凼煤厂被依法注销，达源山公司登记成立，股东为邹成华和金长勇。2006年3月，古佛井发生安全事故，有关部门责令该矿停止生产。同年4月，主井、古佛井经有关部门同意后恢复生产，而高松林井因无合法手续一直处于停产状态。2007年10月8日，原告汤选怀等六人不服被告荣县工商局对第三人达源山公司的设立登记，向自贡市工商行政管理

局申请行政复议，自贡市工商行政管理局于2008年1月3日作出维持被告具体行政行为的复议决定。

【审判】

四川省荣县人民法院经审理认为：公司设立登记是工商行政管理机关依当事人申请而为的行为。工商行政管理机关只有在公司设立申请人主动提出申请的情况下，才能依法启动公司设立登记程序。庭审查明，达源山公司在设立登记时，按照《公司登记管理条例》（1994年）的相关规定，向被告荣县工商局提交了符合规定的全部材料和证明文件。荣县工商局根据《行政许可法》和《公司登记管理条例》（1994年）的规定作出相应登记行为的具体行政行为是合法的。

本案中，虽然六原告主张达源山公司设立时的出资财产中包含有其部分财产，但未能向法庭提供确实充分的证据予以证明，且达源山公司对此予以否认。即使六原告与达源山公司的出资人邹成华、金长勇之间存在财产争议，则六原告也只能成为民事法律关系中的利害关系人，可通过民事诉讼程序寻求救济，而对被告的工商登记行为和颁发营业执照的合法性并不产生实质性影响，六原告与被告的工商登记行为不具有行政法律上的利害关系，六原告不具备原告诉讼主体资格。据此，荣县人民法院依法裁定驳回了六原告的起诉。

宣判后，六原告认为原审法院认为上诉人不具备原告诉讼主体资格，并裁定驳回起诉，认定事实不清，适用法律严重错误，被诉具体行政行为存在审查不严、程序不合法的情形，应依法予以撤销为由向四川省自贡市中级人民法院提起上诉，要求撤销原审裁定。

二审法院经审理认为一审认定事实清楚、适用法律、法规正确，因此依法驳回上诉，维持了原裁定。

【评析】

本案中，争议焦点为朱文轩等六人是否与荣县工商局的工商登记和颁发营业执照行为有法律上的利害关系。这是认定该六人是否具备行政诉讼原告主体资格的关键所在。

一、行政诉讼原告认定标准的法律规定

通常意义上的行政诉讼原告，是指认为行政主体及其工作人员的具体行政行为侵犯其合法权益，而向人民法院提起诉讼的公民、法人或者组织。结合《行政诉讼法》第2条、第24条等相关规定，行政诉讼原告须具备如下几项

资格条件：（1）必须是公民、法人或者其他组织；（2）必须认为行政机关和行政机关工作人员的具体行政行为侵犯其合法权益；（3）必须依照行政诉讼法提起诉讼。

上述关于行政诉讼原告的资格条件之规定实际上确定了一种“行政相对人”的资格认定标准。但该认定标准比较宽泛、原则，缺乏实际的可操作性，难以解决司法实践中原告的资格认定问题。故此，《最高人民法院关于执行〈中华人民共和国行政诉讼法〉若干问题的解释》（以下简称《解释》）第12条规定了在审判实践中确立原告资格的新的认定标准，即“与具体行政行为有法律上利害关系的公民、法人或者其他组织对该行为不服的，可以依法提起行政诉讼。”这一规定实际上取代了原有的“行政相对人”之认定标准，而确立了“法律上的利害关系”这一认定标准。

二、“法律上的利害关系”之认定标准的学理分析

“法律上的利害关系”之认定标准与“行政相对人”之认定标准相比，对于行政诉讼案件法律关系及原告诉讼主体地位本质属性的把握和认识无疑更深刻、更进步，具有重要的理论和实践意义。但令人遗憾的是，其也没能从根本上解决行政诉讼中原告诉讼主体资格的认定难题，即到底何为“法律上的利害关系”立法上并无明确规定且学理解释分歧较大。此时，依据学术界比较权威的、通行的理解来给“法律上的利害关系”下一定义，是我们经常的做法。

姜明安教授等认为，“法律上的利害关系”是指法律上的利益，是起诉人通过诉讼预期获得法律保护的利益。这种利害关系应该理解为切身的利害关系、现实的利害关系、直接的利害关系。① 其中，直接的利害关系是“法律上的利害关系”这一认定标准的关键所在。

按照《现代汉语词典》的解释，“直接”一词跟“间接”相对，指不经过中间事物的这样一种态势。② 因此，直接的利害关系应该是一种利害关系双方之间不经过任何中间事物的利害关系。从法律适用的角度来看，此中的“中间事物”应该指中间行为尤其是指法律行为。故此，行政诉讼法上的直接的利害关系应该是指行政机关和行政机关工作人员与合法权益相对人之间的无

---

① 姜明安主编：《行政法与行政诉讼法》（第3版），北京大学出版社、高等教育出版社2010年版，第504～505页。

② 中国社会科学院语言研究所词典编辑室编：《现代汉语词典》（第5版），商务印书馆2005年版，第1748页。

须经过任何中间法律行为的利害关系。换句话说，行政主体具体行政行为与相对人合法权益受影响这一结果之间无须经过任何法律行为，具体行政行为可以直接和相对人的合法权益发生联系。这样的利害联系才是直接的利害联系。反之，如果具体行政行为还需要通过其他中间法律行为才与相对人的合法权益发生联系，则这种利害关系就不是直接的利害关系。

结合上述直接的利害关系的分析，我们可以把行政诉讼法上的“法律的利害关系”界定为，行政主体与利害关系人之间切身的、现实的、无须经任何中间法律行为就可以发生联系的一种利害关系。与具体行政行为有这种利害关系的公民、法人或者其他组织就能够成为行政诉讼的原告。

三、“法律上的利害关系”之认定标准在本案的适用

“法律上的利害关系”这一认定标准为我们认定行政诉讼的原告提供了较为合理的依据和尺度。在本案中，依据该认定标准，可以得出朱文轩等六人并不具备行政诉讼原告的诉讼主体资格。

本案中，共有两个关键环节。一个是已经查明的，即荣县工商局对达源山公司的设立申请做出的相应工商登记与发放营业执照行为；另一个是尚未查明的，即达源山公司申请设立时的出资财产中是否包含有朱文轩等六人的部分财产。而正是通过这两个关键环节，将工商行政机关的具体行政行为与朱文轩等六人的相关权益联系在一起。此时，如果确认这种联系是法律上的利害关系，则可以认定朱文轩等六人是本案的适格原告；反之，则可以认定该六人不是本案的适格原告。

首先，就尚未查明的这一环节来说，虽然朱文轩等六人主张达源山公司设立时的出资财产中包含有其部分财产，但未能向法庭提供确实充分的证据予以证明，且达源山公司对此予以否认。由此导致，无法确认荣县工商局的具体行政行为与朱文轩等六人的相关权益是否真的存在事实上的联系，则不能确认朱文轩等六人的原告诉讼主体资格。

其次，即使朱文轩等六人与达源山公司的出资人邹成华、金长勇之间存在财产争议，荣县工商局的工商登记行为与该六人合法权益遭受侵害的结果存在事实上的联系，但这种联系也并非是行政诉讼法上的“法律上的利害关系”。原因就在于，法律上的利害关系是直接的利害关系，是不需要经过任何中间法律行为的利害关系。而本案中，荣县工商局工商登记行为导致的直接法律结果是达源山公司的设立，而经过达源山公司设立这一法律行为，才与朱文轩等六人的合法权益被侵害事实产生联系，并非是与该六人的合法权益被侵害之事实直接产生联系。因此，这种联系不是行政诉讼法上的“法律上的利害关系”，在本案中朱文轩等六人并不具备行政诉讼原告的诉讼主体资格。

综上所述，一、二审的裁定是正确的。

（一审合议庭成员：吴鸿鑫　张正孝　黄一萍
二审合议庭成员：赵月维　袁万雄　谭爱华
编写人：北京市西城区人民法院、四川省荣县人民法院
邹　涛　张正孝　张保亮
责任编辑：黄　斌
审稿人：蒋惠岭）

《人民法院案例选》通讯编辑

北京市高级人民法院　范跃如　刘晓虹
天津市高级人民法院　王　婧
河北省高级人民法院　赵　倩
山西省高级人民法院　马云跃
内蒙古自治区高级人民法院　钟晓云
辽宁省高级人民法院　黄　辉
吉林省高级人民法院　石　金
黑龙江省高级人民法院　刘东海
上海市高级人民法院　张本勇
江苏省高级人民法院　戚庚生　丁　浩　沙永梅
浙江省高级人民法院　江　勇　张纵华
安徽省高级人民法院　张长合
福建省高级人民法院　李相如　江振民
江西省高级人民法院　胡　媛
山东省高级人民法院　张晓玲　刘绍斐
河南省高级人民法院　马　磊
湖南省高级人民法院　唐　竞　陈　健
湖北省高级人民法院　李治国
广东省高级人民法院　梁展欣
广西壮族自治区高级人民法院　湛永敢
海南省高级人民法院　李周伟
重庆市高级人民法院　吴雨亭
四川省高级人民法院　蒋　敏　聂　茸
贵州省高级人民法院　李　静
云南省高级人民法院　杨雪娅

西藏自治区高级人民法院　田胜利
陕西省高级人民法院　马小莉
甘肃省高级人民法院　任莉莉
青海省高级人民法院　朱明忠
宁夏回族自治区高级人民法院　桂　红
新疆维吾尔自治区高级人民法院　杨善明　段武伟
解放军军事法院　王小鸣　温开新
石家庄市中级人民法院　王红岩
太原市中级人民法院　张玉森
沈阳市中级人民法院　黄海洋
大连市中级人民法院　李圣哲
长春市中级人民法院　赵　璐
哈尔滨市中级人民法院　周　磊
南京市中级人民法院　王　静
南通市中级人民法院　沈　扬
无锡市中级人民法院　周耀明
徐州市中级人民法院　葛　文
杭州市中级人民法院　邓兴广
宁波市中级人民法院　王玉飞
合肥市中级人民法院　张小春
福州市中级人民法院　陈学凯
厦门市中级人民法院　徐建伟
南昌市中级人民法院　陈　健
济南市中级人民法院　满洪杰
青岛市中级人民法院　傅庆涛
东营市中级人民法院　延　颜
郑州市中级人民法院　朱世鹏
武汉市中级人民法院　柯昌洁
宜昌市中级人民法院　黄金波
长沙市中级人民法院　吴　欣
广州市中级人民法院　陈　瑜
深圳市中级人民法院　彭建钦
南宁市中级人民法院　周传明
海口市中级人民法院　崔玉坤

成都市中级人民法院　谌　辉
泸州市中级人民法院　胡　艳
贵阳市中级人民法院　施辉法
昆明市中级人民法院　冯丽萍
拉萨市中级人民法院　王　静
西安市中级人民法院　高　伟
兰州市中级人民法院　鲁千晓
西宁市中级人民法院　潘　伟
银川市中级人民法院　周志胜
天津海事法院　董丽娟
上海海事法院　英振坤
广州海事法院　徐曾沧
宁波海事法院　史红萍
青岛海事法院　田　琨
厦门海事法院　吴海燕
武汉海事法院　王建新
大连海事法院　刘铁男
北海海事法院　邱德平
海口海事法院　刘本荣

（各法院通讯编辑若有变动，请及时告知中国应用法学研究所，电话：010－67555929　纪佳妤）